广东共青团与青少年发展蓝皮书（2013）

共青团广东省委员会 ■ 编

·广州·

版权所有 翻印必究

图书在版编目（CIP）数据

广东共青团与青少年发展蓝皮书：2013 / 共青团广东省委员会编．—广州：中山大学出版社，2014.6
ISBN 978-7-306-04864-6

Ⅰ．①广… Ⅱ．①共… Ⅲ．①中国共产主义青年团—基层组织—共青团工作—研究报告—广东省②青少年—发展—研究报告—广东省 Ⅳ．①D297②D432.865

中国版本图书馆 CIP 数据核字（2014）第 070386 号

出 版 人：徐　劲
策划编辑：刘丽丽
责任编辑：刘丽丽
封面设计：曾　斌
责任校对：杨文泉
责任技编：何雅涛
出版发行：中山大学出版社
电　　话：编辑部 020-84111996，84113349，84111997，84110779
　　　　　发行部 020-84111998，84111981，84111160
地　　址：广州市新港西路 135 号
邮　　编：510275　传真：020-84036565
网　　址：http://www.zsup.com.cn　E-mail：zdcbs@mail.sysu.edu.cn
印 刷 者：广州家联印刷有限公司
规　　格：787mm×960mm　1/16　28 印张　500 千字
版次印次：2014 年 6 月第 1 版　2014 年 6 月第 1 次印刷
定　　价：60.00 元

如发现本书因印装质量影响阅读，请与出版社发行部联系调换

编 委 会

主 任	曾颖如				
副主任	陈宏宇	池志雄	张志华	梁均达	
成 员	刘海春	胡荣华	潘剑勇	武一婷	王 兵
	邓小强	黄瑞轸	蒋 巍	张文杰	张晓莉
	李 静	吴伟达	谭 杰	林乔林	黎元宇
	李颂国	温元麟	程 序	李协居	
本书主编	谭 杰				
执行编辑	廖根深	杨 扬	郑敏燕	文 嘉	陈思睿
	梁志坚	陈 静			

序　言

2013年6月20日,习近平总书记在同共青团中央新一届领导班子成员集体谈话时指出:"共青团要紧跟党走在时代前列、走在青年前列,紧紧围绕党和国家工作大局找准工作切入点、结合点、着力点,充分发挥广大青年生力军作用。"2014年5月4日,中共广东省委书记胡春华同志参加五四活动时指出:"共青团组织作为党联系青年的桥梁和纽带,要培养青年的创新意识,积极为青年创新创业提供实实在在的服务,提高青年创业的本领。"随着中国经济社会各领域的改革渐入深水区,共青团工作所面临的巨大机遇和深刻挑战也是前所未有的。时至今日,广大青年在群体分布、利益需求、价值取向、行为方式上的变化越来越快,党和政府对共青团凝聚团结青年的手段、路径和效果的要求越来越高,全社会对青少年成长发展倾注的目光也越来越多。这些都是推动共青团事业创新发展的有利因素。新的时期,如何坚守共青团的主业,如何有效凝聚服务青年,如何引导青年积极投身创新创业,是摆在全省各级团组织和各位团干部面前一个十分重要而极其紧迫的课题。

处于改革开放的第一线,毗邻港澳的开放前沿,广东共青团承担着试水探路、试点先行的重担,需要应对各类具有前瞻性和挑战性的新情况。而调查研究,能帮助我们进一步了解和团结青年群体,对已有工作进行总结提升,清楚地认识共青团在整个社会改革大潮中的定位,发掘参与这场伟大变革的路径,拓展广东青年事业的蓝海。

2013年7月,共青团中央印发了《全团"走进青年、转变作风、改进工作"大调研活动方案》,在全团范围内掀起了新一轮调研热潮。共青团中央书记处第一书记秦宜智强调:"要推动团的领导机关干部走出机关大楼,走进青年,把青年群众分散的意见集中起来,把当代青年群体中有代表性的新情况新特点摸清楚,把共青团工作中存在的不足和原因查明白,把未来共青团事业发展的路子找准确。"

2013年8月,根据共青团中央"走进青年、转变作风、改进工作"大调研活动的要求和中共广东省委开展群众路线教育活动的部署,共青团广东省委员会紧紧围绕习近平总书记对共青团工作提出的"提高团的吸引力和凝聚力"、"扩大团的工作有效覆盖面"这两大重点课题，在全省范围内开展了以"两进三同四争先"为主题的大调研活动。调研活动由团省委书记班子成员牵头负责，专家教授全程参与，各部门主要负责人亲自参加，围绕团的服务能力建设、基层组织建设、青少年服务专项工作等确定了32个调研课题，以驻点的方式，分赴全省22个县（市、区）联系点和基层单位，开展了为期一个月的专题调研。调研团队深入基层、走进青年，了解基本省情，倾听青年呼声，掌握基层实际，认真梳理共青团工作中的经验，查找工作中所存在的不足和问题，共开展调研活动76次，访谈青年群众1000多人次，面向基层群众下发调查问卷16000余份，征集各类意见、建议3600多条。调研活动最终形成了30多篇针对性较强、指导性较好、质量较高的调研报告。

此次出版的《广东共青团与青少年发展蓝皮书（2013）》，收录了这次调研活动的优秀成果。全书分为上、下篇，共收集调研报告23篇。其中上篇共青团工作研究12篇，下篇青少年发展研究11篇，凝结了广东共青团各战线深入基层调研的智慧成果。我们通过翔实的数据和科学的分析，总结广东共青团发展的普遍性、规律性经验，剖析当前广东共青团和青年工作的热点、难点、焦点问题，提出富有针对性和可行性的对策建议，期望对今后广东乃至全国共青团工作提供一定的借鉴。

调查研究是共青团的优良传统，也是青少年事务的基础工作，我们将以本次大调研活动为契机，每年设立不同主题，组织全省各级团干部定期深入基层开展调研，形成一批高质量的调研报告，并编纂发布《广东共青团与青少年发展蓝皮书》等成果，将其打造成为展示广东青少年时代风貌和南粤共青团工作经验的重要载体，更好地为党做好新形势下的青年群众工作。

是为序。

共青团广东省委员会书记　曾颖如

2013年5月15日

目 录

上篇：共青团工作研究

广东共青团学习习近平总书记讲话精神的实践探索
………………………………………共青团广东省委办公室（3）
广东省共青团员先进性调查研究
………………………共青团广东省委组织部、广东青年职业学院（6）
广东共青团分类引导工作研究 ………… 共青团广东省委宣传部（17）
广东共青团在社会主义核心价值观传播中的新媒体应用研究
……………………………………………共青团广东省委宣传部（69）
广东共青团维护青少年合法权益的新路径研究
……………………………………………共青团广东省委权益部（89）
广东共青团组织联系、服务、引导城市新兴青年路径的研究
………………………………………共青团广东省委城市青年工作部（102）
广东省农村基层团组织建设创新研究
………………………………………共青团广东省委农村青年工作部（123）
广东省大学生思想引领工作研究 ………… 共青团广东省委学校部（143）
广东省中学共青团及中学生思想状况研究 …… 共青团广东省委少年部（160）
广东省少年儿童组织与少年儿童思想意识状况研究
……………………………………………共青团广东省委少年部（190）
广东省团干部培训需求研究 ……………… 广东省青年职业学院（206）
广东省公募基金会的现状、发展及对策研究
……………………………………………广东省希望工程服务中心（224）

下篇：青少年发展研究

广东省新生代产业工人发展诉求与培养路径研究
……………………………………………… 共青团广东省委权益部（251）
广东省城乡流动青年就业与社区融入状况研究
……………………………………… 共青团广东省委城市青年工作部（265）
广东省农村青年创业需求及政策环境研究
……………………………………… 共青团广东省委农村青年工作部（285）
广东省"亿元级"青年领军企业发展需求研究
………………………………………… 共青团广东省委统战联络部（297）
广东省大学生实习（见习）状况调查研究
——基于"展翅计划"的相关调研 ……… 共青团广东省委学校部（314）
广东省青年公益创业研究 ………………… 广东青年职业技术学院（335）
广东省大学毕业生生存状态调查研究
…………………………………… 广东省青少年事业研究与发展中心（346）
广东省青少年时尚文化研究 ……… 广东省青少年事业研究与发展中心（365）
广东省贫困家庭青少年生存及发展状况研究
……………………………………………… 广东省希望工程服务中心（376）
广东省"失独家庭"、残疾青少年等困难群体的生存状况研究
………………………………………… 广东省青年志愿者行动指导中心（409）
广东省青年网商发展现状与对策研究 …… 广东省青少年事业促进中心（419）

后　记 …………………………………………………………………（437）

上篇

共青团工作研究

广东共青团学习习近平总书记讲话精神的实践探索

共青团工作要有成效，就要立足根本职能，紧紧围绕党的中心工作，紧扣当代青年群体的发展变化。其中的一个重要前提，就是要与时俱进，领会好党对共青团工作的新精神和新要求，把握好青年群体的新变化和新规律。为深入学习贯彻习近平总书记系列重要讲话精神，特别是习近平总书记与共青团中央新一届领导班子成员集体谈话精神，共青团广东省委员会坚持成效求"实"、形式求"新"，找准工作切入点，构建"分众化"多层次学习宣讲体系，将讲话精神贯彻到新时期广东共青团各项实际工作中。

一、注重实效，形成浓厚学习氛围

1. 找准学习重点，通过会议学习

以贯彻习近平总书记与共青团中央新一届领导班子成员集体谈话精神为学习重点，先后召开共青团广东省委常委（扩大）会议、中心组学习会、书记办公会、地市及高校团委书记座谈会等不同形式的专题学习会议14场，力求全省各级团干部及青年群众"吃准、吃透"讲话精神实质，推动共青团工作实现新发展。

2. 确保认识到位，通过办班学习

举办"广东共青团转型发展专题研讨班"，围绕共青团工作转型升级、加强和创新社会管理、新媒体工作技能等专题，组织省、市、县三级专职团干部脱产轮训。举办广东省大型骨干企业共青团干部集训营，培养学习习近平总书记重要讲话精神的宣讲骨干100多人，在全省巡回宣讲100多场次。举办主题教育实践宣讲班，把学习贯彻讲话精神和暑期"三下乡"社会实践活动结合起来，引导全省170万大中专学生"敢于有梦、勇于追梦、勤于圆梦"。举办"中国梦·公益梦"南方公益志愿大讲堂，分批次组织全省近千名志愿者骨干、社会组织负责人学习讲话精神及公益志愿前沿理论。

3. 结合群众路线，通过实践学习

一是开展"团课进基层"活动。按照习近平总书记"做青年友，不做青

年官"的要求,共青团广东省委员会每位领导班子成员深入乡镇、社区、学校、企业的基层团组织,以讲授团课的形式与基层团员青年进行"面对面"学习交流。二是实施"两进三同四争先"活动。组织1.1万名团干部深入基层,直接面向20余万名青年群众宣传习近平总书记系列重要讲话精神,真切了解青年诉求呼声,帮助基层解决实际问题。三是推进"走进青年、转变作风、改进工作"大调研工作。围绕新时期共青团的服务能力建设、基层组织建设、青少年服务专项工作等32个调研课题,分赴全省22个县(市、区)的调研点和基层单位开展专题调研活动76次,访谈青年群众1000多人次,下发调查问卷1.6万份,征集各类意见、建议3600余条,撰写调研报告30多篇。

二、突出创新,运用新媒体扩大学习覆盖面

1. 通过广东共青团微博集群有效引导广大青年

由省市县三级团组织、高校、志愿者和社会组织的微博共同组成广东共青团微博集群,作为学习贯彻习近平总书记重要讲话精神的网络空间阵地,集群成员达36913个,网聚"粉丝"558万,月均保持学习贯彻讲话精神常规话题20个,日均微博浏览量逾亿人次。

2. 针对重点青年群体拓展信息化学习媒介

首创"广东青工学堂",建立官方移动手机短信群,定期向22万名务工青年发送习近平总书记重要讲话精神摘要精选。依托现代远程教育网点,开办"农青学堂",为近万名镇村团干部和8万多名农村青年骨干量身定做习近平总书记重要讲话精神学习课程。制作推出《中国梦·青春志》"我的中国梦"系列宣传片、《红领巾心向党》"十八大"精神动漫宣传片等文化产品,深受广大青少年喜爱。

3. 面向全省团干部开发移动学习终端

搭建广东共青团网络学院,并同步开发手机APP,向全省团干部开设学习贯彻习近平总书记重要讲话精神精品课程。每日精选专家学者对讲话精神进行的权威解读和分析,通过"粤团早读"、"转型办快报"等手机报,向全省1.6万名专职团干部发送。开通微信讨论组,打造广东省各级团干部多向共享互动交流平台,保证学习信息及时有效传播。

三、深入青年,构建"分众化"学习宣讲体系

认真分析不同群体青年的思想状况和认知水平的差异,构建"分众化"

学习宣讲体系,实现学习贯彻习近平总书记系列重要讲话精神"全覆盖"。面向团员青年,及时召开全省各界青年代表学习贯彻讲话精神座谈会,邀请青年"十八大"代表与青年联合会委员、高校学生及青年社会组织代表共同学习,各地团市委共组织座谈、宣讲活动200余场。面向青年学生,邀请各级党政领导和专家学者走进校园为学生宣讲讲话精神;以"高举团旗跟党走,奋力实现中国梦"为主题,开展大学生骨干"青马工程"(即青年马克思主义者培养工程)培训营、中小学团队组织系列培训等活动。面向外来务工青年,组建"青年宣讲团",走进全省各地厂区巡回宣讲;邀请"十八大"代表、外来务工青年闫文静向"圆梦计划"学员宣讲"中国梦"。面向青年社会组织骨干,举办"亲青训练营"青年社会组织骨干专题培训班,学习宣讲活动累计举办695场次,吸引17万名青年社会组织骨干参与活动,影响覆盖青年社会组织成员近850万人。面向农村青年,结合广东省乡镇实体化"大团委"建设,组织2万多个乡镇团组织开展学习实践活动,通过"农科网络大讲堂"举办重要讲话精神学习宣讲活动,切实把习近平总书记系列重要讲话精神的宣传贯彻深入到基层一线。

共青团广东省委办公室
执笔人:廖一川、赵冠中

广东省共青团员先进性调查研究*

在党的群众路线教育实践活动背景下，团员先进性教育需要创新发展。调查发现，随着社会主义市场经济的发展和思想文化领域出现的变化，人们对党和团组织的认识也发生变化，需要及时引导、指导。特别是对于党员先进性、团员先进性在当今时代的体现，许多党员、团员在认识上面临挑战、面临困惑，需要基层党团干部勇于探索、大胆创新。习近平同志在同共青团中央新一届集体领导班子成员谈话中指出："共青团要努力帮助广大青年树立远大理想，坚定走中国特色社会主义道路的人生信念，用科学的理论武装青年，用历史的眼光启示青年，用伟大的目标感召青年，用光明的未来激励青年，使他们不断增强道路自信、理论自信、制度自信，不断增进对党的信赖、信念、信心。"① 党的群众路线教育实践活动是促进共青团组织增强素质、提升能力，更好地服务党政中心与服务青年群众的契机；也是促进团员先进性教育，吸引团员青年提高思想认识、增强政治意识，积极参与社会建设的契机。习近平同志参加河北省委班子民主生活会专题会议时指出："强调要坚定理想信念，切实解决好世界观、人生观、价值观这个'总开关'问题；要树立正确政绩观，切实抓好打基础利长远的工作；要发扬钉钉子的精神，切实把工作落到实处；要坚持正确用人导向，切实引导广大干部真抓实干。"② 共青团也要自我超越，提高团员先进性，建设学习型、服务型、创新型团组织。但是，面临社会转型的冲击，面对青年需求的变化，团组织仍然出现种种不适应状况，团员意识仍然存在缺乏荣誉感和自豪感的情况。为此，共青团广东省委组织部联合广东青年职业学院社会工作系、广东省社工与志愿者合作促进会等，开展"群众路线与团员先进性专题研究"。一是由教授、副教授组成的专家调研组前往广州、深圳、

---

* 本文发表于《中国青年研究》2014年第3期。

① 习近平同团中央新一届领导班子成员集体谈话，中国青年网，http：//www.youth.cn，2013年6月20日。

② 习近平：《坚持用好批评和自我批评的武器 提高领导班子解决自身问题能力》，新华网，2013年9月25日。

佛山、东莞、惠州、珠海、肇庆、梅州、清远、阳江、汕头等地座谈调查，深入社区、农村、企业、学校，与团员、青年、志愿者、党政干部、社会人士交流，并且通过讲授团课、志愿者课程、社会管理创新课程与听众深入讨论，接触各类人员180余人；二是通过手机短信、微博微信、QQ平台征询团干部和团员青年的意见，调查对象达260余人；三是社会工作系学生分别访问家乡的团员青年，了解其想法和意见，调查对象300余人；四是课题组专家利用前往北京、浙江、四川、陕西等地交流的机会进行比较调查，了解各省市团员先进性与基层组织建设情况，供广东参考借鉴。本次调查通过设计访问提纲，以座谈访问、个别访谈、网络访问等为主，将收集的信息整理和归类，提炼具有启发性的观点和意见。在此基础上，撰写专题调查报告，提供各级团组织参考。

一、当前团员先进性的"四个结合"与"三个缺失"

（一）团员先进性的"四个结合"

目前，社会转型冲击、社会思潮混杂，团员先进性面临严峻的挑战。一方面是各种势力与思潮争夺青年，影响团员的思想意识。这些势力与思潮包括海外政治背景的势力、宗教文化势力、消费享乐思潮、颓废消极思潮等等。对于这些因素，团员既不能回避，又不能随波逐流，需要在了解分析的过程中进行批判和取舍。另一方面是青年利益多元化，对团组织不再是传统的单一需求，而是多种需求并存，需求变化快速，使得团员先进性发展跟不上团员青年心态变化，存在落差。课题组调查发现，在中国社会转型影响下，团员先进性表现出"四个结合"的趋势。

调查发现，团员先进性的"四个结合"有利于丰富团员青年的思想，有利于加深团员青年对党政工作、团组织工作的理解，有利于团员青年的全面发展，值得重视。

表1 团员先进性与社会时代"四个结合"的要素

社会因素	具体体现	对团员影响	对团组织影响	团组织应对策略
团员先进性与社会时尚结合	新潮思想、新颖观点、新型生活	乐于尝试新技术、新品牌、新事物	团组织稳定性受冲击，要主动应变	党和团的宗旨传播，结合时代特色

续上表

社会因素	具体体现	对团员影响	对团组织影响	团组织应对策略
团员先进性与个性爱好结合	表达想法、展示特长、渴求赞赏	要求团活动有吸引力,有刺激感	团组织普适性要密切结合当代青年特质	团员先进性体现表率与个性融合
团员先进性与人生发展结合	把握机遇、寻求利益、讲究实惠	在团的生活中表达实际需求	团组织发展应与团员青年并肩成长	团创造条件促进青年发展和成才
团员先进性与公益服务结合	公益时尚、新型生活、受人尊敬	在团工作中主动结合志愿服务	团组织要体现社会服务价值	公益体现党团关心和服务群众需求

资料来源:课题组根据微信和短信调查情况整理。

调查发现,当今时代对团员先进性的理解日趋丰富,增加了许多新内容、新因素。

1. 团员先进性与社会时尚结合

"80后"、"90后"团员青年成长在信息化时代、网络化时代,最突出的特点是对国际国内最新思潮和动态的了解及时、全面。尤其是网络技术和手机技术的不断更新,如微信、微博、短信、QQ群等,已成为新一代青年人掌握的通讯工具。所以,团员青年在判断团员先进性时,不仅要了解团组织、团干部的想法,更需要与自己了解的国内外思潮进行比较,团组织应结合团员先进性的时尚特色和迷人魅力,让团员青年更乐于接受、乐于信赖团组织。

2. 团员先进性与个性爱好结合

团员青年希望先进性与新一代人的个性发挥、兴趣爱好相结合,而不是说到先进性就让人联想到"板起脸孔"、"装腔作势"。"80后"、"90后"团员青年思想活跃、敢作敢为、喜欢创新、各具个性,在团组织生活中不愿受太多的束缚,而是期待被鼓励、被尊重。广州市的团员青年特别喜欢回顾2010年亚运会的志愿服务活动,因为这次活动不仅是奉献爱心,而且"志愿彩"、"志愿礼"、"亚运信使"、"西关小屋"等琳琅满目的新创意受到了年轻人的欢迎,让团员青年更切实地感受到团工作与志愿服务的魅力。

3. 团员先进性与人生发展结合

团员青年认为,先进性的体现最终要落到团员是否能够在职业生涯、家庭生活中顺利发展,成为其他青年的示范。中山市小榄镇针对高中、初中学生处于价值观形成阶段的特点,邀请共青团广东省委员会的专家、广东青年职业学院教授等为高中、初中学生开设职业生涯发展规划讲座,引导学生将自身前途与国家命运结合、与社会变革结合,引导共青团员在社会转型发展中把握自己的前途,这项活动受到了学生们的欢迎,收效明显。团员青年反映:"先进性教育要实在,有实惠,就能够受到更多团员喜欢。"

4. 团员先进性与公益服务结合

广东省经济快速发展的同时,社会公益事业也日趋繁荣,引起团员青年的关注和参与,并且认为公益服务应该是体现团员先进性的重要领域。如果说革命战争年代团员先进性的核心是不怕牺牲、勇于斗争,社会转型时期的团员先进性更多体现为乐于助人、共同发展,那么新时期的团员先进性应该是将党的为人民服务宗旨、以人为本宗旨体现在公益服务行动之中。梅州市五华县团委、志愿者联合会针对贫困山区留守儿童、留守少年多的特点,争取深圳五华籍企业家的支持和资助,在16所山区中学建立"青年志愿者总队",鼓励留守少年在获得社会关爱的同时,积极参加志愿服务,帮助村里的老人、妇女,学会关爱社会、回报社会,让这些留守少年在公益服务中体会和理解共青团的特点,体会和理解团员先进性的内涵。

(二)团员先进性的"三个缺失"

课题组通过调查访问发现,在社会潮流冲击下,团员先进性存在"三个缺失"。

表2 团员先进性面对社会转型不适应的"三个缺失"

缺失点	具体体现	对团员影响	对团组织影响	团员改变策略	团组织应对策略
信念缺失	缺失党团信念、社会主义信念	信念不坚定理想易动摇对组织迷茫	团组织活动体现的凝聚力减弱	通过相关书籍、网络客观了解党团史	团组织凝聚力发挥与正确信念强化双管齐下
缺乏示范作用	生活中无团员身份意识	缺失组织归属感、自豪感	为党组织输送团员人才难度增大	时刻牢记自己的团员身份,踊跃参与组织活动	鼓励团员亮身份、争先进、谈心得,评选优秀示范团员
缺乏奉献精神	自我利益大于集体利益,缺少奉献精神	受利益驱使、被社会批评、失信	社会对团组织的拥护度低于其他组织	主动参与社会志愿活动,重拾奉献精神	激励团员走基层、亲群众、献小爱

1. 信念缺失

伴随对外开放加大、中外思潮影响,团员青年对于党的信念、对于社会主义的信念减弱。一方面，部分团员青年将社会主义简单等同于我国"文革"时期的状况，将改革开放以来的变化简单等同于"市场经济"、"西方经验"，是非标准模糊。另一方面，部分团员青年缺乏历史观，没有看到党在推动改革开放中的巨大作用，没有看到党团组织在改善人民生活中的积极努力，因为少数党员干部的腐败和渎职而"以偏概全"、"一叶障目"。因此，团员青年存在理想不坚定、信念不执着的情况，容易动摇和迷茫。

2. 缺乏示范作用

部分团员在工作、生活中，缺乏对团员身份的意识，不愿突出团员形象。在大部分人看来，很多团员做了好事，他们只是"志愿者"，是"好人"；很多团员在单位、企业出类拔萃，他们是"人才"，是"优秀人员"，却很少留意其团员身份。课题组在调查时发现很多团员在工作、生活中表现突出，但其并未意识到自身的团员身份，未发挥其示范性作用。

3. 缺乏奉献精神

团员先进性存在的一个突出问题是缺乏奉献精神和大局意识。这恰恰是对过去提倡"无私"、"牺牲"、极端集体主义而扼杀个人利益的逆反。一方面，包括团员在内的年轻人"凡事讲钱"的态度成为单位、企业的流行状况，"没钱不干活"、"没钱不出力"成为让领导头疼的问题；另一方面，很多人包括团员只追求个人利益而忽视公共利益、他人利益，结果引发人与人之间的矛盾冲突，甚至发生群体事件，危及社会稳定。当前，团员先进性的"三个缺失"越来越严重，不仅削弱团员自身的荣誉感和自豪感，更削弱了社会各界对团员的信任和赞赏。

二、基层团组织建设存在"五个不足"

调查发现，各级团组织努力适应社会变革，尽量调整和创新组织结构、工作方式，取得一定的成绩。但是，与社会转型的要求和团员青年的希望相比，仍然存在较多的问题，主要表现为"五个不足"。

表3 基层团组织"五个不足"的具体表现

团组织存在的不足	现实具体表现	团员青年希望	对策
对党政的配合力不足	对重大社会经济建设参与不足	团组织更多参与主流，发挥作用	围绕培养青年人才参与建设出力
对团员的培养力不足	对团员职业生涯发展的帮助有限	团组织为团员青年成长搭建平台	促进机关企业更好地发挥团员作用

续上表

团组织存在的不足	现实具体表现	团员青年希望	对　　策
对青年的吸引力不足	缺少新颖活泼、富于启迪的活动	围绕青年兴趣爱好策划项目	提升团组织开发活动吸引青年的能力
对群众的服务力不足	工作较虚，不能切合群众需求	为城乡群众提供切实服务	团组织发挥优势，拓展公益服务领域
对社会的影响力不足	受到新兴社会组织挤压，影响力削弱	团组织与各类社会组织竞争活力	团组织自主创新，焕发生机活力

资料来源：整理课题组与团员青年个别访谈获得的信息。

1. 对党政的配合力不足

不论是党政领导还是年龄大的团干部，皆反映如今的团组织对党政中心工作的配合力度不足，与20世纪50年代、80年代相比存在差距。在20世纪50年代，团组织配合社会主义新中国建设，各个重大领域、重大项目都有团员青年活跃的身影，上至党中央、下至乡村党支部都给予其高度评价。20世纪80年代，配合改革开放，团组织主动创新、迅速转型，推出"新长征突击手"、"青年岗位能手"等活动，获得各级党政部门的好评。如今，在社会转型、经济转型过程中，团组织有被"边缘化"趋势，总是在"敲边鼓"、"擦水花"，但是没有进入核心工作位置，未能更好地利用团员青年的才能和价值。

2. 对团员的培养力不足

团组织作为"党的后备军"、培养团员青年的"大学校"，近年来在培养团员成长成才方面力度有所削弱，效果欠佳。一方面是"推优入党"、"评先评优"、"择优晋升"做得不够到位，团内评比与社会评价脱节，未获得机关、企业等的有效认可，未能为团员发展提供良好途径；另一方面是面对新兴的"公开招聘"、"竞争上岗"等形式，团组织在培养团员竞争力、展示力等方面有所不足，未能充分发挥团员潜能，使其获得发展机会。

3. 对青年的吸引力不足

据青年反映，团组织的组织结构单一、活动形式陈旧，缺乏吸引力和渗透力。近年来网络发起的青年新颖活动、社团发起的青年时尚活动和各类商业机构针对青年兴趣的活动不断增多，相比之下，团组织的活动显得尤其平淡。部分团干部反映："过去是青年责怪团组织不搞活动，现在是团组织搞活动没青年参加，为了开展活动，还要千方百计鼓动青年参加活动。"其实，青年并非没有时间参加团组织的活动，而是没有兴趣参加。

4. 对群众的服务力不足

部分基层群众反映："过去一提到青年突击队就知道是来帮助我们的，干累活重活的,特别受欢迎,现在很少见了。"团组织发起的青年志愿者行动曾经很受群众欢迎,但由于较多形式化的做法,不如社会工作服务、社会组织服务受欢迎。特别是在政府委托社会组织购买服务的做法推广以后,社工机构、社会组织争取到较多的财政支持、社会资助,开展服务城乡群众的形式多样,对各级团组织产生极大的挑战。

5. 对社会的影响力不足

调查中发现,部分团干部、团员将过去与现在进行比较时表示:"那时候(20世纪50年代、80年代),一说共青团,谁都知道,谁都夸奖,现在没人当回事了。"整体上看,团组织对社会的影响日益减少。在参与社会转型、产业升级的过程中,团组织不能充分发挥团员作用,使其游离于社会主流之外;在团员青年成长成才过程中,团组织发挥的作用日益减小,难以凝聚青年。面对民间组织、公益机构的崛起和挑战,团组织缺乏创新,吸引力减弱,难以赢得社会的关注和重视。因此,"形象团组织"、"空壳团组织"、"充场面团组织"的说法陆续出现,这是值得我们反思、注意的地方。

调查组归纳团组织的"五个不足"并不全面,但确实反映了团组织发展所面临的困难与存在的问题。

三、团员青年对共青团组织的"六个需求"

从服务青年到服务社会,从团员发展到团干部成长,从党政工作到社团培育,共青团组织服务领域日趋宽广。但是,团员青年对于某些领域关注度存在高低程度的不同,团组织如何将社会需求与青年需求有机结合,值得我们思考。

表4 共青团组织服务领域与团员青年关注程度

服务领域	服务内容	团干部关注	团员关注	青年关注
党政工作	参与经济发展、社会建设、维稳	高	中	低
团干部成长	专职团干部转岗、兼职团干部出路	高	低	低
团员发展	团员工作表现、社会重视重用	中	高	中
青年生活	青年生活保障、个性爱好发展	中	高	高
社团培育	社团(包括青年自组织)培育发展壮大	高	中	高
社会进步	公平与安全保障、民主参与机会	高	高	中

资料来源:课题组根据座谈访问调查的情况整理。

广东省共青团员先进性调查研究

团员青年对于团组织发展和团工作创新的需求，主要集中在"六个贴近"上。

表5　团员青年对团组织、团工作的需求中体现的"六个贴近"

团员需求	现实情况	团员具体需求	对团员的作用
贴近社会，灵活多样	部分团活动形式过于死板，无法与社会需求接轨	希望团活动内容能与社会转型、环保低碳等社会热点话题结合	开拓自身视野、提高整体素质
贴近生活，切实有效	部分团组织看到团员丰富多彩的物质生活，却没有注意到他们从中获得的精神领悟	希望团组织理解他们，同时在交流中正确引导他们的思想、价值观	树立正确的价值观、提高业务素养
贴近青年，活泼有趣	团组织"官方"话语体系阻断与团员心连心的交流	希望团组织放下"官方"架子，平等讨论、交流思想	受到组织平等对待，对生活的态度更加积极向上，有活力
贴近时代，锐意创新	团组织创新力不足，团员参与时倍感乏味	希望团组织辩证看待新事物，融合新元素	更乐于参与团组织活动，更多金点子被激发
贴近网络，体现民意	近几年党建团建工作在网络上取得可喜成绩，但民众问政渠道较少	希望团组织提高对团员青年、民生关注度	改善团员生活，增强团员融入社会的能力
贴近未来，引领潮流	部分团组织在传授团知识时，过度注重过去的团建佳绩而忽略了新一代团员的未来发展	希望团组织能将团知识与团员的发展相结合，适应未来的需要	敢于挑战自我、探索未来、规划未来

1. 贴近社会，灵活多样

部分团员反映，团组织的某些活动与社会变化、时代特色脱节，缺乏吸引力。如有些团组织的政治学习活动，运用的话语和活动方式与20世纪七八十年代相同，难以吸引新一代的团员青年。团员希望团组织的活动能与社会转型、产业升级、创业就业、福利发展、环保低碳等话题密切结合，让其在参加的过程中丰富视野、提升素质。

2. 贴近生活，切实有效

在社会发展影响下，团员青年的生活需求趋向多样化，既要求温饱和安全，也要求休闲和快乐；既要求成家立业，也要求自由享受。团组织要避免抵触或排斥新一代青年追求利益、实惠的想法，要逐渐理解、沟通青年，在平等交流的基础上引导团员青年的思想进步。

3. 贴近青年，活泼有趣

某些团员青年反映，一想到团组织，就想到"板起脸孔"、"教训人"，团员希望团组织在与新一代青年交流的过程中尽量避免使用"官方"话语体系，而是使用青年喜欢听、听得懂、听得进的话语体系，这样才能赢得青年的喜欢和追随。新一代青年的兴趣广泛、生活多样，如果团组织和团干部一开始对青年抱有抵触的态度，就容易产生隔阂。例如一位男团员染头发，喜欢穿奇装异服，但他同时是青年志愿者，长期帮助智障儿童，赢得服务对象的爱戴。某些团干部看不惯他，批评指责，而服务对象却维护他，替他辩护。调查组认为，时代在变化，青年在变化，团员在变化，团组织也需要创新形象、更新方式，力求贴近和吸引团员青年。

4. 贴近时代，锐意创新

团组织成立以来，经历了革命战争年代、新中国建设年代、"文革"冲击年代、改革开放年代、社会转型年代。团组织不仅要适应时代变化，而且要积极主动把握时代脉络，锐意创新进取。团员青年希望团组织、团干部对于社会出现的新迹象、新因素不要轻易否定，而是逐渐积极了解，寻求有意义、有价值的因素，与团员的教育实践、团组织的发展相融合。

5. 贴近网络，体现民意

"网络改变世界"、"网络改变人生"，这两句话在20世纪90年代是预言，但在21世纪成为现实。大部分团员青年依赖网络，而且借助网络冲击社会固定模式。网络上流行的"论坛向左、微博向右、微信向下"说法，表明青年利用不同的网络工具，做自己想做的事情的态度。团员青年希望团组织主动利用网络的优势，聚集青年、体现民意，推动生活的改善和社会的进步。

6. 贴近未来，引领潮流

"我的未来不是梦"，这是在团员青年群体中流行的一句歌词，反映其对自身前途、命运的多种需求。他们希望团组织不仅要教育团员青年守纪律、守规范，更要引导团员青年把握机遇、创造未来，在追求美好前途的过程中不忘为创造幸福社会尽一份力。如今的青年一代受到网络信息、社会生活变化的影响，不太留念过去的事物，希望把握未来、迎接未来，这是各级团组织需要注意和适应的地方。团员青年对团组织发展"六个贴近"的需求，希望引起各级团干部的重视，作为锐意创新、积极发展的民意参考。

四、群众路线实践教育中团员先进性的"四个体现"

调查中某些团员青年反映，改革开放前30年，以经济建设和经济体制改革为重点，团组织配合党的中心工作，通过"青年文明号"等活动发挥积极作用，有效体现团员先进性。如今，伴随社会转型和解决社会矛盾的需要，社会建设与社会体制改革成为重点，共青团要积极投身于社会工作和社会服务，在帮助社会人群的过程中体现团员先进性，让团员青年获得更大的发挥空间。

1. 在倡导文明进步中体现团员先进性

文明生活与文明秩序是社会和谐的基础，也是生活改善的前提。目前，由于利益之争、陋习影响而导致不文明的情形日益增多，引起社会各类问题。小如随地吐痰、上车插队、境外旅游喧哗、公共场所便溺等等，大如遇事争执不休、邻里互相攻击、动辄拳脚相向、网络谩骂污辱等等，这些不文明的意识和行为，不仅影响个人的生活和谐，甚至引发社会群体的极端事件。团员青年希望由团组织带头，倡导文明意识和文明行为，力求每一个人都为自己和他人营造和睦友善的生活环境。团员通过文明出行、文明交往等方式体现先进性，成为青年和民众的表率。

2. 在促进成长成才中体现团员先进性

团员青年认为，一个体现先进性的团员，应该是工作有成、家庭和睦的人，应该是对社会和家庭有贡献的人。部分团员反映："如果团员或青年志愿者，成天帮助别人，但是自己生活得很不好，越来越穷，就不是一个好榜样。一是自己逐渐失去帮助人的能力，二是容易让别人产生做青年志愿者会吃亏的想法。"所以，基层团组织需鼓励团员青年努力学习、积极进取，在职业工作中成为表率，在家庭生活中成为楷模，同时积极奉献社会、帮助他人，报效祖国、建功立业，让更多的青年羡慕和学习。

3. 在服务困难群众中体现团员先进性

调查中，许多团员反映，先进性要获得社会大众的认可，获得青少年的认同，不是靠讲大道理，而是要体现在关心人、帮助人等方面。多年来在团组织创造的品牌中，最受欢迎的就是青年志愿服务。深圳市龙华新区龙华街道一批外来务工的团员青年组成"小草义工队"，倡导互助友爱，定期关爱困难家庭、困难群众，不仅为有困难的家庭和群众捐款捐物，并且建立长期的挂钩服务。从街道干部到企业经营者、从务工青年到社区居民，都对这些团员青年和务工志愿者赞不绝口，团员先进性在其中潜移默化地发挥作用。

4. 在扩大民主参与中体现团员先进性

目前，团员青年对于参与社会、参与民主的热情日益高涨。一方面是参与社会民主的机会不断增多，从村民直选、居民直选到政风评议、民生议事，都需要团员青年积极参与和发挥作用。另一方面，"80后"、"90后"的团员青年个性较强、乐于表达，希望自己的思想观念、理想追求获得更多人的赞赏和追随。因此，团员青年自发、自主发现社会参与机会、参与民主事务，表现出创新活力，他们希望团组织鼓励团员青年参与社会民主。作为先进性的具体体现，在推动民主发展进程中需要密切保持党团与群众、青年的联系。如今，很多地方实行党代表常任制、人大代表常任制、政协委员常任制，定期在社区、农村征求民意、解决问题。团员青年就以志愿者的身份作为党代表助理、人大代表助理、政协委员助理，在配合联系群众、服务群众、反馈信息、传递信息的过程中学会民主、学会治理。当前，社会建设的领域越来越广泛，项目越来越丰富，团员青年热情参与、积极奉献，在推进社会建设中充分发挥团员先进性，就能赢得更多群众的认可和支持。

在加快社会建设、创新社会管理的过程中，要求团员青年积极参与，要求团组织发挥积极作用。因此，必须创新团员先进性教育方式，创新团组织格局，探索和建设灵活多样、生机勃勃的共青团工作新机制，才能更有效地发挥团组织的积极作用。共青团要发挥开放包容的优势，不排斥世界各国青年组织的经验，不排斥国内各类青年自组织的创新经验，积极交流、沟通合作，"取人之长，为我所用"，充实和丰富团组织的工作方法、工作机制。鼓励各级团干部积极与其他青年社团、青年机构联系与合作，在互相支持的过程中吸引它们、影响它们，扩大党团组织的影响力，增强党团组织的实力，发挥党团组织的社会作用。

共青团广东省委组织部、广东青年职业学院
执笔人：谭建光、袁剑、王浩

广东共青团分类引导工作研究

一、调研基本情况

本研究主要内容分为四大部分，分别是广东青年的思想现状、广东青年对共青团引导内容与方式的偏好、广东共青团分类引导青年的实施现状以及对共青团分类引导青年的模式探索。

在调研方式方面，本研究以问卷调查和实地访谈为主，在粤东、粤西、粤北、珠三角这四个地域，对大学生、企业青年、进城务工青年、农村青年这四类共青团重点引导的群体进行等比例调研。

（一）调研背景及目的

本次调研的主题为"广东共青团分类引导青年工作研究"。所谓"分类引导"，即共青团对大学生、企业青年、进城务工青年及农村青年这四个重点群体，分别进行有针对性的思想引导与生活服务。具体来讲，是共青团针对不同类别青年在职业背景、社会阅历、思维方式、行为习惯等方面的显著差异和具体的思想实际，确定不同层次、不同侧重、不同形式的引导内容和引导方法，将思想引导的目标要求具体化地落实到不同青年群体身上。

通过本次调研，本课题组充分了解广东青年的思想现状，认真摸索广东青年对共青团引导内容与方式的需求及偏好，仔细探讨广东共青团分类引导青年的实施现状，并最终提炼出共青团针对大学生、企业青年、进城务工青年及农村青年这四类群体的有效引导模式。

（二）调研方式

1. 问卷调查

本次调研的问卷调查采用随机整群抽样的方法进行取样。共派发问卷1200份，回收1200份，问卷回收率达100%。其中有效问卷1181份，占问卷总数的98.4%。针对共青团分类引导的四类群体，本次调研的对象包括大学生、企业青年、进城务工青年以及农村青年，每类群体各派发问卷300份，各占问卷总数的25%。同时，为使调查对象覆盖面更广，样本更具代表性，本课题在粤东、粤西、粤北、珠三角四大区域各派发问卷300份，问卷以随机整群抽样的方式进行派发。

问卷派发的形式包括课题组成员实地考察派发、团组织协助电话调查、团组织协助邮件调查等。如图1-1所示，粤东地区共派发300份问卷，其他地区（粤西、粤北、珠三角）参照此方式。

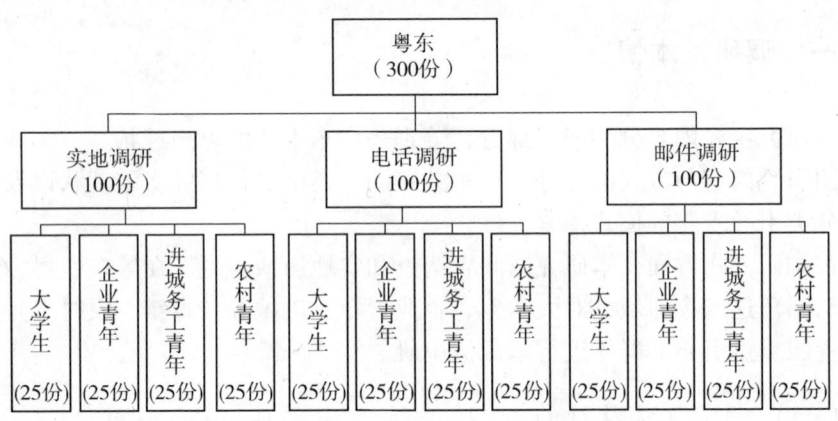

图1-1 粤东地区问卷派发方式

2. 实地访谈

本次调研方式除了问卷调查，还包括实地访谈。本次访谈共调研32位对象，其中粤东、粤西、粤北、珠三角四个地区各8份访谈；在各个地区中，大学生、企业青年、进城务工青年、农村青年各2份。具体如图1-2所示，其他地区参照粤东访谈方式。访谈对象以随机取样的方式抽取，并实地进行访谈。相对于问卷调查而言，因为访谈是面对面的交谈，其真实性更强，调查结果的准确率更高。本报告以问卷数据结果为基准，并适时参考访谈结果，确保研究报告的真实与可参考性。

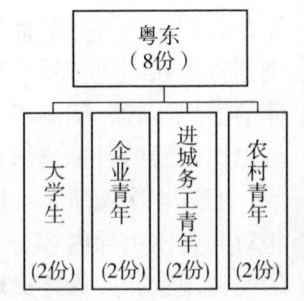

图1-2 粤东地区访谈方式

（三）调研对象基本情况

本次调研对象共1200名，其中男女性别比例为48.6:51.4，基本达到平衡。抽样群体年龄分布以18～28岁居多，占76%（见图1-3）。抽样群体的教育程度中，比例最高的是高中或中专人员，占48%（见图1-4）。

本课题组在派发问卷时，对大学生、企业青年、进城务工青年以及农村青年这四类群体是按1:1:1:1的比例进行抽样调查，因此抽样群体所属类别的分布状况近似1:1:1:1

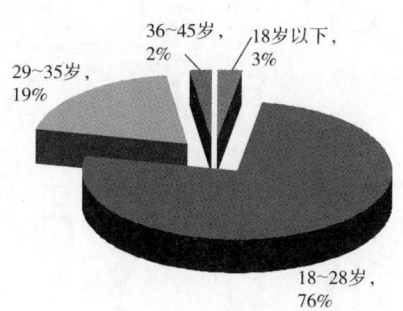

图1-3 抽样群体年龄分布

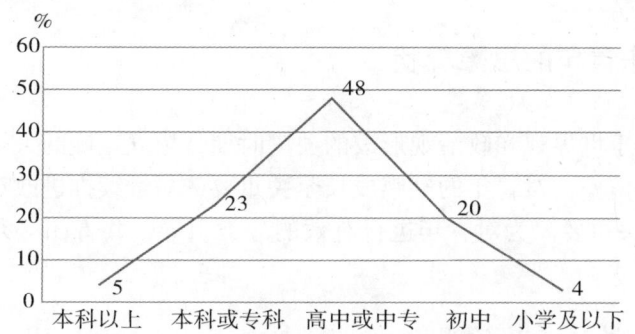

图1-4 抽样群体受教育程度分布

的比例分布。关于政治面貌的调查显示，抽样群体的政治面貌多为中共党员和共青团团员（见图1-5）。而本研究关于宗教信仰的调查显示，83.1%的受访者无宗教信仰；而有宗教信仰的受访者，多数是信仰佛教的，占总体的12.1%（见图1-6）。

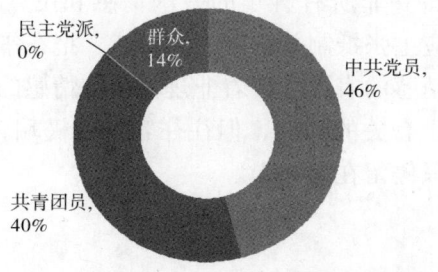

图1-5 抽样群体的政治面貌分布

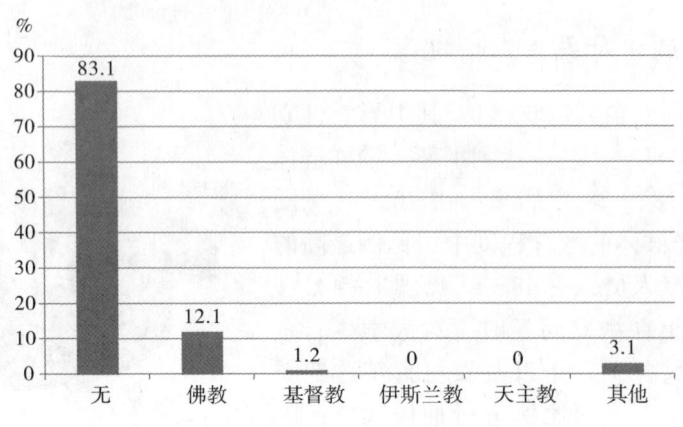

图1-6 抽样群体的宗教信仰状况

二、广东青年的思想现状

青年正处于世界观和政治观形成的关键时期，树立正确的人生观、价值观和高尚的道德情操，对青年的健康成长至关重要，对继续推进改革开放、实现"中国梦"至关重要。为对青年进行有效的分类引导，共青团必须掌握新时期青年的思想现状。

（一）世界观与政治观

1. 对党与国家的认同度

（1）对国家与民族的情感。近年来，我国在钓鱼岛问题上不断受到来自日本的挑战，对于日本公然侵占我国领土钓鱼岛这一事件，有13%的青年表示很愤怒，有82%的青年表示较愤怒，仅有4%的青年持无所谓的态度（见图2-1）。这说明绝大多数的被调查者都有着强烈的爱国情感和民族精神。然而，本研究数据也显示出，并非所有青年的爱国情感和民族精神都是理性的。有13%的青年认为政府应主张抵制并摧毁一切日货，把在华日本人赶回日本。这是一种非理性的爱国情感的表现。有着非理性爱国情感的青年一般会强烈关注与国家利益、国计民生有关的问题，但往往容易走极端，看待事情较为偏激，而且他们的爱国一般只停留在口头上。

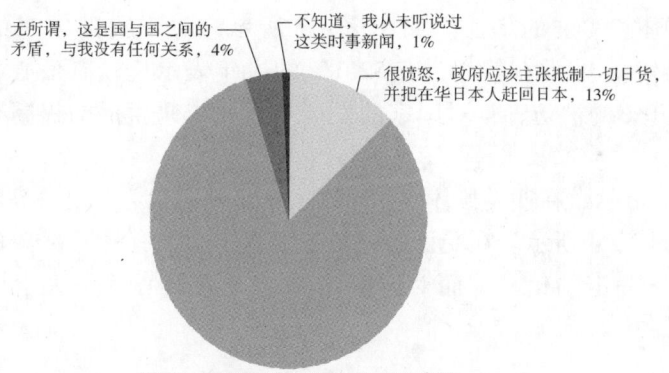

图2-1 青年对钓鱼岛事件的态度

四类群体中都有人表示很愤怒,而最为激烈的是企业青年,如图2-2所示。可见,在四类群体中,大学生是最具有理性的爱国情感与民族精神的人群,而较为不理性的是进城务工青年与企业青年。

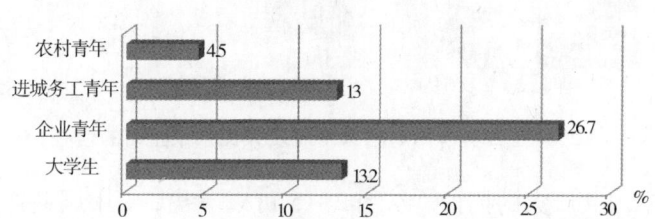

图2-2 广东青年对钓鱼岛事件"很愤怒"的比例

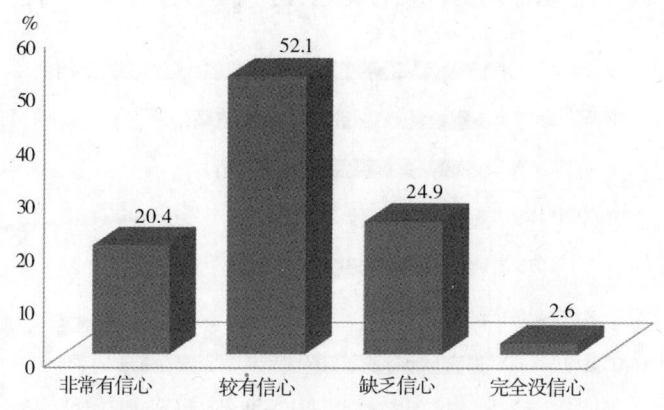

图2-3 青年对国家发展及人民未来生活的信心

(2) 对国家发展的信心。如图2-3所示，对于我国未来的发展，有20.4%的青年表示非常有信心，有52.1%的青年表示比较有信心。研究数据显示，超过70%的被访青年对国家的发展与人民未来生活的提高有较强的信心。

调查数据显示，在四类群体中，对国家未来缺乏信心比例最高的是进城务工青年，如图2-4所示。在受访的进城务工青年中，有将近50%的受访者对国家未来缺乏一定的信心。而对国家未来最充满信心的是大学生，比例近90%。

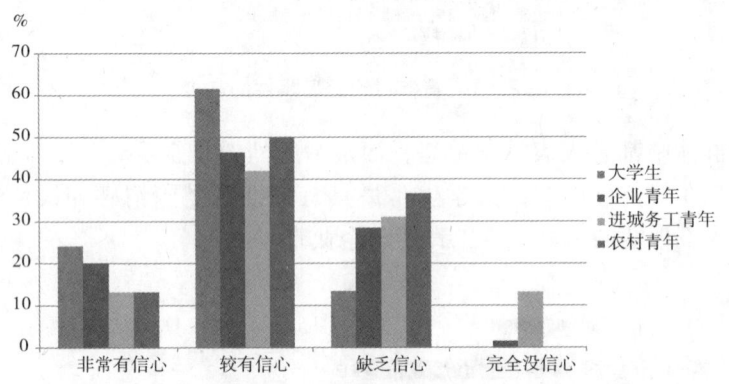

图2-4　四类群体对国家发展及人民未来生活的信心

(3) 对中国共产党的拥护。从图2-5可以看出，"中国共产党的正确领导"是青年对我国未来发展和人民生活水平提高有信心的最重要的来源之一，在重要性排行中被大多数青年排在了第二位。这说明绝大多数的青年都能认识到坚持党的领导是正确的选择，且自觉地拥护中国共产党的领导。

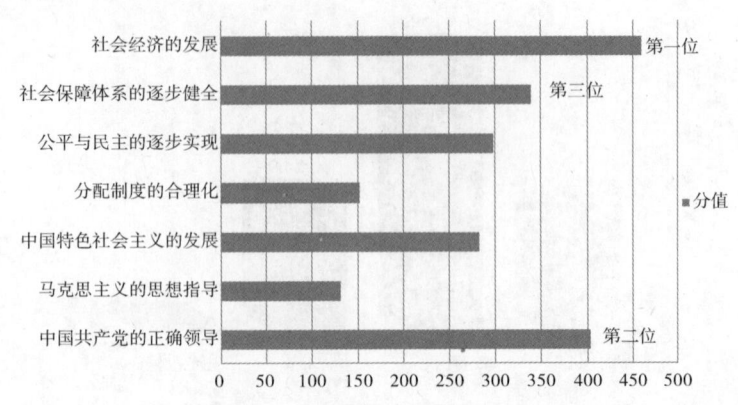

图2-5　青年对未来的主要信心来源

2. 对党的理论的认知与认同度

（1）对社会主义核心价值观及核心价值体系的认知。如图2-6所示，有56.4%的被调查者听说过社会主义核心价值观，但对社会主义核心价值观的内容很清楚的青年只占10.1%。数据表明，虽然大部分青年对核心价值观有所了解，但仅停留在略知一二的层面，对核心价值观的了解还不够深入。

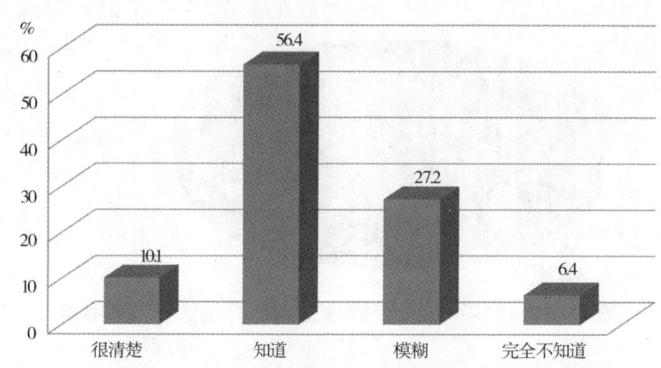

图2-6 青年对社会主义核心价值的了解程度

从共青团重点引导的四类群体来看（见图2-7），对社会主义核心价值观最为了解的群体是大学生，将近20%的大学生十分清楚社会主义核心价值观的内容，而超过60%的大学生表示知道核心价值观；同时，企业青年对核心价值观了解的比例也不低。但是，进城务工青年中超过50%的受访者表示对核心价值观概念模糊，而农村青年中则有近10%的比例表示完全不知道核心价值观，在四类群体中占的比例是最高的。

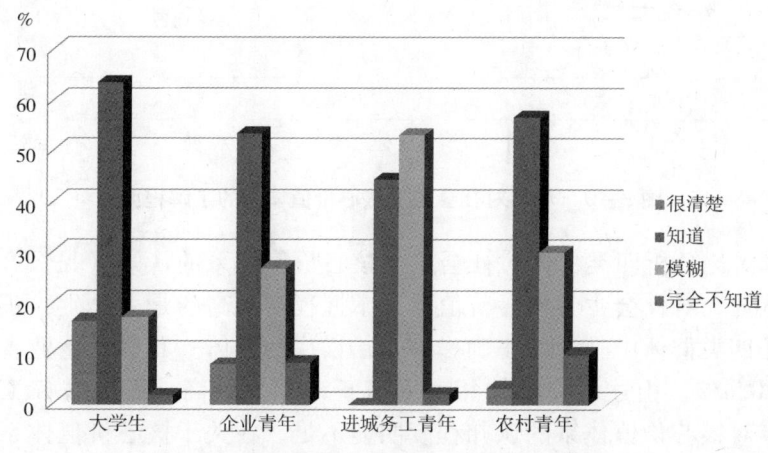

图2-7 四类群体对核心价值观的了解程度

而关于社会主义核心价值体系，调研数据显示，只有44%的青年能够完全正确地认识到社会主义核心价值体系的具体内容，超过一半的青年都不能选出正确的答案（见图2-8）。而进一步对青年的选择进行分析，本课题组发现，有17.2%的青年能够选出三个正确答案（见图2-9），这意味着他们能够基本掌握社会主义核心价值体系的内容，但缺乏更深入的了解。

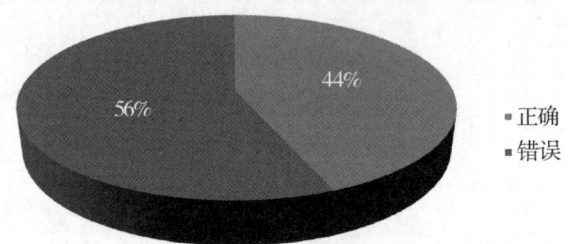

图2-8 青年正确认识社会主义核心价值体系的状况

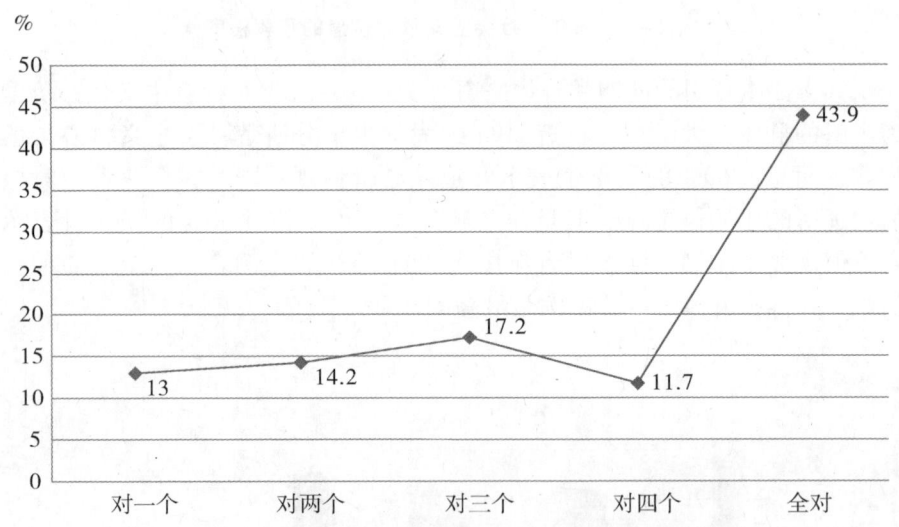

图2-9 青年对社会主义核心价值体系的了解程度

通过对比分析四类群体对社会主义核心价值体系的认知（见图2-10），本研究认为，对社会主义核心价值体系掌握程度最高的是大学生，正确率达52%，是四类群体中唯一的正确率高于错误率的群体。其次是企业青年，正确率达40.4%。上述两类群体相对而言正确率比较高。而进城务工青年与农村青年对核心价值体系的认知程度明显不足，在关于核心价值体系的问题上，进城务工青年的错误率达74%，而农村青年的错误率也达70%，可见此两类群体对核心价值体系的认知程度亟待提高。

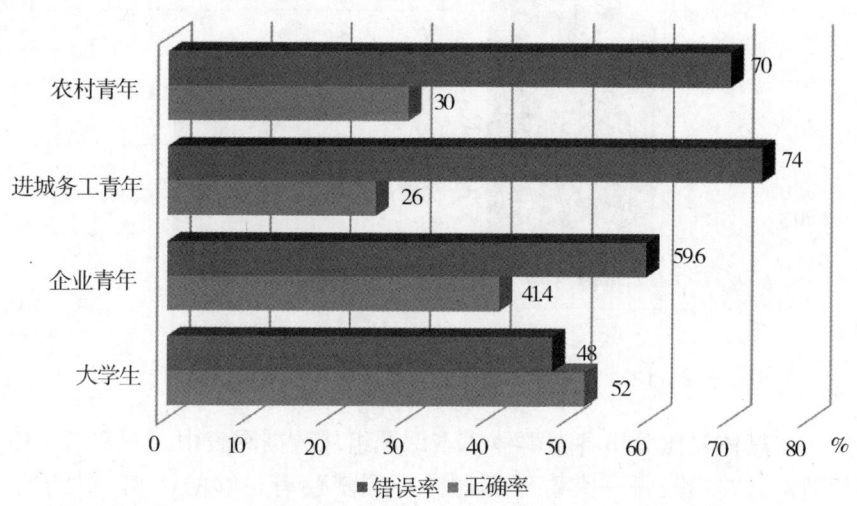

图2-10 四类群体对社会主义核心价值体系的正确认知程度

（2）对中国特色社会主义理论体系的认知。对于中国特色社会主义理论体系的内容，仅有19.1%的青年能够选出正确答案（见图2-11），超过80%的青年不了解中国特色社会主义理论体系的内容，数据表明绝大部分青年缺乏此方面的政治理论知识。

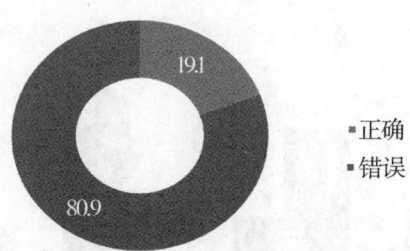

图2-11 青年准确认识中国特色社会主义理论体系的状况

（3）对"中国梦"的认知。关于青年对"中国梦"基本内涵的认识，如图2-12所示，有58%的青年能够准确选出"中国梦"的基本内涵，可见青年群体普遍对这个新名词的认知度较高。

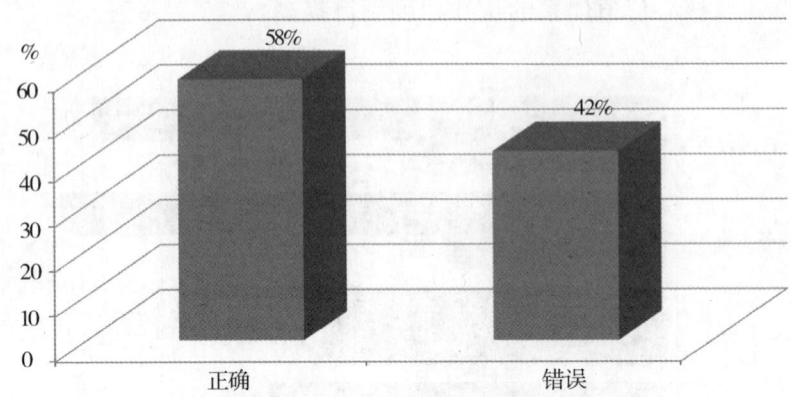

图2-12 青年对"中国梦"基本内涵的准确认知程度

然而,具体对比分析各个群体,本课题组从数据图表中(见图2-13)得出一个结论,并不是每一类青年都对"中国梦"有足够的认知,大学生与企业青年是对"中国梦"基本内涵掌握得比较到位的,对"中国梦"问题的回答正确率分别为63%和62.2%。而另一方面,进城务工青年与农村青年对"中国梦"的认知却十分片面,仅有27%的进城务工受访青年和37%的农村受访青年正确选择了"中国梦"基本内涵。由此可见,四类群体对"中国梦"的掌握基本可以分为两大派别,大学生与企业青年是属于基本掌握的,而进城务工青年与农村青年则是属于基本未能掌握的。

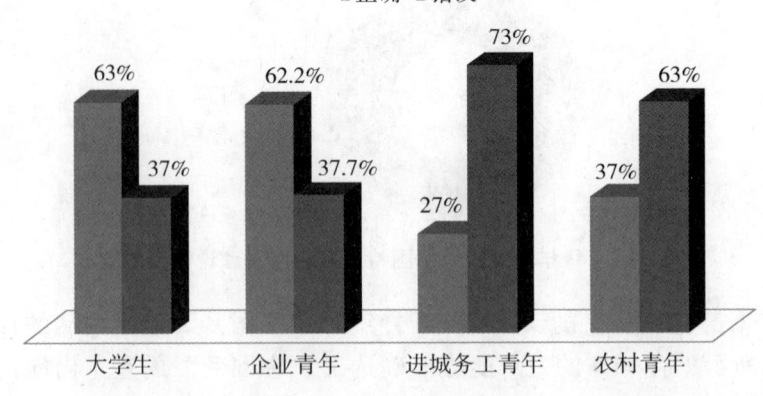

图2-13 四类群体对"中国梦"基本内涵的认知情况

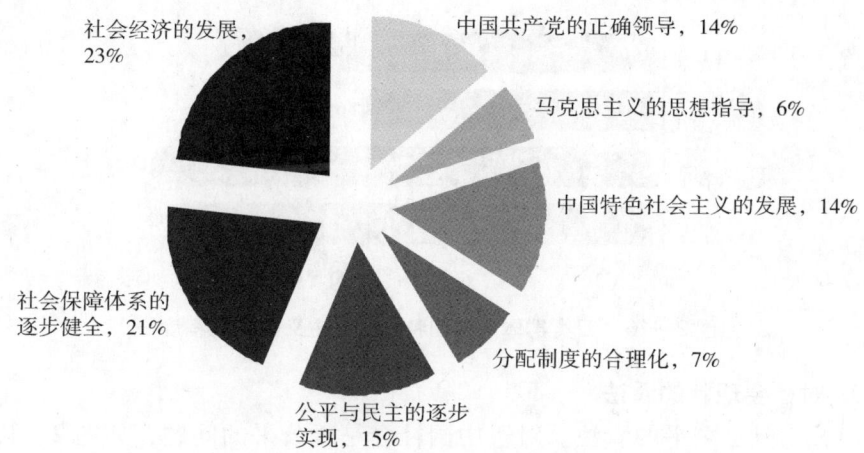

图 2-14　青年对国家发展及人民生活水平提高的信心来源

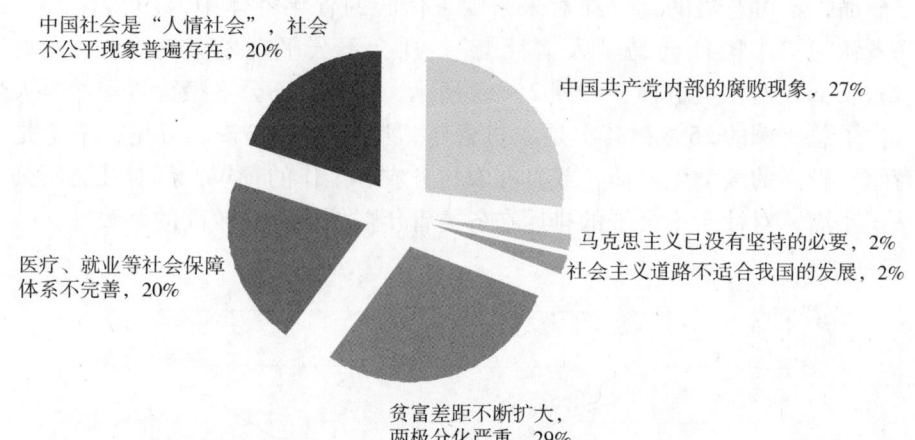

图 2-15　青年对国家发展及人民生活水平提高缺乏信心的原因

（4）对中国特色社会主义的认同。同样如图 2-14 所示，在对未来充满信心的青年群体中，有 14% 的受访者对未来国家发展与人民生活水平提高的信心源自"中国特色社会主义的发展"。而针对各个不同的群体，如图 2-16 所示，对中国特色社会主义最为认同的是企业青年与大学生群体，进城务工青年的认同比例是最低的。

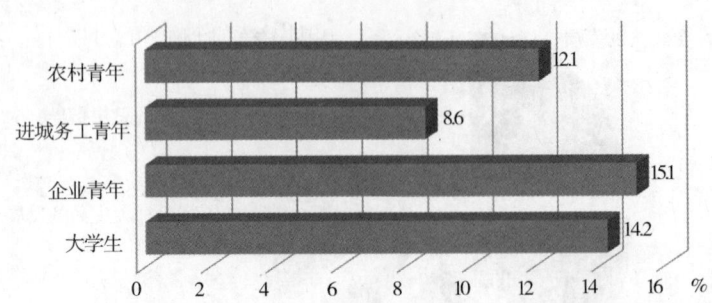

图2-16 四类群体对中国特色社会主义的认同程度

3. 对社会现状的看法

（1）对社会公平的看法。对于中国社会是否公平的问题，如图2-14所示，对未来充满信心的青年群体中，有15%的被访者认为这归功于"公平与民主的逐步实现"，数据表明不少青年都对社会的公平与民主有一定的寄望与信心。然而，不可忽略的是，在对未来缺乏信心的青年群体中，却又有20%的受访者认为"中国社会是'人情社会'，社会不公平现象普遍存在"（见图2-15）。而针对四类群体，如图2-17所示，对社会不公平最为排斥的是大学生，占了总比例的25%；其次是农村青年，比例为23.3%。可见，不论是受教育水平较高的大学生群体，或是在农村务农、工作的青年，都对社会不公平表达了不满，对社会不公平的排斥在各类青年群体中存在较高的一致性。

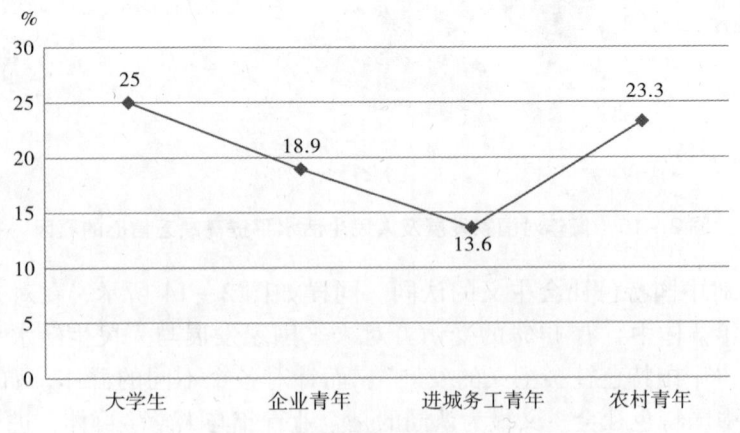

图2-17 四类群体对社会公平的态度

（2）对社会保障的看法。对当前中国社会保障的态度，如图2-14所示，超过20%的青年认为社会保障体系正在逐步健全，由此对未来生活充满信心。

然而同时要看到，有20%的青年群体认为当前医疗、就业等社会保障体系不完善，进而对未来生活缺乏信心（见图2-15）。

（3）对社会思潮的看法。青年的人生观和价值观正处于形成时期，因此，特别容易受到社会思潮的影响。问卷调查的结果显示，当前有诸多不良的社会思潮对青年造成了不良的影响。其中，青年认为影响最大的前三个不良因素分别是拜金主义、利己主义和缺乏诚信（见图2-18）。

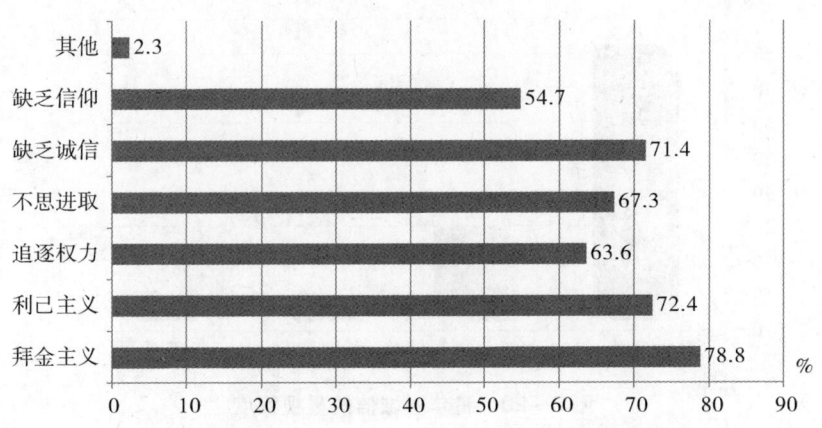

图2-18 青年认为对他们带来影响的不良因素

这些不良的社会思潮对青年造成了不良的影响，具体到青年个体身上则主要表现为责任意识较差、过分强调自我和看重自身利益（见图2-19）。社会思潮对青年的影响及其表现，于四类不同群体而言没有特别的差异，表现出强烈的一致性，表明这些不良的社会思潮对无论哪一类青年都有同样的较负面的影响。

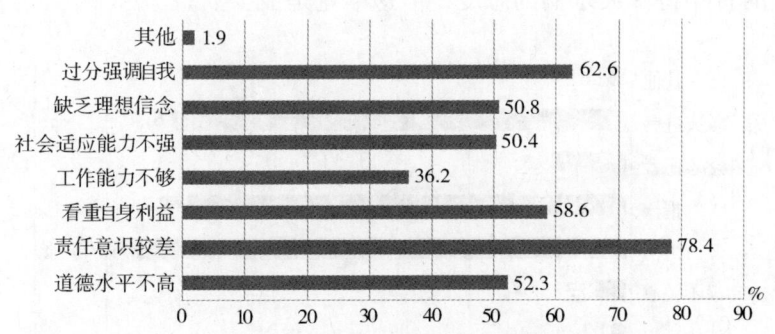

图2-19 青年认为他们所在群体普遍存在的问题

（二）人生观与价值观

1. 诚实守信的品质

如图2-20所示，有75.9%的青年对诚实守信非常重视，而对诚信态度是一般的，仅占受访青年总数的0.6%。数据表明，绝大多数的青年对诚实守信的重视程度非常高。在四类群体的对比分析中，四类群体都比较重视诚信。

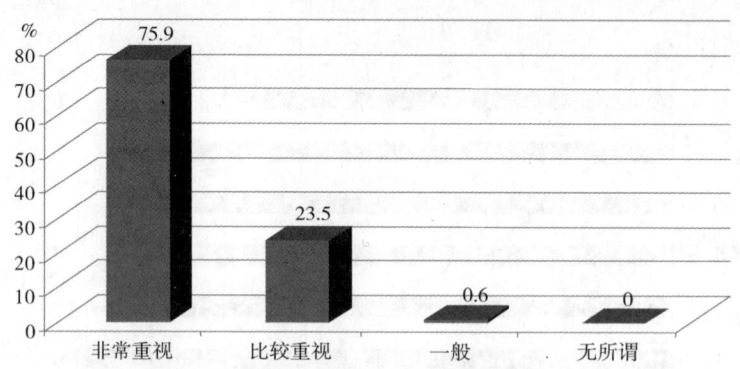

图2-20　青年对诚信的重视程度

2. 友善与奉献精神

如图2-21所示，在四川雅安地震后，有70.2%的青年会为灾区人民祈福，有61.7%的青年会关注救灾的进展，有59.7%的青年会通过捐款的形式帮助灾区的人民，另外还有9.3%的青年报名参加志愿者。这说明，青年群体具有较高的友善和奉献精神，他们不仅会关心他人，还会身体力行地去帮助他人。虽然数据仍表明，有3.3%的被调查者对雅安地震是漠不关心的，甚至还有1.2%的青年持幸灾乐祸的态度，但这毕竟是极少数。

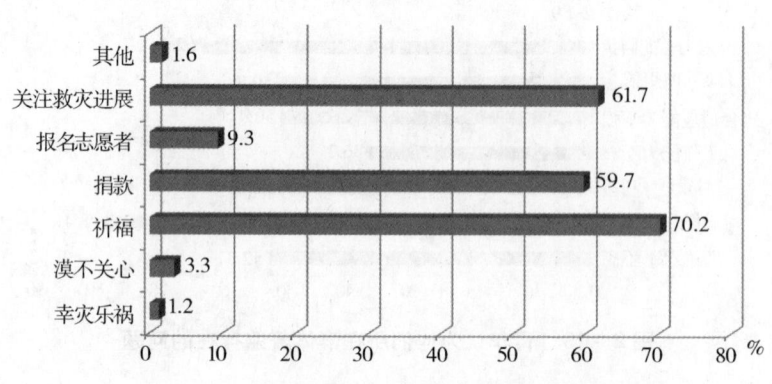

图2-21　青年对四川雅安地震的态度与做法

3. 责任意识

（1）对个人负责。如图2-22所示，有40%的青年对待自己的职业（学业）非常认真，有53%的青年比较认真。这说明绝大部分的青年对自身有着较强的责任意识。具体看四类群体的数据，如图2-23所示，在大学生、进城务工青年及农村青年中，都各有超过30%的受访者表示对自己的职业或学业非常认真，比较认真的都超过一半；然而在企业青年的受访者中，非常认真的比例却只有0.4%，比较认真的比例也不到一半，这与其他群体形成了强烈鲜明的对比。数据表明，与其他几类群体对比而言，企业青年较缺乏对自身的责任意识。

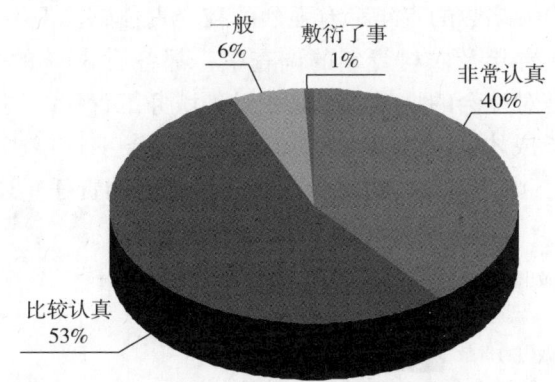

图2-22 青年对待职业（学业）的态度

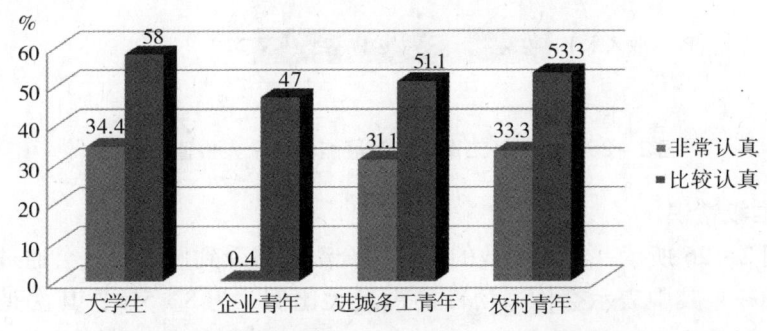

图2-23 四类群体对职业（学业）的认真程度

（2）社会责任感。从上述关于四川雅安地震后青年态度的调查结果中可以看出，绝大多数的青年具有强烈的社会责任感。而关于青年对自身价值的最高体现一项的选择中，如图2-24所示，有35.4%的青年认为对社会做出的贡献是最能体现个人价值的。

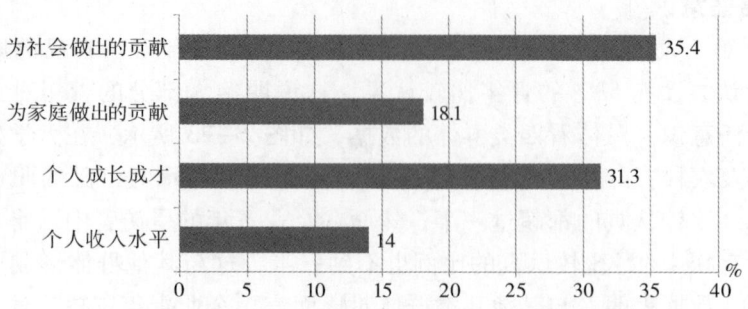

图2-24 青年认为最能体现个人价值的一项

数据表明,绝大多数的青年都有强烈的社会责任感。但不可忽视的是,尽管在大学生、企业青年及农村青年的调查中,都各有30%的受访者表示最能体现个人价值的是对社会的贡献,然而在对进城务工青年的调查中,最高比例的却是"个人成长成才",仅有14.8%的受访进城务工青年选择了对社会的贡献(见图2-25)。由此可见,进城务工青年对社会的责任感还不够强。

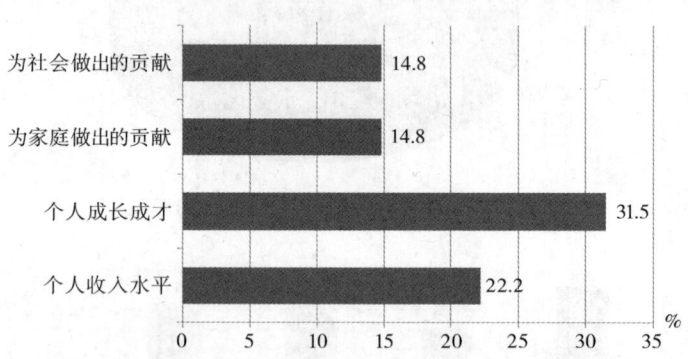

图2-25 进城务工青年认为最能体现个人价值的一项

4. 维权意识

如图2-26所示,绝大多数的青年在合法权益受到侵害时,会通过各种途径进行维权,其中表示会沟通协商的占最大比例,为82.5%;其次是通过法律途径,比例为57.6%;只有8.6%的青年选择默默忍受。数据表明,青年的维权意识是比较高的。但需要警惕的是,有3.7%的青年选择通过暴力手段进行维权。具体到四类群体的数据,如图2-27所示,选择暴力维权的比例最高的是进城务工青年,达到6.7%;其次是农村青年,达到3.3%。数据表明,进城务工青年的合法维权的意识相对较低。

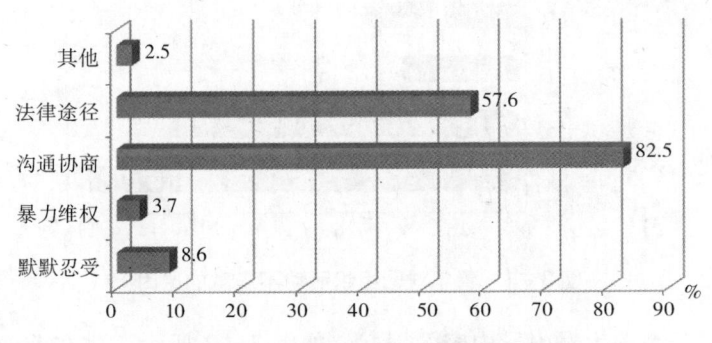

图2-26 青年倾向于何种维权途径

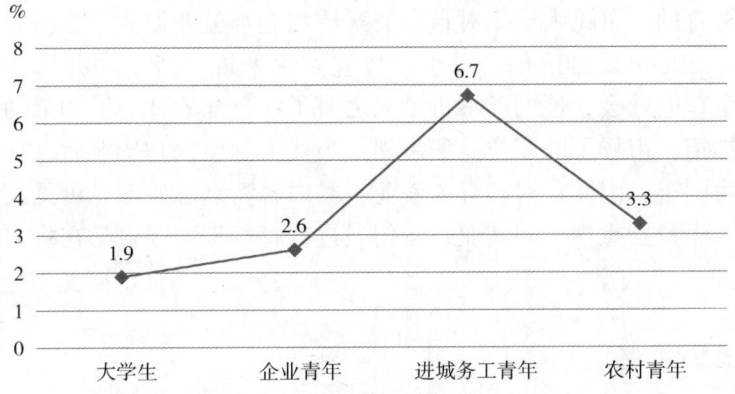

图2-27 四类群体选择暴力维权的比例

三、广东青年对共青团引导内容与方式的偏好

(一)广东青年对引导内容的偏好

调查数据显示,有25.1%的青年表示对团组织的活动是不满意的。而在这部分表示不满意的群体中,又有14%把不满意的原因归于团组织活动的内容空洞,对自身无帮助(见图3-1)。由此可见,共青团分类引导活动的内容扮演着十分重要的角色,在很大程度上决定着青年对共青团的认可,以及对共青团举办的活动的满意度。总体来说,排在内容偏好前四位的基本是求职就业类、教育培训类、时政新闻类以及科普知识类,只是在四类群体中,这前四位的具体排位不一致而已。

广东共青团与青少年发展蓝皮书（2013）

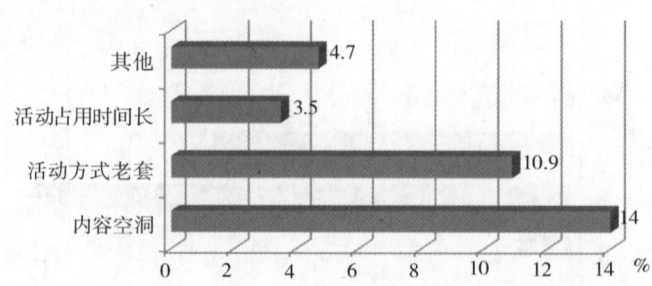

图3-1 青年对团组织活动不满意的原因

（1）关于大学生对引导内容的偏好，如图3-2所示，排在前四位的依次是求职就业类、教育培训类、时政新闻类、科普知识类。前两位的排序都是关于就业、教育的，可见大学生对自身的素质培养与就业创业等方面的内容是比较重视的。这是可以理解的，对于在校大学生来说，当今社会是一个物欲横流、适者生存的社会，他们已不再是天之骄子；且随着社会上的劳动力供给过剩和大学扩招，市场上的职位竞争激烈，当代大学生深知毕业后在社会获得一席之地极为困难，因此，对教育、就业一类内容特别感兴趣。可见大学生就业压力大，因而特别重视求职就业，希望通过教育培训增强自己在将来就业方面的竞争力。

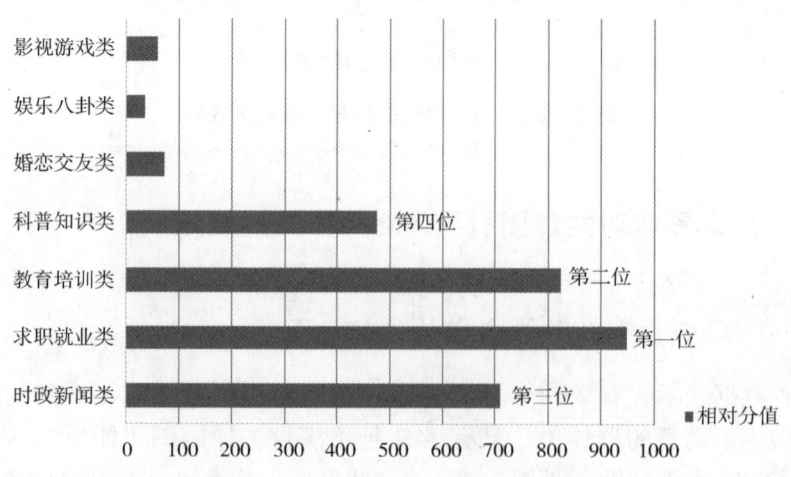

图3-2 大学生对引导内容的偏好

（2）关于企业青年对引导内容的偏好，如图3-3所示，排在前四位的依次为教育培训类、时政新闻类、求职就业类、科普知识类。而且，统计结果显示，关于教育培训类的分值比第二位的时政新闻类高出了超过400个分值。由此可见，企业青年比较注重的是自身的内涵与受教育等方面的内容。其次是时政新闻类，则证明企业青年比较关注国际国内时事，比较注重自身思想内涵的与时俱进。

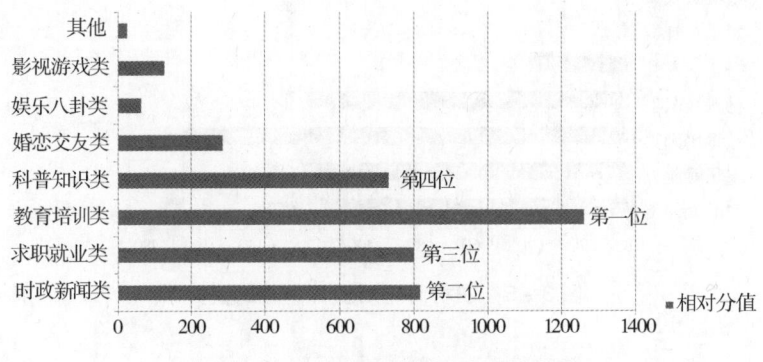

图3-3 企业青年对引导内容的偏好

（3）关于进城务工青年对引导内容的偏好，如图3-4所示，排在前四位的依次是求职就业类、教育培训类、时政新闻类、科普知识类。进城务工青年的排序与大学生的排序是一致的，但有所不同的在于第五位的排序。大学生中，第五位的排序是婚恋交友类，但分值不到50分；而在进城务工青年中，第五位的排序也是婚恋交友类，分值却接近100分。由此可见，进城务工青年除了对自身的求职就业、教育培训等比较感兴趣外，还特别需要关于婚恋交友方面的内容引导。

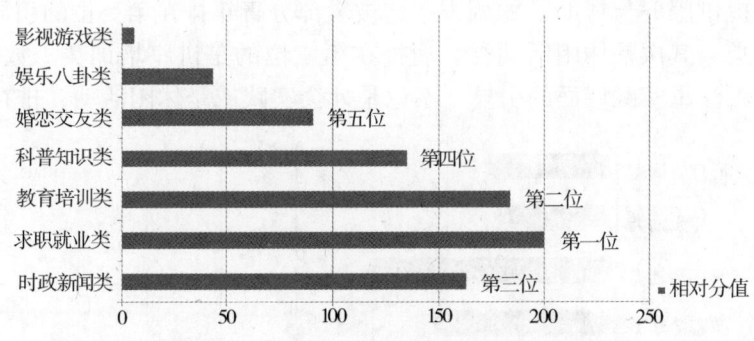

图3-4 进城务工青年对引导内容的偏好

（4）关于农村青年对引导内容的偏好，如图3-5所示，排在前四位的依次是教育培训类、求职就业类、科普知识类、时政新闻类。农村青年与企业青年一样，最重视的是教育培训类的内容。由此可见，虽然农村青年在四类群体中，相对而言是受教育程度较低的，但是受访的农村青年群体仍然十分渴望提升自己的内涵修养与受教育水平。排在第二位的不是求职就业类，而是科普知识类，可见，农村青年对科学知识等方面的内容是十分感兴趣并予以关注的。

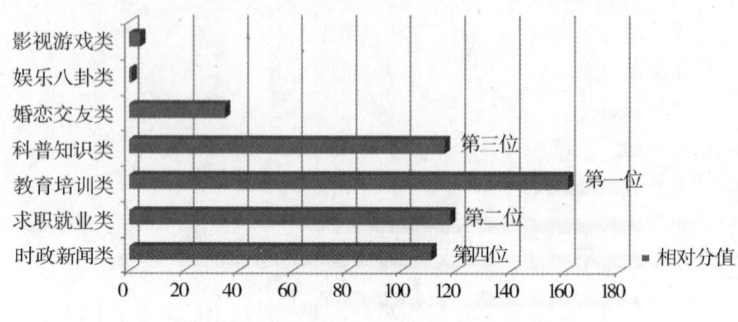

图 3-5　农村青年对引导内容的偏好

（二）广东青年对引导方式的偏好

上述报告内容中已经提及，如图 3-1 所示，根据调查数据，有 25.1% 的青年表示对团组织活动是不满意的。而在这部分表示不满意的群体中，又有 10.9% 的受访对象把不满意的原因归于团组织引导的方式过时老套、无新意，排在不满意原因的第二位。可见，引导方式是除了内容以外，使得青年对团组织认可与满意的重要影响因素之一。

1. 具体引导形式

从总体上来看，如图 3-6 所示，在问及"您希望共青团在未来通过何种形式给您提供服务与帮助"的调查中，被大部分青年排在第一位的引导方式是社会实践类，其次是休闲活动类，而排在第三位的是讲座培训类。数据表明，广大青年更注重实践层面的引导，不论是社会实践或是休闲活动，排在前两位

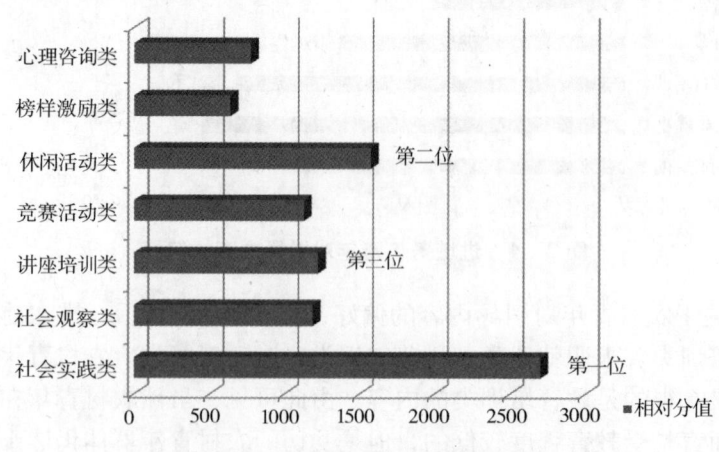

图 3-6　青年对引导方式的偏好

的都是实践类的。具体到每一类的青年调查对象中,四类青年群体都把社会实践与休闲活动这两种引导方式排在前两位,关键的差异在排序第三的引导方式上。即四类群体对形式的偏好存在一定的共性,而在某种程度上则略有差别。

(1) 关于大学生对引导方式的偏好,如图3-7所示,排在第一位的是社会实践类,相对分值接近1000,表明大学生最热衷通过社会实践的具体形式参与共青团活动。而次之的是休闲活动与社会观察类,这二者的相对分值相差不大,证明在大学生被访群体中,除了社会实践类外,最能调动起大学生参与热情的是休闲活动类与社会观察类。需要进一步说明的是,无论是社会实践类、休闲活动类或是社会观察类,都不可否认的一点是,这些都是紧密围绕"实践"二字展开的,证明大学生群体在引导方式上是偏向于实践类形式的。

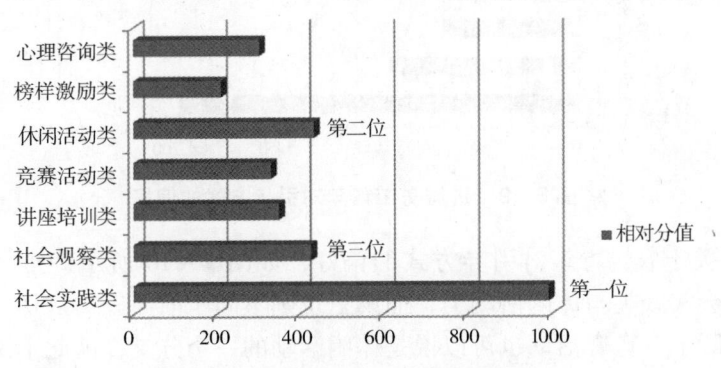

图3-7 大学生对引导方式的偏好

(2) 关于企业青年对引导方式的偏好,如图3-8所示,排在第一位与第二位的依旧是社会实践与休闲活动类,而第三位则与大学生群体的第三位有所不同——讲座培训类。数据表明,企业青年除了比较热衷于实践类的引导方式外,还比较重视自身的学习吸收,即比较热衷于讲座等类型,注重通过讲座培训提升自己的素质与能力。

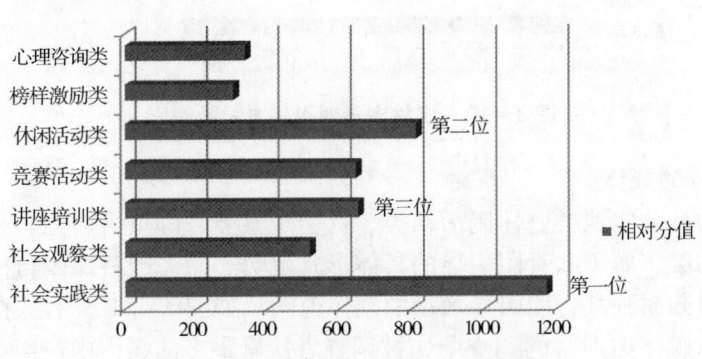

图3-8 企业青年对引导方式的偏好

（3）关于进城务工青年对引导方式的偏好，如图3-9所示，前两位与另外的三类群体保持一致——社会实践类与休闲活动类，而第三位则是心理咨询类。这表明，进城务工青年从自身成长的小城镇或农村到大城市务工，自身的适应性或许存在一定的问题，有可能是社会交往类的问题，也有可能是工作方面的问题，那么就需要一定的心理辅导。这种辅导既可以是团体心理辅导，也可以是个体心理咨询。

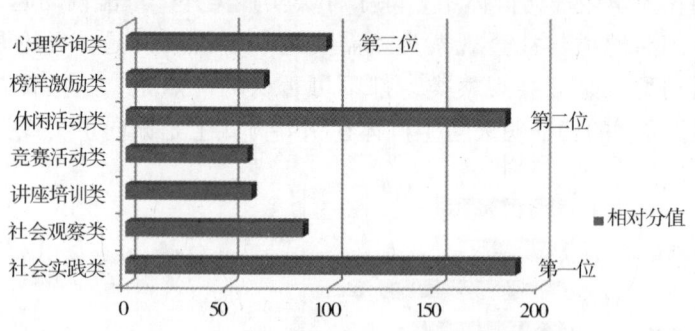

图3-9　进城务工青年对引导方式的偏好

（4）关于农村青年对引导方式的偏好，如图3-10所示，排在前两位的依然是社会实践类与休闲活动类，而第三位则不同于前面三类群体——竞赛活动类。实际上，竞赛活动也可以说是休闲活动的一个分支，因此本课题组得出结论：相对而言，农村青年较热衷于通过休闲类的活动形式参与团活动。

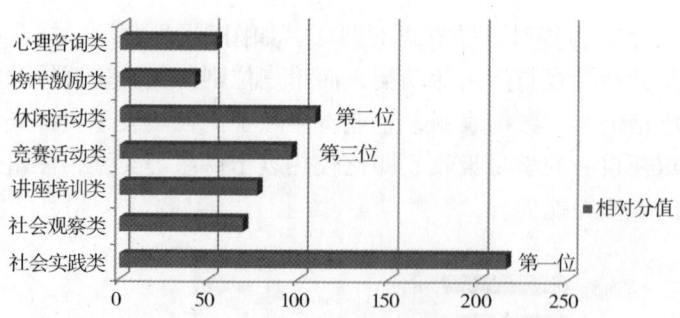

图3-10　农村青年对引导方式的偏好

2. 引导的载体

上述的社会实践类、休闲活动类、社会观察类、讲座培训类、心理咨询类和竞赛活动类，属于共青团引导的具体形式范畴。而关于新媒体与传统媒体方面，则可以归属到共青团引导活动的载体范畴。如图3-11所示，在对"青年接触最多的媒体类别"的调查中，被调查者接触最多的媒体中位于第一位的是网站，第二位是手机短信，第三位是微博、微信，第四位是博客、播客或QQ空间，前四位媒体都属于新媒体。可见，新媒体在青年的日常生活中占据着十分重要的位置。而后三位的排列次序依次为电视、报纸杂志和广播，均属于传统媒体。

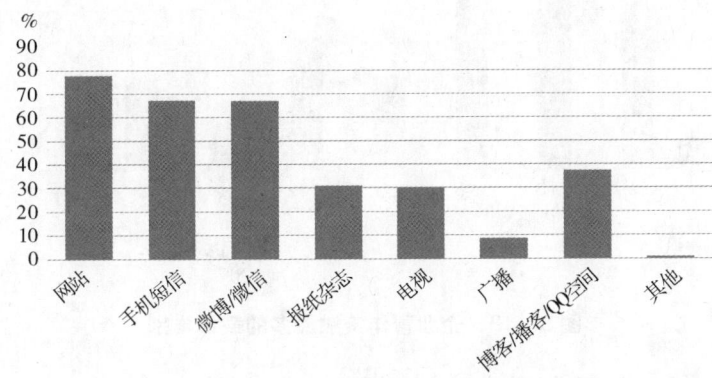

图3-11　青年接触最多的载体类别

而从四类群体的具体情况来看，如图3-12所示，在大学生群体中，排在前三位的依次是手机短信、网站和微博、微信。由此可见，手机这一日益平民化的通讯工具，在新一代的大学生群体中依然占据着十分重要的作用。

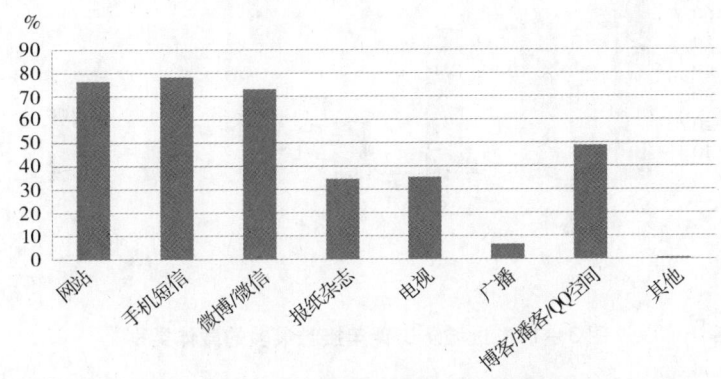

图3-12　大学生接触最多的载体类别

而对于企业青年、进城务工青年以及农村青年而言，排在第一位的都是网站，数据表明，门户网站是四类群体在日常获取信息等过程中必不可少的多媒体途径。而在企业青年受访者中，如图3-13所示，排在第二位的是微博或微信，数据表明企业青年更热衷于追逐时尚的步伐，追求网络信息界的新宠；而排在第三位的是手机短信，证明手机在四类群体中也扮演着十分重要的角色。

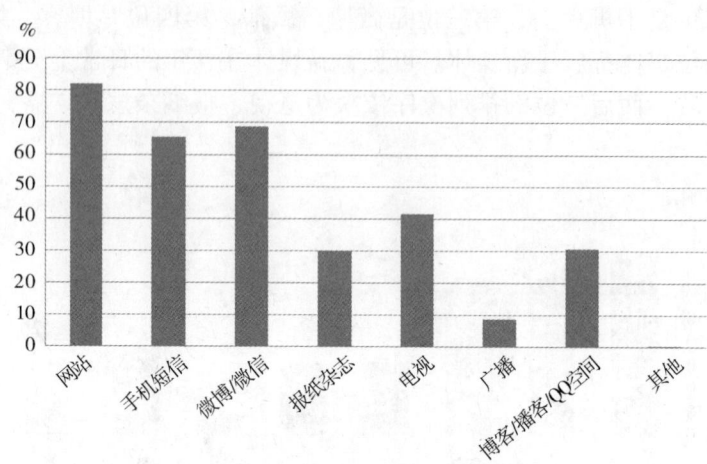

图 3-13 企业青年接触最多的载体类别

而对于进城务工青年群体而言,如图 3-14 所示,第二位的是手机短信,第三位的是微博或微信,这与企业青年的第二、三位的顺序恰好颠倒。这表明,在进城务工青年中,普通的手机短信比微博、微信更具有影响力。

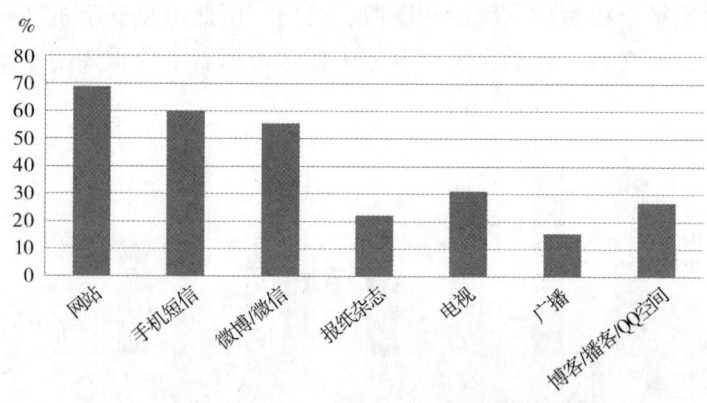

图 3-14 进城务工青年接触最多的载体类别

最后,关于农村青年,如图 3-15 所示,农村青年相比于其他几类群体而言,有一个特别之处,在于农村青年在传统媒体上的选择比例高于其他群体。而且在农村青年的排序中,电视列在了第三位,广播也占有不少的比例。这证明,农村青年虽然也开始接触新媒体,但传统媒体在农村青年的生活中依然发挥着重要作用,与新媒体旗鼓相当。

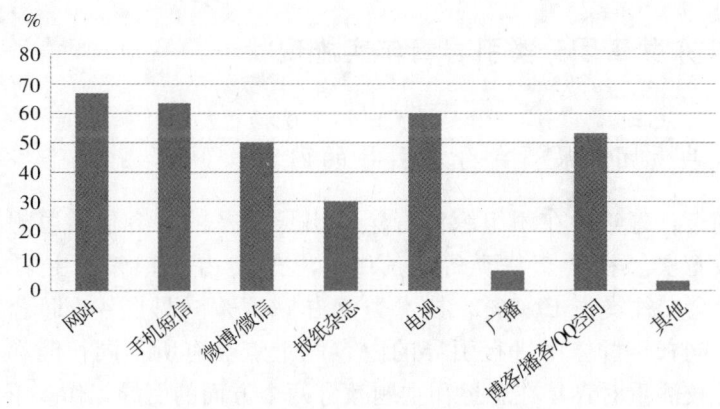

图3-15 农村青年接触最多的载体类别

上述报告内容是针对广大青年接触较多的载体展开的,而本研究也同时对青年所认为的最有效的新媒体引导方式进行了调查。如图3-16所示,青年认为最有效的新媒体引导方式的回答中,排列在前三位的新媒体分别是微博、网站、微信。可见,微博这种新载体日益受到广大青年的青睐。而比例相对较低的是电子出版物,比如电子杂志等,证明利用这种多媒体载体开展青年分类引导工作是处于相对劣势的。

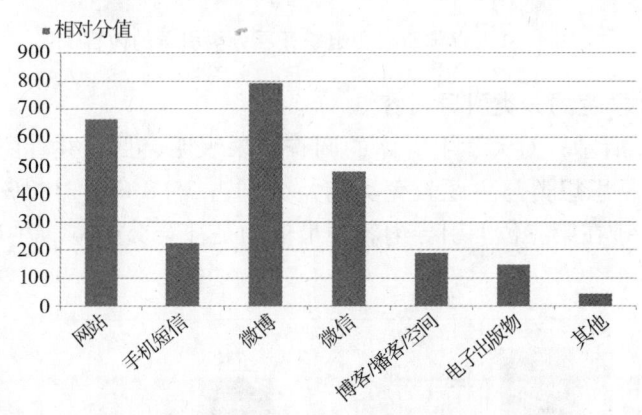

图3-16 青年认为最有效的新媒体引导方式

而在对四类群体的对比研究中,本课题组发现,四类群体对有效的新媒体引导方式表现出了高度的一致认同,即第一位是微博,第二位是网站,第三位是微信。即使在农村青年这类较少接触微博的群体中,也认为微博是新媒体引导方式中最为有效的,可见微博的影响力巨大。

四、广东共青团分类引导青年实施现状

(一) 共青团开展青年分类引导的内容

根据调查,青年所在团组织对青年的引导涉及的内容包括思想类、技术类、主题教育类、社会交往类等。其中,思想类占37.1%,主题教育类占31.5%,社会交往类占19.7%,技术类仅占11.7%(见图4-1)。虽然广东共青团在不同青年群体中进行引导的内容侧重点会有所不同,但都有一个共性,即都比较注重对青年在思想和主题教育两个方面的引导工作。下面具体从不同群体的角度来看广东共青团开展的分类引导的具体内容。

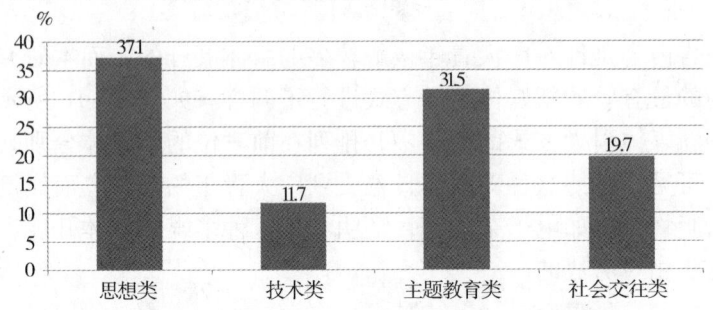

图4-1 青年所在团组织开展分类引导的内容

1. 针对大学生的分类引导内容

如图4-2所示,对大学生群体的调查结果表明,目前共青团对大学生的引导内容主要是思想类与主题教育类的,分别占35.8%与31.3%。而技术类则占17.6%,排在第三位。引导内容中最低的是社会交往类,占15.3%。

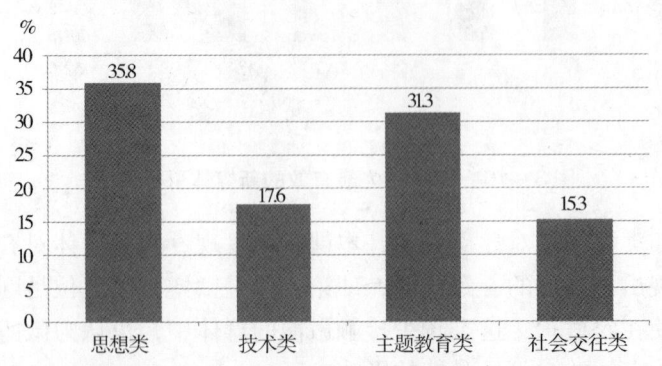

图4-2 针对大学生的分类引导内容

具体看思想类内容，如图4-3所示，排在前三位的依次为科学发展观、马列主义、民族与时代精神。而关于主题教育类内容的引导，如图4-4所示，排在前三位的则依次为"十八大"精神、时事与政策以及"中国梦"。虽然共青团对大学生引导的内容主要是思想类与主题教育类，但关于"职业生涯规划"的内容引导所占比例仍比较高，占72.1%。另外，关于"诚信"的引导内容所占比例也不低，为74.1%。

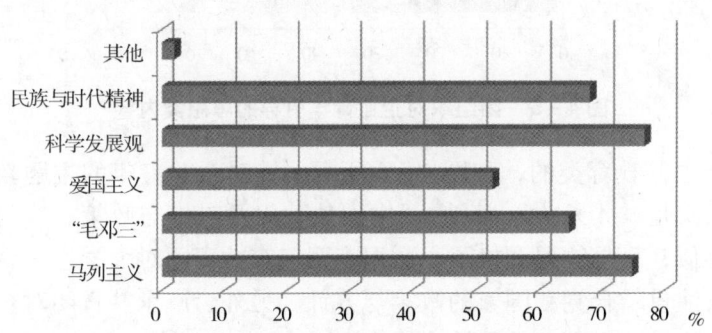

图4-3　团组织对大学生引导的思想类内容

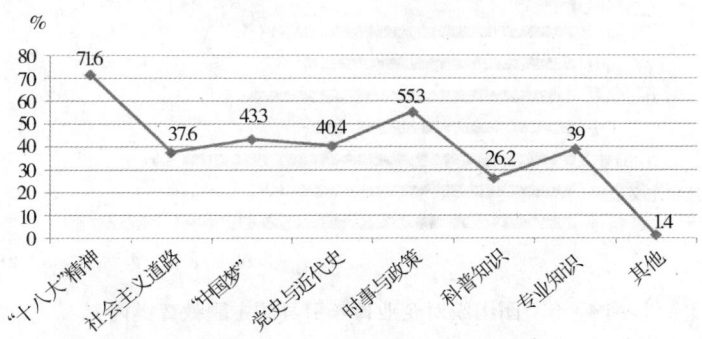

图4-4　团组织对大学生引导的主题教育类内容

2. 针对企业青年的分类引导内容

对企业青年受访对象的调查结果显示，与大学生一致，共青团对企业青年的引导内容也较多集中在思想类与主题教育类，分别占31.9%与26.2%。与大学生的引导内容有所不同的是，在针对企业青年的思想类引导中，排在前三位的依次是科学发展观、"毛邓三"以及民族与时代精神（见图4-5）。毛泽东思想、邓小平理论、"三个代表"重要思想以及科学发展观是中国特色社会主义理论体系的主要内容，可见广东共青团针对企业青年的引导内容中，特别强调企业青年对中国特色社会主义理论体系的掌握。

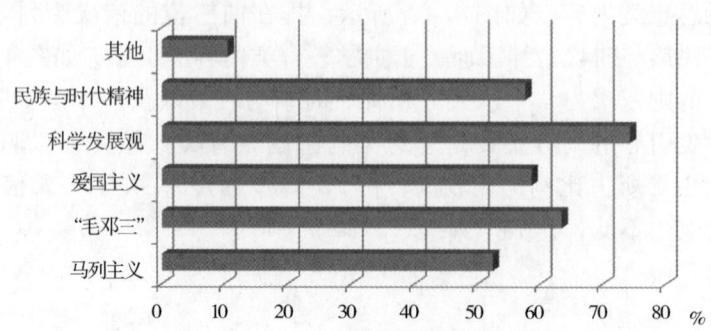

图4-5 团组织对企业青年引导的思想类内容

而关于主题教育类的，如图4-6所示，针对企业青年的主题教育类排在前三位的依次是"十八大"精神、"中国梦"以及时事与政策。这与大学生的引导内容相似，只是位置调换了，数据表明广东共青团对大学生与企业青年的引导都比较注重结合党和国家的政策与方针。另外，广东共青团对企业青年的引导也相对比较重视职业技能（占69%）与诚信方面（占73.4%）的内容。

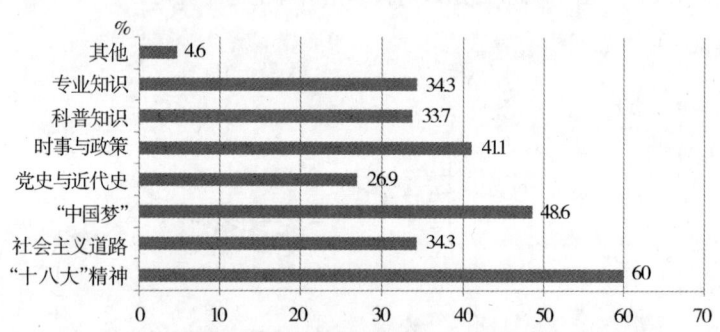

图4-6 团组织对企业青年引导的主题教育类内容

3. 针对进城务工青年的分类引导内容

对进城务工青年受访对象的调查结果显示，依旧是思想类与主题教育类高居引导内容之首。具体而言，在思想类的引导内容中，排在前三位的依次是民族与时代精神、科学发展观以及"毛邓三"（见图4-7）。思想类的引导内容前三位与企业青年基本一致，只是顺序有些不一样。而关于主题教育类内容，如图4-8所示，排在前三位的分别是"中国梦"、社会主义道路以及科普知识、专业知识。这与前两个群体表现出了差异性，特别是关于社会主义道路与科普知识、专业知识的主题教育类内容，是前两个群体的前三位中均没有出现的内容。另外，诚信与职业技能方面的内容引导占的比例也相对比较高，这与企业青年是一致的。

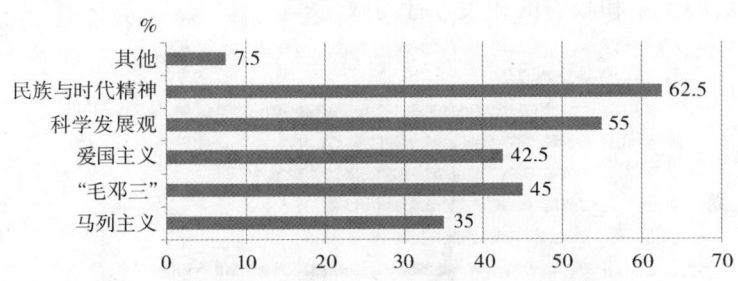

图4-7 团组织对进城务工青年引导的思想类内容

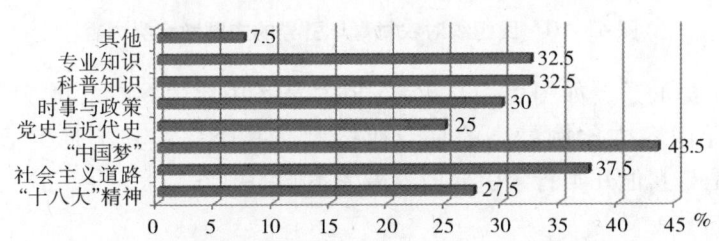

图4-8 团组织对进城务工青年引导的主题教育类内容

4. 针对农村青年的分类引导内容

调查数据显示,针对农村青年的引导内容与上述三个群体的内容略有不同,表现为前两位的顺序不一致。如图4-9所示,对农村青年引导内容比例最高的是主题教育类,占31%;其次是思想类,占30.6%,二者所占比例不相上下。

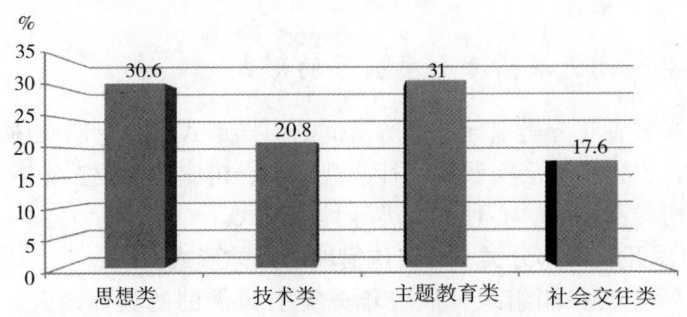

图4-9 针对农村青年的分类引导内容

而在主题教育类内容中,如图4-10所示,排在第一位的是专业知识,占69.2%;第二位是社会主义道路,占53.8%;第三位是"十八大"精神,占

50%。由此可见，广东共青团针对农村青年的引导比较重视专业知识方面的内容，其次是关于党和政府的相关方针与政策。

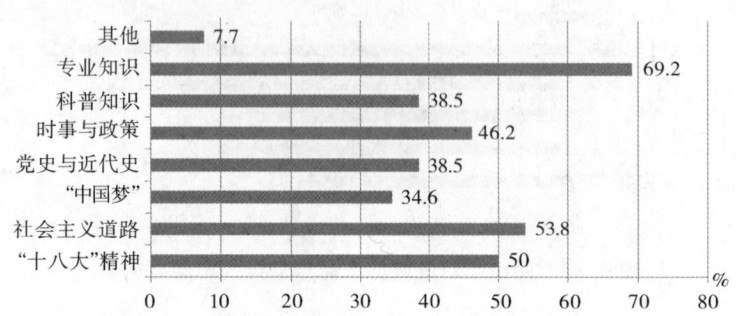

图4-10 团组织对农村青年引导的主题教育类内容

值得一提的是，如图4-11所示，在技能类内容中，广东共青团针对农村青年的引导内容中比例最高的是专业技术，占68%；其次是生活技巧，占60%。这是与其他几类青年引导内容最为不同的地方。

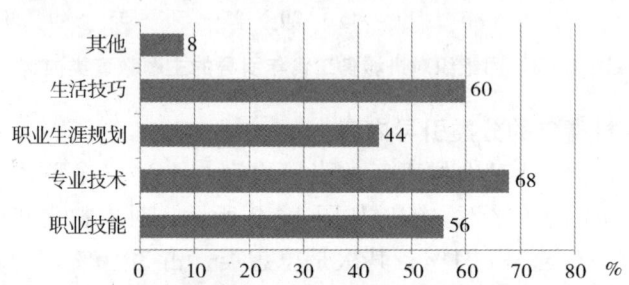

图4-11 团组织对农村青年引导的技能类内容

（二）共青团开展青年分类引导的形式

共青团开展青年分类引导工作所借助的引导形式既包括新媒体类、传统媒体类等载体，也包括社会实践类、社会观察类、讲座培训类、竞赛活动类、休闲活动类、榜样激励类、心理咨询类等具体形式。

1. 共青团开展青年分类引导工作借助的具体形式

（1）大学生所在团组织开展青年分类引导借助的具体形式。调查显示，大学生所在团组织对大学生群体进行引导时，采用得比较多的具体形式有讲座培训类、社会实践类和竞赛活动类，所占比例分别是17.8%、12.5%和11.3%；社会观察类和心理咨询类借助得比较少，分别为5.2%和5.5%（见图4-12）。

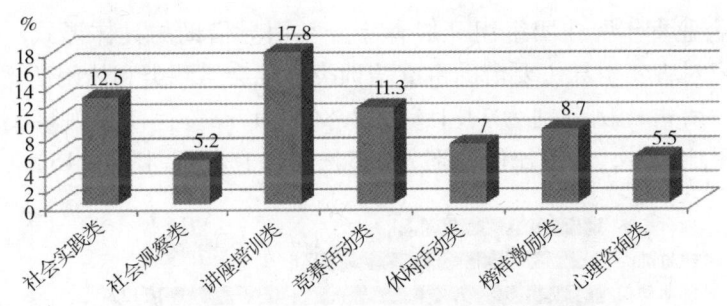

图4-12 团组织对大学生引导借助的具体形式

在调查大学生"团组织曾借助哪种讲座培训形式进行引导"时，大部分大学生表示，他们所在的团组织比较常借助的是思想教育讲座、主题讲座和创业知识讲座，所占比例分别是60%、56.9%和50%，都达到50%以上（见图4-13）。

而社会实践活动，调查结果显示，在校大学生所在团组织借助志愿服务、社会公益活动的形式对大学生进行引导所占比例比

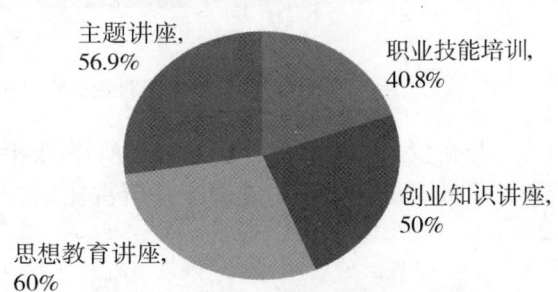

图4-13 团组织对大学生引导借助的讲座培训类型

较大，分别占62.4%和41.9%。另外，在竞赛活动方面，在校大学生所在团组织会借助知识竞赛、技能竞赛和文体竞赛三种竞赛类型对大学生进行引导。其中，知识竞赛活动在三种竞赛类型中所占的比例最大，为76.8%；其次是技能竞赛活动，占50.5%；文体竞赛虽然排在三种竞赛活动类型中的第三位，但它所占比例也达到了45.5%（见图4-14）。

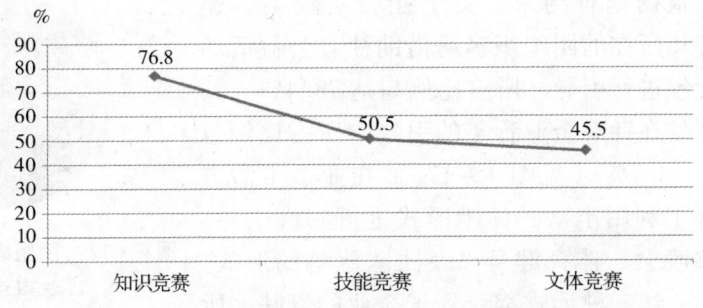

图4-14 团组织对大学生引导借助的竞赛活动类型

(2) 企业青年所在团组织开展青年分类引导借助的具体形式。企业青年所在团组织对青年引导主要借助讲座培训类、社会实践类和休闲活动类这三类具体形式，所占比例分别为 14.1%、12.8%、12.8%；社会观察类和心理咨询类借助得比较少，所占比例分别为 5.5% 和 5.1%（见图 4-15）。

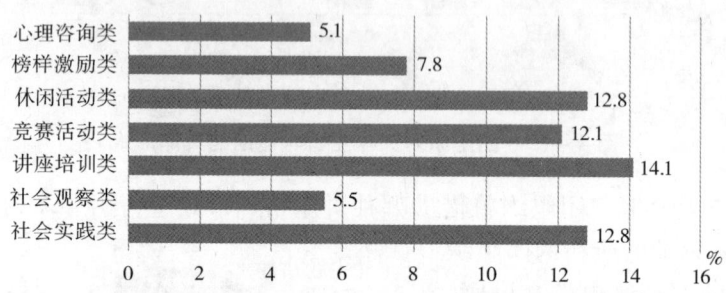

图 4-15 团组织对企业青年引导借助的具体形式

与在校大学生相比，企业青年所在团组织多通过职业技能培训、主题讲座和思想教育讲座引导企业青年，所占比例分别是 66%、55.6% 和 49%（见图 4-16）。

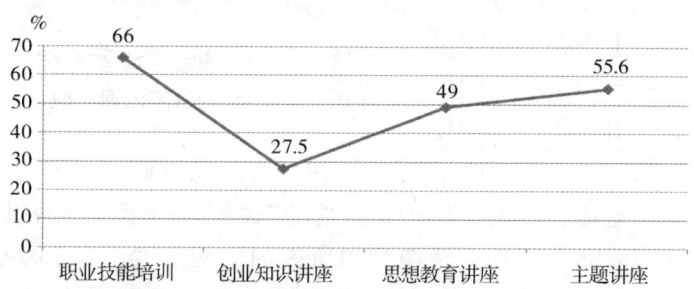

图 4-16 团组织对企业青年引导借助的讲座培训类型

此外，根据调查结果，关于社会实践类的途径，企业青年所在的团组织多是借助社会公益活动的形式对青年进行引导，所占比例高达 78.4%。其次，志愿服务在针对企业青年的引导中所占比例也比较高，为 64.7%（见图 4-17）。在业余生活方面，企业善于利用丰富的休闲形式进行隐性引导，如借助歌舞晚会、体育健身以及团队旅游的形式。调查显示，上述三种形式都受到了企业的青睐，所占总体比例都在 50% 以上，如体育健身为 65.6%，

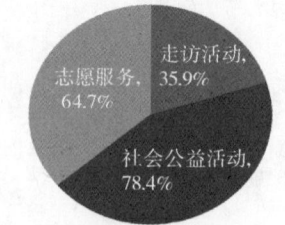

图 4-17 团组织对企业青年引导借助的社会实践类型

歌舞晚会为63.6%，旅游为52.3%。

（3）进城务工青年所在团组织开展青年分类引导借助的具体形式。从图4-18可知，进城务工青年所在团组织对青年引导借助的形式比较多样，但从总体上看，各形式借助都比较平均，没有很大的差异。其中，借助讲座培训类、休闲活动类和社会实践类比较多，分别占总体比例的12.6%、11.2%、11%。值得注意的是，对进城务工青年的引导形式在社会观察类和心理咨询类所占的比例分别为7.9%和7.6%，比大学生和企业青年的比例要高，说明进城务工青年所在团组织比较重视利用社会观察和心理咨询在引导青年时的作用。在讲座培训类方面，进城务工青年所在团组织借助最多的是职业技能培训和创业知识讲座，皆占41.2%（见图4-19）。

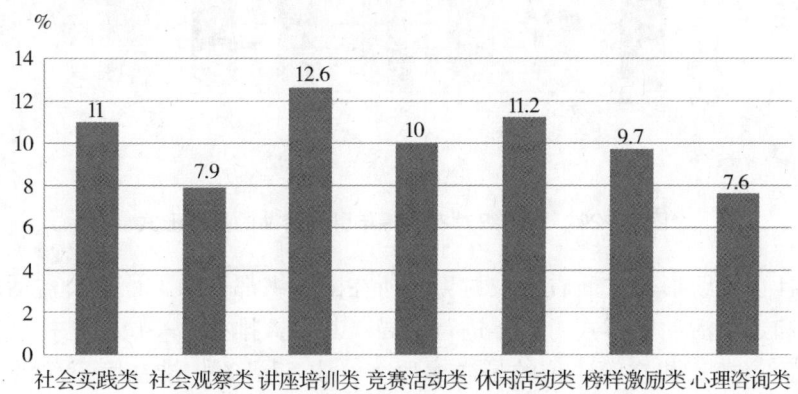

图4-18 团组织对进城务工青年引导借助的具体形式

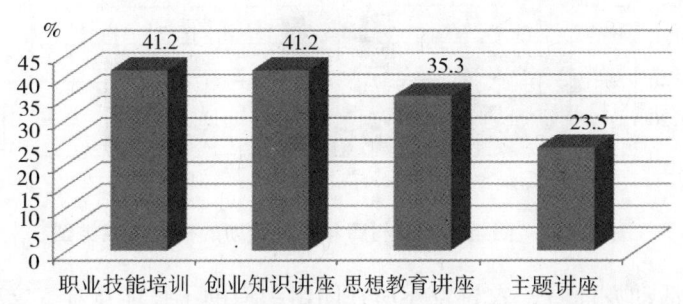

图4-19 团组织对进城务工青年引导借助的讲座培训类型

而在休闲活动类方面，进城务工青年所在团组织较多借助歌舞晚会和旅游这两种形式，所占比例分别是56.7%和50%；而体育健身的形式相对来说比较少，为36.7%。从社会实践类方面来看，与企业青年所在团组织对青年进行引导时借助的引导方式一样,都比较倾向于利用社会公益活动和志愿服务,所占比例都在45%以上。但与企业青年有所区别的是,进城务工青年所在团组织更倾向于利用志愿服务的形式对青年进行引导。

(4)农村青年所在团组织开展青年分类引导借助的具体形式。农村青年所在团组织对青年引导主要借助社会实践类、竞赛活动类和讲座培训类的具体形式,所占总体比例分别为13.7%、11.4%、10.9%;社会观察类借助得比较少,占5.7%(见图4-20)。

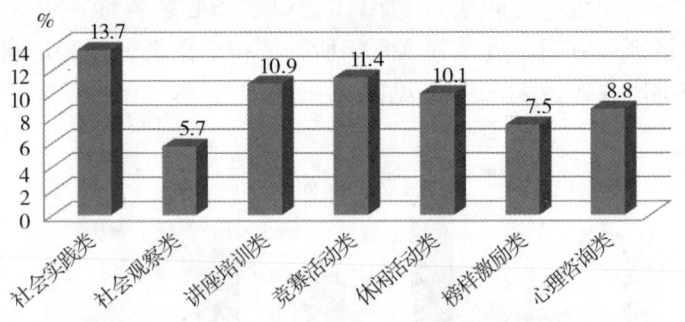

图4-20　团组织对农村青年引导借助的具体形式

从社会实践形式方面看,农村青年所在团组织都借助了社会公益活动、志愿服务和走访活动等形式对青年进行引导。其中,排在第一位的是社会公益活动,占78.6%;排在第二位的是志愿服务,占57.1%;排在第三位的是走访活动,占53.6%(见图4-21)。

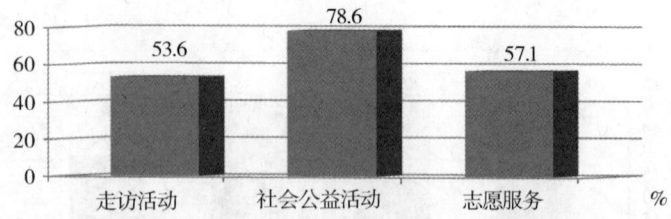

图4-21　团组织对农村青年引导借助的社会实践类型

从竞赛活动方面看,农村青年所在团组织借助了技能竞赛、文体竞赛和知识竞赛等形式对青年进行引导。其中,技能竞赛和文体竞赛都占65.2%,知识竞赛类活动占60.9%。从讲座培训形式的角度看,农村青年所在团组织借助了职业技能培训、创业知识讲座、思想教育讲座和主题讲座等形式对青年进行引导。其中,排在第一位的是思想教育讲座,所占比例高达96.1%;排在第二位的是职业技能培训,占 61.9%;排在第三位的是创业知识讲座,占 52.4%。值得注意的是,主题讲座所占比例比较少,仅为 23.8%(见图 4-22)。

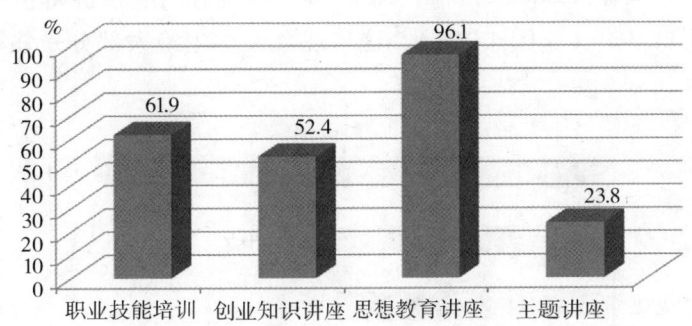

图 4-22 团组织对农村青年引导借助的讲座培训类型

通过对比发现,四大青年群体所在的团组织都比较少借助社会观察和心理咨询这两种形式对青年进行引导,说明广东共青团在社会观察和心理咨询方面对青年的分类引导比较薄弱。

2. 共青团开展青年分类引导借助的载体

(1)大学生所在团组织开展青年分类引导借助的载体。关于新媒体,调查显示,大学生所在的团组织对其进行分类引导时运用的新媒体集中在 QQ 或 QQ 空间、门户网站、飞信以及微信,占的比例分别是 76.7%、46.6%、45.1% 和 43.6%。而微博作为一种新兴的媒体,尽管被大学生所青睐,但大学生所在团组织借助微博对青年进行引导所占比例仅为 28.6%(见图 4-23)。

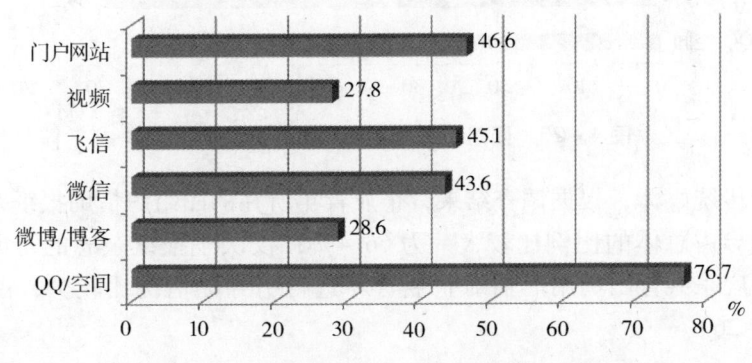

图 4-23 团组织对大学生引导借助的新媒体

关于传统媒体,健康的报纸杂志和必要的广播设备是营造大学良好环境的必要的传统媒介,也是广东共青团对大学生进行引导的"好帮手"。调查结果显示,大学生所在的团组织借助报纸杂志对大学生进行引导所占传统媒体的比例最大,为62.4%;其次是广播,为41.9%;而借助电视进行引导所占比例比较少,为33.3%(见图4-24),这与现今大学生绝大部分是住宿生有一定关系。

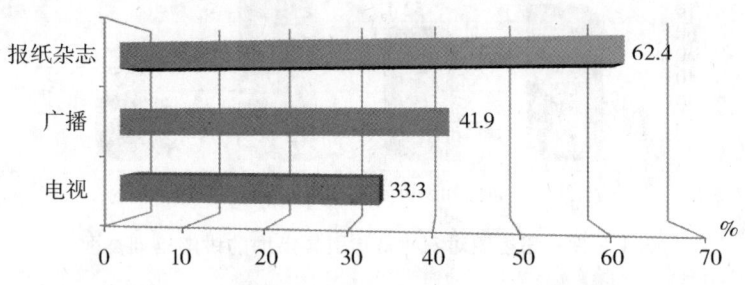

图4-24 团组织对大学生引导借助的传统媒体

(2)企业青年所在团组织开展青年分类引导借助的载体。关于新媒体,根据调查结果,在企业青年群体中,广东共青团对青年进行引导所借助的新媒体中,排在第一位的是微博或博客,占69.2%;排在第二位的是微信,占51.5%;而排在第三位的是QQ或QQ空间,占50.3%(见图4-25)。

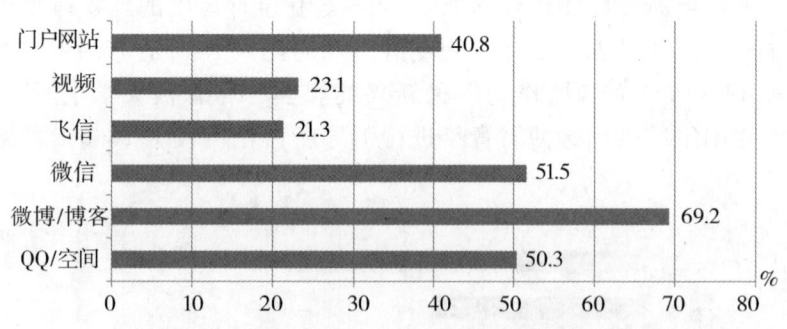

图4-25 团组织对企业青年引导借助的新媒体

关于传统媒体,根据调查结果,企业青年所在的团组织借助报纸杂志对青年进行引导占总体的比例比较大,为66.4%;仅次于报纸杂志的是电视,为51.4%;广东共青团利用广播对企业青年进行引导的情况比较少,占31.4%(见图4-26)。

广东共青团分类引导工作研究

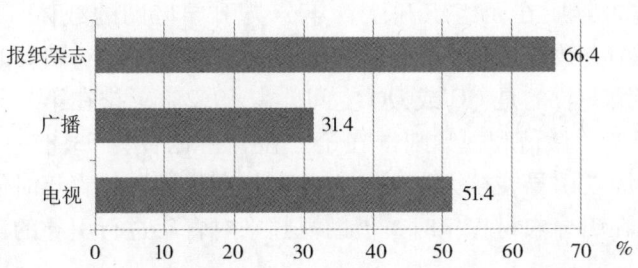

图4-26　团组织对企业青年引导借助的传统媒体

（3）进城务工青年所在团组织开展青年分类引导借助的载体。关于新媒体，从图4-27的数据可知，进城务工青年所在团组织对青年进行引导时所借助的新媒体排在前三位的分别是微博或博客、QQ或QQ空间、微信，所占的比例分别是65.8%、44.7%、34.2%。值得注意的是，广东共青团在进城务工青年中借助飞信和视频这两种新媒体进行引导的比较少，各占10.5%。

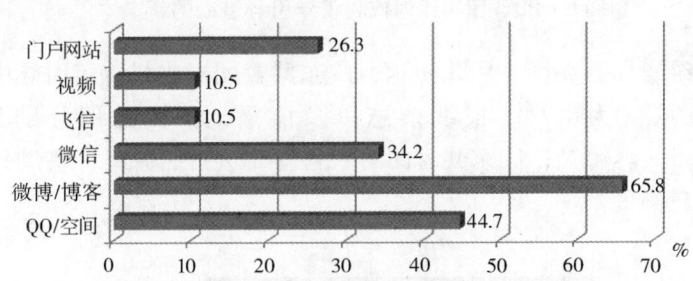

图4-27　团组织对进城务工青年引导借助的新媒体

关于传统媒体，通过图4-28可知，广东共青团在引导进城务工青年时，借助电视进行引导的比较多，比例高达83.3%。而关于广播这一传统媒体，在引导进城务工青年中运用得比较少，比例仅为26.7%。而借助报纸杂志进行引导方面，比例也相对较低，仅为26.7%。

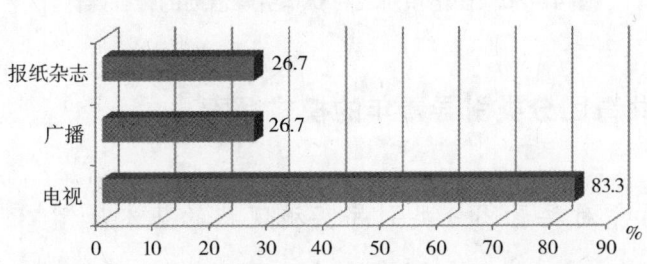

图4-28　团组织对进城务工青年引导借助的传统媒体

53

(4)农村青年所在团组织开展青年分类引导借助的载体。关于新媒体,从图4-29的调查数据可知,广东共青团在对农村青年进行引导时所借助的新媒体中,排在第一位的是QQ或QQ空间,占69.2%;排在第二位的是微博或博客,占61.5%;微信和视频则排在第三位,占比皆为53.8%。值得注意的是,广东共青团在引导在校大学生、企业青年和进城务工青年时借助视频引导的比较少;但在引导农村青年时,借助视频来对青年进行引导的比较多。

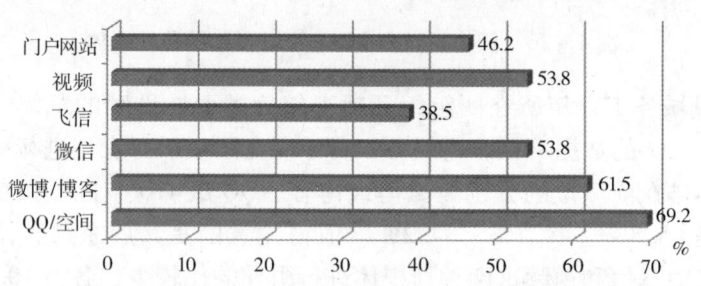

图4-29 团组织对农村青年引导借助的新媒体

关于传统媒体,如图4-30所示,广东共青团对农村青年引导中借助传统媒体的排位依次为电视、报纸杂志以及广播,所占比例分别为78.3%、56.5%、34.8%。可见,广东共青团对农村青年进行引导时,借助传统媒体的几率还是比较高的。

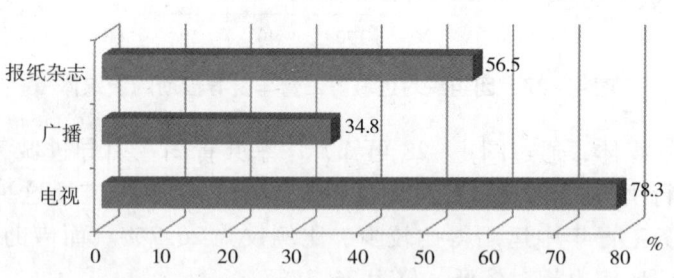

图4-30 团组织对农村青年引导借助的传统媒体

五、对共青团分类引导青年的模式探索

(一)青年对共青团分类引导实施现状的基本反馈

从总体来看,超过半数的青年认为团组织没有进行针对性的引导,即大部分青年认为团组织没有落实好分类引导。如图5-1所示,48.8%的青年

肯定了团组织的针对性引导，但也有 50.2% 的青年认为团组织没有对其所在群体进行针对性引导，这也直接地表达了青年对分类引导实施现状的反馈。

对共青团分类引导实施现状的反馈，从总体上来说是否定意见占了多数，但从各个不同群体的角度看，也会发现不同的情况。如图 5-2 所示，大学生中有接近 60% 的被访者对团组织分类引导的现状进行了肯定，认为共青团对其进行了有针对性的思想引导或生活解惑。可见，共青团组织对大学生这个群体的引导相对来说是比较有针对性且到位的，得到了大部分大学生的肯定。大学生群体也是共青团重点引导的四类群体中，唯一的积极反馈比例高于消极反馈的群体。

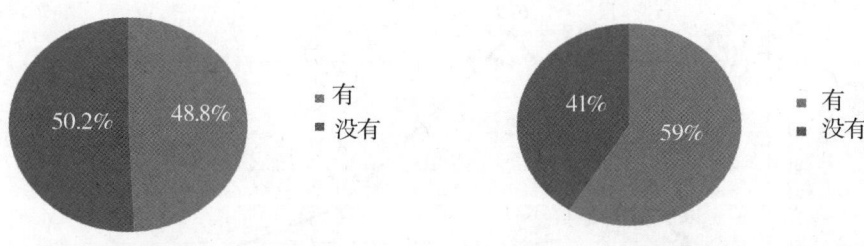

图 5-1　团组织是否有针对性地对青年进行引导　　图 5-2　团组织是否有针对性地对大学生进行引导

而企业青年，如图 5-3 所示，虽说仍有 51.3% 的被访者表示所在的团组织没有对其进行针对性的引导，可是与此同时，肯定的比例也达到了 47.8%，证明也有不少的企业团组织对青年实施了针对性的分类引导。

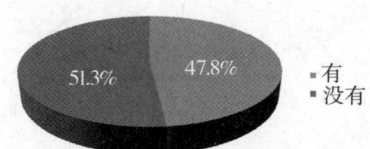

图 5-3　团组织是否有针对性地对企业青年进行引导

从上述大学生和企业青年的反馈状况来看，此两类青年对共青团分类引导的现状还是比较肯定的。然而令人深省的是针对进城务工青年以及农村青年的统计结果，在进城务工的被访青年中，将近 70% 的青年认为自己所在的团组织没有对其所在群体进行针对性的引导；同时，在被访的农村青年中，这个比例也高达 63.3%。

另外，为了进一步确认目前青年对共青团分类引导现状的基本反馈，本课题组在上述研究的基础上，还对青年群体对共青团引导活动的满意度进行了调查。调查结果显示，对团组织举办的活动满意度最高的群体是大学生（见图5-4），大学生被访者中，表示非常满意的占10.3%，表示满意的占67.9%。如此看来，将近80%的受访大学生对团组织举办的活动表示满意。然而对农村青年的调查结果却截然相反。在受访的农村青年中，没有一个被访者对团组织举办的活动表示非常满意，而表示满意和不满意的各占50%（见图5-5），数据表明农村青年对团组织活动的满意度还有待提高。另外，企业青年与进城务工青年对团组织活动的满意与不满意值都在50%左右。

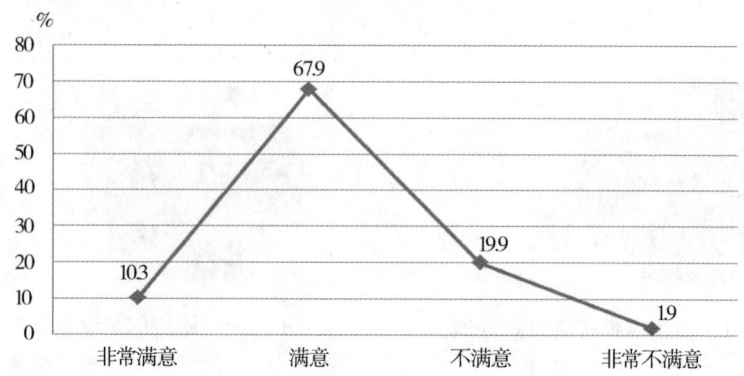

图5-4 大学生对团组织活动的满意度

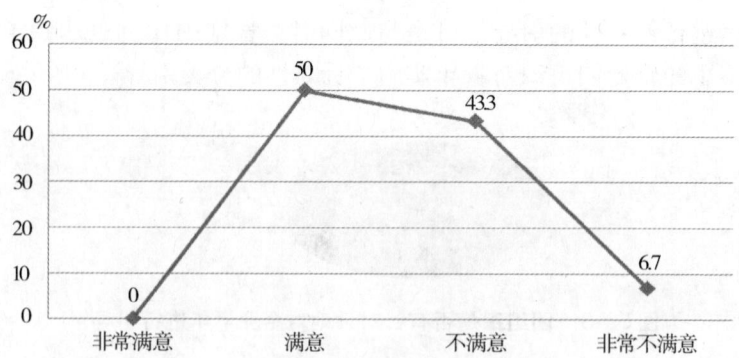

图5-5 农村青年对团组织活动的满意度

关于青年对团组织活动满意度的调查结果与上述关于青年对分类引导基本实施情况的反馈调查结果保持了高度的一致性。如前文所述，大学生群体中有将近60%的被访者表示团组织对其所在青年群体进行了针对性的引导，在四类群体中的肯定比例是最高的。而在关于满意度的调查中，大学生被访者中近

80%表示对团组织活动的满意,也是四类群体中满意度最高的。同时,高达63.3%的农村青年被访者表示团组织没有对其所在群体进行针对性的引导;另一方面,50%的农村青年表示对团组织活动不满意。

由此可见,青年对团组织活动是否满意,与团组织是否进行了分类引导有着密切且重要的联系。共青团分类引导的青年群体,对共青团及其举办的活动的认可度与满意度就相对高一些;反之则相对低一些。因此,本课题组认为有必要根据前述的青年思想状况及其需求、偏好,对比当前共青团分类引导青年的实施情况,找出当前共青团分类引导青年存在的问题并予以解决,以提升青年群体对共青团及其活动的认可度与满意度。

(二) 广东共青团分类引导青年存在的问题

1. 共青团开展分类引导青年工作的内容缺乏针对性

(1) 共青团分类引导的内容与青年思想现状之间的矛盾。

第一,关于大学生。根据广东青年思想现状分析,广东大学生在思想政治方面表现出来的突出问题,主要集中在以下几点:首先,在对国家发展及人民未来生活水平提高缺乏信心的大学生受访者中,有些把"中国共产党内部腐败现象"放在了缺乏信心的原因中的第一位,这部分大学生没有意识到中国共产党内部的腐败问题并不是整个执政党总体上存在的问题,只是少数现象。其次,大学生作为国家培养与教育的重点对象,应该对党和国家的理论与政策十分熟悉,然而根据调查,相当多的大学生受访者不了解社会主义核心价值体系的内容,也不了解中国特色社会主义理论体系的具体内容。再次,部分受访大学生表示对未来失去信心的原因在于中国社会不公平现象普遍存在,这部分大学生只看到了社会中存在的较为不合理的一面,却没看到政府和广大人民都在为社会公平做出努力。最后,大学生认为对其产生影响的最为负面的社会思潮是利己主义以及拜金主义。

针对大学生在思想政治方面存在的突出问题,团组织引导大学生群体的重点内容应该放在以下方面:端正大学生对执政党的看法,帮助大学生了解社会主义核心价值体系与中国特色社会主义理论体系,鼓励大学生辩证看待社会公平与不公平的问题,缓解不良社会思潮如利己主义、拜金主义对大学生的不良影响。然而,根据调查研究,本课题组发现,广东共青团对大学生开展的引导一般集中在以下方面:科学发展观、马克思列宁主义、民族与时代精神、"十八大"精神、时事热点、"中国梦"。可见,虽然共青团对大学生开展的引导内容侧重党和国家的一些指导思想、领导方针等,但不可否认的是,团组织的引导并未切实地与大学生实际的思想状况有效地衔接,二者之间存在一定的落差与矛盾。

第二，关于企业青年。根据调查，企业青年在思想政治方面有以下的突出问题：首先，企业青年在思想政治方面的突出问题，其中三个都与大学生群体存在的突出问题相吻合。在对未来缺乏信心的企业青年中，也把"中国共产党内部腐败现象"作为首要原因；而企业青年也对社会主义核心价值体系的内容十分不了解；同时，企业青年认为对他们影响大的不良社会思潮中，排在第一位的也是拜金主义，而排在第二位的是诚信缺失。其次，调查结果也显示，企业青年对自身的职业或学业不够重视，即对自身的责任意识不足，没有意识到个人首先得对自己负责，才能对社会、对国家负责。

根据企业青年在思想政治方面存在的突出问题，团组织进行分类引导时，应该特别强调以下几方面的内容：帮助企业青年正确认识执政党内的少数腐败问题，鼓励企业青年多学习党和国家的相关政策与方针，缓解拜金主义对企业青年的不良影响，突出对企业青年的诚信与自我责任教育。然而，根据对企业青年所在团组织开展分类引导的内容现状的调查，团组织对企业青年的引导主要集中在以下方面：毛泽东思想、中国特色社会主义理论体系、民族与时代精神、"十八大"精神、"中国梦"、时事热点。因此，本研究认为，团组织在党和国家的理论等方面对企业青年的引导是到位的，但是并没有切实地依据企业青年存在的思想问题对其进行思想引导。团组织引导的内容与企业青年的思想现状之间存在一定的差距。

第三，关于进城务工青年。调查研究发现，在四类共青团重点引导的青年群体中，进城务工青年在思想政治方面是存在最多问题的，也是最需要团组织进行针对性引导的群体。具体而言，依据调查，进城务工青年在思想政治方面主要存在以下几个突出问题：首先，几乎所有的进城务工受访青年都有强烈的爱国情感，然而却有不少进城务工青年的爱国情感与民族精神过于激烈与极端，不够理性。其次，在对国家发展与人民未来生活水平提高的信心问题上，四类青年中进城务工青年最大比例地表示缺乏信心，可见进城务工青年面对未来发展的心态不够积极与乐观。再次，与大学生和企业青年存在的问题一致，进城务工青年认为中国共产党内部腐败现象严重，导致他们对未来失去信心。同时，进城务工青年对党和国家的理论与政策相当不熟悉，特别表现在对社会主义核心价值观、社会主义核心价值体系、中国特色社会主义理论体系、"中国梦"这些具体内容上；他们也是四类群体中对马克思主义、对中国特色社会主义道路最为不认同的群体。另外，进城务工青年的受访者中，党员、团员的信教比例是四类群体中最高的。可见，进城务工青年缺乏对党员、团员不可信仰宗教的认识。最后，进城务工青年的思想问题还特别表现在社会责任感不强、缺乏合理合法维权意识等方面。

根据进城务工青年在思想政治方面存在的突出问题，团组织针对此类青年开展引导的时候，应该特别注重从以下几个方面入手：引导进城务工青年理性爱国，积极看待国家发展与未来生活水平的提高，正确看待中国共产党内部存在的个别贪污腐败现象；帮助进城务工青年了解社会主义核心价值观、核心价值体系、中国特色社会主义理论体系、"中国梦"等党和国家的理论与政策；引导进城务工青年支持马克思主义的正确领导、理解中国特色社会主义道路的优越合理性；帮助青年了解党员、团员关于宗教信仰方面的规定；培养青年的社会责任感；教育青年合法合理维护自身权益。而根据本研究的调查结果，团组织在对进城务工青年进行引导时，特别注重民族与时代精神、科学发展观、中国特色社会主义理论体系、"中国梦"、社会主义道路、科普知识与专业知识。对民族精神、中国特色社会主义理论体系、"中国梦"与社会主义道路方面的引导，可以解决进城务工青年的思想问题。可是也需要看到，对社会责任感和党员、团员宗教信仰、维权方式等方面的引导是不足的。

第四，关于农村青年。根据调查研究，本课题认为，农村青年在思想政治方面表现出来的突出问题主要集中在以下几个方面：首先，农村青年受访群体都是爱国的，然而在爱国情感的具体表现上，农村青年表现得较为不理性，这是与进城务工青年一样的。其次，农村青年认为中国共产党内部腐败现象十分严重，这是需要引导的。再次，农村青年对社会主义核心价值观、社会主义核心价值体系、中国特色社会主义理论体系、"中国梦"等党和国家的理论政策不熟悉甚至完全不了解。最后，农村青年中党员、团员的信教比例也是比较高的，基本集中在信仰佛教上，而且一般都是通过家庭信教氛围的渲染而养成的。

根据农村青年在思想政治方面存在的突出问题，团组织对农村青年进行引导时，应该特别注重以下方面：引导农村青年理性爱国，不采取激烈极端的爱国行为；引导农村青年正确看待中国共产党内部存在的个别腐败现象；加强农村青年关于党和国家的理论与方针方面的教育；引导农村青年党员、团员厘清党员、团员与宗教信仰之间的关系。而具体到团组织实际对农村青年开展的引导的内容上，本课题发现，团组织针对农村青年的引导内容一般集中在民族与时代精神、科学发展观、中国特色社会主义理论体系、专业知识、社会主义道路以及"十八大"精神方面，其中关于民族与时代精神以及党和国家的理论方面，是符合农村青年的思想需求的。可是也需要看到，关于党员、团员信教等方面的引导，团组织是做得不足的。

(2)共青团分类引导的内容与青年需求及偏好之间的矛盾。

第一,关于大学生与进城务工青年。大学生与进城务工青年在引导内容的偏好方面表现出了高度的一致性,前四位依次为求职就业类、教育培训类、时政新闻类及科普知识类,唯一有所不同的是第五位的排序。在第五位上,进城务工青年特别需求婚恋交友类的内容。可见,进城务工青年除了需要解决就业等生活方面的内容,还需要解决自身的社会交往问题。

从大学生需求及偏好的角度看,大学生团组织引导的内容较能符合大学生的需求与偏好。排在大学生需求前两位的是求职就业类与教育培训类,而根据数据调查结果,大学生团组织对大学生引导的技能类内容里,涉及最多的恰恰也是职业生涯规划方面的内容。可见大学生团组织的引导与青年偏好之间不存在矛盾。而从进城务工青年的角度看,其所在团组织关于技能类的培训的确也以职业技能培训为首,却忽略了对进城务工青年关于婚恋交友方面的内容引导,在社会交往方面的内容引导是存在缺陷与不足的。

第二,关于企业青年。企业青年对引导内容的偏好,排在前四位的依次为教育培训类、时政新闻类、求职就业类以及科普知识类。可见,企业青年比较重视的是自身受教育水平的提高、自身的素质与内涵方面的内容。然而数据调查显示,企业青年所在团组织对企业青年的引导除了上述的思想类、主题教育类内容外,最高比例的是职业技能类。虽然企业青年也需要职业技能类的内容引导,但是排在需求首位的是教育培训类,而团组织对企业青年的教育培训做得不够,力度仍需加大。

第三,关于农村青年。农村青年对引导内容的偏好,排在前四位的依次是教育培训类、科普知识类、求职就业类与时政新闻类。排在前两位的都是关于教育与知识的,可见农村青年虽然自身受教育水平相对于其他群体而言是较低的,但不放弃对知识与科学的追求。而团组织针对农村青年的引导内容中,除了上述思想类与主题教育类外,主要是专业技术与生活技巧方面的培训。从某种程度上来说,团组织对农村青年的引导忽视了科学文化知识等方面的内容,与农村青年的实际需求之间存在一定的差距。

2. 共青团开展分类引导青年工作的方式缺乏有效性

总体来说,四类群体比较偏好的具体引导方式集中于社会实践以及休闲活动这两大类上,只是具体的排位有些差异性。值得一提的是,在青年接触较多的载体中,四类群体都把QQ排在前两位,而且各类青年所在团组织也都无一例外地把QQ作为常用的引导载体。因此,在下述相关的问题分析中,本课题组将不再对QQ这一得到有效利用的载体进行过多的研究与分析。具体来说,共青团开展分类引导青年工作的方式缺乏有效性表现在以下方面:

(1) 关于大学生。

第一，从具体形式的角度看，如表5-1所示，大学生偏好的具体形式中第一位是社会实践类，那么团组织对大学生开展引导活动，应该注重通过社会实践对大学生进行引导。从团组织引导的具体形式来看，第二位就是社会实践类，表明团组织针对大学生的具体活动形式在一定程度上符合大学生偏好。然而，与此同时也需要看到，大学生偏好的第二位和第三位分别是休闲活动类与社会观察类，而团组织却过多地借助讲座培训类与竞赛活动类对大学生进行引导。

表5-1　大学生的偏好与团组织具体引导形式的对比

排　序	大学生偏好的具体形式	大学生团组织引导的具体形式
第一位	社会实践类	讲座培训类
第二位	休闲活动类	社会实践类
第三位	社会观察类	竞赛活动类

第二，从载体的角度看，如表5-2所示，大学生接触较多的网站与微信这两类新媒体载体，团组织都能利用来对大学生群体进行引导，这是值得肯定的。然而，数据显示，大学生接触的载体排位第一位的是手机短信，可大学生所在团组织基本没有利用手机短信进行青年引导。同时，微博自2009年活跃在青年群体中以来，已有不少的机构设立了官方微博。可是大学生团组织仍在利用飞信这一载体，而比较少利用微博，有些大学生团组织甚至不使用微博进行引导。

表5-2　大学生接触得较多的载体与团组织实际引导的载体对比

排　序	大学生接触得较多的载体	大学生团组织利用的载体
第一位	手机短信	QQ
第二位	网站	网站
第三位	微博	飞信
第四位	微信	微信

(2) 关于企业青年。

第一，从具体形式的角度看，如表5-3所示，企业青年偏好的具体形式与企业青年团组织引导的具体形式基本是一致的，证明企业青年团组织能够较为准确地把握企业青年群体的需求与偏好,但需要对其具体的引导形式稍微进行调整,多利用社会实践类活动对企业青年进行引导。

表5-3 企业青年的偏好与团组织具体引导形式的对比

排 序	企业青年偏好的具体形式	企业青年团组织引导的具体形式
第一位	社会实践类	讲座培训类
第二位	休闲活动类	社会实践类
第三位	讲座培训类	休闲活动类

第二,从载体的角度看,如表5-4所示,企业青年接触得较多的载体是网站和手机短信,然而企业青年团组织利用的前四位载体不包括网站和手机短信。值得肯定的是,企业青年接触得较多的微博和微信这两类载体,团组织有利用来进行引导。

表5-4 企业青年接触得较多的载体与团组织实际引导的载体对比

排 序	企业青年接触得较多的载体	企业青年团组织利用的载体
第一位	网站	微博
第二位	微博	博客
第三位	微信	微信
第四位	手机短信	QQ

(3) 关于进城务工青年。

第一,从具体形式的角度看,如表5-5所示,进城务工青年偏好的具体形式的前两位与大学生、企业青年偏好的具体形式前两位是一致的,依次是社会实践类和休闲活动类。不同的地方在于,进城务工青年偏好的具体形式的第三位是心理咨询类,证明进城务工青年面对着严峻的就业与生活压力之时,特别需要团组织对其进行一定的团体或个体的心理辅导及咨询。而进城务工青年的团组织利用的具体引导形式的第一位是讲座培训类,这是与进城务工青年偏好的具体形式不相吻合的,因此会有进城务工青年对团组织的活动表示不满意。而团组织利用的第二位与第三位的具体形式是与青年的偏好基本一致的,这是值得肯定的。

表5-5　进城务工青年的偏好与团组织具体引导形式的对比

排　序	进城务工青年偏好的具体形式	进城务工青年团组织引导的具体形式
第一位	社会实践类	讲座培训类
第二位	休闲活动类	休闲活动类
第三位	心理咨询类	社会实践类

第二，从载体的角度看，如表5-6所示，进城务工青年接触得较多的载体的前两位是网站与手机短信，后两位是微博和微信；团组织没有利用前两位载体对进城务工青年进行引导。而后两位的微博与微信，团组织在利用的时候把微博放在了第一位，说明进城务工青年团组织比较注重利用最新的媒介来对青年开展引导，可是忽略了青年群体的总体适应性与对新媒体的捕捉能力。

表5-6　进城务工青年接触得较多的载体与团组织实际引导的载体对比

排　序	进城务工青年接触得较多的载体	进城务工青年团组织利用的载体
第一位	网站	微博
第二位	手机短信	博客
第三位	微博	QQ
第四位	微信	微信

（4）关于农村青年。

第一，从具体形式的角度看，如表5-7所示，农村青年偏好的具体形式的前两位也是社会实践类和休闲活动类，而农村青年团组织引导借助的具体形式中的第一位也是社会实践类。从这个角度来看，农村青年团组织利用的具体引导形式是比较符合农村青年的偏好的。然而，针对农村青年偏好的具体形式的第二位休闲活动类，以及第三位竞赛活动类，团组织对农村青年进行引导的具体形式的第二位是竞赛活动类，而对休闲活动类的引导则是相对缺失的，取而代之的是讲座培训类。而讲座培训类在农村青年群体中，相对而言是不受欢迎的。

表5-7　农村青年的偏好与团组织具体引导形式的对比

排　序	农村青年偏好的具体形式	农村青年团组织引导的具体形式
第一位	社会实践类	社会实践类
第二位	休闲活动类	竞赛活动类
第三位	竞赛活动类	讲座培训类

第二,从载体的角度看,如表5-8所示,从上述针对大学生、企业青年以及进城务工青年的分析中,本课题组认为,这三类群体接触较多的载体都集中在新媒体上。而农村青年则表现出一定的差异性,农村青年接触得最多的第一位和第二位都是新媒体,而第三位电视属于传统媒体。农村青年团组织也意识到了农村青年在载体偏好方面的特殊性,电视甚至成为农村青年团组织利用得最多的载体,这是十分值得肯定的。然而,对于农村青年接触得较多的前两位载体,即网站和手机短信,团组织则相对用得不多,这是需要改善的。

表5-8 农村青年接触得较多的载体与团组织实际引导的载体对比

排　序	农村青年接触得较多的载体	农村青年团组织利用的载体
第一位	网站	电视
第二位	手机短信	QQ空间
第三位	电视	微博
第四位	QQ空间、博客	博客

(三) 对广东共青团分类引导青年的模式探索

根据对上述报告内容的研究与分析,本课题组归纳总结出广东共青团分类引导青年的模式,并称之为"共青团分类引导三合模式"(简称"三合模式")。如图5-6所示,所谓的"三合模式",指的是合适的内容、合适的具体形式以及合适的载体。

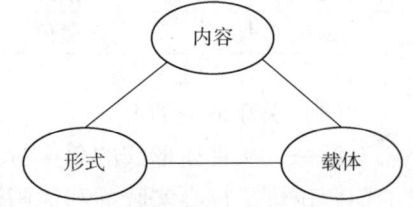

图5-6 共青团分类引导三合模式

针对每一类青年,广东共青团以合适的引导内容为核心,并且以合适的引导具体形式与合适的载体为依托和工具,形成三位一体、相辅相成的三角模式。另外,本研究创设"三合模式"的"合"除了上述的内容外,还内含内容、具体形式与载体的融合贯通。而"合适"的依据,就在于本研究对广东青年的思想特点及其对引导内容与方式的需求与偏好的调查。本研究紧扣"三合模式",试图对广东共青团重点引导的四类群体进行具体的引导模式探索。

1. 分类引导"三合模式"之大学生篇

(1) 加强理性看待社会问题的引导教育。要让大学生青年理解共同富裕是社会主义的本质要求,公平与正义是共产党一贯的政治追求,但实现共同富裕并不是一蹴而就的，需要一个过程；党和政府在解决贫富差距等社会问题方面已经做了很多努力，这是需要大学生肯定的。

在引导形式上，本研究提出，相对有效的是社会观察类。可以引导大学生从多个角度去对社会进行观察，并结合大学生自身的思想认知水平，对社会问题进行分析，团组织做出相应的引导，从而使大学生更理性、更全面、更深刻、更稳定地看待各种社会现象和社会问题，得出积极正确的社会观察结论。

在引导载体上，视频和微博是相对有效的。通过视频对社会现象和社会问题进行观察，是一个较为快捷且有效的方式。微博具有即时性、传播快、使用方便等优点，特别是对于新发生的社会问题，团组织运用微博，可以第一时间给大学生青年提供全面、深刻的分析和引导，并通过微博与大学生青年进行互动，从而更好地对大学生青年进行引导。

（2）加强求职就业类的引导教育。大学生毕业后面临的最大问题就是就业问题，加强对大学生求职就业类的引导教育，不仅有利于帮助大学生解决就业问题，也有利于提高大学生的综合素质。

在引导形式上，本研究提出，社会化技能培训是比较有效的途径。团组织要充分运用大学的"第二课堂"，邀请业界的精英、社会知名人士等相关人士对大学生进行引导，广泛开展各种学习培训、技能演练等活动，并组织大学生到相应的单位进行职前实习，提高大学生在职场中的竞争与适应能力。

在引导载体上，团组织可通过 QQ、微博、微信等新媒体，为大学生提供求职就业方面的信息和方法技巧。也可以通过此类载体，与大学生进行一对一的交流，及时有针对性地提供指导。

（3）加强科普知识类的引导教育。科普知识类的引导内容是大学生偏好的排名第四的内容。因此，团组织有必要加强对这一方面内容的引导教育。在引导形式上，本研究提出，讲座培训类、竞赛活动类在引导教育大学生科普知识方面比较有效。在引导载体上，门户网站、博客等网络媒体相对比较有效。

2. 分类引导"三合模式"之企业青年篇

（1）帮助企业青年正确认识执政党内的少数腐败问题。以"帮助企业青年正确认识执政党内的少数腐败问题"这一引导内容为核心，团组织可以借助专题讲座、榜样激励的具体形式，充分利用网站、微博等新媒体进行合适的引导。从具体形式上看，企业团组织在引导这一内容时，可以请研究党史或研究国际政治问题的专家对党内的腐败问题开专题讲座，使青年正确地认识执政党内的腐败问题，让企业青年意识到党员干部的主流是积极向上的。与此同时，团组织还应利用网站和微博把讲座上的相关内容放在网站上，以便企业青年回顾知识与加深记忆。

除此之外，团组织还可以利用教育学中的榜样激励法对企业青年进行引导。团组织应该不定期地宣传企业内部的榜样人物，定期举办如"感动企业的十大党团干部"或"企业十大年度人物"等表彰活动，并通过微博、企业内部的网页加强宣传，为企业输送正能量。

（2）鼓励企业青年多学习党和国家的相关理论与政策、方针。团组织可以加强企业青年关于教育培训类和时政新闻类的引导，根据党的不同思想主张采用社会实践类或者讲座培训类形式，把手机短信、飞信、微博和网站作为辅助工具进行"三合"引导。

在载体方面，企业团组织可以建立企业内部局域网，利用网络设置一个企业青年专属的适合其内化的"政策与方针大学堂"，把党和国家的相关政策与方针通俗化、大众化地传达给企业青年，使之从被动学习转向主动学习。

（3）引导企业青年树立正确的金钱观。团组织可以在企业开展关于树立正确金钱观的专题讲座，加大企业内部的企业金钱观文化的宣传。对个别青年采取谈心谈话的形式，加强对个别偏激的青年进行个别引导，让他们重回正确的轨道。同时，借助书籍、杂志等传统媒体，在企业青年间传阅有关金钱观方面的书籍，开展"树立正确的金钱观"的小组阅读活动。

（4）突出对企业青年的诚信意识与责任意识的引导。在引导企业青年树立诚信意识方面，团组织可以采取活动竞赛的形式，让企业青年在做人、做事等方面表达自己对诚信的理解。比赛时所拍的照片、视频等可以在网站和企业微博上进行宣传，同时把演讲、征文、辩论比赛时出现的好句子制作成经典语录，并放在网上，扩大其影响力，最终达到内容、形式与载体三者融合的效果。

在引导企业青年树立责任意识方面，团组织要充分利用企业员工的岗前培训这一平台。要引导的"责任"不仅包括企业青年对企业的责任，而且包括其对社会的责任。

3. 分类引导"三合模式"之进城务工青年篇

（1）培养青年理性的爱国情感与民族精神。对进城务工青年进行理性的爱国情感与民族精神的教育，可以通过休闲类的活动来进行。同时，企业青年接触最多的载体是网站，那么团组织也要在日常生活中，通过共青团网站或其他的门户网站，宣传正面表达爱国情感的人物或事件。

（2）增强青年对党和国家理论、政策的了解。进城务工青年团组织可以通过休闲活动来对他们进行理论政策的引导与学习，比如组织进城务工青年开展"理论知识竞赛"等。团组织可以把党和国家的理论与青年的切身利益相结合，而后再进行短信发布。

（3）加强青年合法维权的意识。团组织可以通过开展"模拟法庭"、"维权途径咨询"等形式，对进城务工青年进行合法维权的引导。而关于载体，进城务工青年团组织可以把"模拟法庭"或者"合法维权途径学习"这种形式搬到互联网上进行。

（4）引导青年把个人价值与社会责任相结合。社会责任感是可以通过社会实践来培养的。进城务工青年团组织可以组织进城务工青年进行社会服务，在此过程中形成一定的社会责任感，并将其视作自身价值最大化的体现。

而关于引导的载体，团组织可以发动青年建立起"社会服务志愿队伍"等，在日常生活中，特别是重大传统节日时，通过手机短信、微博、微信等平台，为需要得到正面力量的群体，送去特别的问候。

（5）提高青年的社会交往能力。在具体引导形式方面，各个进城务工青年团组织可以形成一个合作互利的大网络，搭建一个交往平台，让各个团组织分管的青年群体进行联谊。而关于引导的载体，团组织可以尝试与一些青年网站、相亲网站进行交流与合作。

4. 分类引导"三合模式"之农村青年篇

（1）引导农村青年增强朴素的爱国情感，采取理性的爱国行为。在具体形式方面，团组织可定期开展农村青年红歌会与歌舞剧表演、优秀电影推介等休闲活动。此外，在载体方面，用好互联网、手机短信与电视等在农村覆盖面较广的媒体开展引导工作。

（2）帮助农村青年认识党和国家的理论知识。团组织要采取通俗易懂的话语形式，对农村青年进行引导。在引导载体上，团组织可以多利用电视、广播、网络这些媒介，把新媒体与传统媒体结合起来，对农村青年进行适当的引导与教育。

（3）引导农村青年正确认识宗教信仰的问题，提倡科学精神。团组织要摆出明确禁止党员、团员信教的态度，在此基础上引导党员、团员正确看待宗教及信仰问题。在具体引导形式上，团组织可以采取农村青年喜闻乐见的休闲活动。从引导载体方面看，团组织可利用QQ对农村青年开展引导工作。

（4）引导农村青年参与教育培训，帮助农村青年求职就业。关于具体的引导形式，团组织可以定期开办农业技术、职业技能、创业技巧等方面的培训班，使农村青年能够方便地参加。与此同时，还需要组织农村青年参与社会实践，例如到企业、工厂去进行技能学习等。可与当地电视台、广播台形成合作互助的关系，适当增加符合农村青年需求的电视或广播节目，让农村青年能够及时了解就业动态，针对自己的不足提升就业技能。

综上所述，共青团对四类重点青年群体进行分类引导时，一定要讲究"三合"——合适的内容、合适的引导形式、合适的载体。无论未来青年的思想状况以及对形式、内容方面的偏好如何变动，团组织都应该遵循"三合"模式对青年进行引导，"三合"依旧是稳固的铁三角关系。

共青团广东省委宣传部

执笔人：邓小强、卢拓妍、邓静文

广东共青团在社会主义核心价值观传播中的新媒体应用研究

自党的"十八大"报告对社会主义核心价值观进行概括和凝练以来,社会主义核心价值观得到了广泛认可,社会主义核心价值观的宣传教育也成为各级团组织的重要任务。广东处于改革开放的前沿阵地,在开展社会主义核心价值观的宣传教育过程中,面临着许多异于其他省份的情况,尤其是新媒体在青年群体中的盛行给广东地区社会主义核心价值观的传播造成了许多影响。在这种现实下,准确认知广东青年新媒体使用的习惯偏好,科学把握新媒体信息传播的运行机制,进而创造性地将社会主义核心价值观的宣传教育融入各种新媒体平台,成为广东共青团当前传播社会主义核心价值观的迫切要求。在此背景下,在全团开展"走进青年、转变作风、改进工作"大调研活动的同时,课题组对广东青年新媒体的使用现状以及社会主义核心价值观认同现状进行调研,旨在更加有序、有力、有效地运用新媒体传播社会主义核心价值观。

一、研究设计

1. 研究方法

本课题主要采用问卷调查、深度访谈及观察研究相结合的方式。课题组参考《广东省区域劳动力转移功能区分区表》中地域的划分,将广东省划分为粤东、粤西、粤北以及珠三角四个地区,并随机在四个地区选取青年作为调查对象。在青年对象选取的过程中,一方面强调大学生、企业青年、进城务工青年以及农村青年等四类不同青年群体各自所占比例的均衡;另一方面,又有意识地在四个地域派发数量大致相同的问卷,确保研究结果的科学性。与此同时,为使研究更加深入细致,本课题还以新媒体使用情况、社会主义核心价值观认同现状以及关于广东省共青团新媒体平台的认知现状为主要访谈内容,分别编制访谈稿入户调查。课题组还辅助使用观察法,对调查地的环境情况、团组织对社会主义核心价值观的宣传情况等方面进行了直接观察。

2. 样本基本情况

本次研究共发放调查问卷1200份，收回有效问卷1181份，问卷回收的有效率为98.4%。从调研对象基本情况来看，男性青年比例占48.6%，女性占51.4%；从年龄上看，抽样群体年龄分布以18～28岁的年龄居多，占75.7%（见表1）。

表1 调查样本年龄基本情况（$N=1181$）

年　　龄	百分比（%）
18岁及以下	2.5
18～28岁	75.7
29～35岁	19.3
36～45岁	2.3
合计	100.0

本课题深度访谈最终整理访谈稿32份。其中，粤东、粤西、粤北、珠三角各8份。每个区域大学生、企业青年、进城务工青年、农村青年各2份。在研究开展的过程中，课题组特别注意与青年群体交流互动，了解他们对广东省共青团新媒体平台以及社会主义核心价值观真实的想法。访谈对象基本情况见表2：

表2 访谈对象基本情况（$N=32$）

变　量	频数（%）
性别	男（47），女（53）
年龄	16～20岁（21.8），21～25岁（9.40），26～30岁（35），31～35岁（18.8），36～40岁（15）
群体类别	在读大学生（31.25），企业青年（18.75），进城务工青年（28.10），农村青年（21.9）
政治面貌	中共党员（35.7），共青团员（40.5），民主党派（0.2），群众（23.6）

二、青年群体新媒体使用的现状

（一）青年新媒体使用的基本现状

1. 青年对新媒体使用时间长

数据显示，大多数青年习惯通过各种类型的新媒体平台与他人沟通互动，了解外界信息。其中，每天使用新媒体1～3小时的占41.2%，3～5小时的占25.2%，超过5小时的占21.0%（见图1）。在采访中也发现，不定时地发布微博信息、浏览微信中朋友圈、关注 QQ 空间更新等行为已经成为青年群体的习惯。可见,新媒体已经成为青年群体与外界接触的重要渠道,对青年群体的思想行为产生着潜移默化的影响,因此利用新媒体传播社会主义核心价值观,在新媒体中塑造和引导青年群体积极向上的价值观念和行为选择也就显得更加必要。

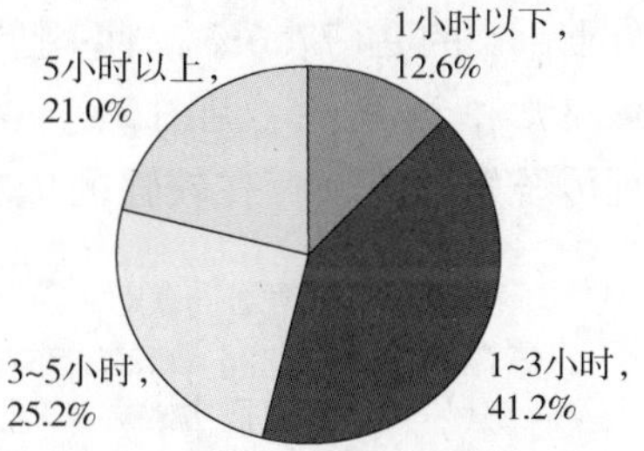

图 1 青年每天使用新媒体时间分布情况

2. 青年使用新媒体的娱乐性强

对于使用新媒体平台的目的,青年选择虽然存在差异,但从整体来看,主要集中在娱乐功能。数据显示,"和朋友聊天"、"看电影"、"听音乐"、"玩游戏"处于青年新媒体使用目的的前四位,分别占 89.3%、64.3%、56.4%、52.3%(见表3),娱乐性相当明显。

表 3 广东青年使用新媒体的目的($N=1181$)

变量	频率
浏览新闻	38.6%
看电影	64.3%
听音乐	56.4%
和朋友聊天	89.3%
玩游戏	52.3%
网络购物	36.8%
工作需要	45.3%
学习	35.2%
搜索资料	41.3%
其他	17.5%

3. 青年使用的媒体类型差异性大

传播学将媒体划分为传统媒体以及新媒体。传统媒体主要包括电视、报刊、广播,新媒体是在无线电、网络平台支撑体系下出现的移动平台、数字电视、数字电影、社交网络等,主要的类型有门户网站、手机短信、QQ 以及 QQ 信箱、校园论坛、数字电视、微博、微信等。[1] 在问及青年"经常接触的信息传播渠道"时,回答存在较大差异。其中,青年经常使用的媒体类型为

---

[1] 参见匡文波《关于新媒体核心概念的厘清》,载《新闻爱好者》2012 年第 10 期。

"网站"的占77.6%,使用"电视"、"报纸杂志"这两类传统媒体的占38.3%和31.1%(见图2)。这说明,青年群体在习惯使用新媒体平台的同时,对传统媒体依然存在较强的依赖性。

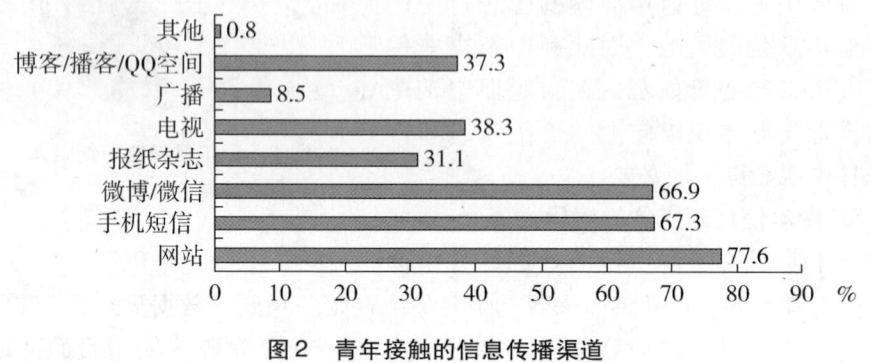

图2 青年接触的信息传播渠道

4. 青年新媒体使用类型差异性明显

关于青年较常使用的新媒体平台,统计结果显示,使用最频繁的是门户网站,占73.0%;其次为QQ,占70.6%;第三位是微博,占65.4%(见图3)。青年群体对各类新媒体平台使用的频率都较高,这说明新媒体平台已经成为青年群体接收信息、人际交往的重要平台。

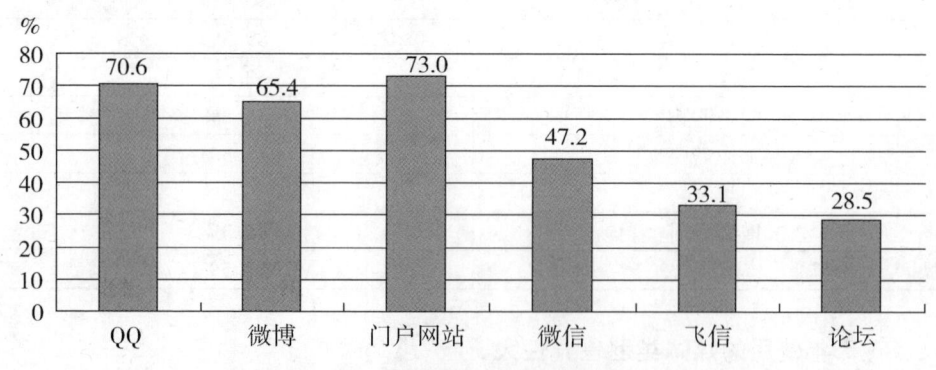

图3 青年新媒体平台情况

5. 青年更偏爱视听兼备的内容

当问及青年"新媒体在传递正能量的过程中,您更倾向于选择接受哪种形式"时,图片、微电影、公益广告和漫画居前四位,所占比例分别为75%、62%、54%和53%(见表4)。这四类形式更加活泼、生动和形象,更能满足青年群体的视觉、听觉需求,引发共鸣。

表4 您更倾向于接受哪种形式去传递正能量（N=1181）

更倾向的新媒体的形式	频率（%）
图片	75
微电影	62
公益广告	54
漫画	53
文字	42
其他	14

（二）青年使用新媒体的群体差异

1. 青年使用新媒体时间呈现年龄差异

对于新媒体使用时间的调查结果显示，不同年龄阶段的青年群体每天使用新媒体平台的时长分布情况具有较大的差异。其中，18岁以下的青年群体主要是集中在1~3小时和3~5小时，占67.8%；每天使用时间为5小时以上，只占6.5%，在四类不同年龄特征的群体中比例所占的比例最低。18~28岁的青年群体在所有的青年群体中使用的时间最长，在1小时以下的只占7.3%。36~45岁青年每天使用新媒体平台在1小时以下的占39.6%，是四个年龄段中最高的（见表5）。分析可见，18岁以下青年群体每天长时间（5小时以上）使用新媒体所占的比例最低，因为该年龄段青年在中学就读，学业的压力限制了长时间使用新媒体的可能；18~28岁的青年群体正处于思想最为活跃的阶段，且大多独立生活或者工作，有更多的机会使用新媒体；36~45岁的青年迫于工作和家庭的压力以及掌握新媒体技术的不熟练，对新媒体使用的热情自然远低于其他青年群体。

表5 不同群体特征使用新媒体时间分析（N=1181，单位:%）

群体特征	1小时以下	1~3小时	3~5小时	5小时以上
18岁以下	25.7	37.6	30.2	6.5
18~28岁	7.3	44.6	40.4	7.7
29~35岁	26.2	41	23.4	9.3
36~45岁	39.6	36.5	11.8	12.1

2. 不同职业青年较常接触的信息传播渠道呈现差异性

调研发现，不同职业类型的青年在媒体使用类型的选择上呈现出许多不同。公务员群体对网站使用的频率最高，占67.4%；报纸杂志排第二，占52.3%。公务员群体无论是新媒体还是传统媒体使用的频率都较高，这主要因为该群体的工作很大程度上都需要依靠计算机系统，而且很多政府部门还为工作人员免费提供报纸杂志等传统媒体，这种分布倾向与教师以及医生具有较高的相似性。而工厂工人、服务行业人员、无业人员等主要倾向于使用新媒体，对传统媒体的使用频率较低，具体数据见表6。

表6 职业与使用最多的媒体的交叉表（N=1181，单位:%）

职 业	网 站	手机短信	微博/微信	报纸杂志	电 视	广 播
公务员	67.4	43.0	37.6	52.3	26.2	23.5
党群组织干部	58.2	41.7	44.7	43.9	26.5	36.4
学生	40.4	34.5	61.3	13	8.9	26.3
医生或者教师	43.8	38.5	28.9	64.3	45.8	23.6
私营或者从商	21.3	76.2	15.3	14.5	42.1	21.2
企业职员	45.6	50.3	39.8	40.2	36.7	14
工厂工人	67.6	12.3	27.4	8.6	7.6	8.4
农民	11.2	21	10.3	11.7	64.5	21.4
服务行业人员	45.3	54.2	34.5	10.4	37.9	7.2
无业/待业	78.1	12.3	57.6	7.4	35.2	10.5

3. 不同学历青年网站使用目的呈现差异性

针对"您使用网络的目的是什么？"的问题，青年群体所呈现的答案相当多元。数据分析显示，青年学历结构对其上网目的有一定影响。学历越低的青年，网络使用的娱乐性就越强。本科以上的青年群体使用网络的目的选择"和朋友聊天"、"看电影"、"听音乐"、"玩游戏"的比例都是最低，分别只占47.0%、32.2%、27.7%以及20.7%（见表7）。这些数据充分说明，不同学历结构的青年群体使用网络的需求具有非常大的差异性。

表7 学历结构与青年使用网络目的的交叉表（N=1181，单位:%）

学 历	和朋友聊天	看电影	听音乐	玩游戏	搜索资料	浏览新闻	网购
本科以上	47.0	32.2	27.7	20.7	46.3	54.6	21.5
本科或专科	60.2	38	31.6	38.9	39.4	35.1	57.7

续上表

学　历	和朋友聊天	看电影	听音乐	玩游戏	搜索资料	浏览新闻	网购
高中或中专	92.7	52	56.5	51.6	43.7	30.4	43.5
初中	84.6	73.2	61.3	53.4	32.6	17	18.3
小学及以下	79.2	75.6	40.4	57.8	15.2	12.3	20.4

三、新媒体中社会主义核心价值观的传播现状

（一）青年对共青团新媒体平台的关注程度情况良好

共青团是引导青年、服务青年的重要组织，是将青年群体凝聚到党的旗帜下的重要组织。广东共青团一直致力于利用新媒体平台对青年群体进行社会主义核心价值观的宣传教育，开通了广东共青团网站、微博、微信等具有代表性的新媒体平台。调研发现，青年群体中有关注广东共青团微博或者微信的占62.9%。其中，以大学生对广东共青团新媒体平台的关注程度最高，关注广东共青团微博或者微信的占77.7%，其次是企业青年。当然，广东共青团新媒体平台宣传的力度还需要继续加强，例如有52.6%的农村青年既没有关注广东共青团微博，又没有关注广东共青团微信（见表8）。

表8　青年群体与广东共青团新媒体关注的交叉表（$N=1181$，单位:%）

学　历	只关注微博	只关注微信	都关注了	都没有
在读大学生	57.0	13.0	7.7	22.3
企业青年	50.2	13.2	6.7	29.9
进城务工青年	31.3	18.5	6.5	43.7
农村青年	33.6	8.5	5.3	52.6

（二）新媒体中核心价值观的传播力度还有待加强

调查发现，社会主义核心价值观在新媒体中的传播虽然已经取得了初步的成效，但依然有较大的上升空间，且不同青年群体关注新媒体中核心价值观的传播的热情也有很大的不同。以学历为例，不同学历人群对见到过新媒体中正面现象的宣传问题的回答呈现出很大的差异，其中以本科以上学历结构的人群在新媒体平台中见过正面现象的宣传的频率最高（见表9）。

表9 学历结构与"见到过新媒体中正面现象的宣传"的交叉表（N=1181，单位:%）

学 历	是否在新媒体中见到过关于榜样宣传、公益广告等正面现象的宣传		
	经常见到	偶尔见过	从来没有
本科以上	40.4	28.6	31
本科或专科	41.3	31	7.3
高中或中专	24.5	11.9	63.6
初中	23.5	24.6	51.9
小学及以下	11.3	30.6	58.1

（三）青年更倾向接受新兴媒体中传播的"正能量"

新媒体的使用具有强烈的受众主导型和自媒体性，因此青年群体对新媒体技术的价值认可程度很高，尤其是微博、微信等新兴媒体在传递"正能量"过程中所发挥的作用更加受到青年群体的肯定。由图4可知，青年群体尤其是大学生比较认可运用微博、微信等新媒体传播社会主义核心价值观过程中所发挥的作用。青年群体个性鲜明、渴望表达、积极寻求自我实现，新兴媒体的开发运用更加全方位地满足了青年人的这些需求。在新媒体中，每个青年都可以发布自己的所见所闻、所思所感，都可能成为新媒体世界中话语的开发者与引导者，这些恰恰是青年群体重要的话语诉求。以微博为例，青年群体可以用精练的语言通过微博将自身的见闻、感触即时地发布出来给自己的听众，也可以关注转发或评论自己感兴趣的信息，把握了信息的主动权。因此，青年不再只是被动机械的"倾听者"，而具有更多"发声"机会，各级团组织在利用这些新兴媒体传播社会主义核心价值观的过程中，可以通过发布信息、讨论话题、举行投票等形式引领活动的走向与方式，让他们更加有兴趣去参与、学习。

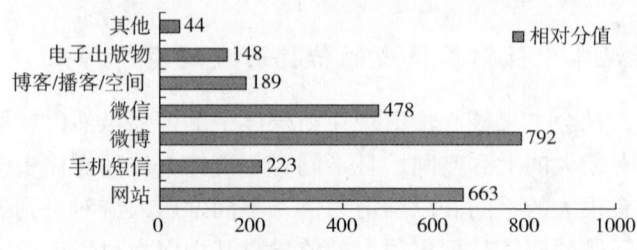

图4 不同新媒体在传播核心价值观中的作用

四、新媒体影响下的青年价值观现状调查

(一) 青年的主流价值观念

1. 对"中国梦"的知晓程度较高

为响应党和国家的号召,广东各级团组织都开展了"我的中国梦"主题教育实践活动,也取得了一定成效,这从青年群体对"中国梦"的认知情况和认同现状可以得知。调查结果显示,青年群体对"中国梦"的知晓水平都相对较高,58.0%的青年能够知道"中国梦"的基本内涵是中华民族的伟大复兴(见图5)。在访谈过程中,有几位访谈对象的回答也都涉及"中国梦"的有关内容,都证明了"中国梦"的宣传教育取得不错的效果。

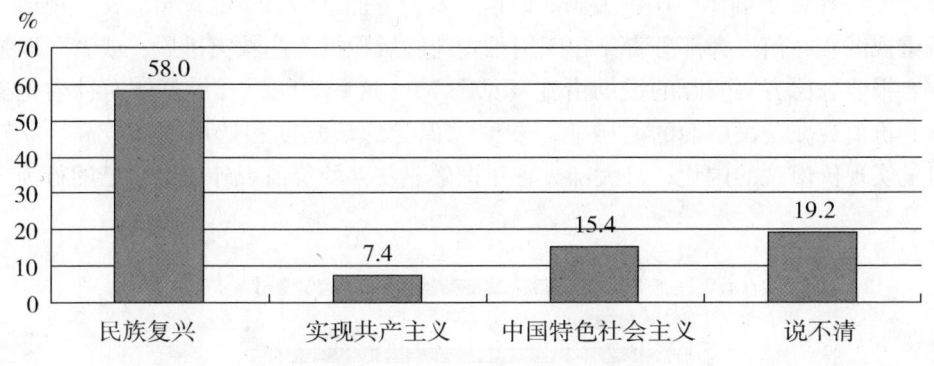

图5 青年关于"中国梦"基本内涵的认识

2. 具有较为强烈的国家归属感

调查发现,四个青年群体普遍对"钓鱼岛事件"表示愤怒,期望国家变得富强,以应对类似国际争端。当问及"对于日本公然侵占我国领土钓鱼岛的事件,您的看法"时,94.9%的青年表示"很愤怒"或者"比较愤怒"(见图6)。在访谈中,课题组也发现,虽然有些青年不能完整地将"富强、民主、文明、和谐"的社会主义现代化目标表述清楚,但是当问及他们是否同意的时候,都表现出高度的认可,认为这些是自己对国家的共同愿景。可见,青年群体能够较好地看待国家与个人之间的关系。

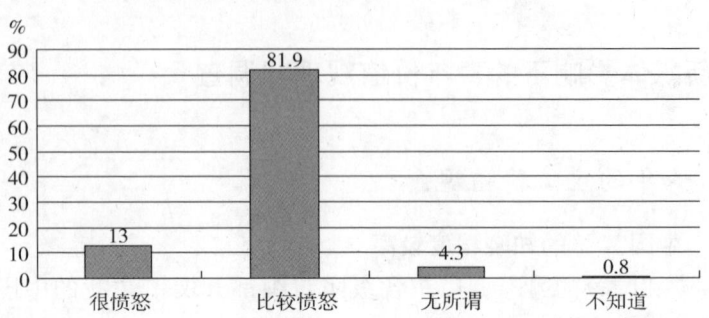

图6　青年对"钓鱼岛事件"的态度

3. 敬业与友善的核心价值观成为共识

在对待自己职业（学业）的态度方面，93%的青年能够相对认真地对待，6.6%的青年选择了"一般"或者"敷衍了事"，其中企业青年有50.4%持消极态度，在四个群体中比例最高。诚信和友善方面，99.4%的青年非常重视或比较重视诚实守信。大部分青年在四川雅安地震后积极关注救灾进展，或者采取捐款、报名志愿者等实际的援助措施（见图7）。这些表明，青年群体对社会主义核心价值观在公民层面的"敬业、友善"倡导的认知度和认可度都较高，能够自觉实现价值观的内化，且大部分青年把敬业友善的价值观外化为自己的行为。

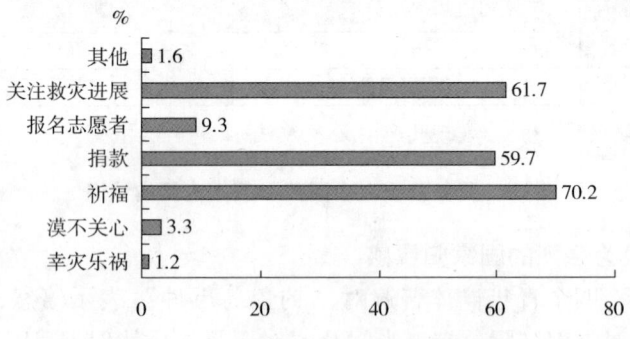

图7　青年对四川雅安地震采取的措施

4. 对社会主义现代化的建设较有信心

对我国未来的发展以及我国人民未来生活水平的提高，72.5%的青年明确表示非常有信心或较有信心（见图8）。大部分青年指出中国共产党的正确领导、马克思主义的思想指导、中国特色社会主义的发展、分配制度的合理化、公平与民主的逐步实现、社会保障体系的逐步健全以及社会经济的发展等因素是他们对我国未来的发展以及我国人民未来生活水平的提高保持信心的原因。在这些因素中，社会经济的发展、中国共产党的正确领导以及社会保障体系的逐步健全成为三个首选的因素。

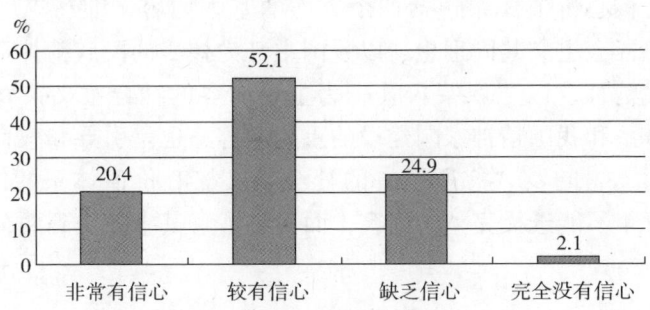

图 8 青年对国家未来发展的信心

（二）新媒体影响下的青年价值观误区调查

社会主义核心价值观是社会主义核心价值体系的内核，对社会主义核心价值观和社会主义核心价值体系的认知、理解直接关系到青年以怎样的态度和行动对待周围的事物。因此，课题组就青年对社会主义核心价值体系基本内容，特别是社会主义核心价值观基本概念、马克思主义基本原理、马克思主义中国化理论成果、中国特色社会主义道路以及理论体系的基本态度等进行了调研。调研发现，青年群体整体的价值观念是积极健康向上的，但是依然有部分青年存在一些价值观的误区。

1. 对社会主义核心价值观认知程度不够清晰

调查发现，在对于"您听说过社会主义核心价值观吗"的问题中，选择"很清楚"的只占10.1%，还有33.6%的青年选择了"模糊"或者"完全不知道"（见图9）。其中，只有16.6%的在读大学生、8%的企业青年、3.3%的农村青年表示"很清楚"，甚至没有进城务工青年表示"很清楚"。由此可见，对青年开展社会主义核心价值观的基本内涵教育存在漏洞，尤其是对进城务工青年的社会主义核心价值观宣传教育亟待加强。

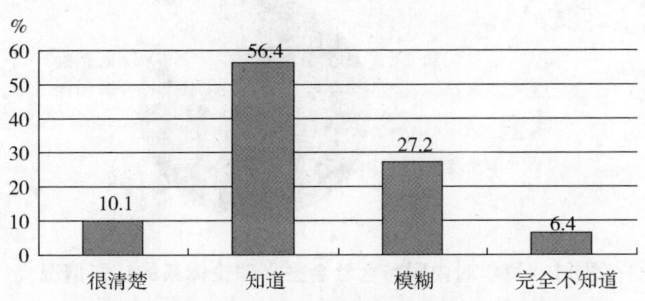

图 9 青年对社会主义核心价值观的了解程度

2. 对核心价值体系基本内容认知出现模糊

社会主义核心价值体系包括四个方面的基本内容，即马克思主义指导思想、中国特色社会主义共同理想、以爱国主义为核心的民族精神和以改革创新为核心的时代精神、以"八荣八耻"为主要内容的社会主义荣辱观。社会主义核心价值体系和我国精神家园建设的重要内容，也是引导和教育青年的重要思想武器。然而，问及"您所了解的社会主义核心价值体系的内容有哪些"时，56%的青年不能选择完整的内容，而只是了解其中的一到两个内容（见图10）。

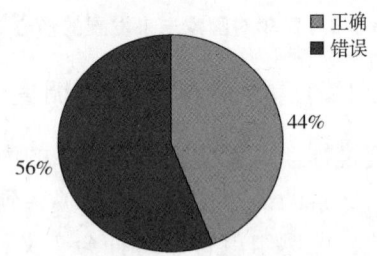

图10　社会主义核心价值体系内容正确了解程度

3. 对中国特色社会主义理论体系认识水平较低

中国特色社会主义理论体系主要包括邓小平理论、"三个代表"重要思想以及科学发展观。青年对于中国特色社会主义理论体系基本内涵的认知程度直接反映了他们的政治理论水平。调查发现，青年群体的政治理论水平总体不太乐观，只有19%能够完整回答出中国特色社会主义理论体系的基本内容（见图11）。同时，青年群体对于"属于中国特色理论体系的内容是哪些"的问题，也具有较大的群体差异。其中，青年产业工人和农村青年对中国特色社会主义理论体系的认知显得更为模糊。

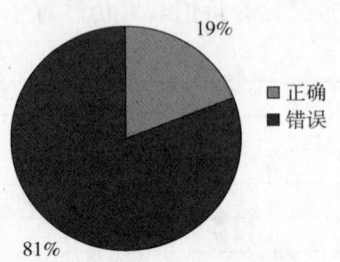

图11　青年对中国特色社会主义理论体系的认知情况

4. 对爱国主义的行动理解存在偏差

对于日本公然侵占我国领土钓鱼岛的事件,大部分青年表示愤怒或者比较愤怒,从这里可以看出他们具有比较强烈的国家归属感。但是,对于政府应该采取的措施,虽然有超过80%的青年选择了与日本政府和平谈判,但是依然有13%的青年选择了把在华日本人赶回日本(见图12)。对待钓鱼岛事件,青年群体存在理性交涉与盲目抵制两种截然不同的态度,这在体现了大部分青年具有爱国主义的同时,也警醒我们要正视青年对爱国主义理解的偏差,警惕爱国主义发展成为狭隘的民族主义。

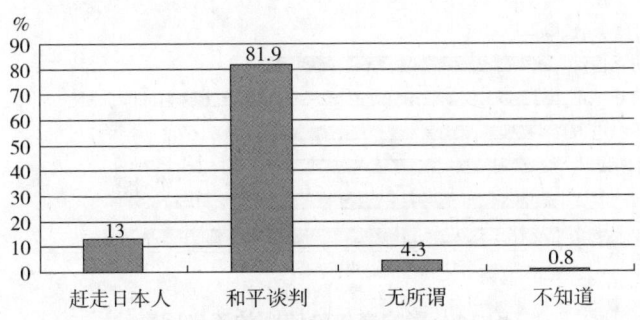

图12　青年对钓鱼岛事件的反应

5. 道德意识和责任感缺失问题有所显现

调查发现,青年群体的价值观普遍存在以下问题:道德水平不高、责任意识较差、看重自身利益、工作能力不够、社会适应能力不强、缺乏理想信念、过分强调自我等。其中,"责任意识较差"最为主要,占78.4%,而"过分强调自我"占62.6%,"看重自身利益"占58.6%,"道德水平不高"占52.3%,"缺乏理想信念"占50.8%(见图13)。从这些数据中可以得知当前青年道德意识和责任感方面存在较大的问题,亟待各级组织积极进行有效引导和教育。

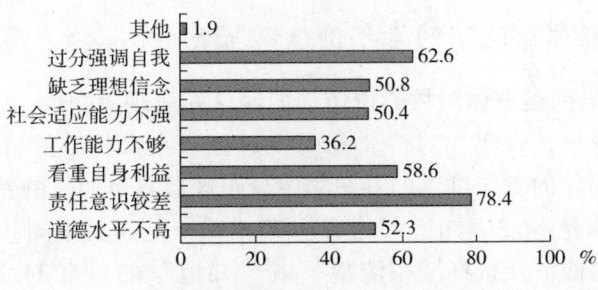

图13　青年普遍存在的问题

6. 青年价值观受消极社会思潮影响明显

通过调查发现，拜金主义和个人主义的社会思潮的蔓延速度和广度呈现上升趋势，对青年群体的思想观念产生了许多负面影响。如图14显示，在被调查青年中，78.8%认为拜金主义对当代青年造成了不良影响，所占比例最高，其次分别是利己主义（72.4%）、缺乏诚信（71.4%）、不思进取（67.3%）。课题组发现，社会上充斥的个人主义价值观思潮对青年影响很大，拜金主义和利己主义在社会生活中的渗透，极大地误导了青年正确价值观的构建；不思进取的消极价值观也在一定程度上影响了青年乐观向上的生活态度和价值取向。

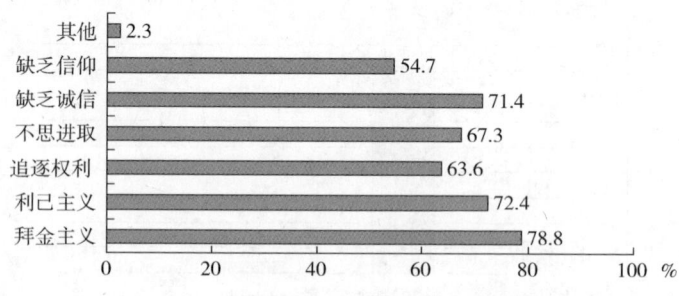

图14　影响青年价值观的不良因素

7. 青年对负面现象的认知不全面

在调查中，有27%的青年表示对我国未来的发展以及我国人民未来生活水平的提高信心不足，而"中国共产党内部的腐败现象"、"马克思主义已没有坚持的必要"、"社会主义道路不适合我国的发展"、"贫富差距不断扩大与两极分化严重"、"医疗就业等社会保障体系不完善"以及"中国社会作为'人情社会'普遍存在社会不公平现象"等是导致他们存疑的主要因素。其中，选择"中国共产党内部的腐败现象"的最多。然而，这些社会负面现象是当前社会主义市场经济改革和发展出现的少数现象，不能以此作为依据来否定我国未来发展的希望。

（三）新媒体影响下的青年价值观呈现群体差异

1. 不同政治面貌群体对核心价值观内涵认知呈现差异性

调查结果显示，青年在对待"您听说过社会主义核心价值观吗"的问题时，不同政治面貌的青年群体的答案集中分布区域具有明显的差异，其中中共党员选择"很清楚"或"知道"的高达77.8%，是四类不同政治面貌的群体中比例最高的；而群众选择"很清楚"或"知道"的只有34.1%，是四类不同政治面貌青年群体中比例最低的（见表10）。从数据得知，社会主义核心价值观的传播教育主要是集中在中共党员,而对于群众所开展的社会主义核心价值观传播教育力度还不够。

表10 政治面貌与社会主义核心价值观清晰度的交叉表（N=1181,单位:%）

政治面貌	很清楚	知 道	模 糊	完全不知道
中共党员	17.0	60.8	10.7	11.5
共青团员	8.4	43.2	16.7	31.7
民主党派	21	38.5	26.5	14
群众	5.4	28.7	45.3	20.6

2. 不同收入水平群体对中国特色社会主义理论体系认知呈现差异性

调查显示,青年对于中国特色社会主义理论体系的认知与他们的收入水平呈现正相关的关系,收入水平越高的青年对中国特色社会主义理论体系的认知水平就越高。能够完整正确地回答出中国特色社会主义理论体系基本内容比例最高的是收入水平在5000元以上的青年群体,为29.3%；其次是收入水平在3001～5000元的青年群体,正确率为21.6%；再次是收入水平在1001～3000元的青年群体,正确率为16.8%；最后是收入水平在1000元以下的青年群体,正确率为15.2%（见表11）。

表11 收入水平与中国特色社会主义理论体系认知的交叉表（N=1181,单位:%）

收入水平	正 确	错 误
1000元以下	15.2	84.8
1001～3000元	16.8	83.2
3001～5000元	21.6	78.4
5000元以上	29.3	70.7

3. 不同职业类型的维权方式呈现差异性

青年群体的合法权益受到侵害时,不同群体所采取的维权方式偏向一致。大部分青年采取较为理智的方式,如沟通协商、法律途径等。其中,大学生选择"沟通协商"作为维权方式的比例是最高的,占87.8%；而进城务工青年选择"沟通协商"作为维权方式的比例是最低的,占75.6%；进城务工青年选择"暴力维权"的比例是最高的,占6.7%（见表12）。由此可见,在自己合法权益受到侵害的时候,仍有部分青年没有或不知道运用法律武器。

表12 青年群体与维权方式的交叉表（$N=1181$，单位:%）

青年群体	默默忍受	暴力维权	沟通协商	法律途径	其他
在读大学生	7.1	1.9	87.8	52.6	3.2
企业青年	9.2	2.6	81.2	60.3	0.9
进城务工青年	8.9	6.7	75.6	57.8	8.9
农村青年	6.7	3.3	83.3	73.3	3.3

五、运用新媒体传播社会主义核心价值观面临的问题

运用新媒体传播社会主义核心价值观已经成为共青团思想引领工作发展的重要方向。然而，调研发现，在各种社会思潮盛行、新媒体环境日新月异的今天，要想卓有成效地实现新媒体与社会主义核心价值观的联姻，在新媒体环境中唱响意识形态的主旋律却依旧面临着许多难题和挑战。

1. 青年对团属新媒体存在误解

许多共青团组织都纷纷开通了新媒体平台，努力实现"线上"与"线下"传播社会主义核心价值观的有机联动。但是，依然有部分青年群体对共青团组织的新媒体存在误解，不信任团组织的新媒体。因此，共青团新媒体平台的管理者亟须转变青年对共青团新媒体平台的刻板印象。

2. 青年对传播内容及形式喜好更加多元

在问及青年更倾向于接受哪种形式所传递的"正能量"时，图片和微电影分别占75%和62%；而在问及青年群体"网络使用"的目的时，回答多样。可见，青年更习惯接收形式多样的信息，更倾向于通过新媒体平台的使用满足自身的切实需要，而这种要求对于社会主义核心价值观却是有难度的。社会主义核心价值观是社会主义意识形态的集中提炼，具有较强的理论性与意识形态性，如何将社会主义核心价值观以青年群体喜闻乐见的形式呈现出来，并通过新媒体的平台为青年群体所认知、喜爱、接受、践行，对各级共青团组织是一种考验。

3. 新媒体平台使用习惯群体性差异明显

如前所述，89.3%的青年正在使用一种或者多种新媒体平台，新媒体已经成为青年交流沟通的重要途径。然而，青年对新媒体平台的依赖程度即使用时间呈现很大差异。以青年群体类型、年龄和政治面貌为例，不同青年群体对新媒体平台的依赖程度就呈现出较大差异，如表13。因此，运用新媒体传播社

会主义核心价值观就需要很好地根据不同群体使用新媒体平台的习惯,针对性地开展新媒体活动,提升新媒体传播社会主义核心价值观的实效。

表13 不同群体特征与新媒体使用习惯交叉表（N=1181,单位:%）

群体特征		1小时以下	1～3小时	3～5小时	5小时以上
群体类型	在读大学生	8.2	54.8	26.0	11.0
	企业青年	13.4	42.5	23.9	21.2
	进城务工青年	41.3	35.2	11.4	12.1
	农村青年	65.8	12.4	13.2	8.6
年龄	18岁以下	25.7	37.6	30.2	6.5
	18～28岁	7.3	44.6	40.4	7.7
	29～35岁	26.3	41	23.4	9.3
	36～45岁	39.6	36.5	11.8	12.1
政治面貌	中共党员	15.8	43.3	28	12.4
	共青团员	11.3	29	33.6	26.1
	民主党派	12.4	47.2	21.3	19.1
	群众	9.6	40	12	28.2

4. 团组织对共青团新媒体阵地管理不足

在访谈中发现,虽然许多团组织开通了新媒体平台,如网站、微博、微信等,却出现了新媒体平台"只开不管"的现象,新媒体平台发布的消息很少甚至没有任何的信息更新。这种"僵尸新媒体"不能满足青年任何需求,不仅不可能起到引领青年和服务青年的作用,而且还会诱使青年群体对共青团组织产生"办事不实际"、"走过场"、"形象工程"的印象。本课题组随机对广东省各地市团组织的微博进行调研,发现部分地市团组织官方微博超过一个月以上没有进行信息更新,县区级团委"空壳"新媒体平台的情况更为严重。

六、新媒体在社会主义核心价值观传播中运用的路径

（一）加强新媒体阵地建设,提升整体竞争力

1. 紧跟媒体发展潮流,扩大覆盖面

新媒体技术的发展日新月异,共青团应该坚持与时俱进,积极寻求对策,

使这些新兴的媒体技术为我所用,扩大社会主义核心价值观传播的覆盖面。共青团组织可以联合各大门户网站联合开展活动,在活动过程中有效整合各种不同的新媒体平台,对于扩大共青团活动的覆盖面,提升社会主义核心价值观传播的有效性都能够产生相当重要的作用。

2. 联通新媒体平台,延伸影响力

调研显示,青年群体对新媒体平台的类型使用显得相对分散,目前共青团已经针对这个现状开通了网站、微博、微信等各类媒体平台,但是这些新媒体平台之间缺乏有效的联通与整合。共青团可以充分发挥微博、微信等新兴媒体信息传播较为快速和方便的优势,对共青团各类新媒体平台进行宣传推广,使青年登陆其中一个新媒体平台,就能了解到其他平台的信息。青年只有进入共青团组织的新媒体平台,才能接触这些平台提供的信息内容,社会主义核心价值观的传播影响才有可能实现。

3. 规范新媒体平台管理,确保辐射力

当前,部分共青团所开通的新媒体平台还存在"只开不管"的现象。共青团运用新媒体开展社会主义核心价值观传播要树立"经营新媒体"的理念,要完善运作机制、考核机制、监控机制、培训机制,量化各项工作要求,保证团属新媒体平台正常、规范运作。

4. 优化新媒体平台界面,增强吸引力

调研发现,青年对共青团新媒体平台的直观感受影响青年对该新媒体平台的评价。因此,共青团可以在优化新媒体平台相关设置与选项上下功夫,提升新媒体平台界面的友好度。目前共青团的新媒体平台用户界面大多是使用软件所提供的模板,界面的高度同质化一定程度上统一了标识,但是不利于满足求新求变的青年群体的个性化需求。共青团新媒体平台的管理人员要充分运用音乐、动画、图片等多种手段来设计页面,变平面为立体,变单调为多样,这样通过调整和优化用户界面、用户体验,才能在最大程度上满足青年群体的差异化需求,以吸引更多的人群关注。

(二)创新新媒体活动,激发青年能动性

1. 根据青年习惯,设计新媒体活动

共青团要充分挖掘新媒体的功能,依托各类新媒体平台设计"更贴近青年、更贴近时代、更贴近实际"的活动,让青年在参与活动、收获乐趣的过程中受教育。共青团可以充分发挥新兴媒体传播迅速、覆盖面广的有利条件,开展有利于传播社会主义核心价值观的新媒体活动,引导青年了解、接受,从而践行社会主义核心价值观。例如,广东共青团在2012年国庆期间举办的"我与祖国合个影"活动,结合青年喜欢通过微博晒照片的行为特点,融入"爱国"的积极元素,还通过网络传播信息,收到青年与国旗合影照片1000多张,近万名漂泊在外却心系祖国的青年也纷纷通过微博参与活动,收效明显。再如2013年湛江市国税局团委通过微博、微信平台开展的"国税杯微公益正能量"征文比赛活动,以"随手拍"、"随笔写"等形式记录身边微小的好人好事并上传到新媒体平台,也取得良好反响。这些活动的成功,都因其创造性地依托新媒体平台,与青年群体的媒介使用习惯相契合,吸引青年参与其中,在倡导爱国敬业、诚信友爱、文明和谐的良好风尚中发挥了积极的重要的作用。

2. 融入娱乐元素,转变青年刻板印象

如调研结果所显示,当前青年使用新媒体的目的具有较强的娱乐性倾向,且部分青年对共青团的新媒体平台存在呆板、枯燥等刻板印象。因此,共青团的新媒体平台要改变单纯的话题互动结构,增加新媒体平台的娱乐性,吸引青年群体的"眼球"。共青团的新媒体平台可以增加关于核心价值观理解投票、"我看社会主义核心价值观"话题讨论等互动板块,增强新媒体平台的娱乐性与趣味性。这样一来,共青团通过新媒体平台就把高远深奥的"大道理"变为与青年生活密切相关的"小常识",把"有意义"的事情打造得"有意思",提升青年群体对共青团新媒体平台的黏度和信任度,让青年在潜移默化中受到社会主义核心价值观的熏陶和教育。例如,2013年广东共青团微博通过设立"有模有young"、"恰英雄少年"等微博话题,用轻松俏皮的方式引导广大青年为实现梦想努力奋斗,微博话题讨论数高达239万个,效果相当显著。

(三)专注核心价值观传播创新,营造良好氛围

1. 选择内容要着眼青年的需求

调研发现,大多数青年认可某种价值观念的原因主要是由于能够满足其需要。这就启示我们新媒体在社会主义核心价值观传播中的运用要着眼于青年的信息诉求,将社会主义核心价值观与青年切身相关的问题结合起来,重点回答当前青年最关心的问题。共青团可以针对不同类型的青年群体针对性地开发新媒体项目。例如针对进城务工青年开设的"青工手机学堂",让进城务工青年通过共青团的新媒体平台接收信息,提升技能,改善生活以及工作质量。换言之,青年群体通过共青团新媒体平台满足了自己的需求,他们对共青团新媒体所传达的信息的价值观念才会更加信任。

2. 承托的载体要丰富多样

在调研中发现,青年倾向于接受图片、微电影、公益广告和漫画等载体所传递的信息。因此,社会主义核心价值观的传播要充分运用图片、微电影、公

益广告等多种载体,将社会主义核心价值观的内核寓于其中,让青少年在享受文化盛宴的同时得到启发、受到教育。共青团可以联合动漫和游戏企业开发时尚鲜活的网络游戏和动漫表情等文化产品,使社会主义核心价值观变平面为立体,从静态抽象转变为动态具体,声、色、图、文并茂,在给青年带来视觉和听觉享受的同时,促进青年对社会主义核心价值观的思考和理解的内化。例如,广东共青团与网络电台研发的《青春逗》手机游戏,结合各大节日设计推出的"青春爱国"动态表情、微信贺年卡等,形象生动,将社会主义核心价值观蕴藏在丰富多样的载体之中,对引导青年正确价值观的形成大有助益。

3. 传播的时间要抓住契机

共青团新媒体在传播社会主义核心价值观的过程中,要找准时机,有的放矢。第一,新媒体传播社会主义价值观要紧扣当下热点。共青团可以结合时政热点或者青年群体关注的焦点推出各类相关的文化产品。例如广东共青团结合"中国梦"、党的"十八大"等时政热点拍摄的《中国梦·青春志》等系列宣传片具有较强的时效性,既能满足青年的文化需求,还能够为青年解答关于时政热点方面的疑问。第二,新媒体传播社会主义价值观要把握关键节点。共青团要充分利用好青年节、中秋节、国庆节等时间节点,将正确的价值观念蕴藏在活泼生动的事件宣传或者活动宣传中。例如,可以结合中秋节,开展"我家的中秋"活动,让青年群体用图片记录自己家乡的中秋习俗,让青年了解中华传统文化的博大精深,进而激发青年对祖国文化的归属感和自豪感。

总而言之,新媒体在社会主义核心价值观传播中的运用既是时代的必然要求,又是共青团自身的发展诉求。因此,各共青团面对新媒体应该不回避、不抗拒,而是主动介入,扎实有效地推进新媒体中的社会主义核心价值观传播工作。当然,新媒体与社会主义核心价值观的联姻又是一项系统工程,不可能一蹴而就,也决非朝夕之功,需要各部门形成合力,多管齐下,真正做到在新媒体中卓有成效地服务与引导青年。

共青团广东省委宣传部

执笔人:邓小强、卢拓妍、徐喜春

广东共青团维护青少年合法权益的新路径研究

一、导 言

随着我国进入社会快速转型期,青少年合法权益维护问题日渐突出。过去30多年间,自上而下的经济改革对中国的经济与社会产生了重要影响,一方面,中国成长为世界第二大经济体;另一方面,由于我国社会建设的步伐远远没有适应经济结构的转换,计划体制向市场体制过于迅速的转型也使得社会利益和矛盾冲突涌现。因此,群众的合法权益维护问题日渐凸显,而处于社会权力弱势、能力弱势地位的青少年群体的合法权益维护问题更是突出。

青少年是祖国的未来和希望,党和政府历来重视青少年合法权益维护工作。我国政府出台了《中华人民共和国未成年人保护法》等一系列法律法规,对青少年特别是未成年人的生存权、发展权、受保护权等提供诸多"硬性"保障措施,而且不断强化政府、家庭、学校、社会和司法各方面的保护体系。这正是深刻理解青少年是实现"中国梦"的重要力量、青少年合法权益维护是坚持科学发展和落实群众路线的集中体现。

共青团是先进青年的群众组织,是青少年合法权益维护的关键力量。根据共青团中央关于全团"走进青年、转变作风、改进工作"大宣传、大调研活动的指示,本课题组通过实地调查、深度访谈和座谈会等方式,与政府相关部门、各级团干部、社会工作服务机构负责人、青少年和专家学者交流沟通,考察近年来广东共青团为维护青少年合法权益所做的探索,从中提炼总结维护青少年合法权益的路径,为各级团组织进一步推进青少年合法权益维护工作提供参考。

通过调查研究,课题组指出,近年来广东共青团以青少年合法权益维护的社会需求为基础,着力于青少年合法权益维护工作的战略规划和行动推进,逐步探索出一条以共青团为枢纽的"政团联动、团社协同"维权路径,从而进一步提升共青团在维护青少年合法权益方面的参与度和影响力。本文分四个部分阐述以上观点。首先描述近年来广东青少年合法权益维护的社会需求状况。其次描述广东共青团如何通过战略规划和行动推进维护青少年合法权益。再次重点分析"政团联动、团社协同"维权路径的基本特征、产生背景和运作模式。最后是对"政团联动、团社协同"维权路径的总结。

二、广东青少年合法权益维护的社会需求分析

长期以来，共青团维护青少年合法权益的工作对象主要是五类重点青少年，包括闲散青少年、流浪乞讨青少年、不良青少年、留守儿童和服刑人员子女。下文将简要描述广东省五类重点青少年群体的规模特征及权益状况，从而呈现广东共青团面对的青少年合法权益维护的社会需求。

第一，广东省五类重点青少年总体基数大。囿于统计的实际困难，课题组仅以摸查数据和已有研究的抽样调查数据粗略把握广东省五类重点青少年的大致规模。通过在民政、司法等相关部门的了解，广东省目前有闲散青少年133650人，流浪乞讨青少年46270人，不良行为青少年或严重不良行为青少年39354人，农村留守儿童974979人，服刑在教人员未成年子女34564人，上述五类重点青少年群体总计超过122万人。广东省公安厅的统计数据显示，截至2012年年底，广东省共有青少年480余万人，据此计算广东省五类重点青少年占比近25%。[①]

第二，青少年合法权益受损问题较严峻。留守儿童和流浪乞讨青少年是权益受损较为严重的两个群体。就数量规模而言，二者合计占五类重点青少年总数的90%。调查发现，一方面，留守儿童数量日渐增长[②]，生存和发展权益难以保障。一是缺失亲情。即长期与父母分离，缺少父母的关怀。一项针对韶关市480余名农村留守儿童的调查显示，17.6%的农村留守儿童存在孤独感。二是营养失衡。留守儿童大多隔代抚养，在膳食结构、营养摄入等方面受到严重影响。2010年一项针对广东省韶关南雄市、茂名化州市和肇庆怀集县农村中小学生（1853人）的调查发现，广东省经济欠发达地区农村留守儿童营养知

---

① 数据来源于共青团广东省委员会权益部从公安、司法部门获取的内部数据。

② 由于大量劳动力从粤西、粤东和粤北地区涌入珠三角各大城市寻求工作机会，造成了大量的留守儿童。早在2005年就有研究者推算出广东留守儿童占全国留守儿童总数比为10.28%，高居全国第二。2012年最新统计数据显示，广东省共有农村留守儿童近百万，他们中大部分处于义务教育学龄。以广东省清远市为例，清远市妇联2013年的摸查统计发现，该市农村留守儿童达16万多人，约占全市儿童总数的19%。此外，一些研究者针对粤东和粤北地区的调查数据也发现，在一些落后地区的学校中，留守儿童的比例均超过50%。参考段成荣、周福林《我国留守儿童状况研究》，载《人口研究》2005年第1期。

识缺乏，不良饮食习惯比例高。① 三是学业退步。隔代抚养依靠文盲率较高的老年人，他们缺乏辅导儿童学业的能力，严重影响留守儿童的学业质量。同时，经济落后地区教育资源不足，留守儿童受教育质量难以保障。四是安全堪忧。近年来，农村留守儿童因缺乏家庭监管而溺水、触电、车祸、自杀、小病拖成大病等意外伤亡事故不断发生。②

另一方面，流浪乞讨青少年权益被侵犯现象突出。调查组的实地走访发现，尽管部分青少年出于无奈，因天灾人祸、家庭穷困等而乞讨，但也存在为数不少的以乞讨为生、有固定住所并长期定点乞讨的青少年（如广州岗顶电脑城、广州火车站、一德路圣心大教堂等区域是流浪乞讨人员密集的地带）。不仅如此，近年来流浪乞讨青少年（特别是儿童、婴儿）遭遇有组织团伙幕后操纵控制的牟利性乞讨行为较为突出。通过与相关社会公益机构和媒体的访谈，课题组了解到成年人（包括青少年的亲人、老乡、陌生人等）幕后操纵青少年乞讨的情况较为明显。这种有计划的组织、培训、监控等手段强化了未成年人乞讨行为的职业化或半职业化走向。同时，为了获得社会同情，部分青少年还遭到有组织犯罪团伙的拐卖、非法拘禁、恶意伤残和强奸等侵害。

第三，青少年违法犯罪现象较突出。课题组对相关政府部门的访谈发现，近年来青少年犯罪处于较高水平。据统计，2009年至2012年全省每年共有犯罪人数约10万人，其中未成年人犯罪平均占8%，而25岁以下青少年犯罪比例更是高达30%，且近年来几乎都维持在此高位。从调查结果来看，这种现象主要在不良青少年和闲散青少年两个群体身上体现得较为明显。一方面，不良青少年犯罪现象突出。不良青少年主要是指在成长过程中受到各种不良社会亚文化影响从而产生不为社会主流文化所认可的价值观念与行为模式（如酗酒、打架斗殴等）的青少年。通过排查摸底，2011年广东省青少年犯罪嫌疑人数为76393人，青少年罪犯人数为34379人，刑罚执行完毕后5年内又故意犯罪的青少年罪犯人数为2631人；2006年以来广东省未成年人共同犯罪和集团犯罪总人数占未成年人罪犯的20%左右，未成

---

① 参见夏燕琼、秦祖国、苏胜华等《广东省经济欠发达地区农村留守儿童营养知识和饮食行为调查》，载《海峡预防医学杂志》2012年第1期。

② 参见吴文春、陈洵、庄观英《潮汕地区农村留守儿童焦虑现状研究》，载《韩山师范学院学报》2011年第4期；张亮超、羊嘉冬《关于广东省长岐镇下关村留守儿童和空巢老人的现状调查》，载《才智》2012年第16期。

年人犯罪类型多样（见图1）①。另一方面，闲散青少年的不良行为频现。闲散青少年是指不在学及无职业的人，这个群体最大的问题是缺乏就业保障、缺乏社会融入，具有较强烈的围观心理和发泄情绪，极易卷入城市群体性事件或其他集体对抗行为。2012年共青团广东省委员会一份对广东预防青少年犯罪形势与对策的研究报告指出，近年来青少年频现群体性事件，甚至扮演打砸的关键角色。正如基层干部所反映的，平时"失学、失业、失管、失爱"的青少年一遇群体性事件"聚集最迅速、打砸最果断"。

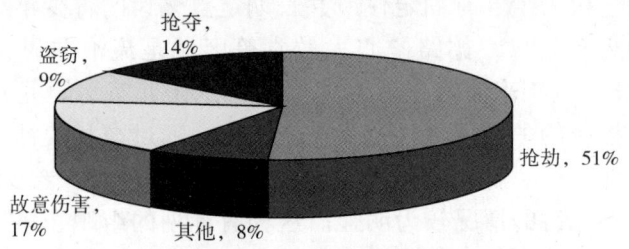

图1　2006—2010年广东未成年罪犯罪名比重

第四，青少年合法权益维护体制机制不健全。青少年权益保护和公共管理研究专家认为，当前我国青少年维权的管理体制、地方公共财政体制和社会支持体制不健全，青少年维权的信息沟通机制、部门协调机制和政策引导机制等尚不完善是一个普遍现象。广东省同样如此。

（1）就数量最庞大的留守儿童而言，由于城乡和区域发展不均衡以及政府公共服务不均等现象突出，保障留守儿童生存权和教育权等基本权益的体系尚不完善。

（2）就流浪乞讨青少年而言，当前政府和社会的援助力量不足，流浪乞讨青少年及其权益侵害正在成为政府保障青少年合法权益的大难题。《广州日报》的报道曾指出，79%乞讨流浪儿童有被犯罪分子操控的经历②。青少年长期流浪乞讨不仅容易沾染各种不良习气，影响生理和心理健康发育，而且其遭遇有组织犯罪团伙侵权的风险也较大，极易埋下未来对社会仇恨的种子，以及对社会福利体制形成负担。

---

① 数据来源于广东省综治委预防青少年违法犯罪工作领导小组办公室撰写的《2011年广东省综治委预防青少年违法犯罪工作报告》（2012年1月5日）及历年摸查统计数据（内部资料）。

② 参见黄蓉芳《79%乞讨流浪儿童有被犯罪分子操控经历》，载《广州日报》A3版，2010年5月25日。

(3) 就服刑人员子女而言，低龄化和贫困化是他们面对的最主要问题。广东省公安厅的统计数据显示我省服刑人员子女绝大部分为儿童，大多经济条件窘迫，不少人甚至处于失学、流浪乃至走上违法犯罪的境地。由于现有政策缺乏对父母服刑而无人照管的未成年子女的监管规定，政府也缺乏专门的救助机构和救助办法，加上这一群体更容易自我封闭，较少得到社会力量的充分关注，因而政府和社会帮扶的发展远远无法满足社会需求。

(4) 就不良青少年而言，广东省针对不良、劳教青少年的权益维护主要以规划教育和行为矫正为主。目前，针对广大青少年学生的规划教育中又以法制教育为核心。但是，法制教育还存在着缺乏统筹规划、家庭法制教育不到位、校园周边环境不理想、实效性需要继续提高等问题。法制教育与包括社区矫正等青少年行为矫正工作的衔接仍然不充分（见表1、表2①）。

表1 监所排查统计情况

总人数	性别		年龄		无监护人或监护人无法履责人数	符合低保人数	失学人数	流浪社会人数	违法犯罪人数
	男	女	≤6周岁人数	处于义务教育阶段年龄人数					
34564	19126	15438	12184	21326	2650	9531	1395	481	34

表2 社会帮扶情况

总人数	入住儿童福利院人数	家庭寄养人数	入住救助站或保护中心人数	落实低保人数	复学人数	落实职业技能培训人数	推荐就业人数	社会帮扶缺口人数
7825	16	566	43	45	124	2	859	6170

三、广东共青团维护青少年合法权益的实践

从以上描述可见，广东青少年的合法权益维护存在着巨大的社会需求。然而，广东共青团并没有完善的经验可供借鉴。在此背景下，广东共青团需要"摸着石头过河"，探索行之有效的适合青少年身心成长特点的方式、方法和工作制度，从而实现好、维护好、发展好青少年的合法权益，发挥共青团凝聚

---

① 广东省司法厅报综治委服刑在教人员未成年子女情况排查帮扶活动统计表（2012），内部资料。

和服务青年的基本使命。

基于调查研究,课题组从战略规划和行动推进两个层面呈现近年来广东共青团为维护青少年合法权益开展的主要实践。

(一)战略规划

为了有效回应青少年合法权益维护的社会需求,在青少年合法权益维护工作的战略规划中,广东省共青团始终坚持把青少年权益维护与共青团的政治使命紧密衔接,以深入学习贯彻中央精神为契机,按照共青团中央关于青少年权益维护的工作部署,结合广东的地方实际,以"最大限度覆盖青年,最大限度影响青年"为基本原则,以联系党和青年,服务党委政府的管理和创建平安广东的基本目标开展相关体制机制设计,推行维护青少年合法权益的战略规划。

一是整体设计。首先是确立"维权"与"增权"相结合的工作方向。共青团"十六大"以来,根据全团权益工作"三个结合,一个制度性安排"(即要注重把维护青少年合法权益与引导青年的有序政治参与结合起来,把关注个案与关注普遍性的权益问题结合起来,把代表和反映青少年的普遍性利益诉求与相关法律法规的贯彻落实结合起来,探索建立维护青少年合法权益的制度性安排)的要求,广东共青团从着重青少年合法权益的"维权"转向"维权"与创造条件为青少年"增权"并重转变。其次是确立预防为主、防治结合的工作思路。强调共青团面对的青少年合法权益损害现象以及违法犯罪现象的有效化解必须从根源上着手,做到以防为主,以防促治,防治结合。再次是确立"党政领导、团青牵头、部门协作"的工作模式。强调争取党政领导支持、发挥共青团凝聚青年的优势、争取其他相关政府部门配合从而形成主体多元化的工作格局。最后是确立法制化、社会化和机制化的工作方法。强调通过让青少年学法、知法、用法和护法,从而塑造"以法维权"的青少年行动模式;强调构建政府、学校、家庭和社会"四位一体"的工作网络,建立健全不同类型重点青少年群体保护、教育、管理、服务和维权工作的社会参与,强调通过个案维权和工作探索打造品牌、形成常态化的可复制的机制。

二是高位带动。首先是倡导党委政府开展顶层设计。具体而言,共青团通过积极运作,提请各级党委、政府重视青少年合法权益维护并将之列入政府的关键议事日程,推动省委省政府将预防青少年违法犯罪工作纳入地市党政领导班子科学发展观考核指标体系。其次是切实构建部门联动机制。广东省综治委预防青少年违法犯罪工作领导小组办公室设在共青团广东省委员会,依托这种制度化设计,共青团广东省委员会积极与广东省委政法委、广东省高级法院、广东省检察院、广东省教育厅、广东省公安厅、广东省民政厅等23个成员单位密切联络，推动各部门加大力度促进青少年合法权益事业发展。最后是以高层激励带动地市行动。广东共青团定期开展重点工作检查和督导，落实全省权益工作的考核奖励，对完成工作任务成绩明显又具有特色的地市给予一定经费奖励。与此同时，推动下属21个市设立了维护青少年合法权益的工作领导小组，促成各地市党委政府据此出台相关文件以推动预防犯罪工作的开展。

（二）行动推进

广东共青团推进青少年权益维护的战略规划，最终必须落到实处、付诸实践。正因如此，能否开展有效的行动设计变得尤其关切。为此，广东共青团主要开展了三个方面的工作：

一是团校合作明确需求。青少年合法权益是否得到有效维护，首要的关键是维护者能否准确把握青少年权益维护的社会需求。为了做到有的放矢，广东共青团的第一项行动设计致力于通过社会调研"找方向"。考虑到自身专业能力的局限，共青团积极与高校、智库合作，成立相关研究基地，联合调研。2011年11月，在最高人民法院、共青团中央中国预防青少年犯罪研究会的指导下，共青团潮州市委员会、韩山师范学院、潮州市中级人民法院联合成立华南地区第一个全国性预防青少年犯罪研究基地，把研究、干预和关爱有机结合起来，推动有关实务部门和研究部门的合作，整合政府和社会资源，引进专业力量，打造预防工作的有效平台，开展课题研究。2011年广东省共青团与中山大学合作开展了针对闲散青少年、不良行为或严重不良行为青少年进行法制教育的方式和渠道的研究。

二是争取试点先行先试。考虑到广东地处改革开放前沿，经济发展进程中各种社会问题包括重点青少年群体权益受损较为突出的特点，广东共青团积极争取共青团中央的支持，为探索维护青少年合法权益的路径先行一步。其中，2010年东莞市成为全国预防青少年违法犯罪工作的试点城市，在强化监测、创新帮教、协调组织化专业力量和社会化专业力量共同参与上下功夫，着力构建多层次、全覆盖的帮教体系，减少和预防青少年违法犯罪的发展。

三是多措并举真抓实干。首先是强调设置"防线"。鉴于复杂的工作境况和重点青少年群体权益形式恶化的隐忧，广东省共青团与各级团组织探索出一整套预防青少群体权益状况下滑的行动措施，为预防青少年犯罪搭建起多层面、多领域的预防及矫正体系。比如，针对流浪儿童，共青团以保障基本生活需要、教育管理为主要措施，预防其外出流浪；对于服刑在教人员未成年子女，广东共青团将目标定位为解决经济困难和心理阴影两个突出问题，避免他们融入社会难的问题。其次是致力于培养建设青少年权益维护组织，整合组织化和社会化的专业队伍，邀请专业人士担任"阳光使者"和"阳光导师"，健全志愿者骨干招募培养和管理服务机制。再次是充分利用"12355"老牌项目的服务平台，结合互联网的应用，推进"12355"项目与"阳光行动"的对接升级，发挥各自的最大效用。最后是重视资源整合。一方面是整合行政资源。比如，共青团广东省委员会联合 21 个职能部门成立"阳光行动——广东省青少年健康成长守护工程"工作领导小组，积极分析研究、建言献策重点青少年群体服务管理与预防犯罪工作。另一方面是整合社会资源。广东共青团借助政府购买服务的契机，积极引入社会力量参与青少年合法权益维护工作。比如，共青团佛山市顺德区委员会引入当地企业家成立社会组织并接管公办幼儿园，开创社会组织介入学前教育的先例。

近年来，按照全团部署和要求，积极调整职能，转变工作思路，在深入调研和广泛听取各级团组织意见的基础上，广东省共青团及广东各地市团组织按照"找方向，打基础"的工作原则和"广泛调研、优化环境、完善机制、打造品牌"的工作方针，积极探索创新、先行先试，实现了全省权益工作的快速发展。比如，东莞市的先行试点工作就得到中央综治委预防青少年违法犯罪专项工作考核组的充分肯定，广东省委副书记朱明国对试点经验作了"前期工作定位准确、效果初显，试点体会真实，有指导意义"的专门批示。

四、"政团联动、团社协同"的维权路径

很长时间以来，共青团并不像政府部门一样具备特定的行政职能，青少年合法权益维护工作主要是司法、公安和检察院等各个部门具体执行，共青团主要通过进班子、搞活动和做项目的方式介入其中。近年来，广东共青团之所以在维护青少年合法权益过程中扮演着越来越重要的角色，关键是充分运用共青团联结政府、对接社会的二元性，搭建以共青团为中介的维护青少年合法权益的多组织（包括与政府组织、社会组织）联动格局，从而提升共青团在青少年合法权益维护中的参与性与影响力。课题组将这一共青团维护青少年合法权益的路径归纳为"政团联动、团社协同"。

（一）基本特征：以共青团为枢纽的多组织联动

"政团联动、团社协同"的基本特征是以共青团为中介的多组织联动，其基础是共青团相较于政府组织和社会组织具有的三重先天优势。

首先是相较政府组织和社会组织更具专门性。一方面，政府相关部门承担的社会事务非常庞杂，青少年权益维护往往只占据各个部门的一小部分职责。

譬如民政部门尽管也担负相关职能，但其工作中心主要还是在基层政权、社会福利等方面。另一方面，处于成长发育中的社会组织并没有精细分工，因而专司青少年权益维护的机构并不常见。相较而言，共青团的定位就是服务和引导青年，其核心工作对象就是青年群体和青年社会组织，因而与其他两类组织相比更具专门性。

其次是联系行政部门的政治优势。共青团是党委政府认可的青年组织，具有天然的正当性，承担维护青少年合法权益的政治职责，相较于社会组织而言，它与党委政府的关系更加紧密，具有接受行政指令、获取行政资源开展青少年维权工作的便利。

最后是亲和民间组织的社会优势。由于长期以来政府行政部门对社会组织主要是履行管控职责，因而社会组织与行政机构的关系并不密切。相较而言，共青团具备联系群众的社会属性，长期接触青年、青年志愿者以及青年志愿者组织等相关群体和机构，并通过自愿活动协作、运作经费链接等方式与民间组织多有关联，关系较为密切。

这三重先天优势使得共青团得以既联系政府部门，又联络社会组织。一方面，由于共青团具有从事青年权益维护事业的专门性和专业性，而且拥有诸如青年志愿者等规模庞大的人力资源，熟悉青年的观念与行为逻辑，因而政府相关部门的青年事务必然需要与共青团进行协作，取得支持和配合。另一方面，由于共青团服务党委政府，在青少年合法权益维护方面具有合法性以及体制资源，因而往往能够获得社会组织的主动联络。调查组的个案访谈为此提供了佐证。广东一家省级公益组织为了更加便利地参与未成年人权益维护事务，就主动联系省和市地团组织并通过它们获取相关基础经验以及进入该领域的便利。

（二）宏观契机：社会建设下的组织涌现与群团转型

调查研究发现，共青团之所以能够以"政团联动、团社协同"推进青少年合法权益维护，与广东转变政府职能、建设"大社会、好社会"所提供的政策契机不无关系。

从 2011 年开始，广东大力推进社会建设。是年，广东省委省政府作出社会建设的相关决策。决策的核心是改变过去"政府办社会"、"政府管社会"的治理模式，通过社会自主治理达到政府管理社会和提供公共服务的目的。其中最为关键的举措是为社会组织"开闸放水"，放开其登记注册的门槛，与此同时为社会组织"分蛋糕"，开列政府向社会组织购买服务的"清单"。这一重大决策带来了多重政策效应。

第一是草根组织相继"转正"。从 1989 年 10 月国务院发布《社会团体登记管理条例》开始，中国各级政府对于社会组织的登记管理一直遵循"双重管理"制度，即社会组织必须找到业务主管单位挂靠，同时在民政部门登记。由于被挂靠者要"担保"挂靠者，这使得大量社会组织找不到挂靠的"婆家"。"双重管理体制"的约束使得一大批以公益维权、公民教育、扶贫助学、志愿服务、弱势群体救助和环境保护等为主要业务的民间社会组织长期处于未在民政部门登记、挂靠已登记组织或转工商登记状态。就广东而言，这些民间社会组织的数量非常庞大。据广东省民间组织管理局负责人透露，政府部门并没有确切掌握事实上存在多少社会组织，但可估计其数量规模之众。譬如前几年相关摸查就显示，仅广州未登记的各类组织就有6000多家，而全省未经登记的社会组织无法统计。社会建设让民间社会组织获得摆脱"非法"身份的机会。以东莞为例，从2011年年底至2012年1月就有61家公益慈善类社会组织获得政府赋予的合法名分。

第二是群团组织应势"转型"。快速增长的社会组织让主政者看到了公共服务供给有了更多元化的力量，但同时也让他们思考如何让社会组织一方面"接得住"政府购买服务，另一方面也让政府"管得好"新兴的各类组织。为此，广东省委省政府作出了要求工青妇等群团组织转型为"枢纽型组织"的决定，即工青妇等群团组织要成为能够带动和引领相关领域的社会组织参与社会服务的组织。时任广东省委书记的汪洋同志更是具体要求工青妇组织要面向社会竞争，促进和实现自身的转型，要创建各种社会组织，参与政府购买服务，强化与社会组织之间的联合协作。

（三）微观运作：信息化、体系化和品牌化并举

青少年合法权益维护的路径探索离不开社会建设的政策契机，但更加重要的是广东共青团在具体工作中推进有力。调查研究发现，以信息化常态动态掌握青少年权益维护需求、以体系化建构青少年权益维护格局和以品牌化促成青少年权益维护长效运行，是广东共青团运作"政团联动、团社协同"路径的关键。

第一，以信息化把握需求。由于中国处于社会剧烈转型时期，青少年权益维护工作面对的社会环境复杂多变，广东省各级团委充分认识到掌握及时数据对把控时局、作出正确决策的重要性。因此，广东省各级团组织积极与各类高校、媒体、智库和社会组织共同开展青少年权益维护的基础数据收集，通过不定期的数据收集和青年群体深度访谈等多种方式了解青少年权益维护现状，促使决策信息收集分析常态化和动态化。在省级层面，近年来广东共青团持续深化对未成年人保护、做好青年合法权益代言人等重要课题的理论研究，开展了

多次关于中小学生使用微博、中职学校法制教育等专题调研；同时加强权益维护工作信息化建设，健全并完善数据分析体系，提升工作的科学化、专业化水平，为正确决策提供有效保障。一些数据成果已经获得了良好反响。在地方层面，各地市团委也积极联系政府、联结社会，在青少年权益状况摸底排查方面形成了一整套动态化的工作机制。比如，部分地市团委为搭建青少年权益维护动态检测体系，团组织联合其他政府部门深入开展，分别采用"全方位"、"分类别"和"分职能"等方式开展排摸，形成了"定期全面排摸"与"实时重点排摸"相结合的工作机制，设计并完善了青少年建立舆情检测网络，掌握和分析工作对象的信息和动态。同时逐步健全信息管理机制，开发"重点青少年群体信息管理系统"，建立青少年跟踪管理的动态系统。

第二，以体系化推进业务。在青少年权益维护工作体系的构建过程中，广东共青团长期着手推动权益维护政策项目系统化建设。在具体实践中切实推动建立健全青少年社会组织的事务协调机制，丰富完善青年社会组织的评价激励机制，优化完善共青团和青年社会组织的组织化梳理机制，探索共青团品牌项目的社会化运行机制，形成一个严密高效的权益维护体系。在权益维护政策项目体系化运行过程中，东莞经验具有代表性。在被确定为重点青少年群体教育帮助和预防犯罪工作全国试点后，东莞市积极着手政策项目系统化构建，依托互联网、新媒体等媒介，实现需求发布、活动组织、人员管理、资源整合、效果评估等一站式管理，探索"管理网络化、资源集约化、服务精细化"的"结对＋接力"新模式。

第三，以品牌化保障延续性。广东省团委根据团中央的统筹指导，结合本地重点青少年群体的需求，在针对不同青少年群体的教育和服务，对重点青年群体的帮扶、矫治、管理、普法等工作中方面，精心设计、长期维护，打造出一批具有工作实效、富有本地特色的活动品牌，建立青少年权益维护的长效机制。

首先是巩固和完善老品牌活动，如"12355"热线。2004年广东在全国率先开通"12355"青少年维权和心理咨询服务热线，投入20多万元建立了呼叫中心平台，为青少年提供便捷的法律、心理咨询和维权服务，受理有关侵害青少年权益的投诉，切实维护青少年的合法权益。此后广东共青团持续投入，在队伍建设、办公条件配套和服务内容拓展方面不断推进，形成了可观的规模和运行绩效。截至目前，广东省21个地市已全面开通"12355"青少年服务热线，共解答各类咨询逾40万人次，在代表青少年利益、反映青少年呼声、维护青少年权益、促进青少年健康成长等方面发挥了积极作用。经过近9年的运行，"12355"青少年服务热线成功搭建了共青团组织与青少年交流的平台，成为青少年的一条"解忧线"、"希望线"和"维权线"。

其次是创新和实践新品牌活动,如"阳光行动"。广东共青团联合广东省预防专项组、广东省综治办以及各类社会组织推动青少年健康成长守护工程"阳光行动",针对重点青少年群体开展服务管理和预防犯罪工作,着力解决影响青少年健康成长的突出问题,预防和减少青少年违法犯罪,帮助青少年健康成长,助力平安广东建设。截至目前,各地、各部门已逐步建立相应的工作领导小组及办公室,制订工作方案,建立工作机制,积极整合资源,实施目标化管理、项目化推进、规范化运作、标准化考评。

再次是因地制宜设计地市品牌项目。譬如,针对异地务工人员子女学习、生活和成长需要打造"七彩课堂"省级示范性项目,针对青少年诉求表达而探索并完善的"青少年与人大代表、政协委员面对面"政策项目以及"甘露行动"、"戒除网瘾 快乐成长"、"青少年远离毒品行动"、"青春红丝带"等项目。

最后是构建一批政团联动、团社协同的精品项目。以广州市"青年地带"为例,共青团针对社区青少年权益维护需求和青年社工服务发展需求,搭建了以"青年地带"为名的"一站一特色"专业社工服务,采取"1(出资机构,即政府)+1(监管机构,即团委)+1(营运机构,即社工组织)"的模式运营青少年权益保障工作。经过近五年的积累和发展,"青年地带"培育和聚合了广州启创社会工作中心等一批社会组织,知名度与口碑效应日益凸显,形成了政府推动、团委协作、专业运营、扩点成面的"青年地带"模式①。

五、结　语

当前,青少年合法权益维护存在巨大的社会需求,同时也拥有各种有利形势。一方面,共青团中央与中国共产党广东省委、广东省人民政府非常关注社会转型期的青年发展及其权益状况,要求各级政府部门及共青团组织迎接挑战、分析问题、破题攻坚,促进青少年权益工作再上新台阶。另一方面,广东共青团经过近年来的稳步摸索,已经粗步形成"政团联动、团社协同"的维权路径,党政、社会各界广泛参与的多元化、立体化维权格局初具雏形,各类组织之间的协调合作机制、信息沟通机制、工作保障机制和考核激励机制逐渐成形,共青团维权能力日渐增强。

---

① 广东共青团主编《探路:共青团改革的广东实践》(2013年,未刊稿)对此有详细介绍。

在此背景下,"政团联动、团社协同"的维权路径正在助力共青团维权的层次提升。首先是典型个案整理和普遍案例总结相结合的工作方法正在完善。这种整理和总结有利于典型个案的快速解决和普遍案例的制度性化解。其次是临时活动和长期项目相结合的工作方式逐步成型。这种方式有利于兼顾短期内营造声势和长期性塑造品牌。最后是青少年权益维护全盘考虑与重点突出的工作特色日渐形成。这有利于针对广东省青少年权益维护工作的地区差异而侧重性地开展预防和保护工作。比如,经济不发达地区和山区农村重点关注留守儿童,珠三角地区则着重关注闲散青少年,促进青少年维权工作的重点突出和特色显著。

正因如此,广东共青团探索青少年权益维护路径是共青团切实履行党委政府与青年的联络员责任,成为政府部门、社会组织与重点青少年群体的协调员的积极实践。如何进一步争取党委政府的支持,巩固和完善"政团联动、团社协同"的维权路径,进而为各兄弟省市共青团维护青少年合法权益工作贡献经验,是摆在广东共青团面前的重大课题。

共青团广东省委权益部
执笔人:张文杰、陈晓运、蔡泽峰

广东共青团组织联系、服务、引导城市新兴青年路径的研究

一、引　言

2013年4月19日，中共中央政治局召开会议，决定从当年下半年开始，用一年左右时间，在全党自上而下分批开展党的群众路线教育实践活动。6月18日，在党的群众路线教育实践活动工作会议上，习近平同志强调指出，开展党的群众路线教育实践活动，是实现党的"十八大"确定的奋斗目标的必然要求，是保持党的先进性和纯洁性、巩固党的执政基础和执政地位的必然要求，是解决群众反映强烈的突出问题的必然要求。共青团中央号召全团开展"走进青年、转变作风、改进工作"大宣传、大调研活动，团中央第一书记秦宜智同志在大宣传、大调研活动的动员大会上指出：对于团组织来讲，就是要进一步强化宗旨意识，树立群众观点，密切团与青年的联系。要推动共青团工作实现新发展，就必须首先弄清楚共青团工作到底面临着哪些新情况、新问题，当代青年出现了哪些新困难、新需求。

共青团广东省委员会结合当前党的群众路线教育实践和"两进三同四争先"活动，大力开展共青团的重点工作和重点领域青少年群体调研。随着中国经济发展、社会进步、城镇化的逐步推进，城市新兴青年群体成为共青团工作的重点领域，是共青团工作的主要对象之一。加强对城市中自由职业者、网络意见领袖、网络作家、签约作家、自由撰稿人、独立演员歌手、流浪艺人等新兴青年群体的研究，掌握其特征、生存现状、基本诉求与困难，探寻共青团服务他们的有效路径，加强对他们的管理和引导，是当前共青团组织的重要工作之一。

1. 城市新兴青年群体的发展变化

1978年党的十一届三中全会以来，中国社会开始进入由传统型社会向现代型社会转型的一个特殊历史时期。社会的政治、经济以及文化体制和运行机制都进行了改革，国家和社会生活发生了巨大的变化。包括经济资源、政治资

源以及文化资源在内的所有社会资源进行了重新配置，社会各阶层的利益结构也相应地发生了重大变化。在这个特殊的时代背景下，出现了具有不同特征的新的社会群体。江泽民同志在党的"十六大"报告中指出，"在社会变革中出现的民营科技企业的创业人员和技术人员、个体户、私营企业主、中介组织的从业人员、自由职业人员等社会阶层，都是中国特色社会主义事业的建设者。"在学术界，不少研究者使用"新的社会阶层"这一概念对上述人员进行考察和研究。

随着社会的不断进步和经济的快速发展，"新的社会群体"也发生了一定程度的分化，城市中逐渐形成一种新兴群体，他们具有工作自由度较高、掌握一定的专业知识、具有较好的技术水平等共同特征，他们不与用人单位建立正式劳动关系，区别于个体、私营企业主，是具有一定经济实力和专业知识技能并为社会提供合法的服务性劳动，从而获取劳动报酬的劳动者，如商业保险代理人、证券专业投资人、商品推销员、经纪人、自由撰稿人、家庭教师、健身教练等。这类城市新兴群体行业跨度很大，构成成分复杂，来源类型多样。其中，既有国有企业改革后以个人身份参与市场活动的从业人员，又有高校就业体制改革后，选择自我雇佣的大学毕业生；既有高学历的留学归国就业人员，又有掌握了较高技术水平的农村进城务工人员；既有不受任何单位雇佣的自由职业者，如律师、私人医生、自由教师、设计师、流浪歌手等，又包括有一定雇佣关系，但同时又以个人身份参与市场交易与社会活动的兼职从业者，如拥有固定职业但又从事写作的网络作家、在健身中心与培训中心授课的学校教师、兼职赚取报酬的在校学生等。这类群体中，45岁以下的青年占有相当大的比例，是城市新兴青年群体。

近年来，改革开放不断深化，市场经济体制得到不断完善，城市新兴的群体呈现快速增长的趋势。仅就其中的自由职业者来说，2008年"两会"所公布的数据认为，2007年年底以前大约有自由职业者1000万人。一年以后，根据中国网2009年的数据，我国自由职业者的数量达到1500万人左右。自由职业者是社会新兴阶层的重要组成部分，他们作为改革开放特别是社会主义市场经济发展的产物，呈现快速增长的趋势，在我国经济社会中的作用越来越突出。

2. 相关研究的基本状况

在中国知网文献库中，研究团队对城市新兴青年的相关词条进行了检索，以了解相关研究的基本状况。

以"新的社会阶层"为关键词进行主题检索，精确检索结果为2678篇文献，其中，1979年至2000年的21年间，文献总数为37篇，2001年至2012

年,每年的研究文献均超过了100篇。文献中对新的社会阶层的状况、特征、利益诉求、政治参与、统战策略等问题的研究较多,研究也比较系统。以"新的社会阶层"并含有"青年"进行主题检索,精确检索结果为16篇文献,这说明学术界对于"新的社会阶层"中青年问题的研究很少。

以"自由职业"为关键词进行主题检索,精确检索结果为1806篇文献。文献对自由职业者的状况、特征、管理、就业、社会保障等问题的研究较多。以"自由职业"并含有"青年"进行主题检索,精确检索结果为55篇文献,对青年自由职业者的状况、特征、诉求的研究很少。

分别以"网络作家"、"签约作家"、"自由撰稿人"为关键词进行主题检索,精确检索结果分别为269篇、287篇、1569篇,文献以新闻报道、介绍性的文章居多,系统研究这些群体的生活状况、特征、诉求的文献比较少。分别以"独立演员"、"独立歌手"、"流浪艺人"为关键词进行主题检索,精确检索结果分别为2篇、10篇、138篇,文献以文艺介绍及文艺鉴赏类居多,研究这些群体的生活状况、特征、诉求的文献也很少。

以"城市新兴青年"为关键词进行主题检索,精确检索结果为0条文献,模糊检索结果为83条信息,其中,以"城市新兴青年"为研究对象的文献只有15篇。

以上检索反映出学术界对"新的社会阶层"、"自由职业"、"网络作家"等群体已经有了一定的研究,但对于这些群体中的青年群体关注较少。同时,还反映出城市新兴青年这个群体虽然已经存在一段时间,但将其作为一个整体概念进行考察研究的仍然非常少见。因此,作为从事青年工作的共青团组织,应该加强对城市新兴青年的研究,探索共青团组织管理、引导与服务城市新兴青年群体的有效路径。

3. 研究分类

研究团队对城市新兴青年群体相关的研究文献进行了梳理,将"新的社会阶层"、"自由职业"、"网络作家"、"签约作家"、"自由撰稿人"、"独立演员"、"独立歌手"、"流浪艺人"等作为关键词检索的结果综合考察,研究者在如下方面开展了较多研究工作:

(1)对某一特定群体的研究。以前的研究者针对某一类特定的群体,如自由职业者、网络作家、律师等相关群体的工作生活状况进行了较多的研究。江冰的《论网络写作群体的形成与生存现状》(2010),研究了网络作家作为一个文学网络化初期的产物,面临的危机与挑战,及其发展前景。再如道良德的《上海律师群体阶层状况及发展分析》(2005)对上海地区律师群体的状况及发展问题进行了研究,沈阳师范大学袁芳的硕士学位论文《关于辽宁地区独立服装设计师现状的研究》（2011）对辽宁地区独立服装设计师的现状进行了深入的分析与研究。太原理工大学于淼的硕士学位论文《中国模特业的现状与发展研究》（2012），分析了模特的行业现状，并提出优化教学内容，删减陈旧理论，吸收新成果新信息，提高文化内涵和底蕴等对策。

（2）相关群体特征的研究。研究者对相关群体的特征方面进行了一定的研究。王浩斌的《我国新社会阶层的概念诠释及其基本特征》（2009），诠释了新的社会阶层的科学内涵，并论述了该阶层具有高风险和高收入，以及具有较大的流动性、不成熟性和历史局限性等特征。长春市社会主义学院课题组的《长春市自由职业人员的基本状况、存在的问题及工作对策》（2011），系统研究了长春市自由职业人员的自主意识、生活压力、政治理想、生存和发展环境等特征，并提出了积极引导自由职业人员树立社会责任感和合理的利益观，拓宽其有序政治参与的渠道，建立有效工作网络等建议。

（3）基于统战角度的研究。不少研究者站在统战工作的角度，研究了相关群体。华东师范大学党委统战部的《试论城市自由职业者群体的统战方略》（2011），努力探寻自由职业者群体的统战方略，进一步适应社会转型，有效地引导这一群体健康成长，巩固和发展新世纪新阶段最广泛的爱国统一战线。广西师范大学潘欣欣的硕士学位论文《广西留学回国人员统战工作研究》（2007），探讨了在知识经济与经济全球化的交汇发展的背景下，部门协调、人才机制、配套服务、思想政治教育等方面存在的问题。

（4）基于城市管理角度的研究。有的研究者从城市管理的角度开展研究。韩莹莹的《基于和谐社会建设的在穗自由职业者管理探析》（2010），提出了优化自由职业者发展的政策环境，提升政府对自由职业者的公共服务职能等加强管理的建议。华东政法大学曹悦的《我国律师行业自治管理工作研究》（2012），提出要加大律师协会的自身建设，进一步厘清行政管理和律师自治管理各自的权限，充分发挥自律组织和司法行政机关各自的管理优势等。

4. 本课题问题的提出

通过对城市新兴青年群体的发展变化及已有文献的梳理，我们认为，虽然前人对某一特定的群体进行了研究，或者从群体特征、城市管理、统战工作等角度对相关群体进行了探讨，但没有把城市新兴群体作为一个整体概念，进行特征、状况、诉求方面的考察，也没有从加强引导和服务的角度进行探索。本课题以广东省城市新兴青年群体为研究对象，通过文献法、问卷法、访谈法等研究方法，对广东省城市新兴青年的状况、特征、困难与诉求等方面进行较为系统的研究，探寻共青团服务他们的有效路径，加强对他们的管理和引导。

二、研究的基本情况

(一)研究思路与设计

1. 城市新兴青年概念的界定

(1)"城市"的界定。本研究中,所谓城市,指地级以上城市的各区(含所辖镇、街道、村)及县级市县的县城。

(2)"青年"的界定。关于青年的年龄,目前有多种划分方式。本研究将年龄在14~45岁的人列为青年。

(3)"新兴"的界定。"新兴"是一个模糊的概念,是"新兴职业"的简称。新兴职业主要从职业的类别上界定,是在改革开放中产生的,有别于改革开放前的传统的职业。为了明确新兴职业者的概念界定,我们考察了"新的社会阶层"、"自由职业"等相关概念,认为新兴职业者应同时满足如下条件:

首先,新兴职业者应该是具备一定的专业知识和技术水平,并为社会提供合法的服务性劳动,从而获取劳动报酬的劳动者。因而新兴职业者有别于依靠简单的体力劳动获得报酬的劳动者,同时,也有别于个体、私营企业主。

其次,新兴职业者以某种特定身份参与社会活动时,不与用人单位建立正式劳动关系。新兴职业者可以是独立演员、自由撰稿人、自由教师等自由职业者。新兴职业者也可能有其他工作岗位,但同时也以网络作家、培训师、咨询师、网络意见领袖等某种特定身份参与社会活动。比如,当前的很多网络作家在现实生活中可能是医生、教师、空姐等其他身份的劳动者,虽然他们与医院、学校、航空公司等用人单位建立了劳动关系,但当他们以网络作家的身份写作时,并不与特定网站、特定读者建立劳动关系。

最后,新兴职业者主要存在于第三产业,即服务业,以提高人民的生活水平为职业目的。从事工业、农业生产的劳动者不在本研究之列。

(4)城市新兴青年的概念。城市新兴青年是指年龄在14~45岁,在地级以上城市的各区(含所辖镇、街道、村)及县级市县的县城工作的新兴职业者。

2. 研究思路

本研究在大量参考相关文献的基础上,采用自编量表对广东省城市新兴青年的状况、特征、诉求等作定量研究,通过访谈法获取更多的事实论据,在此基础上分析讨论广东省城市新兴青年的状况、特征、诉求,并提出探寻共青团组织管理、引导、服务他们的有效路径。

3. 研究内容

本研究拟对广东省城市新兴青年进行以下几方面的探索和研究：①了解广东省城市新兴青年的基本现状；②分析广东省城市新兴青年的基本特征；③探析广东省城市新兴青年的困难与诉求；④探寻团组织管理、引导、服务城市新兴青年的对策与建议。

4. 研究工具

本研究采用的是自编《城市新兴青年群体现状的调查问卷》。该问卷主要参考了甘肃社会主义学院辛国刚编制的《自由职业者群体现状的调查问卷》、东北财经大学自由职业者现状调查课题组编制的《自由职业人员调查问卷》。问卷共设计了40道题，第1~39题为客观题，第40题为主观题。其中，第1~5题为基本情况的人口学统计，其余客观题考察了包括城市新兴青年职业状况（第6、7、10、13、14题）、生活与收入情况（第8、9、11、12题）、人生观与价值观（第16~24题）、社会现状认知（第25~30题）、社会活动参与（第31~33题）、困难与诉求（第15、34~36题）、对团组织的认识与希望（第37~39题）共七个方面的情况。

5. 问卷的发放与回收

研究团队将设计好的问卷上传到专业网站，通过网络及发放纸质问卷的形式，发出问卷240份，回收问卷231份，回收率96.25%。去除不符合条件的问卷1份，有效问卷为230份，占被试总数的95.83%。

（二）调查问卷的人口学统计

问卷以广东省城市新兴青年作为被试，被试的人口社会学统计特征见表1。

表1 正式问卷调查样本基本资料分配（$N=230$）

项目	类别	频次	有效百分比	累积百分比
性别	男	123	53.48%	53.48%
	女	107	46.52%	100.00%
年龄	19岁及以下	18	7.83%	7.83%
	20~29岁	166	72.17%	80.00%
	30~39岁	39	16.96%	96.96%
	40~45岁	7	3.04%	100.00%

续上表

项目	类别	频次	有效百分比	累积百分比
所在地区	广州	154	66.96%	66.96%
	深圳	17	6.96%	73.92%
	东莞	26	11.30%	85.22%
	珠三角其他城市	20	8.70%	93.92%
	非珠三角城市	14	6.09%	100.00%
学历	研究生	17	7.39%	7.39%
	本科	127	55.22%	62.61%
	专科	49	21.30%	83.91%
	专科以下	37	16.09%	100.00%
政治面貌或宗教信仰	中国共产党	49	21.30%	21.30%
	共青团	100	43.48%	64.78%
	民主党派	0	0	64.78%
	其他宗教	15	6.52%	71.30%
	无该方面信仰	66	28.70%	100.00%

(三) 访谈的基本情况

研究团队根据研究需求及问卷设计情况，制定了访谈提纲，对23位城市新兴青年进行深入访谈，获取更多的信息与事实论据，了解其真实诉求，进而探讨加强共青团工作的途径与方法。访谈对象的职业涉及律师、设计师、教师、网商从业人员、商务中介、演员、主持人等行业。

三、城市新兴青年群体的基本特征

本研究通过问卷及访谈，对城市新兴青年样本的基本特征作了考察。城市新兴青年群体的特征为：群体构成复杂，差异性明显；工作自主性强，自由度高；较积极的思想观念与享乐拜金倾向并存；具有较一致的社会认知，但社会参与存在较大差异；对团组织的了解不够，对共青团的归属感有待提高。

(一) 群体构成复杂，差异性明显

由于城市新兴青年群体有着不同的社会背景，脱胎于不同的社会阶层，是一个比较复杂的社会群体，具有年龄跨度大、职业分布广、学历背景复杂、收入不平衡等特点，群体内部呈现明显的差异性。

1. 年龄跨度大，年轻人占多数

调查显示，城市新兴青年群体的年龄分布几乎涵盖了青年的全部年龄段。其中，20～29岁的年轻人占问卷调查总量的72.17%，30～39岁占16.96%，两项合计占89.13%。19岁及以下与40～45岁分别占7.83%和3.04%（见图1）。由于年轻，他们对新生事物比较敏感，市场嗅觉比较灵敏，反应快，更喜欢自我挑战，从而实现自己的人生价值。

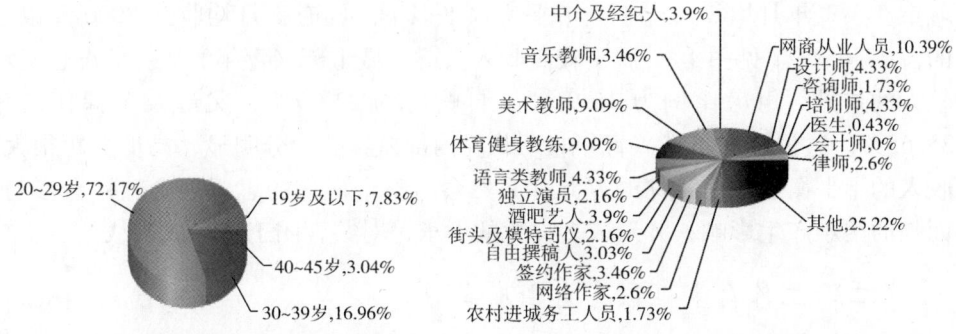

图1　城市新兴青年年龄分布情况　　　　图2　城市新兴青年职业分布情况

2. 职业分布广，分散度大

本次调查结果显示，城市新兴青年群体的职业分布十分广泛，涵盖了律师、设计师、咨询师、培训师、音体美教师教练、网商从业人员、自由撰稿人、签约作家、网络作家、司仪模特、流浪歌手等（见图2）。在进行职业调查时，除问卷中预设的21类职业外，还有58人即25.22%的受访者选择了其他。广泛的职业跨度必然使他们具有各自的工作生活与社会交际圈子，有着不同的工作与生活需求。

3. 学历背景复杂，高学历者居多

在230名调查对象中，研究生及以上学历有17人，本科学历127人，两项累计占62.61%；专科学历49人，专科以下37人，分别占21.30%与16.09%（见图3）。较高的学历使城市新兴青年具有较高的知识与技术，拥有更好的谋生能力，但同时也会对社会公平、民主法制、公民权益等提出较高层次的期望。

4. 收入不平衡，居住情况多样

在对平均月收入的考察中，2000元以下的占14.78%，2001～3000元占21.21%，合计占35.99%（见图4）。考虑受调查的人群中，在广州市工作的

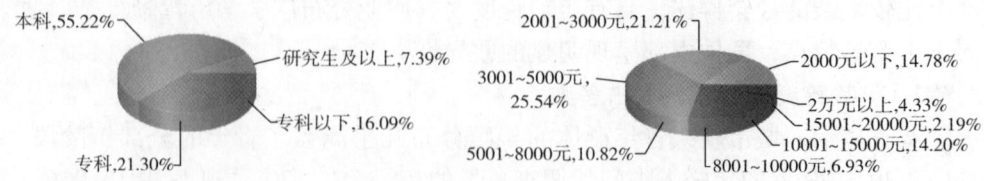

图3　城市新兴青年学历分布情况　　　图4　城市新兴青年收入分布情况

青年占66.96%，参照广州市统计局2013年3月18日发布的统计数据，城市居民家庭全年人均可支配收入38054元，月均为3174元，即至少有35.99%的城市新兴青年月均收入位于全市平均水平以下。同时，月均收入8000元以上的占27.65%（见图4），属于较高收入人群。城市新兴青年的居住情况也显示较大的差异。租房比例为36.96%，自购房为22.17%，父母及配偶住房为25.65%。这说明城市新兴青年收入状况内部差异性十分明显，高低差距很大。收入的不平衡、住房条件的差异，必然会对整个群体的思想观念、社会参与、面临的困难产生影响，并形成多样化的诉求，对共青团工作形成挑战。

（二）工作自主性强，自由度高

城市新兴青年依照自己的兴趣爱好选择职业，自主选择，自主经营，自我发展，拥有强烈的自主意识和较高的工作自由度。

1. 工作自主性强

城市新兴青年依靠自己的才艺与技术，服务社会，获得报酬，他们不能用"等、靠、要"的方式获得收入，只能依靠自己的人脉和才能，自主地寻找服务对象，并根据服务对象的要求调整工作时间和工作地点，更加主动地融入社会。

2. 突出个人兴趣

对于"选择当前职业的原因"这一问题，选择兴趣爱好的占54.55%，选择喜欢自由的占26.84%，收入好占9.09%，生活所迫占9.52%（见图5）。可见，大多数城市新兴青年正是因为兴趣和自由才选择了当前职业。

3. 工作自由度高

城市新兴青年以个体的形式独立自主地获得资源，谋取生存，他们拥有工作时间、工作环境、工作内容自由支配等特点。工作和生活基本处于自由状态，具有较高的工作自由度。调查中，25.11%的城市新兴青年认为工作的自由度很好，50.22%的人认为比较好，两项累计75.33%（见图6）。说明城市新兴青年是工作自由程度比较高的群体。

城市新兴青年以较强的时间弹性和工作自主性,及时弥补了传统职业结构的空缺,促进社会特定功能的正常发挥,具有积极的意义。

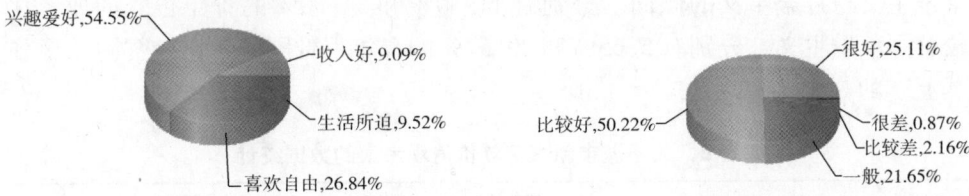

图5　城市新兴青年职业选择原因　　图6　城市新兴青年工作自由度情况

(三) 较积极的思想观念与享乐拜金倾向并存

城市新兴青年在诚信意识、人生定位、理想追求、家庭观念等方面有积极的价值取向,但具有一定的享乐主义与拜金主义倾向。

1. **诚信意识**

调查显示,对于"诚实守信"的态度,63.04%选择"非常重要",34.78%选择"比较重要",合计达97.82%,可见城市新兴青年具有良好的诚信意识。

2. **理想追求**

对于"您的人生追求是什么"这一问题,7.39%的青年选择了"为社会做贡献",61.74%选择了"实现个人理想",22.17%选择"为家庭努力",8.7%选择"说不清"。对于自己的梦想,50.87%的青年"正为自己的梦想努力",4.78%选择"已初步实现梦想",可见多数青年拥有积极的理想追求。但同时,我们也应注意,仍有7.39%的青年对自己的人生追求"说不清楚",且有36.96%的青年认为自己"有梦想,但实现起来很困难"。因此,城市新兴青年的理想追求尚需积极引导。

3. **家庭观念**

城市新兴青年具有正确的家庭观念。对于"家庭是安身立命之本"这个观念,分别有46.52%和44.78%的青年表示很赞同和比较赞同,8.26%认为一般,极少人选择"比较反对",没有人选择"很反对"(见表2)。

4. **价值观念**

城市新兴青年价值观念存在两重性。一方面,他们能够理智处理个人利益与公共利益的冲突,对个人与他人的关系有比较积极的认识。当问及"如何处理个人利益与公共利益的冲突"时,13.04%选择"个人利益优先",18.7%选择"公共利益优先",35.65%选择"两者兼顾",32.61%选择"具体问题具体分析",可见青年对这一问题的认识是积极理智的。表2的数据显示,大部分青年对个人与他人的关系也有比较正确的认识。另一方面,他们有一定的享乐主义与拜金主义的倾向。分别有11.30%和31.30%的青年很赞同或者比较赞同享乐主义,分别有5.65%和29.57%的青年很赞同或者比较赞同"金钱至上"的观念(见表2)。

表2 关于城市新兴青年价值观考察的数据统计

内容	很赞同	比较赞同	一般	比较反对	很反对
家庭是安身立命之本	46.52%	44.78%	8.26%	0.43%	0
人人为我,我为人人	29.13%	40.43%	26.52%	3.04%	0.87%
宁可我负人人,不可人人负我	5.22%	13.91%	37.39%	30.87%	12.61%
人生如梦,尽情享乐	11.30%	31.30%	32.61%	15.22%	9.57%
金钱至上	5.65%	29.57%	40.87%	14.35%	9.57%

城市新兴青年的享乐主义和拜金主义倾向与其工作状况有关,他们的事业发展与个人生活很少受到单位、社会的支持与帮助,特别是经济收入纯粹依靠个人的努力,自然而然产生了"通过艰苦努力与个人奋斗换来报酬,当然要好好享受"的想法。同时,虽然当前我国市场经济有了快速发展,但法律体制、社会保障等尚不够健全,城市新兴青年缺乏社会关爱,安全感不高,容易受到西方"金钱至上"观念的影响。他们一方面受传统文化的熏陶,把传统的价值取向内化于灵魂深处,从而在他们心灵深处沉淀原有的价值准则和行为规范;另一方面他们大都接受过现代化的知识教育,不断接受外来文化的冲击,当原有的价值准则被破坏,传统的重义轻利等思想被开放意识、竞争意识和物质利益意识取代时,其价值倾向便呈现多元化发展趋势,他们的社会价值观不断从重"理想"向重"个体"演化。因此,需要共青团组织加强引导,发挥其积极作用,传播正能量,同时,引导树立新的积极的享乐观和金钱观。

(四)社会认知呈较好一致性,社会参与存在较大差异

城市新兴青年对当前的一些社会现象有比较积极理智的认识,呈现出较好的一致性。"当遇到不良的社会现象时",61.90%的青年选择"与朋友一起探讨";14.78%的青年选择"上网感慨、宣泄",23.32%的青年则比较消极,表示"不关心"或者"说了也没用,还是算了"(见图7)。

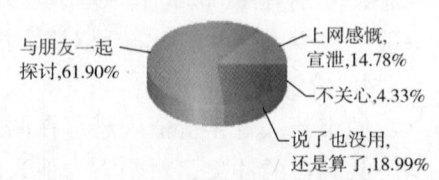

图7 遇到不良的社会现象的反应

城市新兴青年热心公益事业。分别有30.87%和49.13%的青年表示"很愿意"和"比较愿意"参加社会公益事业,只有3.47%表示"不太愿意"或"很不愿意",社会管理和政治参与程度有待提高。当问及是否愿意参加社区的选举时,41.74%的青年表示"很愿意"或"比较愿意",30.87%表示"一般",27.40%表示"不太愿意"或"很不愿意"。对于是否愿意参加社区管理,41.73%的青年表示"很愿意"或"比较愿意",33.91%表示"一般",24.35%表示"不太愿意"或"很不愿意"(见表3)。

表3 对城市新兴青年社会参与情况考察的统计

内容	很愿意	比较愿意	一般	不太愿意	很不愿意
您是否愿意参加社会公益活动	30.87%	49.13%	16.52%	2.17%	1.30%
您是否愿意参加本人所在社区的选举	12.17%	29.57%	30.87%	19.57%	7.83%
您是否愿意参加所在社区的社区管理	11.30%	30.43%	33.91%	16.52%	7.83%

由于他们对组织和单位的依附性小,受到的约束也少,相对较少接触政府的有关政策,缺乏社会的关注和关爱,尤其是其中一些青年是在企业与单位改制中被动自谋职业,或是大学毕业生因就业困难不得不自主择业,他们往往缺乏独立创业的信心和勇气。当他们自主从业受阻或在社会上受挫,在沉重的生活与事业挫折的双重压力下,一些人对社会现实不满,出现人格的扭曲,甚至危害社会。团组织应加强政策的宣传,积极引导这类青年。

(五)对团组织的认识有待提高

调查显示,60%的青年表示近三年没有参加团组织的活动,65.65%表示近三年没有认识团组织的干部。这一方面说明,城市新兴青年对团组织缺乏认识和了解,对团的活动参与不多;另一方面也说明团组织对城市新兴青年群体的关注与支持有待加强。

此外,在访谈中还发现,不少青年实际上参加了团组织的活动,但他们并没有意识到这是团组织的活动;有的青年事实上认识某位团干部,但并没有意识到此人是团干部。这也说明团组织在该群体中需要有意识地宣传,在青年中扩大影响。

四、城市新兴青年群体的诉求和困难

马斯洛认为,人的需求分为五个层次,即生理需求、安全需求、社交需求、尊重需求、自我实现需求等,本次调研提纲调查问卷及访谈对城市新兴青年群体在经济、社会保障、社会参与、事业发展、生活、组织与归属等方面进行了考察。本研究用多项选择题考察了"工作、生活中,如下哪些方面成为您的困扰"。

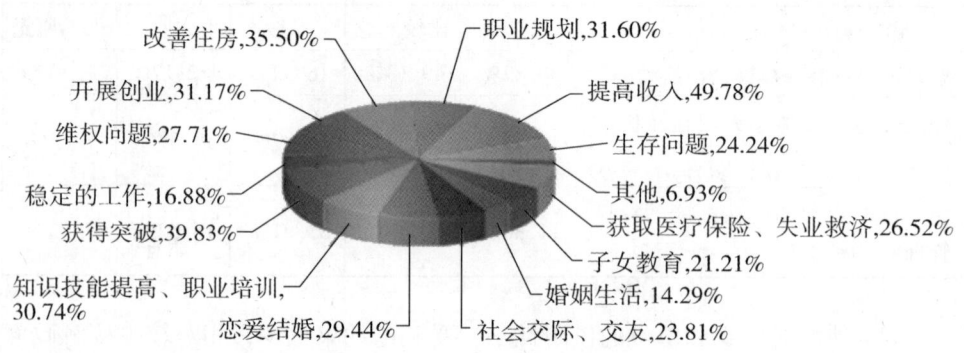

图8　城市新兴青年的诉求考察情况

1. 经济诉求

调查结果显示,城市新兴青年在提高收入、改善住房方面诉求强烈,在各项工作生活困扰中排名位于第一和第三,甚至有24.24%的青年认为,生存方面存在问题,16.88%的青年希望获得更加稳定的工作(见图8)。前文已经提到至少有35.99%的城市新兴青年月均收入位于全市平均水平以下,提高收入成为当前城市新兴青年群体最迫切的愿望。一方面,这与该群体的年龄分布有较大关系,一般来说,随着年龄的增长,收入会有逐步提高的趋势,而该群体中30岁以下的年轻人占多数,知识和技能还处在提高阶段,收入相对偏低;另一方面,与该群体的职业特点有关,其收入主要依靠个人的才能与社会关系,缺乏长期稳定的收入渠道和客户来源。共青团组织应在提高青年的经济诉求方面,多加关注,为其创造机会,搭建劳资信息平台,拓宽渠道,使其提高收入。

2. 事业发展诉求

调查显示,知识技能提高及职业培训是城市新兴青年事业发展方面的重要诉求,30.74%的青年选择了该项(见图8)。个人才能是城市新兴青年获取经济报酬的关键因素，在学校中接受的教育又不能完全满足社会和服务对象的多样化需求，需要在工作的同时，通过工作交流、技能培训等方式提高。

分别有39.83%、31.60%的城市新兴青年认为自己在事业发展获得突破与职业规划方面存在困扰，在诸项困扰中排名第二和第四（见图8）。城市新兴青年往往凭着兴趣和喜欢自由的心态选择职业，因而缺乏长期的职业规划，其工作开展一定时间后，仅凭借个人才能和社会关系难以进一步拓展，事业发展遇到难以突破的瓶颈。这时往往需要凭借外力，或团队合作的方式才能克服困难、打开局面。

开展创业也是城市新兴青年事业发展方面的另一诉求。青年以个人作为主体参与社会及市场活动，当其收入达到一定程度，事业发展达到一定阶段时，一部分青年便产生了更高形式的需求，希望开展创业活动，在提高自己收入的同时实现自身价值。

3. 社会参与诉求

在政治诉求方面，问卷对青年参加社区选举和社区管理的意愿进行考察，其社会管理和政治参与程度有待提高。作为一个利益群体，城市新兴青年具有许多相同或相似的特征和需求，但由于其行业分散，缺乏有效组织等原因，城市新兴青年的群体意识淡薄，尚未形成自觉、完整、统一的政治诉求。共青团组织需要在这方面加强引导和培育，使其能够为社会做更多的贡献。

参与社会公益方面，城市新兴青年具有非常高的参与意愿，80%以上很愿意或比较愿意参与公益活动。这既体现了青年的社会责任感，同时也体现了青年参与社会活动的诉求。访谈中发现，青年比较愿意参加纯粹的公益性活动，对于带有商业色彩和一定营利目的的伪公益活动，表现出反感和厌恶。访谈还发现，不少青年愿意参加公益活动，但往往找不到适合自己参与的公益活动，甚至有一腔热情无处施展的苦恼。这需要共青团组织对公益活动有针对性地加强宣传，对青年的公益热情适当引导。

4. 社会保障诉求

调查显示，26.52%的青年在获取医疗保险、失业救济等社会保障等方面存在困扰（见图8）。访谈中也发现，难以获取社会保障是不少青年的共同困扰。特别是在有的行业，如装饰设计师，由于行业的流动性大，办理社会保障手续的时间较长，当社会保障手续办理完成时，设计师本人已经离职。

5. 生活诉求

分别有29.44%、23.81%的青年表示在恋爱结婚与社会交际、交友方面存在困扰（见图8）。城市新兴青年在工作中接触的人多是自己的客户，而缺乏同事，使其交际面狭窄，在社会交际与交友、恋爱婚姻方面受到影响。访谈发现，不少青年表示，目前的职业，除了经济收入外，对提高生活质量并没有太多提高。有的职业，比如律师，虽有同行朋友，但往往局限在一个小圈子里，对行业以外的人接触了解较少。另外，在婚姻生活、子女教育方面，分别有14.29%、21.21%的青年表示存在困扰（见图8）。这两项虽然所占比例不高，但也反映了青年的需求。

6. 组织与归属的诉求

城市新兴青年由于不与某一单位建立长期劳动关系，获得相应的社会地位，以及各种组织的关爱、社会认可不够，缺乏归属感，进而会产生一种"漂泊"的感觉。调查问到"有无必要建立能代表自身利益的行业协会、社团、联谊会、俱乐部等团体"，52.17%的青年表示有必要建立，7.83%的青年表示已经建立了，还有29.57%的青年表示无所谓，只有10.43%的青年表示没有必要。而问到是否会加入与自己相关的行业协会、社团、联谊会、俱乐部等团体时，有54.78%的青年表示会参加，33.48%的青年表示看能否发挥实质作用再做决定，表示不参加和无所谓的仅占8.70%和3.04%。可见城市新兴青年有较高的意愿参加相关的行业协会、社团、联谊会、俱乐部等团体。

访谈发现，不同职业的业内团体发展情况差别较大，大概分为三种类型。一种是行业协会发展比较完善的行业，如律师协会、作家协会等。以律师协会为例，其组织机构完善，开展的活动和提供的服务也比较齐全，几乎所有律师都要参加，并每年缴纳会费，且具有发放律师资格证的权利。第二种是有相关团体，但发展不够完善的行业，如设计师、培训师行业。设计师行业内由具有一定影响力的企业或个人牵头，分别成立了若干个社团组织，彼此间没有统一的管理，甚至相互间存在竞争。培训师行业由相关培训内容的人形成一定的小范围的交流聚会。第三种是完全没有发展协会的行业，如酒吧歌手、自由音乐教师、自由美术教师、街头流浪歌手，处于无组织状态。

五、对策与建议

各级共青团组织应紧密结合城市新兴青年的特征和诉求，提高认识，理清思路，努力找准工作切入点。团组织要积极探索，深入研究，通过先进思想、积极的文化引领青年，通过尊重和服务青年的合理利益诉求、满足青年特有的兴趣、培养青年适应未来职业发展所需的素质能力，努力增强团组织对青年的吸引力。

（一）提高认识，服务两个大局

城市新兴青年是社会的新生群体，共青团组织要从促进社会发展和巩固党的执政基础、维护社会稳定的大局出发，尊重青年，走进青年，引导他们为社会进步和经济发展服务，为建设和谐社会和实现中国梦的美好愿景贡献力量。

1. 团结引领城市新兴青年，促进社会发展

习近平同志提出："实现中华民族伟大复兴，就是中华民族近代以来最伟大的梦想。"中国梦，归根到底是由全国人民健康的、能够推动社会进步的个人梦想汇集而成。城市新兴青年大都有着明确的梦想，并为之努力奋斗。从这个意义上说，城市新兴青年是中国梦的重要组成部分，是实现中国梦这一民族梦想的参与者和践行者。城市新兴青年作为社会中的新生阶层，具有更强的独立性、自主性。他们凭借着自身所拥有的专业知识和技能积极参与经济建设和社会发展，为国家创造物质和精神财富做出了自己的贡献。他们也参与和促进了社会结构转型，缓解了就业压力，平衡了阶层矛盾，维护了社会稳定；对于民主法制建设、思想文化建设、社会舆论的引领等方面的正面影响，亦开始逐步显现。因而，城市新兴青年是和谐社会的建设者。各级团组织要从促进社会发展的大局出发，充分认识到做好城市新兴青年工作的重要意义，发挥好党联系青年的牢固桥梁和纽带作用。尊重城市新兴青年，理解青年，走进、引领青年，把城市新兴青年这一新生群体团结在共青团的旗帜下。

2. 巩固党的执政基础，维护社会稳定

由于大多数城市新兴青年是自由职业者，或是虽然有相对固定的工作单位，但参与社会活动时比较自由，组织归属不强，缺乏有效的管理与引导，表达诉求的渠道也不够顺畅，是社会的不稳定因素之一。虽然城市新兴青年的总体数量不大，占全国人口的比例不高，但他们中有不少社会精英和行业翘楚，影响力不容小觑。尤其是在新媒体时代，他们的意见、言论对网络舆论和社会舆论产生了很大的影响力。他们中的一些偏激的思想、主观片面的观点、不当的言论容易在网络和社会上蔓延，从而对社会造成不良影响甚至危害。这就要求共青团组织从巩固党的执政基础的大局出发，重视加强对城市新兴青年的管理、服务和引导，维护社会的和谐稳定。

3. 树立城市新兴青年整体形象，积极奉献社会

城市新兴青年由于行业分散、缺乏有效组织等原因，群体意识淡薄，尚未形成自觉、完整、统一的社会形象与政治诉求。共青团组织应在城市新兴青年中挖掘、培育、宣传一批典型代表，帮助新兴青年树立积极正面的群体形象，增强群体的社会关注和归属。在城市新兴青年中开展评选"十佳"、"百优"

等活动,加大对表现突出青年的激励力度,充分调动他们建设广东和服务广东的积极性和创造性。组织城市新兴青年参与志愿服务、公益活动,增强社会参与性。同时,通过典型示范效应,形成积极的导向,影响更多青年,加强思想教育和引领,逐步培养他们成为社会主义的建设者和接班人,为社会物质文化建设做更多的贡献。

(二)夯实基础,着力提高服务青年的能力

要想有效地管理、服务和引导城市新兴青年,各级团组织必须夯实基础,练好"内功",提高服务青年的能力。

1. 加强党政部门协作,做好统计工作

统计是认识事物、分析问题、掌握规律的有效方法。城市新兴青年作为一个新的群体,就全社会范围来看,尚未有哪个党政部门对该群体有全面的统计。共青团组织应充分发挥自身优势,积极争取各级党委政府的支持,同宣传、统战、社会保障、工商税务、公安户籍、民政、教育、文化等有关部门加强协作,做好城市新兴青年群体的统计工作,逐步完善数据,掌握城市新兴青年的基本情况,实现信息共享、相互促进。

2. 深入调查研究,增强工作针对性

调查研究是提高服务能力的有效途径。由于城市新兴青年差异性大,要根据统计的情况,按照城市新兴青年所处的行业、年龄、学历、兴趣爱好等进行分类,将其划分成细分群体,开展深入的调查研究,进一步掌握各细分群体的现状、特征与诉求。在统计与分类研究的基础上,制定相应的政策与措施,增强团组织开展城市新兴青年群体工作的针对性。如律师群体、网络作家与独立演员等,他们的特征与需求具有较大的差异性,应该分类研究,便于掌握其真实状况,有针对性地开展工作。

3. 培养干部队伍,提高服务能力

干部是各项工作得以开展的基础,是提高服务青年能力的关键。

(1)团组织要选拔一批作风扎实、朝气蓬勃、敢想敢干的团干部,通过学习、培训、研究,尽快掌握城市新兴青年群体的特征和需求,宣传党团的思想,开展团的活动,热心为青年服务,做青年的知心朋友。

(2)团组织应在城市新兴青年中寻找、联系、培养一批有影响力的优秀青年,为他们创造条件,使其成为自组织社团的骨干成员,将其培养成团工作的得力助手。团组织要加强对行业协会负责人及骨干的培训工作,增强骨干工作的责任感,提高工作水平;引导协会针对会员的实际需求,开展职业技能提高、创业培训、婚恋交友、法律咨询等青年喜闻乐见的活动;团组织还要帮助

行业协会制定规则，搭建平台，整合资源，促进协会的持续健康发展。

（3）各级团组织还要做好推优入党和吸收入团的工作，对行业内的优秀青年或表现优异的社团骨干成员，团组织要加强教育和引导，早日吸收入团，已经是团员的优秀青年要积极推优入党。

（三）打通渠道，加强城市新兴青年自组织建设

团组织应积极统筹和引领城市新兴青年成立自组织社团，打通渠道，扩大团的覆盖面。各级共青团组织要充分相信青年、依靠青年，引导青年开展自我教育、自我管理，只有尊重青年主体地位，广大青年才能焕发出极大的创造热情，共青团的事业和中国青年运动才能始终保持勃勃的生机活力。

成立自组织社团，是党和政府管理社会过程中代替直接管理的一种有效方式。城市新兴青年具有很强的分散性，数量庞大，且成分复杂，这给加强管理与服务带来很大的困扰，没有一个统一组织能够管理他们，也就没有一个组织能够在他们的权益受到侵害的时候为他们争取权利。共青团组织应勇担重任，在有计划的统筹和指导下，成立行业协会、联谊会、俱乐部等自组织社团。

在经济社会发展较为成熟的发达国家，建立了各式各样的职业协会，几乎涵盖了所有行业和职业领域。而自由职业者大部分是职业同业协会的义务会员，这些职业行业协会作为职业的自治组织，既保护原有会员的工作机会和收入，也负责维护职业法，是实现行业自治的有力的组织保障。

在共青团的指导下，由社团把业内青年聚集在一起，既能够给青年提供工作、生活、学习、情感等方面的支持，又便于团组织对青年进行管理和服务。团组织还应该加强青年自组织社团的引导与管理，完善社团的各项功能，保护城市新兴青年的工作机会和收入，维护行业规则，充分发挥自组织社团的作用。

各级团组织在引导城市新兴青年进行自组织建设过程中，应注意把握"主动帮助、全面覆盖、分类指导、灵活开展"四个原则。

（1）主动帮助。城市新兴青年具有分散性强、组织性差等特点，成立民间组织的注册审批手续又相对复杂，仅靠青年自发成立相应的行业协会、俱乐部、联谊会等自组织社团具有一定的难度。共青团组织应主动加强与城市新兴青年的联系，鼓励青年成立自组织社团，在注册手续、活动场地、经费等方面给予支持和帮助。

（2）全面覆盖。城市新兴青年行业跨度大、分散性强，团组织在开展行业协会、俱乐部、联谊会等自组织社团建设时，应紧密结合城市新兴青年的行业特点、社区分别、性别年龄、兴趣爱好、教育背景等因素，通过自组织社

团,形成全方位、多层次的覆盖。

(3) 分类指导。由于城市新兴青年自身特点,自组织社团建设也必然有很大差异,团组织应予以分类指导。有些已经建立行业协会,如律师协会、联络管理作家的文联等,团组织应加强联系,拓展其管理与服务职能。有的行业尚未建立相关社团,但分布比较集中、成熟规范,团组织可以帮助其成立行业协会。有的行业有一定规模但比较分散,团组织可以引导其成立联谊会;区域上分布较集中的地方可以成立社区俱乐部。

(4) 灵活开展。充分调动基层团组织的积极性,开展灵活多样的自组织社团建设模式和活动形式。建立社团时,不要片面追求规模大、人数多,更不能搞虚架子、凑数字、形式主义。基层团组织应结合区域内城市新兴青年的特点和实际需求,因地制宜地组建。团组织要指导社团举办"小、短、精"的活动,即规模小、时间短,力争打造精品活动。此外,还可以通过沙龙、定期的聚会、小型论坛等形式开展活动。

(四) 发挥新媒体作用,创新共青团的活动方式

各级团组织要不拘泥于传统的行政化格局和空间聚集方式,探索运用青年喜欢的、新的沟通、交流、聚集和联络方式作为新的组织建设载体和工作载体,努力把共青团的组织建到广大青年中去,增强青少年思想引导工作普遍性、路径适用性和内容针对性。

1. 充分发挥新媒体作用

城市新兴青年大多接受新鲜事物比较快,能够使用新媒体。各级团组织应尽快建好、使用好博客、微博、QQ群、微信群等新的媒体工具,加强与青年的沟通与交流,更好地了解青年,走进青年,服务和引导青年。通过新媒体,在城市新兴青年中宣传党、团的政策,引导和教育城市新兴青年,弘扬时代主旋律,传播正能量。

2. 创新团的组织建设方式

积极探索依托社区、楼宇、自组织社团开展团建工作。在城市新兴青年相对比较集中的社区、楼宇加强团建工作,成立共青团的基层组织,建设"团员之友"、"青年之家",为青年提供各种支持与服务。虽然城市新兴青年群体行业跨度大,独立参与市场活动,但存在一些相对比较集中的社区或楼宇,如广州市法政路附近集中着较大数量的律师,深圳市素有"中国油画第一村"之称的大芬村集中了一批自由画家,广州员村红专厂附近聚集着一批美术教师、草根画家、摄影师和模特,可以在这些地方相应地建立团的基层组织。此外,还可以依托相关的行业协会、俱乐部、联谊会等自组织社团,尝试成立基层团

委、团总支、团支部等共青团的基层组织。

3. 探索新的活动形式

除了传统的活动形式,团组织还应结合时代特征和城市新兴青年的特点,探索青年乐于参与、方便参与的新的活动形式,在活动过程中,融入更多的青年容易接受的情感、便捷、艺术、时尚元素。例如,除了举办现场的歌唱比赛,还可通过视频、录音等形式举办青年歌唱比赛,还可以通过微博举办征文比赛、"微信随手拍"活动,以及微视频、微公益等青年喜闻乐见的活动。

(五)紧扣青年需求,服务青年成长成才

团组织应紧扣青年需求,满足青年的特有兴趣,培养青年适应未来职业发展所需的素质能力,为青年提供有效的帮助和服务,努力增强团组织对青年的吸引力。

1. 帮助青年发展事业

团组织可以直接组织或引导行业协会开展技能培训、业务交流、职业规划等活动,提高青年的素质与技能,明确发展方向,提高职业自信,帮助青年在事业发展方面获得突破。与教育部门、人力资源和社会保障部门合作,加强创业培训,引导城市新兴青年走上创业的道路,提供更多就业岗位,创造更多社会价值。

2. 提高信息服务水平

团组织还应该建立城市新兴青年的综合交流服务网络平台,整合网络资源,加快建立和完善现代信息管理系统,加强信息的收集、汇总和发布,提高信息的针对性和时效性,为城市新兴青年提供更加方便快捷的公共服务,搭建劳资交流平台,帮助青年拓展工作渠道、提高收入,缓解经济压力。

3. 搭建交流与展示平台

团组织可以针对城市新兴青年组织一些商业气氛淡薄,学术性、公益性较强的歌唱、舞蹈、绘画、书法、演讲、设计等比赛,为青年提供展现的舞台和交流的机会,增强其在业内的影响力和知名度。还可在社区和楼宇,通过板报、广播、微博、微信等方式来宣传城市新兴青年,创造一个良好的从业氛围,形成正确的舆论导向。

4. 维护青年合法权益

团组织应为城市新兴青年提供相关的行业政策咨询和法律援助,引导协会争取会员利益,在社会保险、社会救济、社会福利劳资纠纷等方面保护青年的合法权益。此外,还要设法维护参加会议和教育、选举、表决等团员的基本权利。

5. 举办青年喜爱的公益活动

城市新兴青年对公益活动有很强烈的参与愿望,团组织应扩大志愿者服务活动的宣传工作,举办形式多样的公益活动,引导青年服务社会。这些公益活动,一方面要杜绝营利和商业目的的伪公益,另一方面还要结合城市新兴青年的工作特点、个人才能和时间安排。

6. 服务青年实际生活

团组织还要针对部分城市新兴青年的生活需求,举办生活服务类活动,如搭建婚恋交友平台,开通情感咨询热线、心理健康咨询热线,开展子女教育问题沙龙等,解决青年的实际生活需求。

7. 引导青年参政议政

团组织应寻找和培养一批既有较高的思想政治和文化素养,又具有较高的知名度,在该群体中有较大的影响的优秀人才,使其成为城市新兴青年中的代表人物,有效表达政治诉求,为社会发展和城市建设建言献策。

共青团广东省委城市青年工作部
执笔人:李凯、蒋巍、王茜

广东省农村基层团组织建设创新研究

根据党的群众路线教育实践活动要求、共青团中央"走进青年、转变作风、改进工作"大调研活动安排和共青团中央"十七大"报告提出的"全面提高共青团建设的科学化水平"、"深化乡镇团的组织格局创新和实体化'大团委'建设"要求,共青团广东省委员会农村青年工作部结合工作实际,以基层团组织建设为切入点进行深入调研,探索基层团组织建设创新的方式方法,研究乡镇团组织和实体化"大团委"如何巩固深化、有效运转以及发挥作用等问题,为进一步提高团组织在农村基层的吸引力和凝聚力探索路径。为此,我们联合华南师范大学于2013年8月集中开展了为期一个月的全省农村乡镇实体化"大团委"建设专题调研。

本次调研基于全省五个地市范围内的调查数据、工作案例和汇报材料,并结合全省面上情况对乡镇实体化"大团委"建设情况进行综合分析。课题组先后赴农村实体化"大团委"建设比较典型的惠州市、广州市、佛山市、肇庆市、清远市等农村基层团组织开展实地调研,通过召开座谈会、走访基层团干部、发放调查问卷(团干部问卷258份,团员问卷306份)等多种方式,调查、了解并掌握广东省农村基层团组织建设和乡镇实体化"大团委"建设的先进做法和典型经验。

一、广东农村基层团组织建设创新的经验与成效

自2012年10月9日共青团中央召开全国乡镇实体化"大团委"建设工作电视电话会议以来,经过一年的建设,广东省基层团组织工作面貌焕然一新,切实做到了"建起来,活下去",取得十分丰硕的成果。

(一)政策支持:明确责任,提高认识,抓层层落实

在统筹部署上,共青团广东省委员会(简称"团省委")迅速行动,统筹规划,明确责任,"三抓三促",即抓学习调研,促意识强化;抓整体推进,促工作声势;抓工作机制,促责任落实,大力推进全省乡镇实体化"大团委"建设工作。

任务下达后，共青团广东省委员会迅速组建广东省乡镇实体化"大团委"建设领导小组及工作办公室，并向各级团组织印发共青团中央《乡镇实体化"大团委"建设工作实施方案》（中青发〔2012〕10号），及时传达团中央文件精神和总体要求；迅速制定并印发《广东省"大团委"建设工作实施方案》（团粤发〔2012〕26号），从指导思想、目标任务、工作内容、推进步骤、工作要求等五方面对乡镇实体化"大团委"建设工作提出具体要求。此后，团省委办公室制定并印发《乡镇实体化"大团委"建设市、县、镇三级工作职责》（团粤办发〔2012〕103号），并及时和市、县党委组织部门沟通，下发《关于支持乡镇实体化"大团委"建设工作的函》（团粤函字〔2012〕287号），推动党委组织部与团委联合发文部署，为基层创造良好条件。

在包干督导方面，团省委办公室印发了《乡镇实体化"大团委"建设工作团省委领导及机关处级干部片区包干督导制度》（团粤办发〔2012〕115号），团省委每位书记负责联系包干5～6个地市，团省委常委、机关部长、直属中心主任等处级干部每人联系督导2个以上县（市、区），全面覆盖了全省的乡镇团组织，明确工作职责，具体做好"五个一"，即进行一次沟通协调、每月至少一次实地督导、策划一次团的活动、访谈一批团员青年、挖掘一批优秀案例和先进典型，确保了乡镇实体化"大团委"建设紧锣密鼓、有条不紊地进行。此外，团省委还先后制定并印发相关指南、制度等系列文件。

在具体落实上，各地级以上市、县（市、区）团委积极响应，提高认识，认真执行，层层落实。

各级团组织同时获省、市、县（区）、镇四级团委的共同支持，呈现出"上一级团委对下一级团委总体支持比重最大"的特点。调查显示，近九成乡镇团组织由县级团委（88.0%）和镇级团委（84.0%）进行支持，九成（90.9%）村团组织由镇级团委进行支持，五成（50.0%）直属团组织由市级团委进行支持（见图1）。

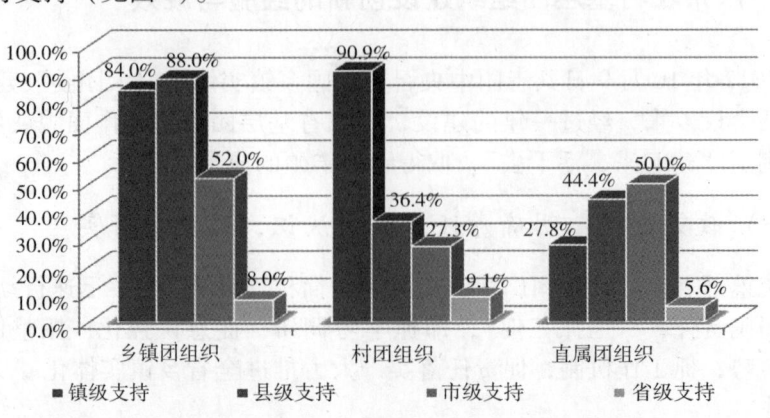

图1 农村基层团组织"大团委"建设的支持单位和力度

在支持方式上，农村基层团组织获得最多的是政策支持和项目支持，落实到乡镇实体化"大团委"建设上，团省委的政策支持力度为100.0%，经费支持力度为87.5%，市、县（区）、镇三级团委的政策支持力度和项目支持力度均超过60.0%，经费支持任务共同承担（见图2）。

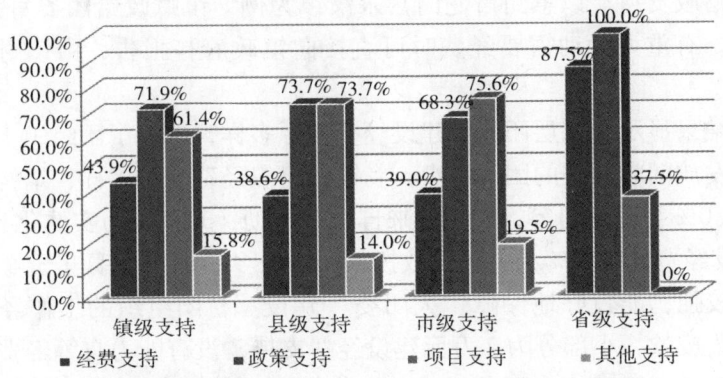

图2　各级团委推进"大团委"建设的支持方式和力度

经团省委及时和市、县党委组织部门沟通，乡镇实体化"大团委"建设获得了各级党政领导的大力支持。调查显示，各级党政领导对乡镇团组织和村团组织的关心、指导力度较大，50.0%的党政领导会积极参加乡镇团组织活动，45.5%的党政领导会给予村团组织指导及支持，对直属团组织的参与较为灵活，41.2%视情况而定，均不存在不重视的现象（见表1）。

表1　党政领导对各级团组织的支持程度

团组织	给予指导及支持	参加团组织活动	视情况而定
乡镇团组织	41.7%	50.0%	8.3%
村团组织	45.5%	45.5%	9.1%
直属团组织	17.6%	41.2%	41.2%

（二）经费保障：整合资源，广集资金，确保"不差钱"

在经费保障方面，团省委要求各级共青团的领导机关要把对乡镇团委的支持重点放在着力解决乡镇团委每年2万元工作经费上，落实好联合中共广东省委组织部下发的《关于加强新形势下基层党建带团建工作的意见的通知》（粤组通〔2011〕84号）文件精神，争取党政支持落实乡镇团委工作经费。同时，通过社会化动员，整合各方面的资源支持乡镇团委。例如，惠州市主要通过市县两级财政各解决1万元,以保证落实每个乡镇实体化"大团委"建设的2万元工作经费。经费由县团委直接管辖,乡镇团委可根据工作需要向县团委支取,防止了乡镇一级挪用经费的风险,保障了2万元专项经费全部用于乡镇实体化"大团委"建设。此外,每个乡镇可根据自身财政情况对乡镇团工作进行不同的财政支持。以惠州市龙门县永汉镇为例,镇财政给团委每月2000元活动经费,有重大活动需要经费时可直接向镇政府打报告,由镇财政给予支持。

调查结果显示,基层团组织建设经费来源多样,保障了团组织工作的顺利开展。在发放问卷调查的团组织中,乡镇团组织经费来源多样,结构合理,工作经费40.0%为单位自筹,10.0%来自企业赞助,30.0%为实体化"大团委"2万元建设经费,20.0%为上级财政拨款,可见乡镇团组织募集资金的渠道多样,能力较强,能较好地保障"大团委"建设。村团组织的工作经费基本来自上级财政拨款,小部分为2万元建设经费支持,没有能力自筹经费,也无企业赞助经费。直属团组织目前72.2%的工作经费靠单位自筹,16.7%为上级财政拨款,企业赞助经费和2万元建设经费各占5.6%。目前,均未从团费提成或接受社会捐助(见图3)。

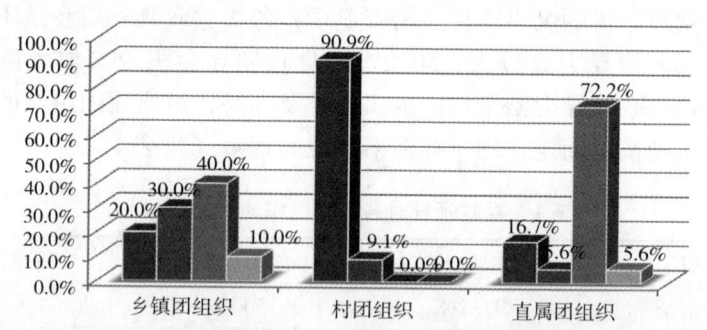

图3 农村基层团组织"大团委"建设工作经费来源

在经济发达地区,乡镇实体化"大团委"建设的经费远远超过2万元,主要来自上级财政支持和单位自筹。部分地区财政支持力度较大,以广州市白云区太和镇为例,区级财政给予乡镇团委5万元的经费支持,镇财政拨付4万元,除此之外,在经费不足的情况下可直接向镇财政打报告,获得相应经费支持。又如,佛山市南海区大沥镇团委的经费没有具体数字上限,日常经费可根据自身活动需要,向镇财政打报告后直接支取。部分直属团组织的活动经费除了项目预算由镇团委审核解决外,还通过所在单位筹集,因而经费也相当充裕。以大沥镇团委下属的凤池居委会团总支为例，凤池团总支的活动经费除由镇团委划拨外，还可以直接向居委会设立的拥有140余万元资金的"凤池幸福基金"申请活动经费。由此可见，经济发达的乡镇团委资金来源渠道多样，且支持力度大，可以说"不差钱"，这为乡镇实体化"大团委"建设提供了坚实的经费保障。

在经济欠发达地区，团省委向欠发达地区的每个县团委下拨1万元专项工作经费，各地市团委给每个乡镇团委下拨不低于2000元的专项工作经费。此外，团省委还给予乡镇数量较多的欠发达地市团委一定的补助。由此，尽量缩小各地经费差距，大力扶持经济欠发达地区的乡镇实体化"大团委"建设。

此外，共青团广东省委员会建立激励和奖惩机制，整合不少于200万元经费，支持直属团组织建设，对率先启动、力度较大的乡镇团委（100名）给予1万元经费奖励；对于完成较好、团建成效明显的乡镇（100名）给予1万元经费奖励，进一步强化乡镇实体化"大团委"建设工作。

（三）积极建团：因地制宜，广泛覆盖，彰显团特色

广东各级团组织积极落实团中央指示"青年在哪里，团组织就建在哪里"和"社会怎样使青年聚集，就用怎样的方式建立团组织"两大原则，主要依托区域聚集和功能性聚集载体建团，不拘泥于省、市、县、乡、村的行政化格局建立团组织。乡镇实体化"大团委"建设实施以来，各地根据实际，积极兴建镇团委直属团组织，争相打造地方特色品牌，坚持以党建带团建，有党组织的地方都建立了团组织，并积极争取各级党委、组织部门以及建团单位党组织的支持和指导。

在建团领域和路径上，乡镇实体化"大团委"建设十分注重覆盖面和代表性，优先在青年聚集的组织和区域里建团，努力覆盖各级组织和单位，特别重视在农业专业合作社、社会组织以及大学生村官等组织和人群中建团。调查显示，乡镇团组织66.5%完成了农业专业合作组织建团，63.1%完成了居住社区建团，61.3%完成了社会组织建团；村团组织53.4%完成了农业专业合作组织建团，46.6%完成了社会组织建团，39.8%完成了大学生村官等服务基层的青年群众建团（见表2）。各地直属团组织基本覆盖了党政、村居、地税、银行、"两新"组织等各条战线，真正实现了"哪里有青年人，哪里就有团组织"的目标，如高要市蚬岗镇综合养殖示范基地团支部等农村专业合作组织建团，惠州市龙门县永汉镇志愿者服务队团支部等社会组织建团，广州白云区太和镇医院团支部等驻乡镇单位建团，佛山市南海区大沥镇凤池社区团总支等居

住社区建团，惠州市龙门县永汉镇团委"开心工作群团支部"等网络建团，以及在经济组织建团、大学生村官等服务基层的青年群众中建团。

表2 乡镇实体化"大团委"的建团路径

团组织	农业专业合作组织建团	社会组织建团	经济组织建团	驻乡镇单位建团	居住社区建团	大学生村官等服务基层的青年群众中建团
乡镇团组织	66.5%	61.3%	43.5%	33.9%	63.1%	39.0%
村团组织	53.4%	46.6%	21.6%	25.0%	13.7%	39.8%

在建团思路上，各地市团组织充分发挥创造力。清新县提出了四种方式，即统一建、重点建、分类建、标准建；阳东县制定了乡镇实体化"大团委"建设的总体方向：把"大团委"建设的重点放在镇区聚集程度较高的乡镇，对于镇型较小、人口稀少、镇区集聚程度较低的乡镇，采取乡镇统筹的方式，在全地域、全领域内开展组织建设工作，争取实现"应建尽建"。

在特色建团上，各地根据当地实际，建设了许多很有特色的直属团组织。例如，连州市各乡镇提出不同的建团思路，九陂镇"活"建并举、多管齐下，龙坪镇早谋划、早发动、早部署，瑶安乡因地制宜、突出重点、结合特色，东陂镇推准支点、着力重点、推动系统式建团。尤其是瑶安瑶族民族乡是连州市两个少数民族乡之一，辖区主要聚居瑶族同胞，该地按民族特色载体建团，结合本乡少数民族特色，努力团结本乡少数民族青年，在瑶安学校成立高台舞、秋千、驼罗、鞠球等四个瑶族特色运动小组团支部，颇具特色。又如，中山市三乡镇主打"专业牌"，狠抓"专业化"提升青年资源整合力，体现在以"设备专业化"构建资源"大团委"，以"项目专业化"凝聚青年推动团建，以"人才专业化"提高资源获取能力。目前，三乡团委与香港规模最大的NGO香港青年协会签署战略合作协议，引进香港师资授课，吸引三乡青年参与，促进青年领袖交流，实现公益项目互动，提升项目专业化程度，还成功新建或"收编"动感舞团、TOP FLIGHT街舞队以及圆梦花样滑冰队等组织。

在进度规划上，团省委抓好分类指导工作，按照珠三角、粤东西北及中心镇、一般镇等不同区域、不同类型的乡镇提出不同工作要求和任务数（全省每个一般乡镇新建不少于20个直属团组织、每个珠三角地区中心乡镇或首批组织格局创新工作示范镇新建不少于30个直属团组织的工作标准，力争在2012年年底全面完成不少于2.5万个团组织建设），分类指导，推进工作落实。

在建团成效上，所调研的乡镇团组织中27.9%已全部建团，65.6%部分建团，6.6%个别建团。各乡镇团组织严格按照团中央"平均1个乡镇新建不少于20个直属团组织"的要求完成任务。例如，惠州市龙门县永汉镇建立直属团组织85个，新建51个直属团组织；肇庆高要市白土镇建设31个直属团组织；广州市白云区太和镇建立74个，新建直属团组织36个；佛山市南海区全区各镇共建立直属团组织148个，其中大沥镇建设23个直属团组织，狮山镇建设20个。

（四）组织队伍：优选干部，提升能力，创造新格局

广东各地新建直属团组织后，乡镇团委根据格局创新要求，其构成也发生了巨大改变，形成由乡镇团委和各直属团组建新的，由书记、副书记、多名委员构成的"大团委"。例如，惠州市龙门县永汉镇形成了19名委员的"大团委"，广州市白云区太和镇团委有11名委员，肇庆市高要市白土镇团委有11名委员，佛山市南海区大沥镇团委有13名委员，委员基本涵盖了党政、学校、机关、企业、农村、社团等多条战线，每名委员负责联系2～3个以上直属团组织工作，实现团组织全渗透的班子格局，实现了真正意义上乡镇实体化"大团委"建设的目标。

在干部选配方面，广东乡镇团组织格局创新之后，打破了过去团干部的配置模式，开始重点从青年教师、大学生村官、农技推广人员、农民青年致富能手、农村专业合作组织负责人、非公企业青年等群体中选拔配备团委干部，以此增强基层团委的领导力量，形成较好的声势和影响力。例如，肇庆市乡镇（街道）一级团委注重从大学生村官、青年工人（特别是参加"圆梦100计划"的优秀学员）、青年农民、青年志愿者、青年岗位能手、青年创业致富人才等优秀青年中选拔基层团干部，选好配强基层团委书记，严格遵守干部选拔任用回避和监督等制度。在所调查的直属团总支或支部书记或成员中，性别比例均衡，男性占44.4%，女性占55.6%；学历结构合理，大学生村官比例为94.4%（50.0%为本科学历，44.4%为大专学历）。

在干部培训方面，团省委建立完善了指导培训机制，大大提升了新任"大团委"干部的工作能力和整体素质。在团省委和各级团组织的共同努力下，通过编撰乡镇实体化"大团委"建设工作手册，大力开展分级专项培训，成立团建指导员队伍等方式，促使新任的乡镇团组织负责人与团组织骨干成员牢固掌握共青团的业务知识，熟悉共青团的工作，掌握共青团的工作方法，并在共

青团县委干部、县直单位团组织负责人、高校挂职干部、山区志愿者等组成的30人团建指导员指导下,建设好乡镇实体化"大团委"。中山市三乡镇团委提出"人才专业化"是提升团组织资源获取能力的良方,将以青年社区学院作为重要人才培养及精英输出口,并通过成立全市首支"青年成长讲师团"、定期举行三乡青年大讲堂、固定开班授课等方式培养青年人才。

(五)服务青年:建活并举,助力成才,做好"桥头堡"

乡镇直属团组织不仅要"建得起来",还要"活得下去",这离不开丰富的活动内容,因此,需要全面活跃基层团组织,进一步筑牢乡镇团委面向农村基层的"桥头堡"功能。

目前,农村基层团组织开展了各类活动,凝聚、吸引和服务了广大农村青年。调查显示,在参与次数方面,50.0%的团员一年参加团组织开展的各类社会活动1~5次,37.3%参加过6~10次,10.8%参加过11~15次,2.0%参加过15次以上;在获得帮助方面,56.4%的团员参与了团组织的志愿服务活动,40.6%的团员得到过就业创业帮助,31.7%进行过心理咨询,19.8%获得过升学帮助;在总体评价方面,84.7%的团员认为所在的地方团组织有影响力和感召力,98.0%的团员对团组织的工作表示满意。

按照共青团中央要求,广东农村基层团组织开展了多种农村青年喜欢的活动,如文体类、技能培训类、公益服务类,有条件的地方还开展了就业创业类活动。调查显示,乡镇团组织和村团组织举办的公益服务类活动占39.9%,文体类活动占27.7%,技能培训类活动占23.3%,创业类活动占9.2%;在这些活动中,团员参与度最高的是公益服务类活动,占52.6%,其次为技能培训类、文体类和创业类,各类活动的参与度与举办比例基本一致,说明农村基层团组织的活动对青年起到了较好的凝聚、吸引与服务效果(见图4、图5)。例如,2013年3月9日,广州白云区太和镇团委牵头,由大学生村官团支部承办,联合广州市白云区民泰村镇银行团支部、太和医院团支部、广东外语外贸大学南国商学院等单位,开展了"弘扬雷锋精神,引领文明新风"的学雷锋志愿服务月活动,以游园会、义诊、慰问贫困妇女、植树绿化、女子拔河比赛等丰富的活动内容和活动形式,吸引了1200多名村民和儿童参与。又如,惠州市龙门县永汉镇团委组织了"心系雅安,共渡难关"募捐活动,极大地激发了农村青年的公益热情。

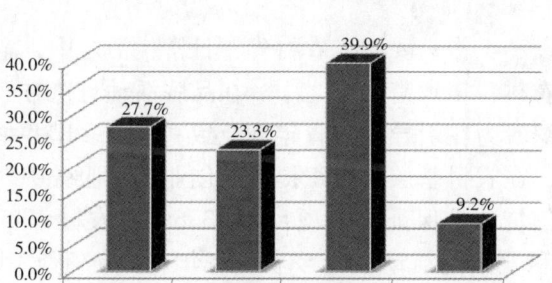

图4 农村基层团组织举办的活动类型

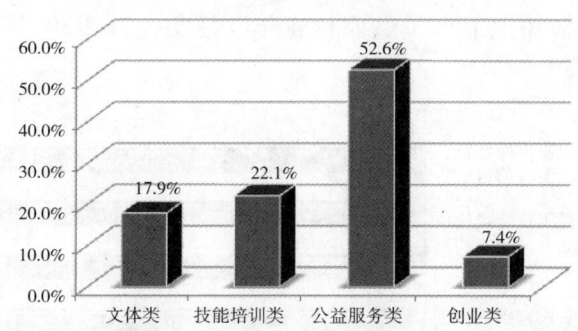

图5 团员对农村基层团组织活动的参与度

乡镇团组织和村团组织的团干部认为,农村开展团活动最关键的因素是青年感兴趣(69.1%),这一认识与团员实际想法吻合。青年科技文化活动(53.9%)、文艺演出活动(42.2%),以及保护环境活动(41.2%),是团员最喜欢和认可的活动内容和活动形式(见图6)。

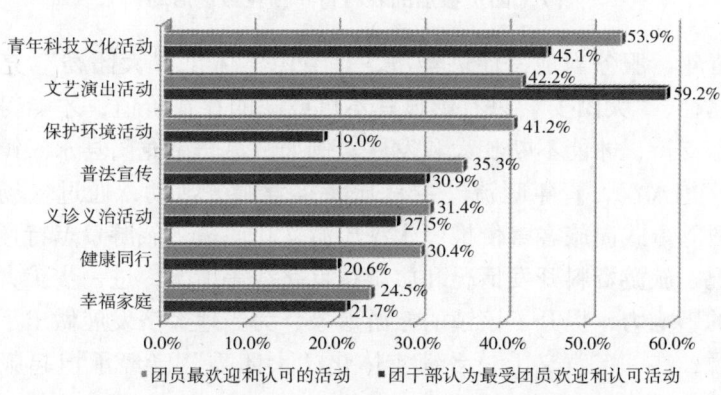

图6 最受欢迎和认可的农村基层团组织活动类型

农村团的建设和工作，要融入农村青年日常生活之中，融入农村新型生产方式之中，融入农村青年致富追求之中。在品牌活动打造方面，广东省有条件的农村基层团组织着力在引导农村青年创业致富方面多措并举，助力青年成才成功。调查显示，在农村基层团组织提供的创业致富服务中，农村创业青年创业担保贷款、诚信贷款、保证保险项目占43.6%，农村青年技能大比拼活动占39.6%，农业科普示范活动和返乡农村青年就业创业实用技能培训班各占37.6%（见图7）。例如，2013年3月19日，为响应市、区团委关于开展第六届"广州农村青年科技文化活动月"号召，大力推进乡镇实体化"大团委"建设，广州市白云区太和镇团委联合中国农业银行白云支行在太和镇沙亭岗村组织开展"送金融知识下乡"暨农村青年科技文化月活动，吸引了众多青年参与。

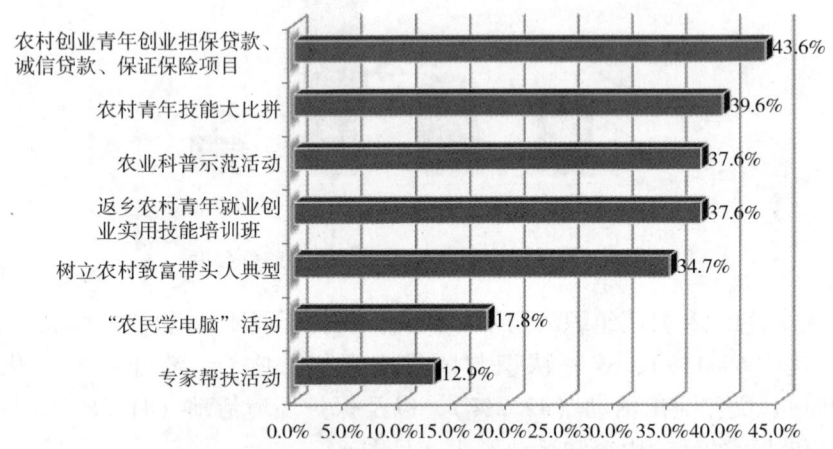

图7 团员参加的农村青年创业致富活动

服务青年，服务当地，促进经济，是乡镇实体化"大团委"充分发挥作用的重要途径，"大团委"只有彰显其不可或缺的存在价值，才能得到广大青年的肯定与支持，才能不断壮大和发展。例如，惠州市龙门县永汉镇团委牵头组织了"幸福永汉，青年暖流"主题旅游推荐服务活动，通过现场解说、派发宣传资料等方式向旅客宣传推广永汉旅游文化底蕴、旅游景点特色、旅游产业发展情况、旅游资料开发情况和旅游精良路线等情况，进一步扩大该镇生态旅游品牌的影响力，提升了该镇的旅游形象，为当地经济发展做出了一定的贡献。可以说，在一定意义上，乡镇实体化"大团委"已经承担起服务当地经济社会发展的重要任务。

（六）形式载体：借力网络，数字建团，提升影响力

随着经济与科技发展，大量农村青年集聚于互联网或手机终端，并以网络形式发生关联。因此，广东省农村基层团组织借力网络，数字建团，努力构建青年网络实体"大团委"这一紧密联系青年、了解青年的新法宝，助力乡镇实体化"大团委"建设走上"高速"。

在硬件配备上，团省委结合"广东数字化共青团"建设，在已为每个乡镇团委配备一台手提电脑的基础上，整合数字化共青团建设专项资金100万元，开发、设计乡镇实体化"大团委"建设数字化平台，建立省市县镇各级团组织的网上办公、信息发布、交流学习、数据统计平台。

在数字建团上，乡镇团组织和村团组织的主要举措是：76.7%的团组织建立了青年QQ群，72.3%建立了团员电子档案，27.3%创建了团委微博微信，23.7%采用电子公文流转，11.2%创建了工作宣传网页，4.7%创建了手机报。团员获取所在团组织活动信息的途径是：81.4%通过QQ，61.8%通过电话，56.9%通过微博微信，24.5%通过文件。微博微信（63.7%）、QQ聊天（54.9%）和手机短信（48.0%）是团员最喜欢的沟通形式和载体。特别要指出的是，互动交流（26.5%）、实践体验（24.5%）也是团员乐于接受的形式，可以增强这些沟通形式和载体的影响（见图8）。

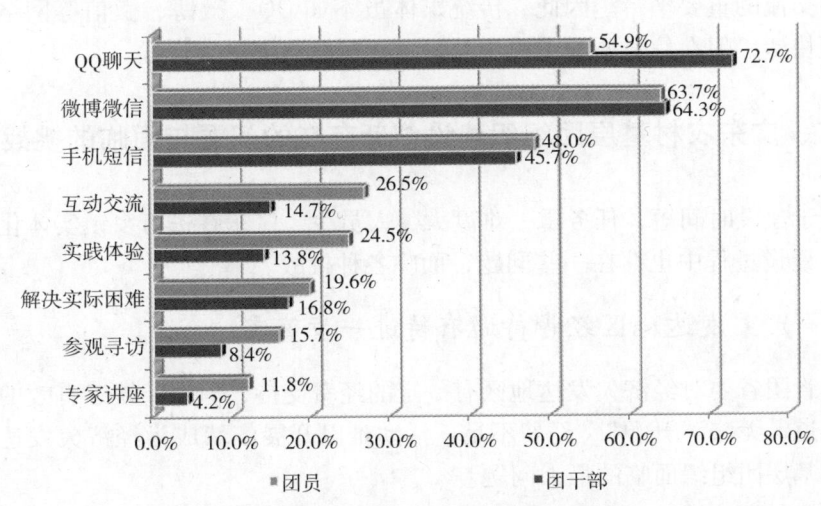

图8 农村青年最喜欢的沟通形式和载体

借力网络，数字建团，极大地推动了广东省乡镇实体化"大团委"建设。以中山市三乡镇为例，一是建立数字化青年沟通平台。发挥三乡青年QQ群、

"中山三乡青年"官方微博、微信群以及"宽乐通讯"短信平台作用，以直属团组织为基础，建立起分类凝聚、扁平管理、层次丰富的青年通讯及互动平台，实行网络化直属管理。在不到一个月的时间里，三乡镇团委通过数字化手段成功新建"两新"团组织15家，与300名青年建立直接联系，间接影响青年2000人。二是以通讯数字化打造团属精神家园。三乡镇团委积极发挥三乡"宽乐通讯"手机短信互动平台所积累的4200名青年信息优势，确保镇团委与城镇及农村青年之间建立最便捷最及时的沟通联系，力争百日内将青年信息量提升过万，打造万名青年信息库。同时，对已成功联系3000多名青年的56个实名制青年QQ群，三乡镇团委进行了整体升级，建立群落管理联盟，加强管理监督，并以"网络100"项目整体推动数字化建团。通过百天努力，组织百家团组织新建百个青年QQ群，每个群凝聚百名实名制青年，实现"百团建百群，百群系万人"，建立起万名青年的团属精神家园，并以线上及线下活动提高青年黏着度及归属感，实现权威发布、信息交换、工作监督、舆情监控、健康交友等功能，打造三乡青年QQ群文化。

尽管新媒体技术极大增强了对广大青年团员的影响力，但传统媒介的作用也不容忽视。许多乡镇团委创办了组织刊物，如惠州市龙门县永汉镇团委创办《永汉青年》杂志，主要栏目为团委最新动态、青年风采、开心辞典、获奖征文（小学组、初中组、高中组）、家乡传说等，该杂志已经成为全镇广大青少年互动交流的重要平台。因此，传统媒体虽不如QQ、微博、微信等网络新媒体方便快捷，但在信息质量上更为精华，在影响力上更为长远。

二、广东农村基层团组织建设创新存在的问题与面临的挑战

由于建设时间短，任务重，难度大，人员少，广东在进行乡镇实体化"大团委"建设过程中也存在一些问题，面临各种挑战。

（一）欠发达地区经费待遇有待进一步落实

尽管团省委对经济欠发达地区有一定的经费支持，但由于缺乏有效的经费筹集渠道，无法"开源"，经费不足，活动难以开展依然成为经济欠发达地区的农村基层团组织面临的最大问题。

经济欠发达地区的农村基层团组织活动经费严重不足，导致团组织缺少内在活力，加之活动阵地等不健全，造成了基层团组织活动开展难、工作落实差等结果，30.6%的乡镇团组织和村团组织的团干部表示工作中遇到的主要困难是工作经费不足，47.6%认为缺乏经费制约了乡镇实体化"大团委"建设。

以经费开销为例，53.8%的乡镇团组织和62.5%的村团组织团员每人年均开销为6～10元，77.8%的直属团组织团员每人年均开销在11元甚至20元以上（见图9）。由此可见，基层团组织在团员开销方面压力不小，这还没有计算团组织的其他开销。

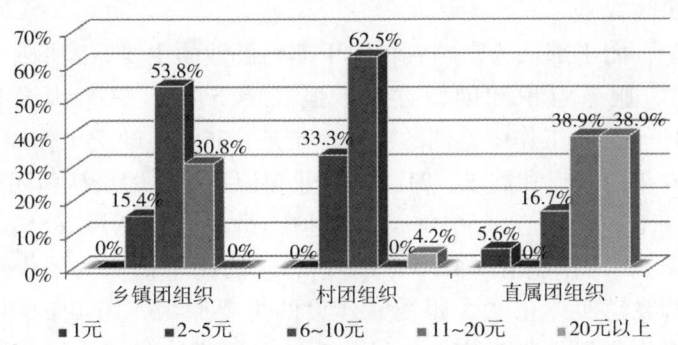

图9　农村基层团组织团员每人年均开销

此外，兼职团干部的待遇落实有待加强，以激发团干部的工作动力。目前，广大基层团组织干部，尤其是兼职团干部的待遇问题一直难以得到有效解决，限于地方财政吃紧，许多不发达地区的基层团组织工作人员长期凭着一腔热血奋战在团建一线。调查显示，只有19.7%为基层团组织专职团干部；以团的工作为主，同时兼任其他工作的兼职团干部占80.3%。64.3%的团干部兼职多任务重，但是超过六成（62.9%）的兼职团干部每月没有工作补助，这一比例比专职团干部高出22.2%，另外，超过三成（33.3%）的乡镇团组织兼职团干部认为团干部的政治和经济待遇难以落实会严重影响工作积极性，比乡镇组织专职团干部的选择比例高出13.3%。一方面是无待遇的团组织工作，另一方面是有待遇的本职工作，当二者发生冲突时，大多数兼职团干部都难以兼顾团组织工作，视团组织工作为"义务劳动"。可见，如果能加强落实农村基层团组织兼职团干部的待遇，将更有助于乡镇实体化"大团委"建设。

（二）部分团干部能力素质有待进一步提高

从目前的情况看，基层团干部队伍整体素质参差不齐，与形势发展的要求尚有一些差距。

增加乡镇团委兼职人员，吸纳更多的社会人员加入团工作中，是乡镇团组织建设格局创新的一种表现。但经调查，许多乡镇无专职团干部，大部分属于兼职团干部，广大基层团干部缺额，兼职过多，"在岗不在编"，团组织工作基本都在自己临时安排的时间内进行。惠州市龙门县永汉镇团委共19名委员，书记、副书记都是兼职团干部，都有自己的本职工作；肇庆高要市白土镇团委的1名书记、2名副书记、8名委员也全部是兼职。另外，大部分团干部身兼数职，兼职工作做得多，本职工作做得少。即使是专职，也专职不专用，团的工作反而成了"副业"。

调查发现，团干部认为影响农村团干部积极性的主要原因是：工作力度不够（29.4%），服务意识和创新意识不强（16.5%），思想认识上存在偏差（14.1%）。团干部在工作中遇到的主要困难是：36.5%缺乏工作经验，35.3%不太了解青少年的特点和需求，21.2%专业知识不足。团员认为团干部需要提高的素质是：工作责任心（56.6%），维护团员权益的意识（55.6%），工作能力（49.5%），工作热情（45.5%）。14.3%的团干部认为团干部缺乏工作经验，是制约乡镇实体化"大团委"建设的主要原因，16.0%的团干部认为让团干部的工作作风更加务实，是目前改进乡镇实体化"大团委"建设最需要做的事情。

从团干部自身情况来看，有的团干部理论水平不高，缺乏理性思维；有的团干部工作能力一般，缺乏创新精神；有的团干部作风不实，联系青年不够。从深层次来看，基层团干部兼职多，承担的分外事务工作多，对团工作缺乏热情，被动应付，缺乏责任感。一些基层团干部存在畏难情绪，开展工作时经常面临捉襟见肘、有心无力、徒劳无功的尴尬局面。一些地方缺乏最基本的物质保障，一些乡镇连干部职工的基本福利都不能保障，绝大多数行政机关、乡镇、非公有制经济组织等基层组织团建的工作经费难以得到保障，导致团干部没有积极性，团工作死气沉沉，团组织对广大团员和青年没有吸引力。

从团干部队伍建设存在的问题来看，一是在团干部的选配机制上，没有把真正适合共青团工作的青年人才选进来，最终影响了团干部，陷入了干部进出渠道不畅的恶性循环；二是对团干部教育管理不够，重使用轻培养，政治上关心不够，思想上教育不够，工作上帮助不够，生活上交流不够，最终使团干部成长缓慢；三是输出不优，重输入轻输出、随意调整团干部以及团干部转业难等问题，既挫伤了在职团干部的积极性，又造成团干部老龄化，这让广大团员青年觉得从事团干部工作前途渺茫，希望不大。以上这些都在一定程度上阻碍了基层团组织工作的顺利开展。

（三）农村青年流动大的困难有待进一步克服

农村流动青年群体不仅对基层团组织建设提出了新要求，也成为乡镇实体化"大团委"建设不得不面对的一大挑战。围绕团中央"两个全体青年"的目标，乡镇团组织必须将流动青年聚集到团组织中来进行有效的管理，因而，农村青年流动人口的有效管理成为"大团委"建设不可避免和必须直接面对的艰巨任务。

农村青年团员流动频繁，很容易出现"教育无对象，组织无团员"现象，致使团组织的有效覆盖率不高，弱化了团组织的凝聚力。调查显示，团干部在工作中遇到的主要困难是：团员流动性大，发展团员困难（17.6%），团员教育管理工作困难（4.7%）。27.4%的团干部认为，团员流动性大是制约基层实体化"大团委"建设的主要原因。79.0%的团干部和78.0%的团员共同认为，搞好团工作主要靠团员的共同参与。

随着社会经济的快速发展，社会架构、青年结构发生了深刻变化，越来越多的农村青年由"单位人"变成"社会人"，新的青年群体不断涌现，青年思想的独立性、选择性、多变性和差异性明显增强，影响青年思想观念的渠道明显增多、程度明显加深，特别是信息技术和互联网的飞速发展，都对青年造成了深刻的影响。面对这些新变化，多数基层组织团建明显滞后，存在很多不适应的地方，组织覆盖面和工作覆盖面有待拓展，服务青年的项目和渠道有待丰富。同时，以青年为主要工作对象和以青年为主体力量的各种社会团体不断出现，使得青年团员流失现象严重，这是对团组织的又一挑战。

（四）基层团建覆盖面问题有待进一步解决

目前乡镇实体化"大团委"虽已建立众多直属团组织，但对青少年群体等对象和工作领域并不能完全有效覆盖，基层团建覆盖面问题有待进一步解决，从而增强基层共青团组织的凝聚力和吸引力。

对照加强群团工作，"力争使团的基层组织网络覆盖全体青年，使团的各项工作和活动影响全体青年"的"两个全体青年"要求，目前只有15.7%的团干部认为当前团组织工作的重点应在基层团组织建设。究其原因，从客观上讲，是因为团的基层组织不健全，团的组织设置不能有效覆盖青少年；从主观上讲，是因为一些团组织在工作中"抓大放小"、"抓易放难"，基础性的、不容易出成绩的、最需要团组织关怀的、不好抓的地方成为团组织的薄弱点。

此外，基层团组织之间缺乏互动，不利于相互学习建团经验，不能有效借鉴其他单位在加强基层团建覆盖面方面的经验和做法。

（五）基层团组织活动内容形式有待进一步创新

一直以来，基层团组织普遍存在活动内容陈旧、形式单一等问题，影响了基层团组织的吸引力和凝聚力。目前，仍有很多地区的基层团组织局限于团员推优、团日活动、文化体育活动、义卖义捐活动,团员青年在活动中更多是被动学习、被动参加,缺少主动思考与讨论,这大大降低了活动本身的教育效果,使得团组织的吸引力下降,难以起到团组织凝聚广大团员的作用。12.2%的团干部认为乡镇实体化"大团委"建设前后没有太大差别,15.3%的团员认为所在地方的团组织影响力和感召力一般。

48.2%的基层团干部认为内容没有创新,61.4%认为工作方法跟不上形势要求,是当前共青团工作比较难开展的原因,此外,基层团干部还认识到,只有切实地为青年成长成才提供服务(67.1%),丰富工作载体和手段(35.3%),代表和维护青年利益(25.9%),团组织活动才能吸引和凝聚更多的青年团员(见图10)。

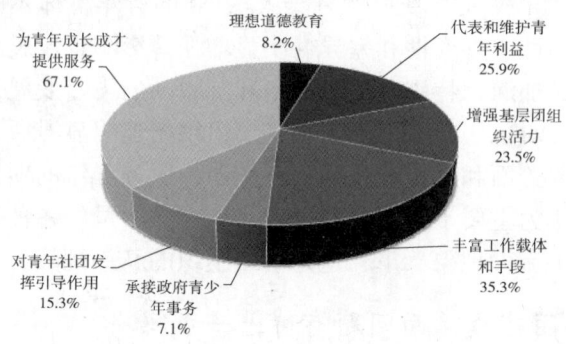

图10 共青团吸引和凝聚青年团员的主要方法

为青年提供各类培训、组织青年文化活动,以及开展思想政治教育,是团员和团干部一致认为的当前团组织工作的首要和重点,其中,团员比团干部更为重视,各项百分比都要高(见图11)。

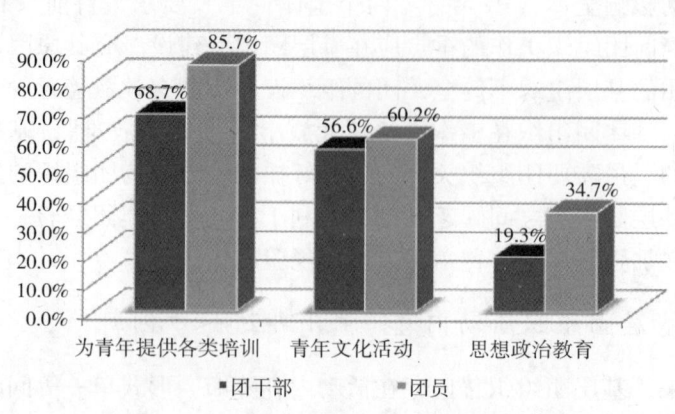

图11 当前团组织工作的重点

此外，各地各直属团组织之间缺乏有效的互动机制，平时主要通过工作微信群、一些参观培训活动等进行联系，基层团干部之间交流互动较少，这直接导致了各个团组织开展活动都仅限于本组织活动范围内，活动规模和性质受到限制，没有联合其他团组织开展大规模社会活动，因而影响力不够。

（六）基层团组织教育功能有待进一步加强

基层团组织对青年的教育能够促进普通青年向先进团员转变，但是这一教育功能正在逐渐弱化。调查显示，41.0%的团干部认为青年人的政治意识比较薄弱是当前共青团工作比较难开展的原因，但是只有8.2%的团干部认为共青团应该主要靠理想道德教育吸引青年。

基层团干部认为，工作内容不够贴近青年需求（70.4%），工作手段不够社会化（40.7%），工作形势不够创新（37.0%），工作方法不够切合青年特点（33.3%）等，都是在乡镇实体化"大团委"过程中最需要改进的方面。

在市场经济的冲击下，当代青年的思想观念和行为方式的独立性、选择性、多变性、差异性明显增强，青年的精神文化需求已呈现出多层次、多样性、多方面的特点。与时代的发展和青年的变化相比，青年思想政治工作在方式、方法、手段和机制等方面明显滞后，针对性、实效性受到了影响，基层组织教育青年的作用难以凸显出来，导致一些团员忽视了团员的先进性，将自己等同为一名普通青年，丧失了原则和立场，先锋模范作用表现不出来。

在新的形势下，基层组织团建工作如何更好地履行基本职能还有待进一步探索与实践，团组织参与社会管理、社会建设的机制还不够健全，协助政府管理青年事务的作用没得到充分发挥，对青年日益高涨的多样化需求，还难以提供切实有效的诉求表达渠道。一些团干部和团组织对共青团工作的认识不够，不能从大局出发研究问题，主动发挥青年组织的助手和后备军作用，抱着"多一事不如少一事"、"干不干工作一个样"的思想，工作积极性不强，工作缺乏特色和成果，共青团工作自然也就得不到党政领导的重视，由此形成恶性循环。

三、加强广东农村基层团组织建设创新的对策与建议

广东各地在贯彻落实乡镇实体化"大团委"建设的过程中，创造并总结出不同的发展经验，也存在一些问题，面临挑战，对此，课题组提出下列对策建议，以期进一步推进乡镇实体化"大团委"建设。

（一）项目引导经费，提高团干待遇

强化对基层团建的经费支持和保障，直属团组织可通过项目申报获得经费支持，以项目申报引导经费支持，是落实经费保障的优良方式。上级团组织可以通过开设各类创业基金，如农村青年创业基金项目，让青年发挥自身优势，支持农村青年就业创业，把农村青年就业创业带动起来。实践表明，项目运作可以提高基层团组织开展活动的积极性、主动性和创造性。以广州白云区太和镇为例，自实施乡镇实体化"大团委"建设以来，由直属团组织向太和镇团委提交项目策划书，镇团委给予经费支持和活动指导，由直属团组织独立完成或联合完成活动，获得了显著的社会效果。此外，省级财政部门要督导所辖市（地）特别是各县（市、区）在年度财政预算中切实保障同级共青团工作经费，努力为基层团组织提供长期、稳定的工作经费支持。中央、省级和市（地）级组织在安排团的经费时，也要重点向基层团组织倾斜，共同解决经费问题。

提高广大基层团组织干部的整体待遇，解决兼职团干部的后顾之忧。这种待遇不只是经济待遇，还包括政治待遇、社会待遇等。①提高经济待遇，就是提高工作补助或者设立专项基金给予支持。通过设立兼职团干部特殊津贴制度，改变兼职团干部只有"名分"、没有"待遇"的状况，必将有助于加强基层团组织建设，把想干事、能干事、会干事的年轻人吸引到基层团的工作岗位。②提升政治待遇，就是基层团干部在入党、提干、评优等方面要予以照顾和倾斜。各级团干部期满后，对于机关、事业单位的年轻干部，可以将其作为后备干部进行重点培养；对于体制外表现优秀的团干部，可以通过推优帮助其加入党组织，对符合条件的人员积极推荐担任人大代表、政协委员或者加入其他社会组织等。③提升社会待遇，主要是在教育、医疗、社保、入户、就业等方面给予照顾，从而提高基层团干部的团组织工作积极性、主动性和创造性。

（二）优选基层团干，强化队伍建设

在优选、培养和提拔乡镇实体化"大团委"组织干部时，应着眼于高素质人才，充分发挥大学生村官群体的才智，从而强化组织队伍建设，为提升团工作实效选好干部和人才。此外，有条件的地方，实现乡镇团委工作人员专职化，处理和维持乡镇团委的日常工作，使得乡镇团委工作常态化。

大学生村官是一个崭新的青年群体，也是当前备受全国关注的一个特殊干部群体，肩负着服务新农村和建设新农村的重要使命。大学生村官整体素质较高，思想活跃，接受能力强，满怀做事创业的激情和干劲，他们在为农村基层注入新鲜血液的同时，也为加强农村基层青年人才培养、活跃农村团工作带来了宝贵的机遇。大学生村官既是农村基层团组织建设的重要力量，也是共青团的服务对象，更是巩固和扩大中国共产党执政基础的青年后备力量。

大学生村官是乡镇重要人才资源，应充分发挥大学生村官的聪明才智，让其有充分的空间施展自己的才华，提高他们工作的积极性、主动性和创造性。比如，让大学生村官兼任所在村的团总支书记，发挥大学生村官的年龄和知识优势，同时，他们在组织、引导、服务和维护农村青年权益等方面亦有着较多的想法和经验。这样，既可以有效地聚集和带领全村青年开展活动，又能很好地把村团支部带活。乡镇团委根据格局创新的要求，也要尽量把大学生团干部选入乡镇"大团委"之中，集思广益，不仅能充分发挥大学生群体的规模效益和示范效应，带动他们在农村创业、就业的奉献精神，而且能充分发挥每一个大学生的聪明才智，让其实现自己的社会价值。

通过大学生村官团组织建设，让原本零星分散的大学生村官们有了组织，让这群工作生活在条件艰苦的农村基层的青年人有了"家"的感觉。在大学生村官团组织的正确引领下，依靠团组织这个平台，更好地带领广大大学生村官投身农村基层建设，干事创业，实现人生目标。

（三）结合当地实际，开展特色建团

在贯彻落实乡镇实体化"大团委"建设的过程中，各级团组织无需"一刀切"地进行统一模式建团、统一开展活动，而是要因地制宜，根据当地实际，开展特色建团，提升基层团组织的覆盖面。

从课题组走访了解的乡镇实体化"大团委"建设情况来看，各地实体化"大团委"建设走出了各具特色的建设发展路子。

对此，各级团组织要认真调研，善于抓住青年在镇区聚集的新特点，运用青年社会化聚集的方式和载体，既要关注村，更要关注镇区，特别是"村外镇内"的青年人，大力推进乡镇实体化"大团委"建设，充分发挥乡镇团委"桥头堡"作用。各地基层团组织要继续坚持"青年在哪里，团组织就建在哪里"、"社会怎样使青年聚集，就用怎样的方式建立团组织"的原则，紧密结合当地经济社会发展特色和青年分布聚集特点，敢于创新，灵活设置团组织和开展团的工作。

（四）构建服务体系，彰显品牌效应

各级团组织要强化意识，构建服务青年团员体系，彰显基层共青团工作的品牌效应，从而真正做到组织青年、引导青年、服务青年、维护青少年权益。

通过加强团的基层组织建设，扩大团组织的覆盖面，尤其是要把进城务工青年、农村留守青少年、企业下岗或面临下岗青年、"两新"组织青少年、社区闲散青少年等相对弱势群体纳入团的工作视野，在这些人中间加大团组织的建设力度，把团的工作触角进一步延伸，兼顾各项工作的平衡。

团组织介入社区管理之中，可以为社区青年提供更多的社会服务。以佛山市南海区大沥镇凤池社区团总支为例，该团组织除了平时开展团组织活动外，还定期提供技能免费培训，如建设大学生创业班、化妆师技能培训、电工技能班、月嫂培训班、美容化妆培训班、中式面点师培训班等；建设小凤凰乐园，团员带青年，开展义务活动，服务6~16岁少年儿童，对其进行假期托管、补习活动等；结合青年优秀分子，推荐入党，每周开展一次青年入党积极分子的沙龙，主题是怎样找到自己在社区里位置、如何服务好经济发展、怎样开展好社会活动等方面；对青年人认同教育的培训，利用社区大学生多的特点，参加社会服务，对大学生村官进行后备干部培养，兼任社区经济社长助理等，促进青年大学生迅速成长成才。又如，南海区大沥镇团委将团组织建设融入社区青少年服务之中，与工会、妇联一起，很好地发挥了社区服务功能。

（五）建立长效机制　强化"大团委"建设

各级团组织应及时建立长效的配套机制，切实保障全省乡镇实体化"大团委"建设的稳步推进。

各级团组织要进一步抓工作机制，促责任落实。①建立完善指导培训机制，主要抓好分类指导工作，编撰适合当地实际的乡镇实体化"大团委"建设工作手册，大力开展分级专项培训，根据需要成立团建指导员队伍。②强化督导机制，召开各级推进督导会议、中期推进会议，建立包干督导工作制度，建立信息化督查机制。③建立激励和奖惩机制，纳入团工作重点考核指标，进行适当的资金奖励。④强化完善保障机制，着力解决乡镇团委的工作经费，开发乡镇实体化"大团委"建设数字化平台，着力建设乡镇直属团组织活动阵地，开展"活力在基层"乡镇直属团组织主题活动竞赛，推动乡镇实体化"大团委"形成枢纽功能。

共青团广东省委农村青年工作部
执笔人：刘波、郭祥、刘敏

广东省大学生思想引领工作研究

一、引 言

党的"十八大"报告《坚定不移沿着中国特色社会主义道路前进,为全面建成小康社会而奋斗》中指出"对马克思主义的信仰,对社会主义和共产主义的信念,是共产党人的政治灵魂,是共产党人经受任何考验的精神支柱",青年马克思主义者培养是我国社会主义建设、社会进步和党的事业发展的需要,是马克思主义中国化时代化大众化的重要途径,也是思想政治教育的重要内容,对于青年人才培养具有积极作用。

中国共产党一直都十分重视对青年马克思主义者的培养,党的"十八大"后,习近平总书记提出了"中国梦"的重要论述,他定义"中国梦"为"实现伟大复兴就是中华民族近代以来最伟大梦想",而且满怀信心地表示这个梦想"一定能实现"。在2013年5月4日同各界优秀青年代表座谈时,习近平总书记再次强调"中国梦是我们的,更是你们青年一代的。中华民族伟大复兴终将在广大青年的接力奋斗中变为现实"。"中国梦"的丰富内涵和重大意义对青年马克思主义者培养工作起着重要的引领作用。为此,本研究以大学生青年马克思主义者培养工程(简称"青马工程")的研究为例,具体了解目前青年大学生对思想引导工作的总体看法及期待,通过集中调研和跟踪调研相结合的方式,在全省范围内开展了青年大学生思想引领方法的基层调研活动。

二、研究方法

本调研主要通过问卷调查形式进行。一是针对广东省62所高校的普通学生[①]进行抽样调查,共发放1910份问卷,回收1790份,有效问卷1580份,问

---

① 指参加过校级或省级"青马工程"培训班的普通学生,以下不再另行标注。

卷有效回收率为82.72%。二是针对参加2013年开展的广东省大学生骨干"青马工程"培训班学员进行调研，共发放170份问卷，回收146份，问卷回收率为85.88%。另外，除了收集、分析问卷数据之外，课题组还与2013年广东大学生骨干"青马工程"培训班学员同住、同行、同学习，通过参与式观察和相处共话、焦点访谈等研究方法，收集了大量关于"青马工程"的第一手资料；培训班期间，学员以每日一记的方式，记录和写下了他们在学习过程中的感受和体会，这些"青马日记"被收集到了课题组的手中，结合课题组成员的大量记录和思考，这也成为开展本研究的重要资料。

三、基本情况

本次调研分为两个群体（学生干部、普通学生）进行调研，针对五个指标（性别、政治面貌、年级、学历、专业）对调研对象的属性信息进行收集，数据显示两次调研的指标基本一致，可以进行群体对比。取总体样品，得数据如表1所示：

表1 调研群体基本情况分析

性别		学历			
男	女	专科	本科	硕士研究生	博士研究生
53%	47%	35%	62%	3%	0%
政治面貌			年级		
中共党员	共青团员	群众	一年级	二年级	三年级	四年级
78%	19%	3%	25%	29%	31%	15%
专业						
经济学类	哲学类	理工类	文史类	管理类	政法类	其他
18%	9%	27%	8%	20%	8%	10%

从数据中我们可以看到，在性别比例上，男女比例相当，分别为53%和47%。从受教育程度上，被调查者主要集中在专科和本科学生，硕士和博士研究生比例较小，是由于"青马工程"目前主要是针对本科及专科学生。从政治面貌上，被调查者大多数（接近80%）是中共党员（含预备党员），这也反映了各高校参加"青马工程"的主要成员仍局限于一个小范围内。从年级分布上，较为平均，尤其是一、二、三年级，分别是25%、29%、31%，基本符合随机抽样的预期。从专业分布上，被调研者主要集中在文科类，占总数的

73%，一定程度上说明了参加"青马工程"的学生偏重于文科类。

四、调查结果

（一）大学生对马克思主义的认识与学习现状

1. 学习积极度

如图 1 所示，有 26.39% 的大学生对马克思主义的学习很感兴趣，有 72.92% 的大学生对马克思主义的学习一般感兴趣，不感兴趣的大学生仅占到 0.69%。

如图 2 所示，看过马克思主义著作的大学生占到总体的八成以上（82.88%）。根据调查显示，其中看过并有所感悟的学生占到总体的 50%，另有 32.88% 的学生在看过后表示在理解上有一定的困难。另有 17.12% 的大学生没有读过，但其中大部分被调查者有阅读的意愿（14.38%），未读过的原因是不知道读什么。总体上显示，对马克思著作有阅读兴趣的比例占 97.26%。

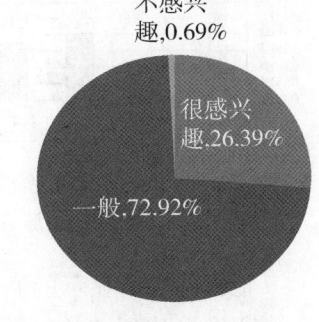

图 1　您对马克思主义的学习是否感兴趣

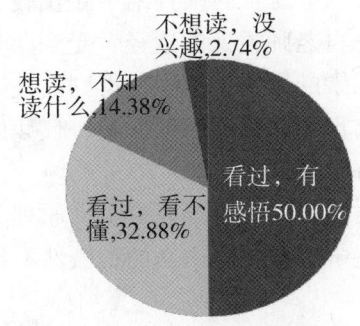

图 2　您有看过有关马克思主义的著作吗

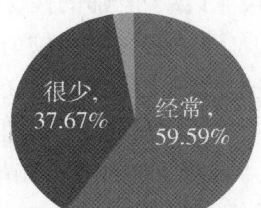

图 3　您会在课余自觉学习和实践马克思主义吗

如图 3 所示，在课余自觉学习和实践马克思主义的大学生占总体的 97.26%，其中经常进行自主学习实践的大学生比例为 59.59%。

根据对上述图 1、图 2 及图 3 的结果分析，可看出广东省大学生在认识马克思主义当中整体趋势良好，其中部分大学生对马克思主义感兴趣，并有较为积极的学习态度。部分对马克思主义兴趣不大的大学生，也对马克思主义的领域有一定涉及，无消极态度。

2. 认识途径和程度

我国的大学教育中对马克思主义原理有相关的课程安排，在对大学生了解马克思主义原理的途径调查中，前三位依次是"老师授课"（46.18%）、"看相关书籍"（20.36%）、"参加有关活动"（17.45%），见图4所示。

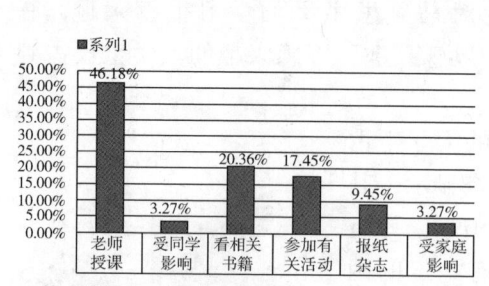

图4 您是从什么途径了解到马克思主义原理的

图5 您对马克思主义产生背景、基本原理等内容的了解程度

根据图5所显示的调查结果，对马克思主义产生背景、基本原理等内容的了解程度可达到"比较了解"程度的仅占到总人数的9.59%，达到"有所了解，但不全面"程度的大学生占86.99%。图5与图4的调查结果相比较，由于对于马克思主义原理的了解和认知较多地来自老师授课的途径，受到课堂本身的时间、内容、老师的授课效果等多方面因素的影响，学生能得到的关于马克思主义原理的信息内容较为单薄，并容易出现片面化理解的问题，仅凭课堂很难使学生做到对马克思主义原理的全面理解。

大学生对马克思主义原理的认知、学习途径单一，对马克思主义原理的理解不深入、不到位、一知半解，导致了大学生学习马克思主义的积极性不足。

3. 认识科学性

从图6可以看出，绝大多数的大学生（93.84%）对马克思主义基本原理的认知为"提升了人类社会历史发展规律，具有强大的生命力"，一小部分人（6.16%）认为马克思主义"基本正确，但对当代现实不再具有重要指导意义"。值得注意的是，"过时了，已经被新的历史事实和科学发展所超越"选项无人选择。

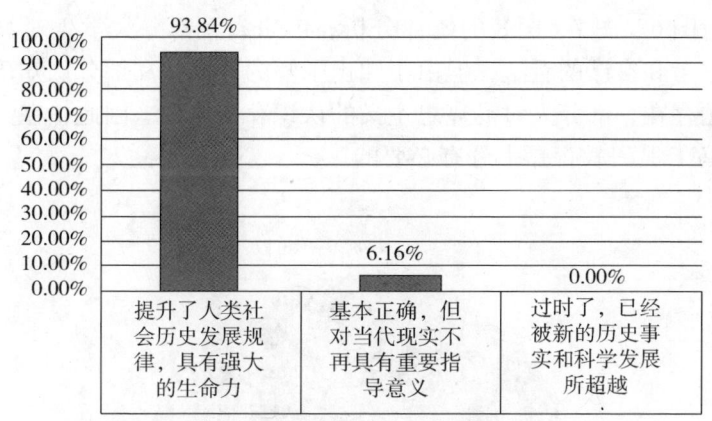

图6 您认为马克思主义基本原理_____

在如何看待马克思主义在中国发展的问题上，如图7所示，超过半数（59.59%）的受调查者认为"马克思主义中国化理论成果一脉相承，发展了马克思主义"，另有部分（36.99%）的人认为"改革开放、构建社会主义和谐社会的提出成功地修正了社会主义和阶级斗争理论"。在此基础上，将马克思主义是否能在我国长期发展作为深一层面的问题进行调查。调查统计显示，16.44%的大学生认为马克思主义在我国"一定可以"长期发展，52.74%的大学生认为"可以"长期发展，28.77%的大学生认为需要"视情况而定"（见图8）。虽然数量微小，但是需要注意到的是，有1.37%受访者的答案为"不知道"，这部分学生对马克思主义原理的认识和理解较少，没有或很少进行自我学习和自我思考。

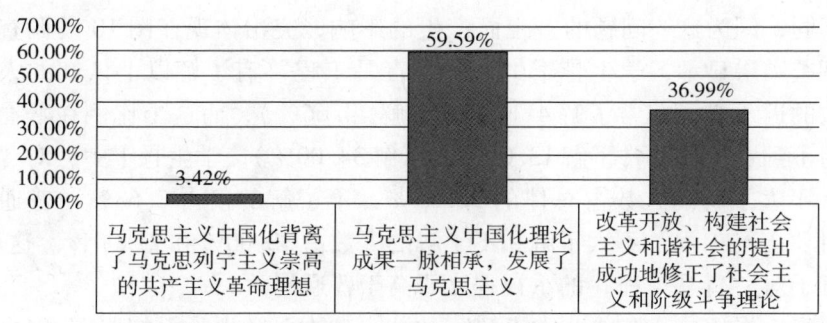

图7 您如何看待马克思主义在中国的发展

另外，在马克思主义对中国现代社会作用的问题上，86.30%的受调查者认为马克思主义对中国现代具有重要的指导作用和影响。

通过对图6、图7、图8的统计分析，广东省大部分大学生对马克思主义有相应的思考和自己的看法，但由于知识了解的片面化和部分认知落后、不切实际的问题存在，部分人对马克思主义的认识存在偏差。因此，在大学生当中开展"青马工程"教育是十分有必要的。

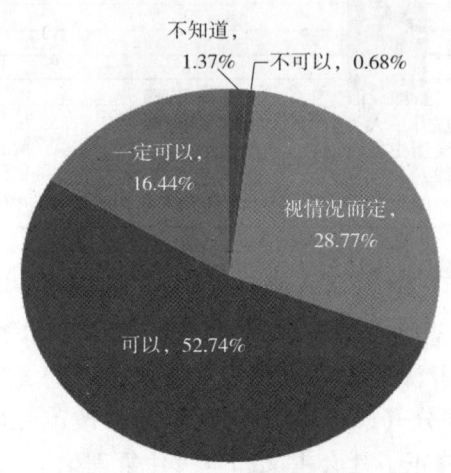

图8　您认为马克思主义在我国可以长期发展吗

（二）大学生对"青马工程"培训班的认知

1. 了解与参与程度

如图9所示，在学生骨干中，参加过"青马工程"的学生与未参加过的学生比例为42.07%与57.93%，学生骨干与普通同学中参加"青马工程"的比例不同，因为这一问题的差距而产生的影响，突出体现在图10的调查结果中。调查结果显示，学生骨干中，对"青马工程"有了解以上认知的人数占到总数的近八成（非常了解4.11%，了解74.66%），而这个比例在普通同学中仅为不到一半（非常了解13.00%，了解34.00%）。学生骨干中，对"青马工程"不太了解的人数占总体的20.55%，不了解的仅占0.68%；普通同学中，对"青马工程"不太了解和不了解的人数占32.00%和21.00%。这说明，学生骨干对"青马工程"的重视程度要高于普通同学。

值得一提的是，在"非常了解"的这一项中，学生骨干的比例（4.11%）低于普通学生（13%）。该现象可能是由于经过"青马工程"后，学生对自身要求有所提高的缘故而产生。

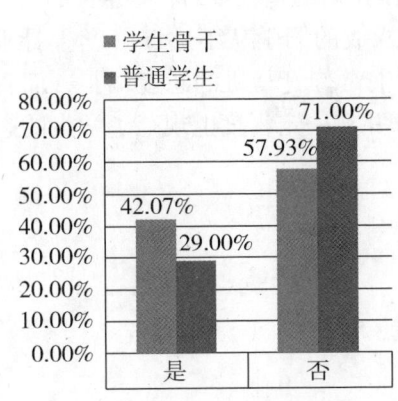

图9 您是否参加过"青马工程"

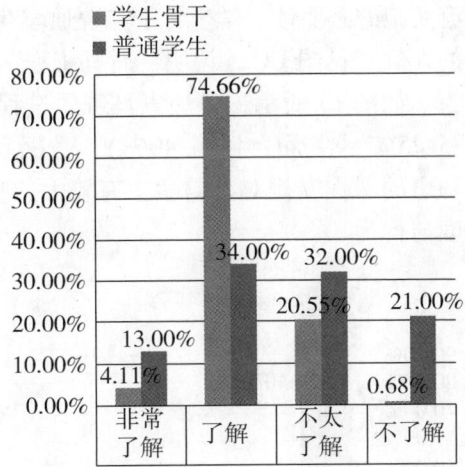

图10 您是否了解"青马工程"

从图11可看出,在省(市)青马班、校青马班、院青马班中,参与校青马班的比例最高,可见校级的"青马工程"是参与度最高的。不可否认,现阶段"青马工程"主要集中在高校开展,在一定程度上缺乏统筹性。

根据图9、图10、图11的数据分析,学生骨干对"青马工程"的了解广泛程度强于普通学生。对比普通学生与学生骨干的真实情况,说明"青马工程"的推广较为成功,学员在学习过程中态度认真,取得了较好的成绩。

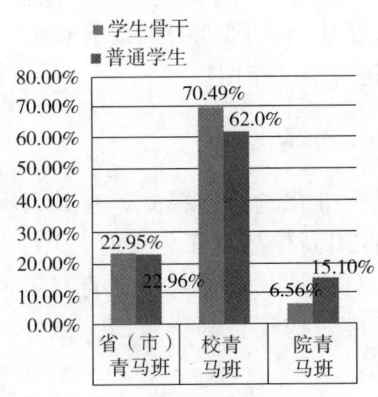

图11 您曾经参加的是____

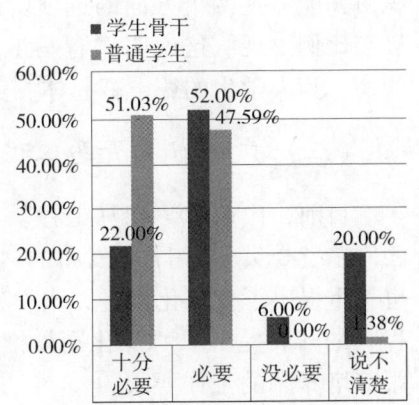

图12 您认为"青马工程"的实施必要性为____

2. 参与态度与效果

不论是在普通学生还是学生骨干中,绝大部分的学生都认为"青马工程"

有实施的必要性。学生骨干与普通学生相比，对"青马工程"的必要性有更高的评价（见图12），说明"青马工程"的实施是正确的、有效的、有意义的。

如图13所示，参加青马班的过程中，约八成的同学从不逃课（学生骨干85.25%，普通学生76.40%）。数据表明，学生对待青马班的态度端正，而青马班的课程安排对参与学生有较大的吸引力，并在一定程度上规范了学生的态度与行为。

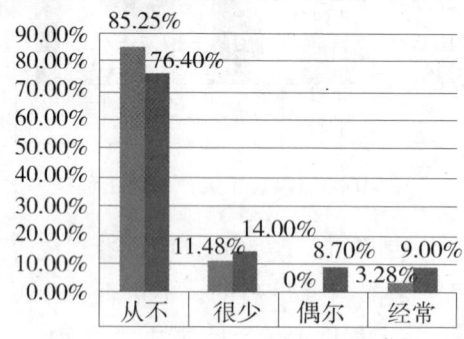

图13 您在参加青马班过程中有无逃课经历

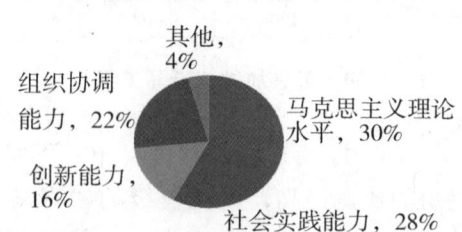

图14 通过培训，您觉得哪些方面能力得到提升

根据图14，可发现马克思主义理论水平、社会实践能力、创新能力、组织协调能力这四个方面的选项所占比例相近（30%、28%、16%、22%），无极端比例出现。这说明"青马工程"的培训对大学生各方面能力的提升比较均衡，为大学生的德、智、体、美、劳全面发展起到推进作用。

（三）广东省"青马工程"的开展模式与内容

目前，广东省"青马工程"开展已初步形成标准化的培养模式，在共青团广东省委员会2013年发布的《2013年广东共青团高校战线工作要点》中，也着重提出了要深化推进"大学生马克思主义者培养工程"，并对于"青马工程"的开展提出了"深化高校推广、打造项目标准、构建青马学员库、做好跟踪培养"的工作要求。①

而在高校这一层面，则主要是在试点高校每年举办至少一期的"青马工程"培训班，在不断总结试点高校的工作经验的前提下推进"青马工程"覆

---

① 省级"青马工程"一般由共青团广东省委员会和广东省学联共同主办，校级"青马工程"则由各高校自己主办。关于省级"青马工程"培养的具体内容，详见案例分析部分。

盖全省高校。在调研中，我们发现目前省内各高校对于大学生骨干的理论培养方式主要有：上理论课、听讲座、辩论赛、座谈会、观看影片、演讲赛、情景模拟等，突出了形式多样、内容丰富的特点。在上述的培养方式中，采用上理论课、听讲座这两种方式进行培训所占的比例分别是25.6%和25.7%；其次是座谈会和观看影片，分别占14.9%和11.5%；比较少采用的方式是演讲比赛和情景模拟，分别占7.3%和3.7%。在以上三组数据中，可以看到，各个高校在举办"青马工程"培训班时，比较倾向采用上理论课与观看影片这两种简易有效的形式对大学生骨干进行培训。以此作为依托，在内容上不断丰富创新，不断朝着具有规范性、普遍性、体系化的广东大学生青马培养模式靠拢。

（四）案例分析：第12期广东省大学生骨干"青马工程"培训班

2013年8月4日至10日，共青团广东省委员会、广东省学生联合会在中山大学（珠海校区）举办了为期6天的第12期广东省大学生骨干"青马工程"培训班。以"梦想"为主线，安排了素质拓展、导师讲座、青年论坛、社会实践、才艺展示等一系列活动，对来自全省72所高校共计191名学员进行全方位培训。本期"青马工程"培训班在培训理念、模式和内容等方面都有所探索、有所创新。

1. 贯彻党的群众路线

培训班结合党的群众路线教育实践活动，认真贯彻开展"两进三同四争先"活动。培训期间，与会的团省委机关和省学联所有干部被分配至各个学员小组，积极协助解决学员在培训期间所遇到的生活和思想上的困难与困惑。另外，外访调研中，学员深入基层，走上一线，在格力集团、农科奇观、香洲区的民工社区、横琴国家级开发新区、珠海边防支队进行体验与学习，深刻体会马克思主义的指导力量。

2. 践行青春"中国梦"

活动以"激扬青春，放飞梦想"为主题，引导全体学员践行青春"中国梦"。从"青春启梦"到"青春筑梦"，再到"青春追梦"，全体学员在"马克思主义中国化"、"新媒体时代的青年发展"、"'青马'领袖论坛"、"马克思主义经典研读报告会"等主题课堂中将个人成长与"中国梦"有机结合；在提案培训、走访调研、形成报告、展示提案的过程中，激发自身崇高的社会责任感与使命感。

3. 实施"五个一"要求

推动实施"五个一"要求的培训工程，给予学员高强度的能力锻炼，要求学员完成一份青马调研设计、一份青马提案、一份青马报告、一项青马作品、一份青马心得。引导学员关注民生现实，培养社会责任感；研读经典读物，体会马列主义；分享个人感悟，交流学习心得；展示自我风采，增进彼此情谊。

4. 搭建互动式课堂

培训的课程设置，突破了传统机械灌输模式，创新搭建了互动式课堂，以当代大学生喜闻乐见的形式，引导学员们走出传统课堂，参与社会实践。如在走进珠海市拱北社区活动中，学员争当交通疏导志愿者，在这个过程中，学员们感受到了志愿者工作的价值与光荣。更有学员借此契机，调研了珠海市志愿服务的情况，形成青马提案，这是传统课堂所无法提供的。

5. 创新利用新媒体

有效利用了新媒体工具，进行了马克思主义的宣传和传播；借助新媒体设备的优势，节省了活动成本。省学联利用自有的官方微博@广东学联及微信公众平台，进行线上宣传及学员互动等。借助新媒体电子产品的固有优势，为每位学员配置了一台联想乐PAD，事先将所需的资料传输至PAD，既方便学员"随时随地"进行学习，又大大减少了纸质材料的使用，厉行节俭。

五、广东"青马工程"存在的主要问题

目前，"青马工程"实施已经超过5年。在5年的时间里面，"青马工程"不断发展、不断进步。为提升学生思想觉悟水平，提升马克思主义实践能力起到了积极作用。随着"青马工程"不断深化发展，"青马工程"也面临发展的

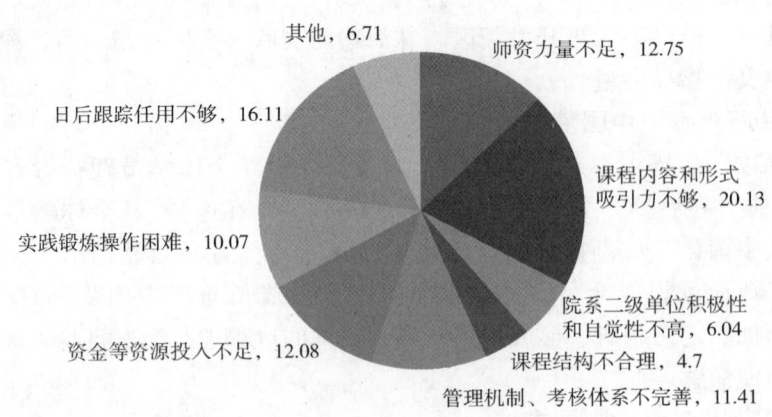

图15 "青马工程"存在的主要问题

瓶颈，需在教学模式、教学质量、教学效果和教学覆盖面上不断寻求突破。

在调研过程当中，就青马工程目前存在的问题进行梳理和分析，可总结为"四欠"。即课程内容欠吸引力、欠缺配套资源、学员动机欠纯正、培养机制欠健全（见图15）。

1. 课程内容欠吸引力

（1）教育内容枯燥。目前，青马工程的主要实施办法是授课。主要讲授党史、国情、马克思主义理论和学生干部务实等。由于大部分内容在大学生的学习历程当中被多次重复，故难以引起学生的兴趣。在本次调研所回收的问卷中，30.6%的调查者认为高校青马工程所设置的课程侧重理论，过于抽象，内容枯燥。34.2%的调查者认为，教学内容枯燥乏味是导致他们对理论学习积极性不高的主要原因。

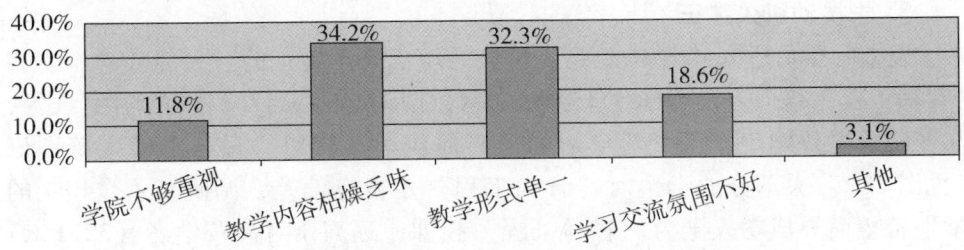

图16 您认为哪些因素导致您可能对理论学习积极性不高

（2）教育模式单一。有效的互动是提升教学质量的重要途径。而在调查当中，32.3%的调查者认为，教学形式单一，激发不了学习热情（见图16）。另外，高校普遍采用上理论课与听讲座这两种形式（理论课占22.58%，排名第一；听讲座占21.56%，排名第二），与学生的预期有一定的差距（素质拓展占26.36，排名第一），见图17。这种受众与需求的错位导致了课程内容欠吸引。

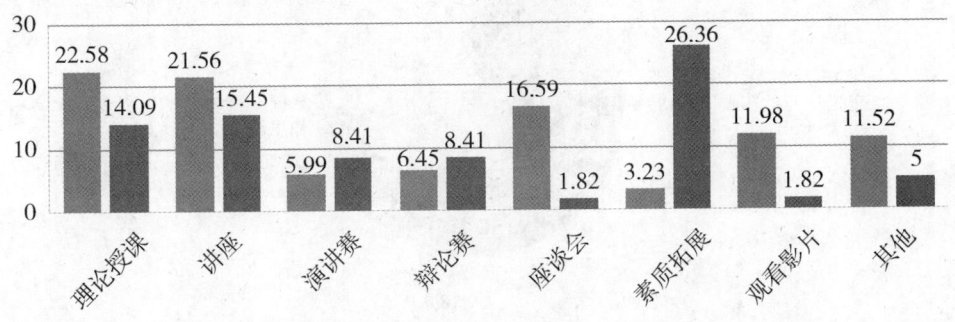

图17 "青马工程"举办形式与学生期待形式

2. 欠缺配套资源

目前,"青马工程"的实施缺乏一定的保障机制。这主要体现在:

(1) 缺乏制度保障,不同高校团委对于青马工程的投入参差不齐,缺乏制度约束力,其中26.7%的学生认为学校不够重视青马工程。

(2) 缺乏人员保障,大部分高校没有运用学校的优势建立稳定的"青马工程"实施队伍,导致在实施过程当中难以进行纵深和铺开的发展。其中,调研显示只有29%的学生参与过"青马工程",只有17%的同学参与过校一级的"青马工程"培训班。

(3) 缺乏科研投入保障,大部分高校没有建立不断总结发展,研究提升"青马工程"的工作意识,在办学策略、教学内容、工作方法当中创新不足,阻碍了"青马工程"的长远科学发展。

3. 学员动机欠纯正

目前,学员进入"青马工程"培训的动机是不纯正的。大部分的学生将"青马工程"培训班视为学生干部社交营,调研显示,47.83%的学生认为,与各院校主要学生干部交流学习的需要促成了其参加"青马工程"培训班(见图18)。大部分的学生对"青马工程"定位有偏差,调研显示,40%的学生希望商界成功人士为"青马工程"授课,远高于对高校学者(32.1%)和党政领导干部(20.9%)的期待(见图19)。学校在组织活动当中也盲目地顺从学生需求而忽视了理论能力的提升,调研显示,通过培训,28.4%的同学认为社会实践能力获得了提升,21.8%的同学认为组织协调能力获得了提升。

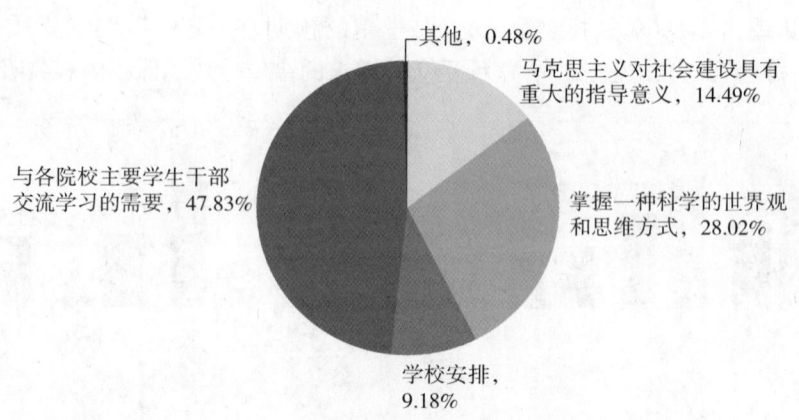

图18 促进您参加的最主要原因

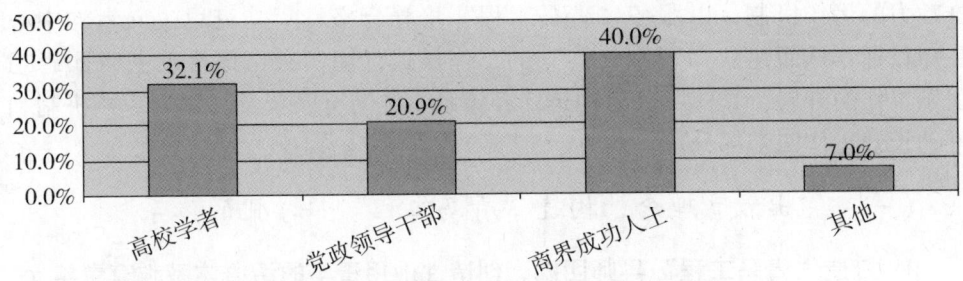

图19　您希望在青马班中听到哪一类老师授课

4. 培养机制欠健全

目前，高校开展"青马工程"普遍缺乏健全的跟踪机制。大部分的培养只局限于短期的培训班。尽管在调研当中，79.7%的受调查者认为参加"青马工程"培训班对日后的发展有帮助（见图20），但是81.9%的同学很少或者从不自觉学习和实践马克思主义，故而建立一套完善的跟踪学习机制十分有必要。

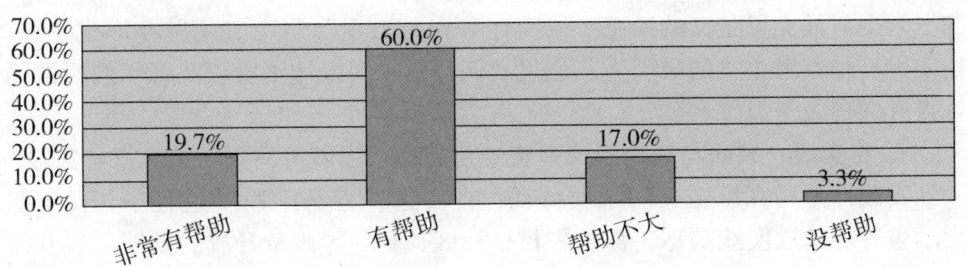

图20　您认为参加"青马工程"培训对您今后的发展

六、模式探究：对策和建议

"青马工程"是共青团宣扬主流价值观、发挥思想引领功能的有力抓手，是把广大青少年培养成为中国特色社会主义事业的合格建设者和可靠接班人的重要平台。开展"青马工程"需明确其工作目标和共青团肩负的历史使命，着重强调"青马工程"的教育意义，着实提升学员理论学习水平，把眼光和精力聚焦到培养青年马克思主义者这个目标当中。

在这个目标的驱动下，本研究认为要科学推动"青马工程"发挥作用，需要建立完善的培养机制、考核机制和运作机制，提供生动的、多元化并富有教育意义的课程内容，严谨务实、有广泛约束力的考核制度，长效的、有持续推动力的运作机制,以服务"青马工程"培养合格青年马克思主义者的中心主体目标,从而建立"三制一体"的工作模式,切实有力地推动共青团思想引领工作的开展,具体可分为构筑培养体系、推动有序普及、建立考核机制和推动长效运作四个部分。

(一)突出教育理念,构筑"青马工程"科学化的体系

1. 打造"青马工程"导师团队,创造性地用青年的话语体系教育青年

授课是开展"青马工程"培训最基本的工作手段,也是传播精神、提升学习效果最有效的方法。提升"青马工程"的教育效果,关键在于提升授课质量。首先,"青马工程"授课必须讲究质量。共青团应发挥枢纽作用,团聚马列研究、思想政治教育领域的专家学者和从事党政管理的高层领导组建一支政治觉悟高、学术基础好、工作热情高的"青马工程"名师团。根据中国马克思主义的最新成果和青少年的心理特点、知识结构设置具有针对性的培训课程。其次,"青马工程"授课必须切合青年的话语体系。当下青年普遍对马克思主义理论有着一定的认识,但授课内容枯燥重复、授课方式单调乏味,导致部分学生对马克思主义的反感。故而在"青马工程"当中必须抛弃形式主义,切实提高马克思主义的吸引力,通过实例分析、多媒体手段以及青年的授课语言提升课程吸引力。

2. 将实践、调研与理论学习紧密结合起来,强调用马克思主义指导实践

实践性是马克思主义的本质特征,在实施"青马工程"过程中,要组织大学生开展基层实践锻炼。深入农村、社区、企业等改革开放的基层一线开展生产劳动、社会调查、参观考察,增加大学生骨干对国情和社会的了解,通过社会实践将理论学习与实践紧密地结合起来,通过导师指导,将所见所闻、所思所想总结成为调研报告,切实提高研究问题和分析问题的能力。深入社会开展公益活动,通过在校园内、城市社区、农村基层参加扶危济困、文艺演出、政策宣传等公益活动,增强大学生骨干的社会责任感。可有机结合"三下乡"和专业实践,建立一批有质量的"青马工程"实践基地。

3. 宣扬主流价值观,将马克思主义思想和马克思主义的中国化成果列为必选项

"青马工程"作为意识形态的重要宣传平台,必须旗帜鲜明地将马克思主义教育放在"青马工程"目标的首位,并通过保证课时和相关实践时数的办法,让学生更加深入地了解马克思主义理论及其思想和马克思中国化的成果。

在"青马工程"开展当中,应当做到"三个避免":避免空洞,脱离学生兴趣枯燥单调地灌输思想,缺乏社会实践和教学互动;避免跑题,把"青马工

程"培训班办成单纯的"干部联谊会"或单纯的"干部训练营";避免狭隘,脱离学生长远发展需求,片面强调集中培训的重要性而忽视学生成长成才的思路思考问题。而做到"三个避免",最好的办法就是明确工作目标,将培训的核心回归到宣传主流价值观这一目标当中来。

(二)注重分类实施,推动"青马工程"普及化的培养

1. 建立与"两课"相辅相成的"青马工程"课程,将思想引领常规化

在加强和改进高校思想政治理论课建设中实施"青马工程",高校思想政治理论课是对大学生进行马克思主义教育的主渠道,"青马工程"应该与高校思想政治理论课有机结合,共享师资资源提升授课质量、丰富教学方式提升学习效果、补充授课内容打造立体课堂,从而更为有力地为马克思主义教育提供有生力量。

同时,"青马工程"作为高校思想政治理论课的有力补充,可以有效地提升教学质量,通过第二课堂互动实践的模式有力补充高校思想政治理论课的内容,及时补充马克思主义中国化的最新成果,结合社会实践推动马克思主义实践,推动大学生深化研究马克思主义,培养一批坚实的青年马克思主义者。

2. 推动不同层次的"青马工程"教育,让不同层次的学生都能学习马克思主义最新成果

推动"青马工程"普及化,最核心的问题就是解决广大青年的分类引导工作。解决分类引导问题,本质即是结合不同学历层次、不同年龄阶段、不同学科背景、不同政治身份,有针对性地开展"青马工程",巩固青年党员马克思主义者阵营,发展青年马克思主义者新阵地,扩大主流价值观在学生群体当中的认同。

开展不同层次的分类引导,需要结合不同群体的特色进行安排,有侧重地在大学生骨干群体当中设立"青马工程"培训班,建立推动"青马工程"的中柱力量,从而利用学生骨干的力量不断扩大"青马工程"在高校学生群体当中的影响力和行动力,从而逐步推进各个群体的"青马工程"。

(三)建立考评机制,实现"青马工程"数据化的评价

1. 建立跟踪培养机制,引入导师制和考核制度对骨干精英进行纵深培养

抱着对每一个青马学员负责的工作方针,有必要对学员的学习成果进行考核,并引入跟踪机制,以了解学员的后续成长情况。

"青马工程"的学员考核制度应设计一个清晰的量化指标。把课程的出勤率以及实践的报告质量作为考核指标对学员进行跟踪。对落后的学员给予适当

的提醒，对提醒无改进的学员给予必要处罚。同时对先进的学员给予鼓励。

"青马工程"的纵深培训可以结合导师制。导师可以是专家、学者、企业家、律师、政府官员等具有高度政治觉悟的人士，也可以是学校的管理教师。导师通过跟踪督导学习情况、提供就业创业咨询辅导的方式加强对学员的长期培养和管理。这种相对固定的培养关系，使教师有更多的时间和机会了解学生骨干的特长和潜力，便于长期有针对性地进行跟踪培养。

2. 建立质量控制机制，对开展"青马工程"单位的执行现状进行定期的指标化考核

培养优秀的青年马克思主义者，提供优质而有效的教育与服务，就必须依赖"青马工程"开展单位的支持。开展"青马工程"培训的单位应该具备一定的硬件、软件条件。这包括充足的师资保障，拥有一支素质高、能力强的思政教育队伍力量；健全的后勤保障，提供授课与实践的场所，提供人员进行日常管理；充分的制度保障，确保活动能够获得重视并拥有持续开展的能力。而这些保障应该通过定量的方法形成标准。对高校"青马工程"的开展进行评估，保证"青马工程"的质量。同时，可以确立若干模范高校，建立"青马工程"建设典范，推动"青马工程"普及化。

同时，也可以针对"青马工程"的授课人员以及实践地点进行定量考核，采取考核上岗、适度淘汰的原则保证"青马工程"的高质运作。

3. 建立成果评估机制，建立激励机制鼓励基层通过课题申报的模式建立总结反馈机制

成果评估是整个评估工作的最后阶段，也叫结果评估。成果评估可以客观反映学生参加培训的实际效果，是否真正达到了《"青马工程"实施纲要》的相关要求，是否真正成为一名合格的青年马克思主义者。

成果评估可以汇总先进经验、收集运作当中遇到的问题，从而不断改善"青马工程"的运作。鼓励高校通过课题申报的模式共同参与"青马工程"的改革创新，通过试点工程的推动建立实证研究的课题，促进"青马工程"的科学化。同时鼓励学者参与到"青马工程"课题的研究当中，以专业的视角为"青马工程"建言献策。

（四）搭建多元平台，推动"青马工程"长效化的发展

1. 打造马克思主义学生组织，提供长效运作的人力保障

校、院级团委可指导学生成立由学生进行自我管理、自我服务、自我教育的理论学习型社团，并配备马列主义研究方向老师担任社团指导教师，同时选拔一批品学兼优、有一定政治理论水平、热爱政治理论研究的党员或积极分子

加入学生社团，通过学生组织将马克思主义的最新理论成果传播出去。

学校的马克思社团可以成为高校推动"青马工程"长效化的有力支点，省市一级的团委可以定期组织马克思社团进行工作技能培训，交流先进的工作经验。并对其进行系统的马克思主义的理论培训与实践训练，以提升马克思社团的战斗力，为学校开展"青马工程"提供充分而优质的人力保障。

2. 打造青年思想交流线上平台，攻占思想引领的宣传阵地

在建立和壮大马克思主义网上阵地中实施"青马工程"。高校要加强高质量的红色网站建设，构建信仰马克思主义的网上精神家园。切实掌握青年的网络话语体系，掌握青年网民的心理特点，用青年喜闻乐见的方式抢占网络高地。同时结合时下热点，进入新媒体舆论场域，如微博、微信。切合学生的网络风向标，及时调整工作思路，以做到与时俱进。

3. 打造全民学习先进思想的校园文化

为了把大学生骨干更好地培养成青年马克思主义者，需要创造优良的校园环境。高校应该注重校园环境建设，营造积极向上、健康文明的校园文化。为此应该加大对"青马工程"的宣传力度，吸引更多的大学生积极参加"青马工程"，在学生中间要营造学先进、赶先进的浓厚氛围，用身边人身边事感染人、教育人、激励人。要激发全体教职员工来关心支持帮助大学生青年马克思主义者的成长成才，让他们在充满关爱的氛围中积极进取，营造全员育人的良好氛围。

高校应该把"青马工程"的思想融合到各式各样的校园文化活动中去。要丰富活动形式，如通过专题报告学术讲座、知识竞赛、学习论坛理论研讨、读书报告、政策宣传、演讲辩论、图片展览文艺会演等形式把马克思主义教育广泛渗透到文化活动中去。同时，不断传承和发展相关品牌，不断营造良好的氛围。

共青团广东省委学校部

执笔人：武一婷、刘慧有、潘润恺

广东省中学共青团及中学生思想状况研究

广东地处改革开放的前沿阵地,是全国经济社会发展的排头兵。广东青少年思想状况具有我国当代青少年思想成长发展的一般规律性,同时,又呈现出一定的特殊性和前瞻性。为切实了解中学生群体的思想动态,准确掌握广东省中学生的思想发展规律,进一步探求破解中学共青团工作的现实性问题,以便从中学共青团工作的维度更好地服务、引导青少年,助力广大青少年成长成才,共青团广东省委员会少年部于2013年2月在全省范围内开展了中学共青团及中学生思想状况调查问卷与实践调查。

本次调研涵盖广州、东莞、揭阳、汕尾、河源、茂名、湛江、清远共8个地级市公办、民办的初高中学校,覆盖珠三角、粤东、粤西、粤北等地区,共发放问卷5400份,回收有效问卷5083份,回收率91.4%,其中学生卷4475份(初中2269份,高中2206份),教师卷483份(初中233份,高中250份),团委书记卷125份(初中61份,高中64份)。学生卷的男女比例分别是45.0%和55.0%;团员(含党员)占73.9%,非团员占26.1%。

调查结果显示,广东省中学生思想政治状况总体积极健康向上,主要表现在:大部分中学生理想信念坚定,关心时政热点,对改革开放建设过程及其成就持认同态度,对中国未来发展充满信心;人生态度积极,有正确的人生目标和价值标准;道德取向健康;生活态度乐观向上。与此同时,广东省中学生中也存在一些不容忽视的问题,如部分学生理想信念模糊、非团员"组织空档期"的教育与引导缺失、基层网络团建失位、志愿服务平台的搭建滞后、基层团组织活力不足等,需要引起高度关注。各级团组织应加强理想信念的教育与引导,加强非团员"组织空档期"的教育与引导,注重团工作与网络新媒体的有机结合,强化中学生志愿服务体系化建设,激发基层团组织活力。

一、广东中学生思想基本状况

调查结果显示,广东省中学生的思想状况总体健康,积极向上,绝大部分中学生具有坚定的理想信念,秉持正确的价值观和道德观,生活态度积极,对中国的改革开放及其成就持肯定态度，对"中国梦"的实现充满期待。

（一）理想信念坚定，关心时政热点

1. 理想信念坚定

调查结果显示，中学生入团动机纯正，理想信念坚定。91.8%的学生自愿申请加入共青团（见图1），希望通过加入团组织能更好地为国家和社会做贡献，为入党做好准备，视其为一种无上荣誉。

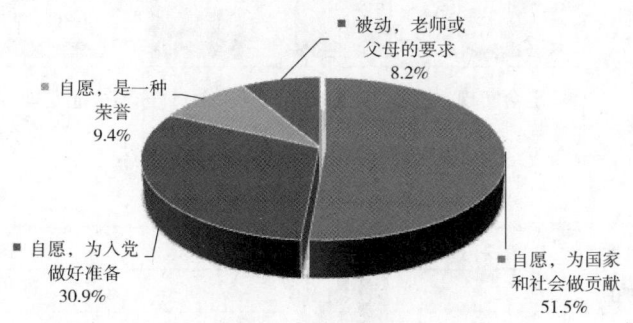

图1 入团动机

中学生对党和国家的发展普遍关注并充满信心。平均66.9%的学生坚信2050年前后中国达到中等发达国家水平的目标"一定会实现"，平均87.9%的学生对"幸福广东"的建设充满信心，平均62.5%的学生认为建设"美丽中国"符合人民的需求，一定能实现（见图2）。相对而言，初中生的信心和期待指数高于高中生，高中生的选择则更加审慎。

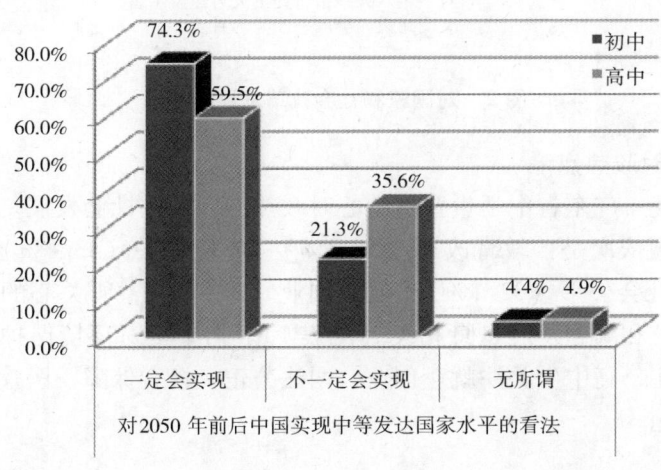

对2050年前后中国实现中等发达国家水平的看法

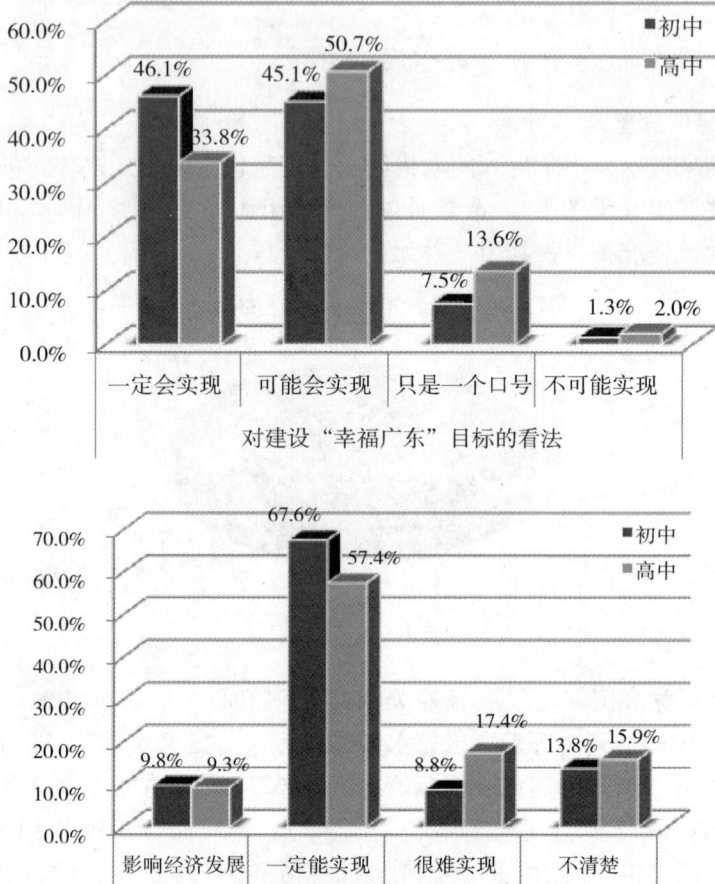

图2 对国家和社会改革发展的信心

2. 关心时政热点

调查发现，广东省中学生普遍关心时政热点，关注社会发展。中学生最关注的五个问题依次是：教育改革（55.1%）、环境保护（43.4%）、食品安全（34.7%）、社会公平（32.1%）、就业创业（23.4%），所关心的问题都与自身的健康成长和顺利发展息息相关（见表1）。初中生对环境保护和社会治安问题更为关注，高中生关注就业创业、司法公正、社会保障、医疗改革等更宽泛层面的问题。

表1　最关心的时政热点（限选3项）

排序	选项	初中	高中	平均值
1	教育改革	55.4%	54.7%	55.1%
2	环境保护	51.7%	35.1%	43.4%
3	食品安全	36.1%	33.4%	34.7%
4	社会公平	31.5%	32.6%	32.1%
5	就业创业	18.4%	28.3%	23.4%
6	司法公正	17.9%	23.0%	20.5%
7	社会保障	16.1%	22.3%	19.2%
8	医疗改革	8.2%	18.5%	13.3%
9	社会治安	24.0%	2.5%	13.3%
10	腐败问题	11.2%	14.0%	12.6%
11	物价问题	11.5%	12.9%	12.2%

在对中日"钓鱼岛争端"的看法上，中学生普遍表示高度关注。随着年级的上升，主张"武力捍卫，打击日本"的比例总体呈现上升趋势，从初一到高三分别为46.3%、46.5%、56.2%、58.9%、62.5%和59.7%（见图3），一方面显示中学生有较强的爱国主义精神，另一方面也显示随着年龄的增长，中学生中非理性的民族主义情绪有所增长，需要引起关注。

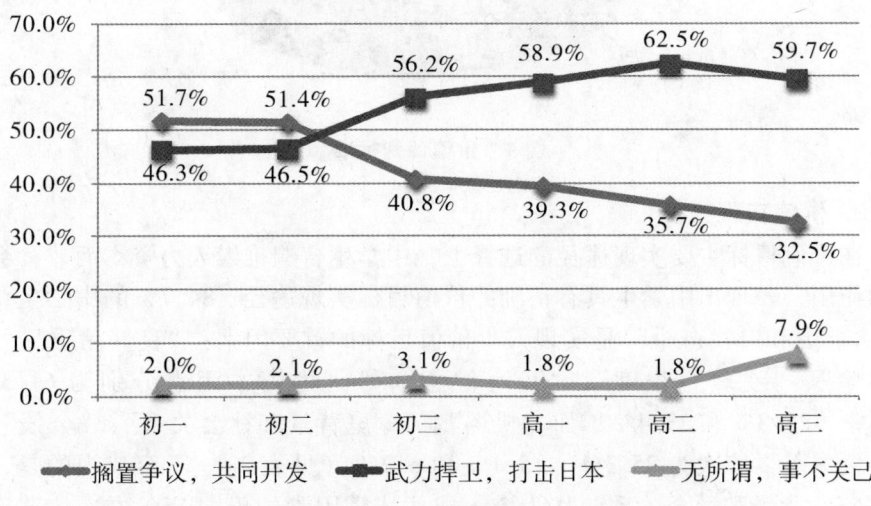

图3　对中日"钓鱼岛争端"的态度

（二）价值标准正确，秉持正向的价值实现途径

1. 价值评价标准

调查结果显示，广东省中学生普遍树立了人生目标，这为积极的人生奋斗旅程打下了坚实的基础。85.5%的学生表示明确了人生奋斗目标，绝大部分学生"相信坚持就能实现"。中学生的价值评价标准较为积极，且初、高中生呈现出高度的一致性。他们认同个人的价值最主要在于对社会贡献大小（55.8%）、自己和家人安康（18.8%）、事业成功与否（12.0%），这说明怀揣着美好理想与坚定信念的广大中学生，希求做一个对社会、对家庭都有所贡献的人。将财富、权力、名望作为评判人生价值首要标准的学生所占比例仅为2.5%、2.0%、1.1%（见图4）。初中生将"梦想"、"自我实现"、"思想高度"、"快乐指数"、"努力"视为心中重要的价值标准，高中生将"能力"、"生活意义"等作为个人最重要的价值评判标准。在价值多元化的社会大背景下，中学生在人生价值评判上依然表现出积极正确、昂扬向上的状态，对自我、家庭和社会负有高度的责任感和使命感。

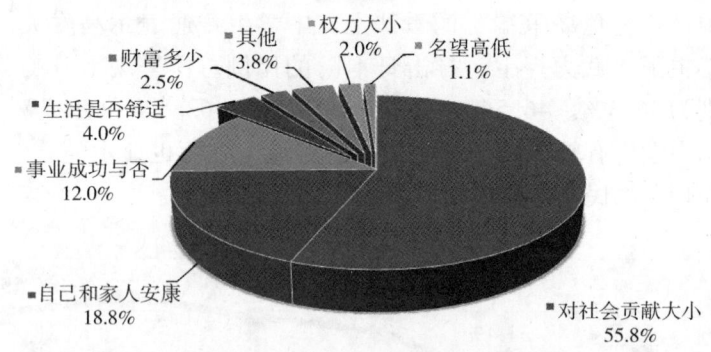

图4　价值评判标准

2. 价值实现途径

在价值目标主要实现途径的选择上，中学生普遍推崇人力资本而非社会资本的作用，表现出中学生具有正确的价值目标实现途径。84.7%的中学生认为"个人能力和自我奋斗"是实现人生价值目标的首要因素；"良好品质"、"人生经验"、"受教育程度"、"身心健康"等人力资本因素分别为61.3%、33.4%、25.3%和23.4%；而"机遇"、"家庭背景和社会关系"、"金钱"等社会资本因素依次为25.3%、15.1%和6.2%（见表2）。不容忽视的是，选择"家庭背景和社会关系"作为个人成才依靠因素的仍占15%左右，这启示我们要引导中学生通过正确的价值手段实现人生理想。

表2 价值目标的实现途径（限选3项）

排序	选项	初中	高中	平均值
1	个人能力和自我奋斗	83.7%	85.7%	84.7%
2	良好品质	68.9%	53.8%	61.3%
3	人生经验	33.9%	32.8%	33.4%
4	受教育程度	27.5%	23.2%	25.3%
5	机遇	18.5%	32.1%	25.3%
6	身心健康	26.3%	20.5%	23.4%
7	家庭背景和社会关系	11.4%	18.8%	15.1%
8	金钱	4.6%	7.7%	6.2%

（三）道德素养良好，践行社会公德正义

1. 道德认知水平

当前广东省中学生的总体道德素养良好，道德认识水平总体较高。近80%的学生认同"人与人之间需要互相帮助、互相尊重、互相理解"的人际交往准则（见表3）。对于如何看待"诚信"问题，仅有58.7%的学生认为"要坚持讲诚信"，31.5%认为"看情况而定要不要讲诚信"，还有7.2%认为"有时不讲诚信是聪明的表现"，2.7%认为"讲诚信容易吃亏"（见表3）。可见有必要进一步加强中学生的思想道德建设。

表3 道德认知水平

问题	选项	初中	高中	平均值
如何处理人与人之间的关系	人与人之间需要互相帮助、互相尊重、互相理解	80.6%	75.8%	78.2%
	应具体情况具体分析	14.4%	18.3%	16.4%
	根据他人对我的态度来处理人际关系	5.1%	5.9%	5.5%
怎么看待"诚信"这个问题	要坚持讲诚信	60.4%	56.9%	58.7%
	讲诚信容易吃亏	2.1%	3.2%	2.7%
	有时不讲诚信是聪明的表现	4.5%	9.9%	7.2%
	看情况而定要不要讲诚信	33.1%	29.9%	31.5%

大部分学生愿意参与开展救灾或公益活动捐款，但随着年级上升，比例有所下降，值得注意的是，有20%左右的学生表示"不是很乐意，不知道钱捐到哪里去了"，体现了对目前慈善行为信任度的下降。

2. 道德行为选择

中学生是国家和民族的未来和希望，也是中华民族传统美德的传承者和发扬者。近年来诸如扶起摔倒老人等备受关注的道德两难选择问题不断拷问着中国人的道德，也在很大程度上影响着中学生群体的道德取向和行为。从调查结果来看，目前中学生的道德行为选择状况总体较好，在道德两难困境面前，他们还是勇于承担对社会的道德责任，为营造良好道德氛围作出自己的贡献。他们对社会热点话题"如果路边有老人或小孩摔倒，你扶不扶？"，超过70%的学生表示会主动扶起，20%的学生表示有所顾虑，认为打电话报警让警察处理较为妥当，而"视若无睹"的比例较小。许多学生主动为避免助人反遭讹诈"支招"，普遍表示自己有善心和爱心，非常乐意帮助弱者、扶起摔倒者，但为确保自身合法利益不受侵害，在助人时要有"证据意识"，是否有合适的"人证"和"物证"是中学生考虑是否帮扶摔倒者的关键。

（四）生活态度积极，理性对待网络观点

1. 课余生活丰富

中学生课余生活丰富多彩，课余时间主要用于学习和休闲。尽管中学生的学习压力大，生活节奏快，但他们能在丰富多彩的课余生活中释放学业压力，寻找生活乐趣。上网、看电影、听音乐（61.0%），阅读书刊、报纸、杂志（47.6%），同学朋友聚会聊天（34.4%），参加体育活动（29.3%）是中学生课余生活的"重头戏"，也成为初、高中学生共同的兴趣爱好（见表4）。

表4　课余生活（限选3项）

排序	选项	初中	高中	平均值
1	上网、看电影、听音乐	57.5%	64.4%	61.0%
2	阅读书刊、报纸、杂志	49.8%	45.4%	47.6%
3	同学朋友聚会聊天	36.6%	32.2%	34.4%
4	参加体育活动	32.9%	25.6%	29.3%
5	睡觉	23.5%	32.6%	28.0%
6	逛街、购物	17.0%	22.8%	19.9%
7	参加兴趣班、才艺培训	22.4%	13.2%	17.8%
8	旅游	5.6%	5.7%	5.7%
9	去KTV、酒吧等娱乐场所	3.6%	6.3%	5.0%
10	做兼职	2.5%	5.3%	3.9%

2. 网络生活健康

网络已成为中学生日常生活不可或缺的一部分。他们普遍支持使用手机和网络新媒体，能够理性看待网络信息观点，养成了较好的网络行为习惯，聊天或交友（57.0%），搜索信息、查阅资料（52.8%），观看影视作品（46.8%），了解新闻（37.7%）是中学生上网的主要目的。绝大部分学生表示自己能理性看待网络信息观点。超过70%的高中生开通了个人微博，微博开通率高于初中生，他们认为使用新媒体可以拓宽视野、增长见识、消遣娱乐、调节身心，使用微博主要出于扩大人际交往（42.9%）、获取知识信息（42.8%）、表达个人观点（34.0%）、进行消遣娱乐（33.3%）、关注流行话题（25.9%）等需要，对奇闻趣事（57.5%）、综艺娱乐（45.7%）、社会民生（40.9%）、校园生活（34.5%）等话题最为关注（见表5）。

表5 感兴趣的微博内容（限选3项）

问题	选项	初中	高中	平均值
1	奇闻趣事	58.1%	56.8%	57.5%
2	综艺娱乐	47.8%	43.7%	45.7%
3	社会民生	37.0%	44.8%	40.9%
4	校园生活	35.2%	33.7%	34.5%
5	体育类	19.0%	49.8%	34.4%
6	文艺类	26.5%	28.7%	27.6%
7	时政类	24.5%	28.3%	26.4%
8	财经类	7.2%	8.5%	7.8%

二、值得关注的问题及其原因分析

广东省中学生思想现状总体健康向上，但随着社会的发展和改革开放的不断推进，广东省中学生团组织建设工作也面临着新的挑战。调查显示，目前存在部分学生理想信念模糊、非团员"组织空档期"的教育与引导缺失、基层网络团建失位、志愿服务平台的搭建滞后、基层团组织活力不足等问题。

（一）部分学生理想信念问题不容忽视

1. 存在的问题

理想信念是指引中学生奋斗方向的航标，也是推动中学生前进的强大精神动力。调查显示，绝大部分学生理想信念坚定，但是，部分学生存在理想信念不够坚定、信仰认知模糊等问题，主要体现在：

（1）部分学生信仰认知模糊。在"是否认为有神（佛、上帝等）存在"问题上，虽然超过六成（64.4%）的学生持"无神论"态度，但仍有两成（20.9%）中学生持"有神论"观点，14.7%的学生表示"不确定"（见图5），可见当前部分中学生在宗教信仰问题上依然存在认知模糊的问题，值得团组织进行关注和教育引导。

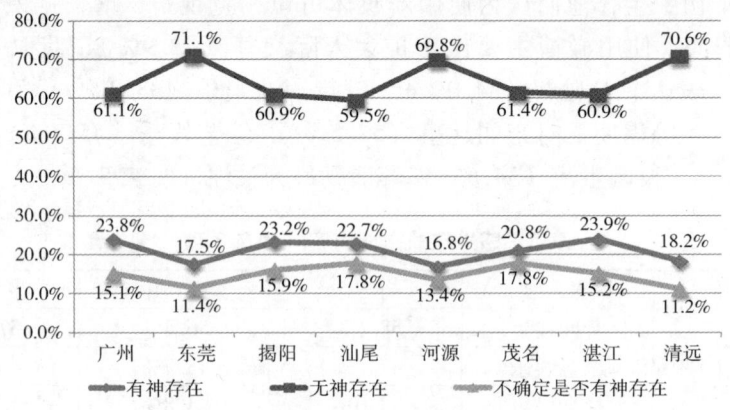

图5　宗教信仰认知的地区差异

（2）多数学生参与过"宗教活动"。在"是否参与过拜神（佛、上帝等）等活动"问题上，超过七成（72.8%）的中学生表示去过神庙、基督教教堂等宗教活动场所。其中，揭阳、茂名和湛江等地的宗教活动参与率较高，分别为89.9%、82.1%和78.8%（见图6）。

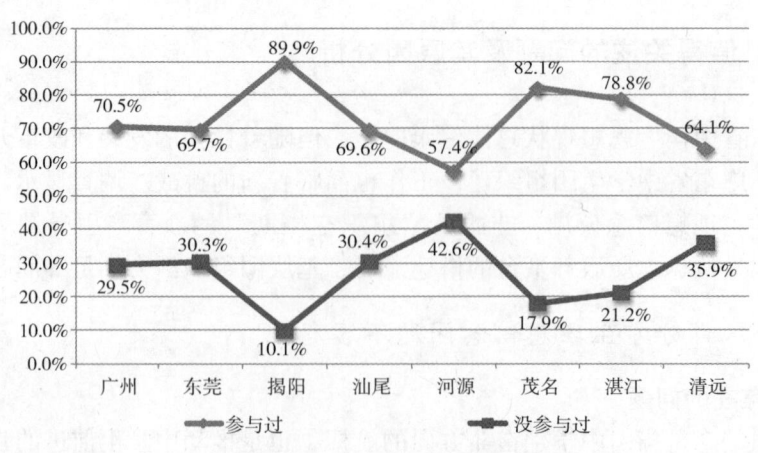

图6　宗教活动参与率的地区差异

（3）部分学生倾向出国。关于毕业去向，2.8%的初中生希望从高中阶段开始出国留学，2.9%的高中生希望接受国外的大学教育（见图7）。虽然中学生出国留学的比例较小，但人数依然较多。这不仅折射出部分中学生对国外教育的向往，其中也不乏个别学生存在对社会制度的信心不足等问题。

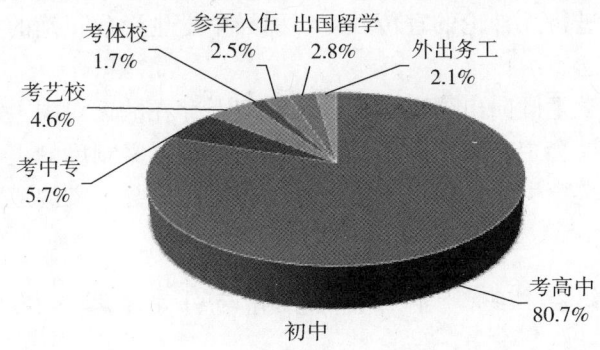

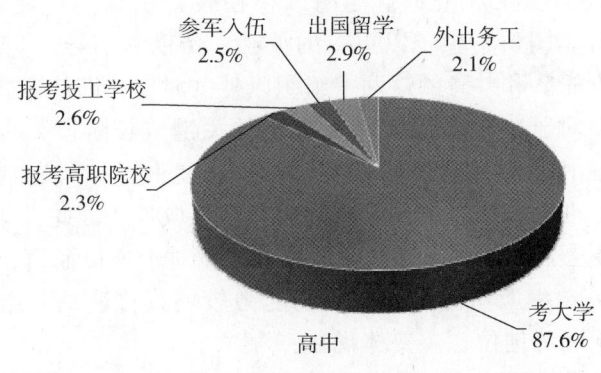

图7　毕业去向

2. 原因分析

在信仰问题上，存在部分学生宗教信仰认知模糊，多数学生参与过宗教活动等问题的主要原因是：

（1）学生对宗教信仰问题的辨别能力较低。绝大多数持"有神论"观点的中学生，并非真正意义上的宗教信徒，不能简单地把"有神论"等同于"信仰宗教"。目前中学生对宗教教义、宗教教规与宗教仪式的辨别能力较低，并非真正信仰宗教，如一些学生曾去过寺庙等场所，就认为自己信仰宗教。团组织在教育引导中学生树立正确理想信念方面，需要高度关注其宗教信仰状况，发挥共青团思想引导作用。

（2）学生参与宗教活动受当地风俗文化影响。"参与宗教活动"并不完全等同于"信仰宗教"。目前中学生宗教活动参与率较高,主要是受到南粤文化,如潮汕地区、农村地区游神赛会、祭祖等民俗活动的影响。粤东地区学生表示,虽然潮汕地区的学生经常参与拜神祭祖等传统民俗活动,但真正信教的很少。因此,各级团组织要积极主动引导学生正确看待一些非正式民俗活动的文化意义,合理进行无神论的宣传教育,引导中学生形成正确的人生信仰,树立正确的理想信念。

此外,少数学生倾向出国留学,一定程度上存在缺乏对中国特色社会主义道路、中国特色社会主义理论体系、中国特色社会主义制度的正确认知,因此团组织需要通过教育引导,增强中学生对中国特色社会主义的道路自信、理论自信和制度自信。

(二)"组织空档期"非团员的教育与引导不容忽视

1. 存在的问题

目前,非团员学生在"组织空档期"存在教育引导弱化或缺失的问题。中学团组织应当对非团员学生予以更多的关心、帮助和引导。"组织空档期"是指中学生处于少先队和共青团这两个组织以外的时期,即从退队后到入团前这段时间。空档期对于中学生而言是人生中的关键成长阶段,心理学研究表明,初中生的心理和思想具有较强的波动性、反复性,如果遇到挫折缺乏引导,则容易产生心理疾病或思想偏差,影响其健康成长。因此,非团员学生的"组织空档期"问题不容忽视。调查结果显示,相对于团员而言,处于"组织空档期"的非团员学生应对困难与挑战的能力较弱,普遍缺乏组织关怀和帮助,备感自身处于弱势地位,主要体现在:

(1)参与组织活动积极性不高。团组织活动为团员提供了提升能力和释放压力的平台,中学生活动一般是在组织内进行的,缺乏组织归属感的非团员学生参加组织活动热情不高。参与过团组织志愿服务活动的非团员仅占43.7%,比团员低28.8个百分点;参与过社团或兴趣小组的非团员仅占41.6%,比团员低12.9个百分点(见图8、图9)。

(2)排解心理压力能力较弱。84.6%的初中生和81.1%的高中生表示最大的压力来自学习压力,其次的压力来源是人际关系问题和情感问题。当压力来袭时,非团员比团员排解压力程度低,采取"闷在心里,自己忍受"、"通过吸烟、喝酒发泄"等消极排解压力方式的非团员占30.2%和3.5%,分别比团员高出4.3和1.0个百分点;而通过"向亲戚、朋友、同学倾诉"、"通过网络倾诉(如微博、QQ签名)"、"参加文体活动排解"等积极求助方式排解压力的非团员占53.9%、40.8%和28.5%,分别比团员低4.5、2.2和4.8个百分点（见表6）。

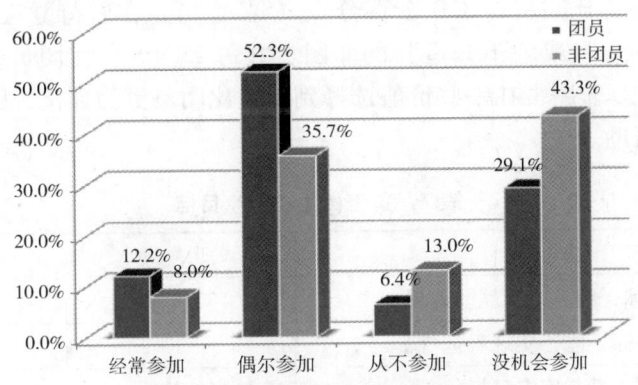

图8　是否参加过志愿服务活动

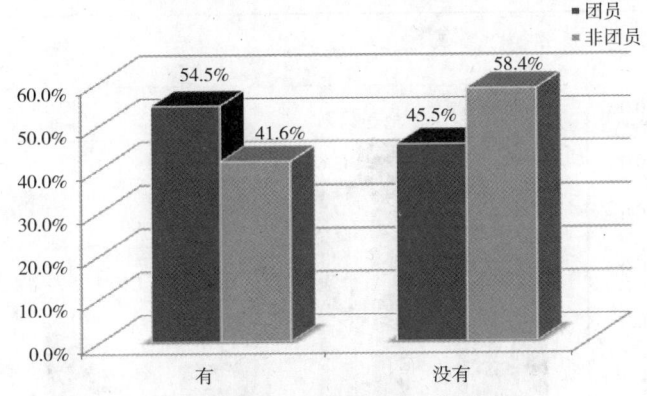

图9　是否参加过社团或兴趣小组

表6　团员与非团员学生应对压力的方式（限选3项）

排　序	选　项	团　员	非团员
1	向亲戚、朋友、同学倾诉	58.4%	53.9%
2	通过网络倾诉（如微博、QQ签名）	43.0%	40.8%
3	参加文体活动排解	33.3%	28.5%
4	闷在心里，自己忍受	25.9%	30.2%
5	向班主任、科任老师求助	18.7%	19.3%
6	向学校心理咨询中心求助	15.9%	14.5%
7	向校外专业人士、专业机构求助	8.1%	8.5%
8	通过吸烟、喝酒发泄	2.5%	3.5%

（3）在选择判断上出现迷茫。在人生目标方面，还未明确人生目标的非团员占16.6%，比团员高3.0个百分点（见表7）；在看待党反腐成效方面，认为"成效不大"或"不知道"的非团员共占25.4%，比团员高6.3个百分点（见图10）。非团员在一些价值选择判断上比团员更为迷茫，需要团组织的教育引导和帮助。

表7 是否树立了人生目标

选 项	团 员	非团员
有目标，相信坚持就能实现	77.3%	75.1%
有目标，能否实现看运气	9.2%	8.2%
还没有确定目标	10.2%	10.7%
没有目标，走一步看一步	3.4%	5.9%

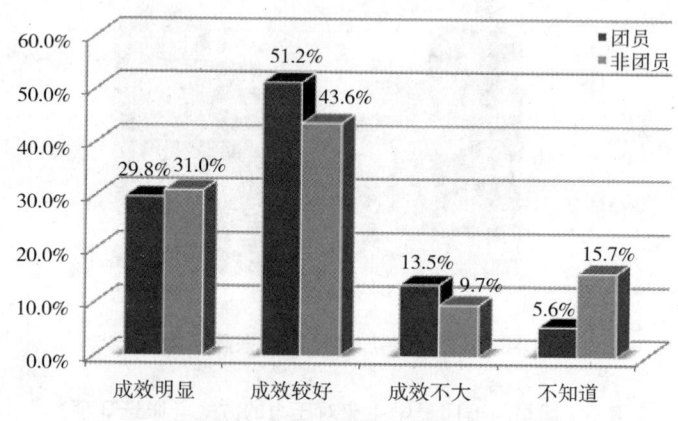

图10 对党反腐成效的看法

（4）组织对其关注度不够。接受调查的中学教师表示，当学生出现思想或学习上的困难时，56.7%得到学校团组织的主动帮助，30.0%需要主动提出才得到帮助。55.8%的非团员学生表示，团组织对自己的帮助"一般"，11.5%认为"没有帮助"。这些都折射出处于"组织空档期"的非团员获得团队组织的关怀和帮助还有待加强。

调查数据显示，非团员学生的入团意愿强烈。85.5%的非团员学生表示希望成为一名团员，其中28.5%"非常希望"。他们渴望得到团组织的关怀，寻求加入组织的归属感和荣誉感。关于"组织空档期"的教育问题，部分初中团队工作者表示"还真想不到"、"不好管理"、"暂无办法"。超过七成的教师认为对退队后未入团学生开展教育引导非常重要，但81.3%的老师认为当前学校团组织对退队后未入团学生的教育引导工作力度不够或没有相关措施。

（5）团队活动认知度和参与度较低。68.1%的非团员学生无法辨别团组织开展的活动，对团组织活动的认知度比团员学生低29.5个百分点。此外，超过八成（81.0%）的非团员学生未参加过少先队队日活动，比团员学生高11.0个百分点（见图11）。由此可见，在团队活动认知和参与上，非团员学生比团员学生倾向于选择"不知道"、"没有"、"不清楚"等否定性答案，这折射出团队活动还未全面覆盖处于"组织空档期"的非团员学生。

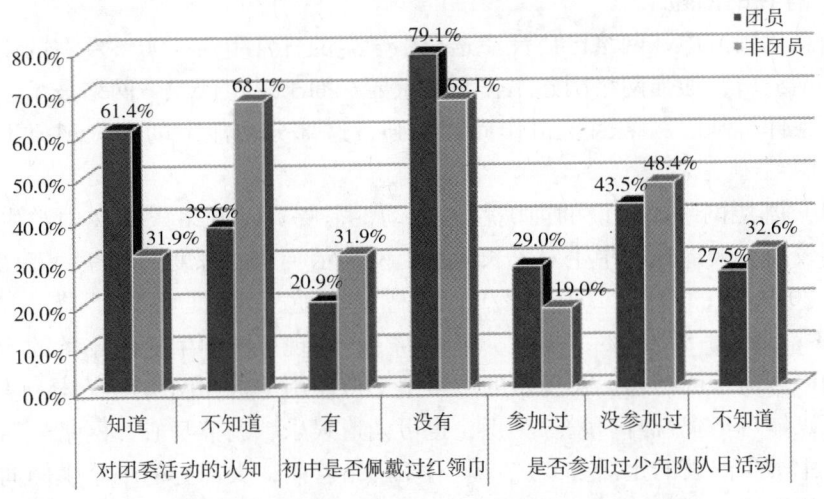

图11　非团员学生的团队活动认知度和参与度

2. 原因分析

（1）客观上，"组织空档期"问题的出现是团队年龄衔接的必然结果。《中国少年先锋队章程》规定："超过14周岁的队员应该离队。由大队举行离队仪式。"《中国共产主义青年团章程》（简称《团章》）规定团员需要"年龄在14周岁以上，28周岁以下"，大部分学生在初中阶段超过14周岁离队后，加入共青团组织就需要经过较为严格的筛选和培养。由于入团名额有限，在中学阶段处于离队未入团这一"组织空档期"状态的学生较多，成为一个游离于少先队和共青团组织以外的庞大群体。由于缺乏明确的组织归属，非团员与团组织活动并未达到很大的契合。正如众多教师认为的，"组织空档期"的教育引导问题是"必然存在的"。

（2）主观上，学校、基础团队组织和广大教师并未深刻认识并重视"组织空档期"非团员的教育和引导问题，没有适当扩大团组织的教育范畴。《团章》明确指出"共青团要发扬'全团带队'的传统","中学共青团组织应加强对少先队员入团前的培养教育,少先队组织应积极推荐优秀少先队员作为团的发展对象"。如果团队组织的一线工作者未意识到"组织空档期"非团员教育引导的重要性和严重性,那么适当扩大团组织的教育范畴的做法就无从谈起。本次调查将这一问题较为客观和完整地呈现,希望能引起他们的反思和重视。

(三) 基层网络团建失位现象不容忽视

1. 存在的问题

信息化潮流中,网络已广泛渗透至中学生的日常生活,90%左右的中学生都有上网经历,加强网络团建工作至关重要。囿于思想认识、网络技术、硬件设施等条件,基层网络团建工作尚需加强,这部分功能上的失位现象不容忽视。

(1) 基层网络团建设的前瞻性与主动性需提升。网络媒介在中学生中的普及率较高,大部分初中生对家长限制上网表示听从的态度(初一,77.65%;初二,70.93%;初三,64.44%),但高中生这一数据明显下降(高一,60.10%;高二,52.75%;高三,37.61%),体现了中学生随着年龄的增长对网络的内心需求的增长。76.5%的中学生支持使用手机和网络新媒体,认为网络等新媒体可拓宽视野、增长见识,也可消遣娱乐、调节身心,网络生活正日益成为中学生热衷的生活方式之一。对于网络管制,大部分的中学生倾向于自由的网络空间,有超过50%的中学生不赞成实行网上实名制。中学生认为,目前网络影响青少年健康成长存在的主要问题依次是:网络诈骗(人身、财产)、黄色网站、网络游戏(血腥、杀戮)和网络暴力(攻击性言论、人肉搜索),这显示网络对青少年健康成长的主要危害,也是引导中学生健康使用网络需要引起注意的。

在对团委书记的访谈中了解到,当前较多基层团建网站页面较粗糙,站内导航不清晰,手机客户端支持类型较为局限等,这些在一定程度上降低了此类网站对学生的吸引力,网络阵地不完善,致使学生对网络信息的广泛需求与基层网络团建的滞后性产生矛盾,这折射出当前基层团建缺乏主动作为,集中体现在基层网络团建设前瞻性把握不足与主动性的缺失。

(2) 基层团组织网络教育与引导功能需提高。调查显示,在对待网络观点上,虽然大部分学生(70%左右)能理性对待,但仍有25.9%的学生提出容易受他人观点影响,尤其是在一些争议性较大的热点问题上,自己不知如何做判断(见图12)。在是否正确使用网络问题上,平均有18.9%的学生表示曾浏览过不良网站或非法网站，而且该比例由初一的9.7%上升至高三的37.4%，明显呈现出随年龄增长而上升的趋势（见图13）。团委书记及部分教师表示，在网络教育上，基层团组织网络建设无法利用信息化的手段解决当前中学生网络使用上出现的诸多问题，利用网络开展教育引导的力度不够，没有充分挖掘网络在中学生思想教育方面的巨大潜能。在当前的团建网页中，部分网站内容的思想性、针对性和创新性不够，表现形式单一，内容更新速度慢，个性化不足，缺乏与学生的互动。学生网络使用的自发性与基层团组织网络教育引导性力不足，折射出基层团组织网络建设管理尚待完善，教育与引导功能亟须提高。

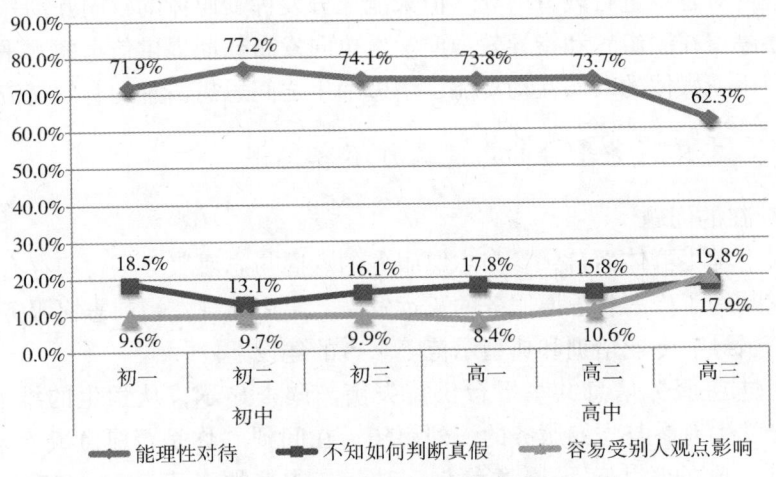

图12　看待网络信息的年级差异

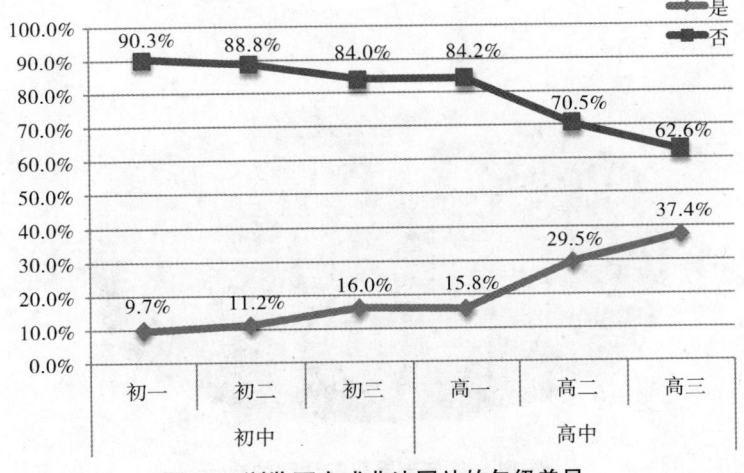

图13　浏览不良或非法网站的年级差异

2. 原因分析

（1）认识上，部分中学对团工作网络阵地重视不够。部分中学团委书记及指导教师尚未充分意识到信息化时代下网络团建的重要性，再加上学校工作任务侧重点的差异，对教学的高度关注一定程度上忽略了团工作的开展。

（2）管理上，学校信息技术管理人员紧缺。首先，中学团委书记多为兼职性质，无暇顾及网络阵地的建设；其次，网络团建的全面建设需要专业化知识为依托，而部分团委书记或相关负责教师因专业的限制，对网络技术的掌握与信息媒介的熟练运用有一定难度。

（3）功能上，师生网络交流缺乏有效性。团组织通过微博、微信等网络新媒体平台对学生进行教育引导，但未能充分发挥新媒体的双向互动作用，目前大多还停留在团组织和指导教师向学生单向发布新闻提供信息的水平上，未能充分利用新媒体的双向互动功能，增进师生之间思想情感的有效交流。

（四）志愿服务平台的搭建工作不容忽视

1. 存在的问题

针对中学生群体而言，参与志愿服务的意愿与志愿服务平台间存有一定的矛盾，它制约了广东省志愿服务的长远发展，集中体现在当前志愿服务信息共享、教育引导、专业培训和典型示范等平台的建设上。

（1）志愿服务信息共享平台供需失衡。调查显示，从学生的维度来看，绝大部分学生有参与志愿服务的强烈愿望。在问到"你是否愿意成为志愿者"时，超过七成的学生表示愿意参与，对参与志愿服务有较高的热情（见图14）。从家长的维度看，近六成家长支持孩子参与志愿服务，但学生反映"没

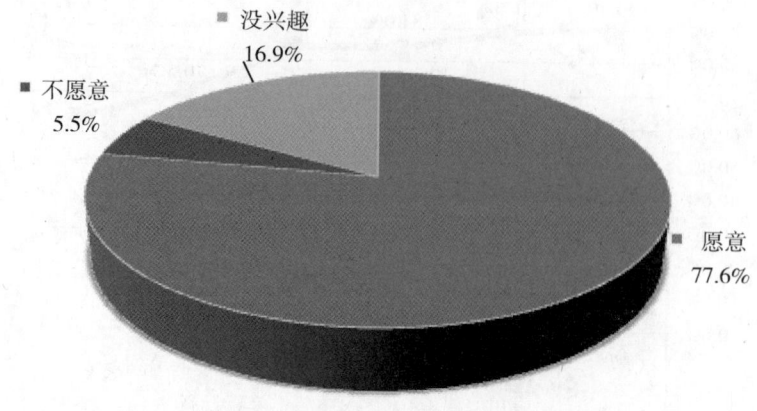

图14 参与志愿服务活动的热情

机会参加"在初一、二、三年级的比例分别为 43.6%、31.5% 和 38.0%（见图 15），学生喜欢也希望团组织多开展志愿服务等公益活动。学生较高的参与度、期望值与较少的志愿服务信息间的矛盾反映了志愿服务平台供需上的失衡现象。

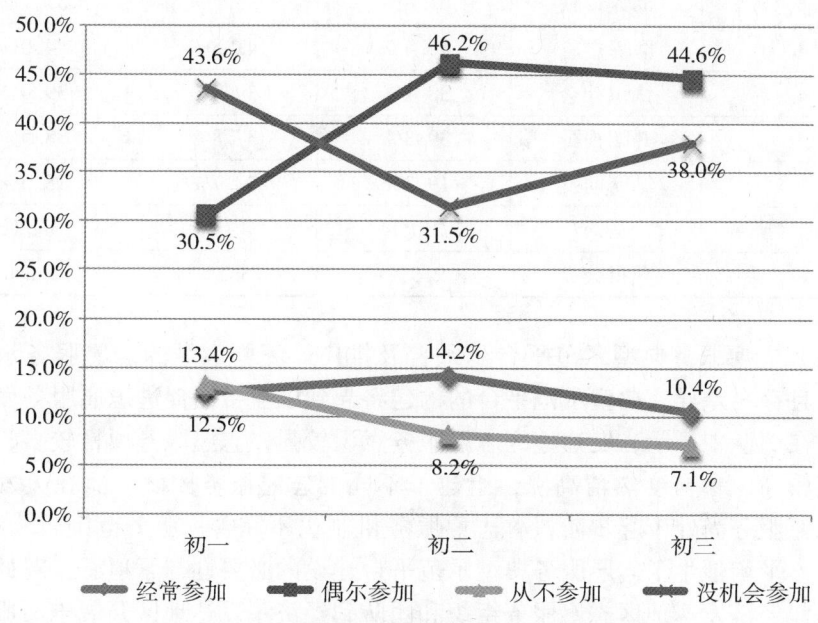

图 15　参与志愿服务活动机会的年级差异

（2）志愿服务教育引导平台不够完备。志愿服务不等同于单方面的付出，而是"赠人玫瑰，手留余香"的双赢，正确理解志愿服务的内涵对于教育引导学生将起到良好的促进作用。调查结果显示，目前中学生群体基本形成了正确的志愿服务意识，"提升能力"、"助人奉献"、"磨炼意志"是大部分学生参加志愿服务活动的最主要目的，分别占 67.6%、52.7% 和 44.0%（见表 8）。虽然大部分学生对志愿服务有较高热情，但仍存在 16.9% 的学生表示"没兴趣"，还有 5.5% 的学生表示"不愿意"，这折射出中学生的志愿服务意识还参差不齐，尚需引导教育。59.7% 的学生认为开展社会实践和志愿服务活动对引导、服务青少年具有良好的促进作用，46.0% 的学生喜欢团委开展志愿服务等公益活动，希望通过志愿服务提高自身素质，因此，各级团组织要积极构建更为完备的志愿服务教育引导平台，使有志于志愿服务的学生有机会参与，使还未开启志愿服务意识的学生有所改观并付诸行动。

表8　参加志愿服务活动最主要目的（限选3项）

问题	选项	初中	高中	平均值
1	提升能力	67.6%	67.6%	67.6%
2	助人奉献	51.8%	53.7%	52.7%
3	磨炼意志	46.4%	41.5%	44.0%
4	认识社会	38.1%	39.9%	39.0%
5	开阔视野	39.3%	37.8%	38.5%
6	结交朋友	19.3%	17.7%	18.5%
7	从众	2.2%	4.3%	3.3%
8	获得荣誉	2.9%	3.5%	3.2%

（3）志愿服务典型示范平台亟须普及推广。不同区域的志愿服务水平各具特色且存在差异，典型示范平台的构建将起到以点带面促进志愿服务发展的作用。在访谈中显示，发达地区志愿服务意识较强，志愿服务项目较多，专业化程度较高，参与度热情高涨，组建了不同的志愿服务团队。而在欠发达地区，志愿服务尚处于起步阶段，志愿服务机制仍不完善，服务范围较为狭窄。地区的不平衡催生了志愿服务典型示范平台建设的必要性与紧迫感。对此，应积极搭建经济发达地区志愿服务组织和团队到经济不发达地区开展志愿服务的典型示范平台，既拓展了志愿服务空间和渠道，让更多的学生亲身接触社会，同时，先进的志愿服务团队可以带领不发达地区志愿服务团队，实现有机对接，现场示范志愿服务的工作思路、方式、流程。

（4）志愿服务专业培训平台尚需夯实。经济发展水平对一个地区的志愿服务意识和能力有较大影响，东莞等经济发展较快的地区，志愿服务活动参与度高，经常参加和偶尔参加的比例达到66.0%，平台较为宽广；而湛江、河源等经济发展较慢地区，志愿服务参与度相对较低，经常参加、偶尔参加的比例分别是51.8%和48.7%，平台较为狭窄（见图16）。欠发达地区无论是志愿服务项目还是渠道都较少，在志愿服务精细化、专业化教育管理上稍显不足，例如医疗志愿服务等带有一定专业服务性质的项目，对志愿者在服务水平、服务能力上都有较为明确的专业化的要求。各级团组织要善于根据不同地区志愿服务的需要和特点，加强对志愿服务需求的调研，连接志愿服务专业机构，指导基层团组织构建中学生志愿服务的特色项目，打造特色品牌，提升中学生志愿服务的能力，夯实志愿服务平台，彰显志愿服务的有效性。

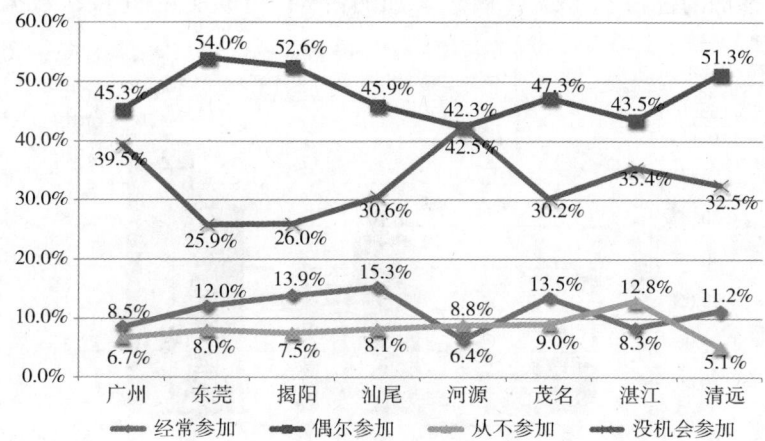

图16 志愿服务参与度的地区差异

2. 原因分析

（1）志愿服务理论与实践教育的缺失。虽然广东省部分学校开展了志愿服务教育，但尚未形成浓厚的志愿服务教育氛围。同时，部分学校领导、教师对志愿服务的现实及长远意义把握不足，对加强中学生志愿服务教育持观望态度，缺乏主动性。

（2）地区志愿服务经验及理论研究的差异性导致了各地志愿服务发展的不平衡。广州、深圳、东莞等珠三角地区志愿服务氛围浓厚，有丰富的实践经验，同时形成了不同类型的志愿服务队伍，而其他欠发达地区尚未形成良好的志愿服务机制。

（3）学校志愿服务指导教师的专业化、精细化指导能力尚待提高。志愿服务的发展要求教师有较强的指导能力，要具备良好的团队指导经验，而教师指导能力的局限性限制了当前对学生志愿服务的深度引导。

（五）基层团组织活力建设不容忽视

1. 存在的问题

基层团组织活力直接影响共青团工作开展的质量和水平。当前存在团员对团组织认同感不强以及团员先进性未充分发挥等问题，应引起各级团组织的高度重视。

（1）团组织教育引导功能有待完善。组织生活是基层团组织对广大团员进行思想教育和人才培养的重要活动形式，超过半数（56.45%）的中学生团员表示没有参加过民主生活会、批评与自我批评、团员意识检查等团组织生活,经常参加的仅占9.35%,偶尔参加的占34.25%(见图17,数据取平均值)。

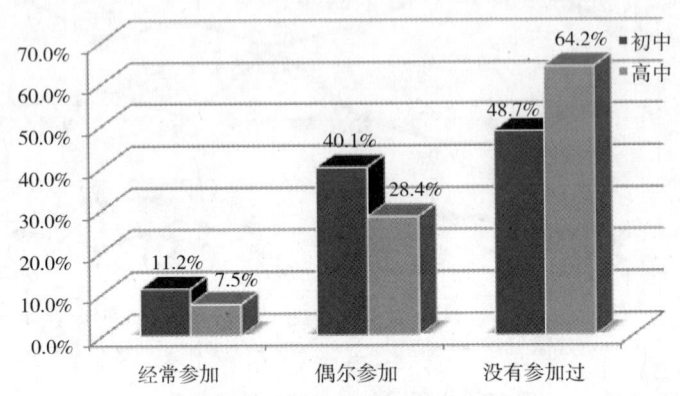

图17 基层团组织生活参与度

"三观"(世界观、人生观、价值观)和"三热爱"(爱国、爱人民、爱中华民族)教育是中学团组织教育引导的重要内容。51.6%的中学教师认为团组织开展"三观"教育引导"成效一般"。对团组织开展"三热爱"教育引导的情况,34.5%的教师表示比较少开展、不知道或不清楚(见表9)。可见,团组织开展"三观"、"三热爱"教育引导活动的力度和成效有待加强。

表9 中学教师对开展学生"三热爱"情况的看法

选 项	初中教师	高中教师	平均值
偏重爱国教育,其他少	27.3%	38.4%	32.9%
均衡,都有效果	36.4%	29.2%	32.8%
比较少开展	25.5%	22.4%	24.0%
不知道如何开展	6.5%	4.0%	5.3%
都不清楚	4.3%	6.0%	5.2%

(2)团员对基层团组织评价一般。调查显示,将近两成(19.5%)的中学生团员认为团组织对自己的帮助不大,55.3%的学生团员认为团组织对自己帮助"一般",25.3%表示帮助较大,其中,高中生团员对团组织的评价总体低于初中生团员。

30.6%的中学生团员认为目前团组织的活动存在"形式主义"问题,他们倾向于参与文体活动(59.4%)、志愿服务(46.1%)、科技创新

(38.0%)、素质拓展（29.7%）等形式多样、内容活泼的活动，认为通过开展丰富多彩的校园文化活动（67.3%）、社会实践和志愿服务活动（59.7%），有助于提升团组织对团员的教育引导效果（见表10、表11）。

表10 喜欢团组织开展的活动类型（限选3项）

问题	选项	初中	高中	平均值
1	文体活动（如绘画、唱歌、运动等）	62.3%	56.5%	59.4%
2	志愿服务等公益活动	44.8%	47.3%	46.1%
3	科技创新活动	35.7%	40.3%	38.0%
4	素质拓展	27.1%	32.3%	29.7%
5	团队意识主题教育活动	28.4%	19.3%	23.9%
6	社会主义核心价值观等价值引领活动	24.3%	23.3%	23.8%

表11 团员认可的教育引导形式（限选3项）

问题	选项	初中	高中	平均值
1	开展丰富多彩的校园文化活动	65.7%	68.8%	67.3%
2	开展社会实践和志愿服务活动	56.9%	62.5%	59.7%
3	宣传身边的先进典型和事迹	36.5%	29.6%	33.1%
4	利用"五四"等重大节日开展教育活动	31.4%	29.6%	30.5%
5	定期开展团队日活动	21.0%	20.2%	20.6%
6	开设共青团网站、编辑团刊	20.5%	17.4%	19.0%

对于共青团的一些品牌活动，如"十八岁成人礼"活动，有72.3%的高一学生、58.9%的高二学生和41.38%的高三学生表示"不知道，没参加过"；仅有50.0%左右的学生表示学校组织过社会实践和兴趣小组的活动，说明中学共青团的品牌活动在中学生中的影响力还有待提高。

（3）团员的先进性问题不容忽视。超过九成（91.8%）的中学生入团动机纯正，加入团组织的积极性与主动性较强，绝大部分秉持着"为国家和社会做贡献"、"为入党做好准备"、"是一种荣誉"的信念加入团组织。入团后，随着团龄的增长，团员对入团誓词的记忆呈现逐渐淡忘的趋势，仅有16.0%的高三团员记得入团誓词，43.0%的高三团员表示"忘记了"（见图18）。

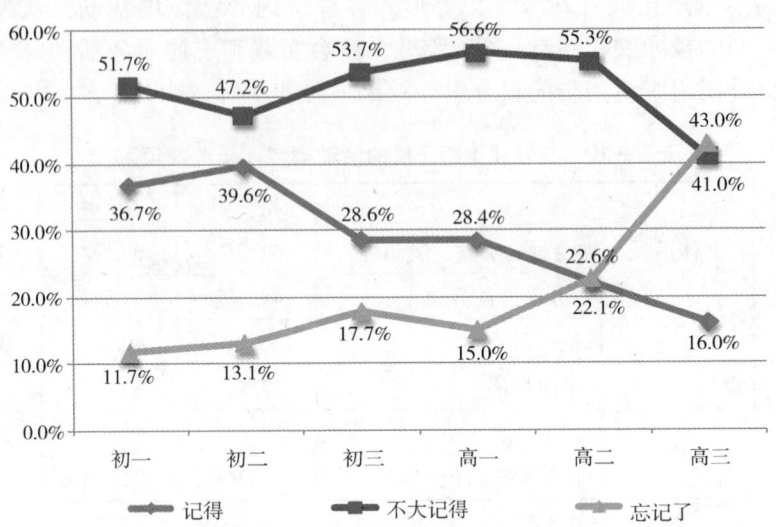

图18 是否记得入团誓词的年级差异

入团后,感到"得到锻炼,很有收获"的团员比例随年级的上升而呈现明显的下滑趋势,从初一到高三的比例分别为 66.1%、53.9%、38.1%、33.5%、21.6%和12.9%,与此同时,低年级和高年级出现"失望"率持高的现象,从初一到高三分别为 10.2%、7.0%、8.4%、7.5%、15.5%和30.7%(见图19)。

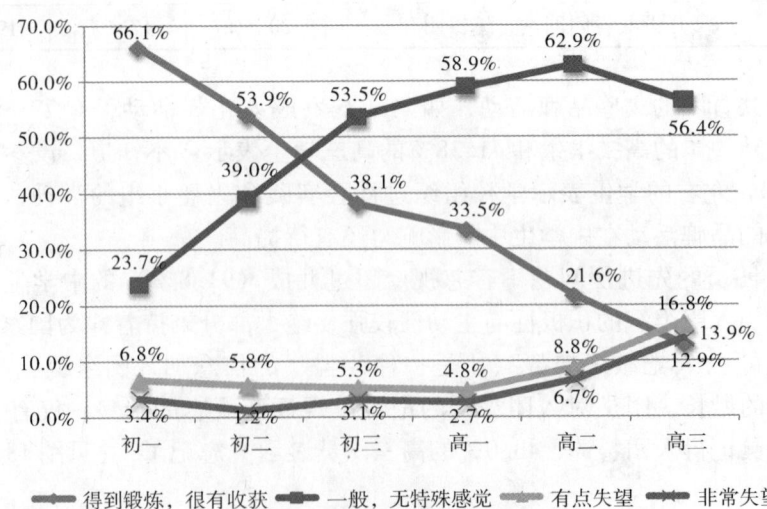

图19 入团后感受的年级差异

另外，对团员先进性的认同也随团龄增长而呈现不容乐观的倾向，认为"团员比非团员更先进"的比例随团龄增长而下滑，从初一到高三比例分别为31.6%、29.9%、21.8%、18.6%、15.7%和12.9%；表示团员与非团员的先进性"没差别"的比例则呈现相反的上升趋势，从初一到高三比例分别为15.8%、15.7%、23.3%、22.8%、31.3%和53.5%（见图20）。

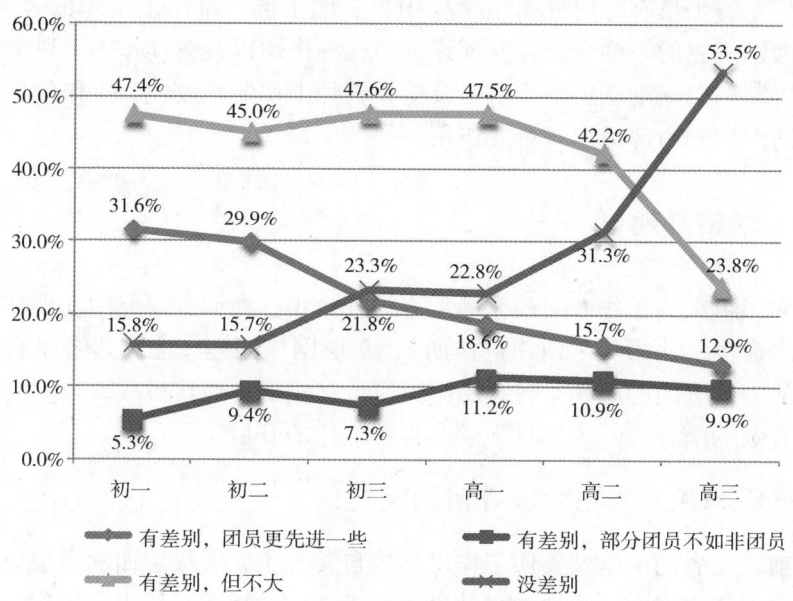

图20　团员先进性评价的年级差异

综上可见，中学生团员并未在团组织与团员群体中很好地找到成长成才的契机和位置，这一问题不得不引起团组织的重视和反思。

2. 原因分析

以上问题严重影响了基层团组织的吸引力、凝聚力和战斗力，究其主要原因有如下三方面：

（1）基层团组织内在活力不足。基层团组织的活力如何直接关系到团组织能否密切联系学生，是否能将团的各项工作落到实处的问题。基层团组织的教育引导功能需要借助一定的载体，团组织内在活力的不足制约着教育引导功能的发挥。同时，团组织活力的缺失不利于广大中学生对团组织的认同感与归属感，也不利于团员先进性的发挥和模范作用的树立。

（2）团组织与团员互动性不足。信息化时代下，新媒体为人际沟通的互动性提供更广的平台，而学生的需要呈现多样化趋势，主要表现为对学习知识、思想进步、社会实践和生活健康娱乐的需求。而团组织服务范围有限，活动内容、形式较为单一，缺乏对学生需求的深入调查研究，互动性的缺乏不利于团组织凝聚力的发挥。

（3）基层团组织评价及激励机制不足。基层团组织活力建设以及团员对团组织认同感的问题与团组织的机制建设密切相关，特别是评价和激励机制。目前，广东省仍没有专门针对中学生团员、团干部、基层团组织的表彰机制。评价及激励机制的不健全难以发挥评价的杠杆作用以及驱动作用。科学的评价及激励机制可以调动基层团委书记及指导教师工作的积极性，工作的创新开展对增强团组织的内部活力有重要作用。

三、对策及建议

中学团组织的工作面向最充满活力的青少年，在调查研究中发现部分学生理想信念模糊、非团员"组织空档期"、基层网络团建、志愿服务平台、基层团组织活力等方面的问题。各级团组织应抢抓机遇，迎接挑战，攻坚克难，采取更为有效的措施进一步推进中学共青团工作的开展。

（一）加强全省中学共青团制度建设

目前，全省的中学共青团工作以学校自转为主，省级层面的顶层设计和制度机制建设仍未建立，导致中学共青团缺乏统一的规范、标识和运作，难以形成推动中学共青团工作的合力，进而影响中学共青团的吸引力和凝聚力。建议在全省层面从学生、团委书记和研究力量入手，建立一套全面覆盖的有广东特色的中学共青团制度。

1. 在广东省学生联合会成立中学生执委会

中学生已经具备了一定的智识水平和鉴别能力，有丰富的想象力和创造力，有较好的动手能力和实践能力，有条件、有能力有效实现自我服务、自我管理、自我教育。目前，广东省学生联合会主要关注的是高校大学生群体，中学生参与度不高。建议在广东省学生联合会下设中学执委会，鼓励中学生用自己喜欢的交流、沟通、联络方式，开展丰富多彩的校园文化活动和社会实践活动，有助于更好地团结凝聚中学生团员。

2. 建立中学团委书记联席会议制度

由于各地、各中学的团委以自转为主，都结合本地本学校实际开展中学共青团工作，但各学校团委间缺乏有效的沟通联系，导致无法充分相互学习借鉴，也无法形成区域性的共同推动工作的合力。建议在省级、市级层面建立中学团委书记联席会议制度，增进各中学团委之间的交流，形成长效的沟通协作机制，共同研究中学共青团工作中的重点工作和热点问题，协助开展中学共青团工作研究，就中学共青团工作提出建议和意见，分享展示工作成果，共同推进全省中学共青团工作。

3. 建立中学共青团工作研究会

中学共青团工作有突出的阶段性特点。中学阶段涵盖了党团队意识形态的衔接，存在独特的心理、生理发育特点，面临基础教育升学压力，这些都迫切要求有专门的力量对中学共青团工作进行专业化的理论研究。建议建立中学共青团工作研究会，进一步提高中学共青团理论研究水平，建立中学共青团理论研究机制，更好地指导中学共青团工作，为中学共青团工作提供智力支持和理论研究力量。凝聚中学教育领域的专家学者和共青团工作领域的实务工作者，围绕组织研究和实施中学共青团的理论与实践课题，探索中学共青团的文化建设与发展，为中学共青团的发展提出建议，起到参谋和顾问的"智库"作用。

（二）加强理想信念的教育与引导

中学阶段是世界观、人生观与价值观形成的重要时期，理想信念将直接影响中学生今后的人生选择。调查显示，部分中学生对宗教信仰认识较为模糊，多数学生参加过宗教活动，但真正信仰宗教的中学生较少，因此，各级团组织需要加强对中学生理想信念的教育和引导。

1. 内化社会主义核心价值观，努力做到广、深、准

党的"十八大"对社会主义核心价值体系进行了梳理，倡导富强、民主、文明、和谐，倡导自由、平等、公正、法治，倡导爱国、敬业、诚信、友善，积极培育社会主义核心价值观。各级团组织应牢牢掌握意识形态工作领导权和主导权，坚持正确导向，提高引导能力，壮大主流思想舆论。通过媒介宣传，利用校园宣传栏、板报、网站等推广社会主义核心价值观在中学生群体的影响。了解学生的思想动态，贴近学生生活，准确把握中学生需求，通过丰富多彩的活动让学生实践社会主义核心价值观。进而通过案例分析及理论学习等，借助讲座、实践平台，让学生深刻认知社会主义核心价值观。

各级团组织应加强和改进思想政治工作，注重对中学生的人文关怀和心理疏导，培育自尊自信、理性平和、积极向上的社会心态。同时重视各种文化"小传统"的顽强生命力和繁殖力，认识到它们会对中学生产生复杂作用。我们的统战工作应该从社会、政治层面，上升到价值、精神层面，必须有一种文化战略的眼光和睿智。

2. 服务"青年梦",彰显道路、理论与制度自信

各级团组织应围绕"中国梦",团结广大青年,关注青年的需要,服务"青年梦"。加强队伍建设,团委书记及教师是基层政策教育的主体,应结合时事政治,订阅相关报纸杂志,及时发放,让广大教师群体了解政策走向,树立制度自信。在此基础上,广大教师应结合实际工作,充分利用课堂教学,结合学科性,开展相关宣传及教育活动。通过具体案例分析,结合相关参观实践活动,用事实准确传递中国特色社会主义道路的发展历程,肯定中国特色社会主义理论体系的当代价值,树立道路、理论体系与制度自信,让学生充分意识到自己是"中国梦"的实践者,也将是见证者,肩负着历史发展的使命感与责任感。

(三)加强非团员"组织空档期"的教育与引导

初中阶段既是学生教育的难点,又是教育引导学生的机遇期。团组织工作必须高度关注处于"组织空档期"的非团员学生。

1. 提高思想认识,建立专门引导机制

调查显示,非团员在"组织空档期"所呈现的参与组织活动积极性不高、排解心理压力能力较弱、在选择判断上出现迷茫、团队活动认知度和参与度较低等特征需要引起关注,而较多教师尚未意识到这一问题的存在。为此,全社会、各级团组织、学校、教师、团员骨干力量应密切关注这部分学生的思想动态,对这部分学生给予及时的关心与帮助。与此同时,思想认识的提升需要制度保障,自上而下推动对"组织空档期"非团员的关注与关心,可探索"预备团员"制度和高年级团员与低年级非团员的指导机制,开展"组织空档期"非团员的理论研究与实践操作。

2. 拓宽教育范围,主动延伸团组织工作职能

团员是团组织培养的对象,非团员同样需要团组织的主动关怀,各级团组织应该主动延伸工作职能,将团队教育全面覆盖团员和非团员群体,对非团员学生拉一把、帮一把、扶一把,引导其早日向团组织靠拢。教育内容上,抓好少先队员团前培养教育,根据不同年级学生的特点,开设不同的侧重点和有联系的渐进性团课。教育机制上,可设立入团积极分子考察制度,建立专门的非团员人才库,定期组织培训,组织开展主题活动。教育形式上,加强分类指导,基层团组织可开发课程,利用文艺活动、学习帮辅、表彰先进、社会实践等喜闻乐见的形式鼓励非团员学习先进,争当先进。

3. 完善制度保障,上下联动构建教育引导机制

团组织应遵循从问题意识到实践探究再到理论升华的过程,以点带面,建

立工作模式及长效机制，健全一系列配套的机制建设，并落到实处。工作部署上，适当对"组织空档期"非团员相关活动提供政策指导、措施支持和经费照顾等。队伍建设上，重视对团委书记及教师的意识指导，根据工作需要，定期组织培训，为团队的职业化、专业化和专家化提供发展平台。在问题意识与实践相互配合下，进行理论升华与探究，通过课题等形式支持非团员"组织空档期"问题研究，推动教育引导机制的建立。

（四）注重共青团工作与网络新媒体的有机结合

信息化潮流的发展对中学生的思想、学习和生活方式产生着深远影响，然而，网络信息良莠不齐，如果加以适时引导和管理，共青团网络阵地将发挥巨大的作用。

1. 拓宽育人空间，丰富教育手段

新时期开展网络团建应注重拓展育人空间，创新教育手段与方式。新媒体具有获取信息便捷、传播速度快速、感官体验丰富、交流平等双向等特点，教育内容的传播方式由单向到双向，由单一到融合，由静态到动态，从统一到个性，载体的变化突破了思想育人的时空间，实现了对现实的超越和引领，丰富了思想教育手段与方式。新媒体运用于校园文化，教师可密切关注了解学生动态，进行个性化指导教育，关注学生在新媒体环境下的利益诉求，营造新媒体环境下的人文关怀。

2. 适应学生特点，打造即时性沟通平台

密切关注学生思想动态与行为特征，为学生打造一个即时性、开放性的交流与沟通平台，让学生能将个人的个性特质与思想与大家"共享"，彰显个人价值的存在，表达个人的思想愿望与价值诉求，凝聚学生思想智慧，发挥学生的主体性。学生既是信息接收者也是信息发布者，在此基础上因势利导，提升教育的成效。

3. 增强创新意识，提升师资媒体素养

加强师资对新媒介功能意识的深入理解，培养其获取信息的超前意识、创新意识、识别意识、交流沟通意识、利用新媒体不受时空限制的特点对学生进行教育和引导的意识。教师必须不断创新教育的手段与方式，才能被学生接受认可，与时俱进，不断增强创新意识与能力。此外，要建立网络教育长效机制，加强网络阵地规范化、制度化建设，同时加强网络平台建设，加大网络文化资源的开发。

（五）强化中学生志愿服务体系化建设

志愿服务价值观的培养与实践离不开学校的参与，中学生群体的参与可以因此起到更多的推动作用。针对广东省中学生志愿服务平台缺失的问题及挑战，需要从以下方面进一步完善中学志愿服务。

1. 构建中学生志愿服务教育的实践基地保障机制

基于大部分学生反映缺乏实践平台、没有机会参加的问题，各基层团组织需扩大平台，构筑实践基地，尝试与社区合作，采取多种服务形式，建立健全中学生志愿服务活动长效机制，深入推进中学生志愿服务活动。各地各校要加强教育引导，强化中学生志愿服务意识。要深入开展各种形式的志愿服务活动，搭建中学生志愿服务平台，大力建设中学生志愿服务基地，实现志愿服务的常态化。

2. 构建中学生志愿服务教育的师资保障机制

基于有些学生缺乏对志愿服务的理解的问题，学校需通过在各学科中渗透志愿服务意识，有良好的师资队伍、有条件的学校可以在校本教程中推行志愿服务价值观教育课程，积极制订中学生志愿服务培训计划，编辑相关培训教材，建立健全中学生志愿服务培训体系，定期开展对中学生志愿者的培训，不断提高中学生志愿者素质和服务质量。

3. 落实中学生志愿服务教育的评价机制

借鉴国外中学生志愿服务教育的经验，结合广东省情况，创新志愿服务评价机制，构建激励机制，鼓励学生家长共同参与，不囿于教材的学习，多参与社会实践，完善中学阶段学生综合素质评价体系，将参加志愿活动情况量化记入中学生成长纪录，作为中学生综合素质评价的一项重要指标，助力中学生健全人格的培养。

4. 开展符合当地特色的志愿服务

利用寒暑假期和节假日，开展社会实践活动，探索形成具有中学生特点的志愿服务品牌项目。各地各校要加大支持力度，建立深入推进中学生志愿服务活动的保障和激励机制，创新形式与内容，使志愿服务与当地特色相结合，构筑不同层次与领域的志愿服务形态及模式，相互借鉴与学习。

5. 努力建立全省志愿服务立体式及全方位格局

在发达地区与欠发达地区实行志愿服务对接，形成"点—线—面"格局。要培养志愿服务公益意识，形成良好的服务氛围。尝试进行志愿服务团队及项目对接，借鉴发达地区的实践经验与理论升华。发达地区要有志愿服务前瞻意识与推广意识，创新平台，形成自身特色，打造专业化、专家化志愿服务团队，树立志愿服务的榜样示范作用。

（六）激发基层团组织活力

共青团中央《关于进一步加强团的基层组织建设的决定》明确提出要"推进基层团组织制度建设，不断增强基层团组织的内在活力"。结合调研数据，为进一步推进基层团组织，切实加强团组织的吸引力、凝聚力和战斗力，提出了如下对策。

1. 加强民主建设，增强团组织的吸引力

建立健全团情团务公开制度，确保团员的知情权和参与权，接受团员监督；组织团员积极参与团内民主实践，接受团内民主教育。团内民主要保证团员的意愿能够得到自由而充分的表达，团员和团组织的积极性、主动性和创造性能够得到有效发挥。

2. 结合学生需求，增强团组织的凝聚力

中学生最重要的需求是成长成才，在数字化生活环境下产生了一系列需要，如知识、能力、技能、娱乐等，如何搭建有利于学生成长成才的平台需要团组织发挥自身的作用。围绕学生特点为学生提供表现其才能的机会和平台；努力为学生办实事，维护学生的合法权益；关心服务学生，关注学生的兴趣爱好，积极引导；适当扩大服务范围，投入更多的精力，使团组织成为中学生的知心朋友，从而提高团员对团组织的认同感，增强团的活力。

3. 完善制度保障，增强团组织的战斗力

在推动团组织活动开展的同时，应注重制定基层团组织的监督制度，并加以落实，将监督制度明细化、具体化。同时，工作评价体系应把定量与定性、静态与动态、成果与过程评价相结合，将评价结果与激励机制相结合，充分调动团委书记与指导教师创新团工作的积极性与主动性。再者，将部分基层团组织的工作经验与工作模式进行推广，鼓励活动特色化、个性化，推动参与的大众化，提升基层团组织的工作质量。

共青团广东省委少年部

执笔人：王岩、肖伟鸿、吴嘉亮

广东省少年儿童组织与少年儿童思想意识状况研究

对少年儿童进行思想意识教育,是任何一个民族和国家都始终重视的主题,关系着对国家的认同和民族凝聚力、向心力的建构。国家、社会、家庭、教会等组织在不同的时代都以不同的方式承担着少年儿童思想意识教育的重要职能。当前,随着国际、国内社会环境的急剧变迁,以及当代少年儿童身心发展出现的新的变化,少年儿童思想意识教育面临着新的问题和情境。为系统地介绍我国少年儿童教育的优秀经验,应对当前社会对少年儿童教育的挑战,我们有必要形成与时俱进的科学理论,指导当下的少年儿童组织工作。本报告是对目前广东省少年儿童组织与少年儿童思想意识状况的调查,对于我们研究少年儿童群体,形成科学、系统的理论起到参考作用。

一、调查对象基本情况

本次调查以广州、韶关、东莞、中山、江门、湛江、河源、揭阳、云浮等9个地区为抽样地区,有效调查学生2145人。各地区有效样本分布如表1所示,有效样本最多的地区是广州,有效调查人数377个,占总样本的17.6%;最少的为中山,有效样本157个,占总样本的7.3%。

表1 各地区有效样本分布

地 区	频 次	比例(%)
广州	377	17.6①
韶关	184	8.6
东莞	302	14.1
中山	157	7.3
江门	363	16.9
湛江	192	9.0

---

① 本报告中所有数据的最后一位小数由四舍五入法获得。

广东省少年儿童组织与少年儿童思想意识状况研究

续上表

地 区	频 次	比例（%）
河源	204	9.5
揭阳	199	9.3
云浮	167	7.8
总数	2145	100.0

在学生年级和年龄分布上，92.7%的样本分布在小学四年级到初中二年级之间，92.2%的学生分布在10～15岁区间（见表2）。

表2 调查学生的年龄、年级分布

年 龄	频 次	比例（%）	年 级	频 次	比例（%）
5	1	0	1	26	1.2
6	2	0.1	2	37	1.8
7	13	0.6	3	70	3.3
8	43	2.0	4	191	9.1
9	82	3.9	5	525	25.0
10	202	9.6	6	770	36.7
11	559	26.6	7	256	12.2
12	539	25.7	8	203	9.7
13	397	18.9	9	22	1.0
14	174	8.3			
15	64	3.1			
16	19	0.9			
17	3	0.1			
总计	2098	100.0	总计	2100	100.0

由于研究需要，研究者将调查对象划分为四种类型："农村非留守学生"（16.3%）、"农村留守学生"（16.6%）、"城市本地学生"（42.2%）和"城市非本地学生"（24.9%）。"农村非留守学生"是指父母双方与子女共同在农村生活的农村家庭的学生；"农村留守学生"是指父母一方或双方外出务工，而子女留在农村，在农村生活、学习的农村家庭的学生；"城市本地学生"指父母至少一方是所在城市居民，子女在城市学校上学的城市家庭的学生；"城市非本地学生"是指父母都是外地人，子女在城市上学的城市家庭的学生，即城市外来务工人员的子女。在性别分布上，本次调查有效样本中，男生为956人，占45.1%；女生为1166人，占54.9%，调查对象的年龄和年级范围基本

符合调查预期。调查中涉及各级各类学校（见表3）。

表3 学生的性别、类型及学校类型

学生类型	频次	比例（%）	学校类型	频次	比例（%）
农村非留守学生	346	16.3	农村非中心学校	178	8.6
农村留守学生	351	16.6	农村乡镇中心学校	387	18.6
城市本地学生	895	42.2	城市一般学校	667	32.1
城市非本地学生	527	24.9	县（区）级重点学校	185	8.9
总数	2119	100	市级重点学校	153	7.4
			省级重点学校	43	2.1
性别	频次	比例（%）	城市外来工子弟学校	25	1.2
男	956	45.1	私立学校	320	15.4
女	1166	54.9	不知道	118	5.7
总数	2122	100	总数	2076	100

二、少年儿童的组织意识

（一）对少先队的了解

调查发现，正确理解红领巾意义的学生不到一半，仅占46.56%。不同类型学生比较，城市本地学生正确理解的比例稍高，达到51.13%；农村留守学生能正确理解红领巾意义的仅占34.3%（见表4）。因此，有必要在少年儿童中进一步加强少先队教育。

表4 对红领巾的意义的了解情况

红领巾的意义	农村非留守学生	农村留守学生	城市本地学生	城市非本地学生	合计
代表红旗的一角	47.37%	34.3%	51.13%	46.36%	46.56%
是用烈士的鲜血染成的	51.75%	63.95%	47.74%	52.87%	52.34%
没有什么特别的意义	0.88%	1.74%	1.13%	0.77%	1.1%
人数	342	344	884	522	2092

调查发现,入队流程中,各类学生各方面参加比例都较低,基本上都不超过半数,其中城市非本地学生的比例最低(见表5)。因此,有必要规范学生的少先队入队流程。

表5 入队流程

入队流程	农村非留守学生	农村留守学生	城市本地学生	城市非本地学生	合计
参加过入队宣誓仪式	55.20%	48.43%	51.96%	43.83%	50.71%
做过一件好事	42.77%	48.43%	41.12%	44.02%	43.69%
看过队章	34.97%	29.63%	30.73%	25.05%	30.34%
参加过队前教育	30.35%	24.79%	27.37%	22.96%	26.61%
提出过入队申请	15.03%	17.09%	14.08%	12.14%	14.53%
不记得是怎么入队的	8.67%	9.97%	11.40%	9.30%	10.07%
没做过什么	4.62%	4.56%	7.15%	8.54%	6.51%
人数	346	351	895	527	2195

对于"加入少先队的意义",不同类型学生的认识并没有太大的差异(见表6)。

表6 加入少先队的意义

加入少先队的意义	农村非留守学生	农村留守学生	城市本地学生	城市非本地学生	合计
爱国	65.61%	58.40%	60.34%	62.62%	61.82%
光荣	45.09%	45.01%	45.03%	42.88%	44.56%
责任	48.55%	41.88%	41.45%	46.11%	43.87%
勤奋	27.75%	28.77%	27.49%	22.39%	26.83%
勇敢	26.59%	23.36%	23.13%	21.63%	23.14%
自信	23.99%	18.52%	22.23%	19.54%	21.28%
坚强	23.41%	18.80%	20.89%	20.30%	20.96%
优秀	17.05%	18.23%	17.32%	16.13%	17.13%
其他	3.76%	3.99%	5.70%	4.17%	4.69%
人数	346	351	895	527	2195

（二）少先队活动的参与及认同情况

参加人数比例最高的少先队活动是"捐款"，参加过的学生比例高达76.08%；其次，38.82%的学生参加过"学雷锋"；接下来按参加学生比例从高到低的次序，依次是"手拉手"（36.81%）、"植树护绿"（29.38%）、"红领巾心向党"（25.65%）、"雏鹰争章"（20.96%）等等（见表7）。不同类型学生比较，城市本地学生参加各类少先队活动的比例较高，农村留守学生参加的比例则比较低。

表7　参加过的少先队活动

参加过的少先队活动	农村非留守学生	农村留守学生	城市本地学生	城市非本地学生	合计
捐款	76.01%	68.09%	77.99%	77.61%	76.08%
学雷锋	38.73%	32.48%	41.45%	36.43%	38.82%
手拉手	37.86%	32.19%	37.09%	36.05%	36.81%
植树护绿	25.43%	27.92%	32.51%	25.62%	29.38%
红领巾心向党	25.72%	23.65%	26.37%	23.72%	25.65%
雏鹰争章	11.85%	12.54%	28.27%	20.30%	20.96%
祖国发展我成长	17.63%	24.22%	18.77%	18.03%	19.54%
科技竞赛	15.61%	9.97%	17.99%	13.47%	15.31%
我能行	10.69%	9.97%	16.20%	14.61%	14.35%
平安行动	9.83%	8.83%	15.75%	12.9%	13.21%
民族精神代代传	9.25%	14.53%	13.41%	12.14%	12.8%
没参加过	3.18%	6.84%	8.49%	7.40%	6.92%
人数	346	351	895	527	2195

调查发现，43.76%的学生并没有参加过"雏鹰争章"活动。而参加过该活动的不同类型学生的主要收获都是"培养自己的思想道德素质"和"发挥自己的特长"（见表8）。

表8 "雏鹰争章"活动的收获

"雏鹰争章"活动的收获	农村非留守学生	农村留守学生	城市本地学生	城市非本地学生	合计
培养自己的思想道德素质	25.30%	21.64%	26.9%	21.37%	24.36%
提高科学文化素质	5.79%	9.06%	8.57%	4.71%	7.23%
发挥自己的特长	8.84%	14.91%	10.48%	10.78%	11.04%
促进同学间的交流	3.96%	3.80%	3.81%	6.67%	4.55%
丰富兴趣爱好	5.18%	2.92%	5.24%	2.55%	4.16%
巩固书本知识	0%	2.05%	0.60%	0.98%	0.84%
能够学以致用	3.35%	2.05%	2.50%	1.18%	2.23%
没有太多收获	2.13%	0.88%	2.14%	1.76%	1.83%
从来没有参加过	45.43%	42.69%	39.76%	50.00%	43.76%
人数	328	342	840	510	2020

表9表明，90.33%的学生为加入少先队而感到自豪；不同类型学生比较，农村留守学生的自豪感最低，而农村非留守学生的自豪感最高。

表9 加入少先队的自豪感

加入少先队的自豪感		农村非留守学生	农村留守学生	城市本地学生	城市非本地学生	合计
感到非常自豪	人数	197	160	473	278	1108
	比例（%）	57.10	46.51	53.63	53.56	53.01
有点自豪	人数	123	146	316	195	780
	比例（%）	35.65	42.44	35.83	37.57	37.32
一点都不自豪	人数	25	38	93	46	202
	比例（%）	7.25	11.05	10.54	8.86	9.67
人数		345	344	882	519	2090

（三）学校幸福感

调查发现，学习成绩是学生最看重的事情，其次是老师的肯定、为班级争得荣誉以及与同学的交往。因此，学校在帮助学生提高成绩的过程中，应该注意对学生的鼓励，并通过集体活动来提高学生的集体荣誉感。

表10 在学校中开心的事

项　目	比例（％）[1]
考试考出好成绩	34.3
得到老师的表扬或者奖励	18.2
为班级争得荣誉	15.5
跟同学一起玩	12.7
能帮助同学、朋友	7.1
听喜欢的课程	5.4
参加少先队组织的活动	3.7
参加兴趣班	2.9
其他	0.2
合计	100.0

1）百分比由有排序的三件开心事情的统计结果加权计算获得，加权方法为 $(X_1 \times 3 + X_2 \times 2 + X_3 \times 1)/6$。

调查发现，对学校生活满意的学生达到76.53%，19.66%的学生评价为"一般般"，3.81%的学生对学校生活不满意（见表11）。通过对选项"非常满意、比较满意、一般般、不太满意、非常不满意"依次赋值为"5、4、3、2、1"分，计算学校生活满意度得分，发现总体满意度为4.0337分。四个类型学生比较，城市本地学生对学校生活评价为"不太满意"和"非常不满意"的比例最高，农村留守学生评价为"非常满意"的比例最低，选择"一般般"的比例最高（见表11）。

表11 对学校生活的满意度

对学校生活的满意度	农村非留守学生	农村留守学生	城市本地学生	城市非本地学生	合计
非常满意	34.12%	22.03%	31.02%	37.82%	31.71%
比较满意	42.14%	46.09%	45.34%	44.83%	44.82%
一般般	20.77%	28.12%	19.32%	13.84%	19.66%
不太满意	2.08%	3.19%	3.30%	1.95%	2.75%
非常不满意	0.89%	0.58%	1.02%	1.56%	1.06%
人数	337	345	880	513	2075

从赋值计算的满意度来看，农村留守学生的满意度仅为 3.8580 分，远低于总体水平，满意度最低。根据满意度得分，四种类型家庭的学生从高到低排序依次为城市非本地学生、农村非留守学生、城市本地学生、农村留守学生（见表12）。城市本地学生得分较低，可能是由于城市学生自身的期望较高；而农村留守学生得分较低，可能是学校现实状况导致的。

表12 学校生活的整体满意度

学生类型	观测个案	平 均 值
农村非留守学生	337	4.0653
农村留守学生	345	3.8580
城市本地学生	880	4.0205
城市非本地学生	513	4.1540
总体满意度	2075	4.0337

三、不同类型学生的比较

（一）"会学习"：课外阅读

调查发现，四种类型学生比较，阅读时间达到 3 个小时以上的学生比例，农村留守学生最高；每天阅读时间达到 1 个小时的学生比例，城市非本地学生最高；每天阅读时间达到 2 个小时的学生比例，城市本地学生最高；每天阅读时间半个小时以内的比例，农村非留守学生最高；从来没看过课外书的比例，农村留守学生最高（见表13）。

表13 每天阅读时间

每天阅读时间	农村非留守学生	农村留守学生	城市本地学生	城市非本地学生	合 计
从来没看过	6.09%	8.86%	7.06%	5.18%	6.74%
半个小时以内	39.71%	33.71%	33.3%	33.59%	34.49%
1 个小时	37.68%	35.43%	35.43%	41.46%	37.29%
2 个小时	12.46%	13.43%	16.59%	13.05%	14.52%
3 个小时以上	4.06%	8.57%	7.62%	6.72%	6.97%
人数	345	350	892	521	2108

少年儿童的课外阅读内容广泛,包括小说、童话故事、卡通漫画、历史书籍、科普书籍、地理书籍、课外辅导书等等。总体而言,四种类型学生比较,城市本地学生阅读小说的比例最高,农村非留守学生和城市非本地学生课外阅读小说的比例也较高,农村留守学生阅读童话故事的比例最高(见表14)。

表14 阅读内容

阅读内容	农村非留守学生	农村留守学生	城市本地学生	城市非本地学生	合 计
小说	27.25%	20.80%	34.61%	27.83%	29.43
童话故事	25.51%	39.32%	22.13%	24.76%	26.20
卡通漫画	19.71%	13.68%	16.18%	14.78%	15.99
历史书籍	10.72%	11.68%	8.20%	13.24%	10.44
科普书籍	7.54%	5.70%	9.55%	10.75%	8.88
地理书籍	4.35%	4.84%	4.04%	2.88%	3.94
课外辅导书	4.35%	3.70%	3.26%	4.03%	3.70
其他	0.58%	0.28%	2.02%	1.73%	1.42
人数	345	351	890	521	2107

(二)"善思考":质疑与探索

调查发现,73.73%的学生发现问题会主动向老师提问。不同类型的学生之间差异较小,农村留守学生发现问题,向老师提问的比例最高,其次是城市非本地学生和城市本地学生,农村非留守学生的比例最低(见表15)。

表15 是否会主动提出自己的疑问

是否会主动提出自己的疑问	农村非留守学生	农村留守学生	城市本地学生	城市非本地学生	合 计
会	69.73%	77.75%	73.02%	74.85%	73.73%
不会	30.27%	22.25%	26.98%	25.15%	26.27%
人数	337	346	886	517	2086

对感兴趣的问题的处理方式，仅有少部分的学生"什么也不做"。不同类型学生比较，选择"跟同学一起讨论"的比例，农村留守学生最高；而"自己查资料"的比例，农村留守学生最低；"跟父母一起讨论"的比例，城市本地学生最高；"向老师请教"的比例，城市本地学生又最低（见表16）。

表16 对感兴趣的问题的处理方式

对感兴趣的问题的处理方式	农村非留守学生	农村留守学生	城市本地学生	城市非本地学生	合计
跟同学一起讨论	39.53%	40.74%	36.16%	37.12%	37.71%
自己查资料	31.98%	29.91%	33.45%	33.08%	32.52%
跟父母一起讨论	13.95%	11.40%	18.31%	15.00%	15.62%
向老师请教	12.21%	14.81%	9.72%	13.27%	11.86%
什么也不做	2.33%	3.13%	2.37%	1.54%	2.29%
总数	344	351	885	520	2100

被问及"书本知识在生活中是否有用"时，仅有极少数的学生认为"从来没想过要用"。不同类型学生比较，城市非本地学生选择"很多时候用得上"的比例最高，农村留守学生选择"偶尔用得上"的比例最高，农村非留守学生选择"很少用得上"的比例最高，城市本地学生选择"从来没想过要用"的比例最高（见表17）。

表17 书本知识在生活中是否有用

书本知识在生活中是否有用	农村非留守学生	农村留守学生	城市本地学生	城市非本地学生	合计
很多时候用得上	42.2%	39.14%	41.48%	47.13%	42.61%
很少用得上	24.28%	18.00%	22.98%	19.16%	21.42%
偶尔用得上	32.66%	42.00%	34.08%	32.95%	34.88%
从来没想过要用	0.87%	0.86%	1.46%	0.77%	1.09%
总数	346	350	892	522	2110

（三）"有理想"：教育期望和职业理想

调查发现，85%的学生期望自己能上大学。不同类型学生比较，城市学生对自己的教育期望更高（见表18）。

表18　期望的教育程度

期望的教育程度	农村非留守学生	农村留守学生	城市本地学生	城市非本地学生	合计
现在就不想读了	2.32%	3.42%	0.90%	0.38%	1.42%
小学	1.45%	2.28%	1.12%	1.53%	1.47%
初中	4.06%	7.12%	2.24%	4.78%	3.98%
高中	8.12%	6.27%	6.84%	6.69%	6.92%
大学	41.16%	39.89%	39.91%	34.99%	38.89%
研究生	42.90%	41.03%	48.99%	51.63%	47.32%
人数	345	351	892	523	2111

对于职业期望，有21.65%的学生未来的理想职业是做老板。其余按照选择人数比例高低，依次是公职人员（11.32%）、教师（11.18%）、科学技术人员（8.71%）、明星（8.23%）等等。不同类型学生存在差异，农村留守学生和城市非本地学生选择做老板的比例相对较高，而农村非留守学生和城市本地学生选择公职人员的比例相对较高，城市本地学生选择教师的比例最低；城市学生偏向选择公司职员和律师、法官、检察官等，农村学生偏向选择军人、警察和工人、农民等（见表19）。

表19　未来职业

未来职业	农村非留守学生	农村留守学生	城市本地学生	城市非本地学生	合计
老板	20.35%	23.14%	20.13%	24.08%	21.65%
公职人员（公务员）	15.12%	6.29%	13.16%	9.06%	11.32%
教师	14.83%	14.86%	8.32%	11.18%	11.18%
科学技术人员	6.69%	12.57%	9.00%	6.94%	8.71%
明星	5.52%	6.57%	9.11%	9.63%	8.23%
公司职员	4.07%	4.29%	7.76%	6.94%	6.37%
医生、护士	7.85%	4.57%	5.96%	5.78%	5.99%

续上表

未来职业	农村非留守学生	农村留守学生	城市本地学生	城市非本地学生	合 计
律师、法官、检察官	4.94%	3.71%	7.09%	5.01%	5.66%
军人、警察	2.62%	5.14%	3.94%	5.59%	4.33%
主持人	4.94%	4.00%	3.49%	4.05%	3.95%
厨师	1.16%	1.14%	1.12%	0.96%	1.09%
工人	2.03%	2.00%	0.56%	0.58%	1.05%
农民	0.58%	1.71%	0.67%	0.58%	0.81%
其他	5.81%	6.29%	6.19%	6.17%	6.14%
没想过	3.49%	3.71%	3.49%	3.47%	3.52%
人数	344	350	889	519	2102

影响学生职业选择的原因很多，总体而言，46.08%的学生的原因是"能为社会做贡献"，27.67%的学生是因为"自己的兴趣爱好"，15.36%的学生是因为"能挣很多钱"，少数学生（8.56%）是受父母期望的影响。不同类型学生比较，农村留守学生选择"能为社会做贡献"的学生比例最高，城市学生多出于自己的兴趣和挣钱的理由而选择职业；农村留守学生在选择职业时受父母影响的比例最低，非留守学生受父母影响的比例最高（见表20）。

表20　选择未来职业的原因

选择未来职业的原因	农村非留守学生	农村留守学生	城市本地学生	城市非本地学生	总 计
能为社会做贡献	46.38%	53.14%	44.42%	43.95%	46.08%
自己的兴趣爱好	27.54%	24.00%	28.41%	28.98%	27.67%
能挣很多钱	13.04%	14.86%	16.12%	15.93%	15.36%
爸爸妈妈希望我成为这样的人	11.01%	6.00%	8.46%	8.83%	8.56%
其他	2.03%	2.00%	2.59%	2.3%	2.33%
人数	345	350	887	521	2103

（四）价值观与幸福感

调查发现，大部分学生认为人生最大的幸福是"家庭美满"，而农村留守学生的比例最高（见表21）。

表21 人生最大的幸福

人生最大的幸福	农村非留守学生	农村留守学生	城市本地学生	城市非本地学生	合计
家庭美满	39.77%	48.14%	37.10%	41.62%	40.50%
有知心朋友	19.01%	17.48%	20.02%	19.27%	19.25%
身体健康	12.87%	7.74%	12.78%	11.75%	11.70%
自由自在	10.53%	8.31%	11.88%	10.21%	10.65%
对社会有用	6.43%	5.73%	6.33%	7.32%	6.49%
能够帮助别人	5.26%	7.16%	5.43%	4.62%	5.49%
有权有势	1.75%	2.58%	2.83%	1.93%	2.39%
有很多钱	2.63%	2.01%	2.26%	2.12%	2.24%
其他	1.75%	0.86%	1.36%	1.16%	1.29%
人数	342	349	884	519	2094

调查发现，大部分学生认为自己生活快乐。不同类型学生比较，农村非留守学生觉得快乐的比例最高，其次是城市本地学生；觉得一点不快乐的比例，农村留守学生最高（见表22）。

表22 快乐感

快乐感	农村非留守学生	农村留守学生	城市本地学生	城市非本地学生	合计
非常快乐	39.77%	31.99%	36.21%	40.89%	37.25%
比较快乐	43.86%	42.07%	44.61%	36.63%	42.09%
谈不上快乐或者不快乐	12.87%	20.46%	13.73%	15.89%	15.24%
不怎么快乐	2.63%	4.32%	4.54%	5.62%	4.46%
一点也不快乐	0.88%	1.15%	0.91%	0.97%	0.96%
人数	342	347	881	516	2086

根据赋值计算的快乐指数也得出大致一样的结果，按指数由高到低依次是农村非留守学生、城市非本地学生、城市本地学生、农村留守学生，少年儿童总体快乐指数为4.1021分（见表23）。

表23 快乐指数

快乐指数	平 均 值	观测个案
农村非留守学生	4.1901	342
农村留守学生	3.9942	347
城市本地学生	4.1067	881
城市非本地学生	4.1085	516
总体快乐感	4.1021	2086

四、政策建议

1. 加强少先队活动课建设

少先队活动是少先队组织对广大少年儿童进行实践教育的重要载体。在多年实践的基础上，少先队形成了一系列少年儿童喜爱的品牌活动。调查显示，近年来，少先队活动也面临课时被挤占、活动形式单一、教育引导能力下降等问题。2012年9月，教育部下发《关于加强中小学少先队活动的通知》（教基二〔2012〕3号），明确规定少先队活动作为国家规定的必修的活动课，小学一年级至初中二年级每周安排1课时。要以少先队活动课进入国家必修课程为契机，进一步加强少先队活动课建设，充分发挥少先队活动课在组织意识、政治启蒙、信仰萌芽、成长取向等方面的教育作用。少先队活动课程既要彰显少先队文化，又要适合学校教育实际情况；既要体现辅导员的"导"，又要反映队干部的"引"；既要明确课程的主体，又要清楚课程的主人；既要有行政推动，又要让家长、社会认同。少先队活动课要以实践体验为基本途径，注重运用队旗、队礼、队歌、红领巾、鼓号等少先队特有的礼仪，营造庄严神圣的教育氛围。

2. 加强少先队学科建设

调研显示，当前少先队工作的学科建设以少先队辅导员的经验积累为主，缺乏在学术高度上的总结和提升。少先队必须从学术角度研究和回答少年儿童重要思想意识形成的一般规律，研究如何通过少年儿童组织进行科学的教育和影响，以及如何在高校进行相关的人才培养等工作。

要进一步加强少先队学科建设，培养具有较扎实的教育学术功底、较开阔的社会科学学术视野、掌握现代教育手段的少年儿童组织与思想意识教育的专业人才，为少先队工作、少年儿童思想意识教育研究等提供人才支持。目前，广东省已推动中山大学等3所高校开设"少年儿童组织与思想意识教育"二级学科或研究方向，要以此为突破口，抓好专业人才培养和实践。推动在地方教育行政部门的教研机构中设立少先队教研员,在各中小学普遍设立少先队活动教研组。开展活动设计、课例观摩、教案交流等少先队教研活动,引导广大的基层少先队工作者加强对少先队工作的研究,汇聚成果,为少先队专业化、学科化建设打下基础。

3. 加强少年儿童的思想引领

①针对少年儿童思想引领设计主题活动,以每年的"三五"、"五四"、"六一"、"七一"等重要节日为契机,推出小记者、小主播、社区服务、交通文明等符合少年儿童特点和地区实际的主题教育实践活动,进一步坚定少年儿童永远跟党走、争做合格接班人的理想信念。②针对未成年人习惯养成设计活动载体,注重培养未成年人从小养成良好的行为习惯,以体验教育为基本途径,以活动育人为工作思路,坚持贴近生活、贴近实际、贴近未成年人,不断创新活动载体,积极探索暑期少年儿童学生社区报到制,着力深化少先队工作品牌创建活动,引导少年儿童增强文明意识,养成良好行为习惯。③不断提高动员能力和社会影响力,进一步推进少年儿童思想引领走向协同化。强化各战线组织动员少年儿童的能力,加强与平面媒体、网络媒体的沟通合作,整合社会其他部门、基层团组织等各方资源,制定实施少先队的新闻宣传工作制度,定期召开新闻发布会、新闻通气会,加强对主流传媒、大众传媒的资源整合,扩大少先队在少年儿童和全社会的影响力。④进一步推进少年儿童思想引领走向创新化。积极探索吸引、凝聚、引导少年儿童的文化新载体新手段,打造少年儿童文化活动特色品牌,广泛动员少年儿童参与校园文化、社区文化、乡村文化建设,不断引领少年儿童争当先锋、健康成长。

4. 加强农村学校少先队工作

①进一步夯实农村学校少先队的工作基础。推动农村每一所学校建立大队、中队和小队,在有条件的地方成立总队,同时鼓励少先队员根据自己的兴趣爱好就近就便成立假日小队。总队、大队、中队配备相应的专(兼)职辅导员。②因地制宜地制定农村学校少先队规范化队室建设标准,对队室、鼓号队、红领巾广播站、宣传栏、监督岗、读书角等阵地建设予以规范,鼓励农村学校充分利用丰富的自然资源和广阔的空间资源,建立红领巾苗圃、农作物实验基地等校外劳动实践基地。③实施农村基层辅导员培训计划,定期邀请少先队专家学者为农村基层辅导员提供免费培训,鼓励各级少先队组织结合实际开展培训辅导,着力实现全省农村少先队辅导员培训全覆盖。④紧密结合农村实际开展适应农村、适应少年儿童特点的特色活动,尽可能给基层发挥的空间,尽可能多地吸引少年儿童广泛参与。⑤规范"希望家园"建设,深入开展关爱农村留守儿童行动,发动各级少先队团队组织形式多样、内容丰富的关爱活

动，开展进城务工就业农民子女、农村留守儿童走访慰问、征文比赛、"给外出打工的爸爸、妈妈一封信"、辅导员与学生结对子、开通亲情电话、开展"独立教育"和"体谅父母教育"等主题活动，使留守儿童感受到少先队组织的温暖。⑥进一步引导城乡资源互补。开展以"同在一片蓝天下，手拉手共同成长"为主题的进城务工就业农民子女与城市少年儿童"手拉手"结对活动、优秀学生与留守儿童"一助一"结对，联系爱心企业、社会团体向农村学校捐赠学习材料、活动物资等。

5. 加强少年儿童心理健康教育

（1）进一步提高中小学校对少年儿童心理健康教育的重视程度。①鼓励、引导学校建立健全心理咨询室，注重提高心理辅导教师的业务水平，引导有条件的地区、学校配齐专业心理咨询师，硬软件双管齐下，提高心理咨询室的效用；②完善心理健康教育课程体系及辅导体系，将心理健康教育与普通学科教育相结合，提高学生对心理健康教育课程的认知度和接纳度；③定期开展心理健康信息采集，及时掌握少年儿童心理动态，并建立少年儿童心理档案，为掌握变化趋势、调整工作方向奠定基础；④结合少先队团队活动，鼓励引导学生参与同伴交往，注重对存在心理问题或苗头的学生的关怀和引导，使学生从繁重的学习任务中得到有益疏导；⑤通过成立家长学校、设立家长开放日、开放网络交流平台等，建立顺畅的家校沟通渠道，引导家长共同关注少年儿童的心理健康问题。

（2）进一步拓展少年儿童心理健康教育的社会平台。①依托街道、社区居委会等居民身边的平台，广泛建立起心理健康宣传教育基地，在有条件的地区试点开展社区心理咨询点建设；②依托少年宫、科技馆等少年儿童课余活动平台，将心理健康教育融入各类少年儿童喜闻乐见的活动当中，提高教育的有效性；③依托主题网站、官方微博、微信等新型网络平台，针对家长、学生等不同人群提供有针对性的教育咨询，使心理健康教育真正深入少年儿童身边。

（3）进一步引导社会力量参与少年儿童心理建设。①大力发动大学生志愿者，尤其是具有心理学、社会学等专业背景的大学生加入少年儿童心理健康关怀工作中，使大学生志愿者成为学校、社区心理健康教育的重要辅助力量；②依托专业社工组织，引入具有资质的社会人员参与健康辅导工作，组织开展心理咨询进社区、进学校、进农村等系列志愿服务活动，组织开展留守儿童特殊关怀行动，使少年儿童心理健康教育成为社会各界的共识，推动形成少年儿童心理健康教育品牌。

共青团广东省委少年部

执笔人：陈胜、杨扬、李群英

广东省团干部培训需求研究

一、调研的背景与目的

本次调研是在认真总结广东省以往团干部培训经验的基础上进行的,通过对培训的优势和不足的分析,再进行新一轮的调研,了解团干部培训需求的新特点、新情况,期望培训能够做到与时俱进。

（一）团干部培训的项目

广东省团校作为广东省团干部培训的根据地,面向各级团干部群体开展培训。针对广东经济社会发展的特点、青年群体的特征,尤其是团干部开展工作的能力和素质要求,重点开发了"共青团干部培训项目"、"青年领袖训练"、"青年志愿服务培训"、"社会工作者培训"、"青少年公民教育"、"历奇教育师资培训"等一系列培训项目,例如新上岗团县委书记培训班,为新上任的团县委书记尽快熟悉共青团的工作和青年工作提供服务；国有大型企业青年骨干培训班,如广州本田、粤电集团每年都组织大批青年干部（大部分是团干部）培训,以增强青年干部在青年工人中的带头作用；乡镇基层团干培训班,如东莞市、中山市团委组织乡镇一级的团委书记进行专门培训,以提升基层青年团干部的工作能力。

（二）团干部培训的特色

1. 培训内容丰富

培训前重视培训对象的需求分析,针对培训对象的实际情况设计课程、选派教师,实行"菜单式"教学,使培训更具有个性化和针对性。对青年干部,以提高政治素质、动员能力、群众工作本领为重点,围绕执政党的重大理论发展、重要决策部署进行专题学习,针对青年热点和青年工作中的重点难点课题进行深入研讨；对其他青年群体,以提高吸引凝聚青年的能力为重点,根据农村、企业、学校、社区等不同领域的工作需要,以案例式教学和经验研讨为主开展培训。

2. 授课方式新颖

坚持传统讲授与互动体验相结合，增强培训学员的参与性。运用国际流行的"历奇教育"等互动体验教学法，具有寓教于乐、针对性强、参与性高、效果明显的特点，使青年在培训中"经历有趣、体验乐趣、引发志趣"。

3. 运行机制合理规范

为确保培训质量，制定了较规范的培训运行机制，培训过程精细化管理、培训效果评估、课后服务、建立学员资源管理系统等。对学员反馈的信息进行认真分析，及时调整授课方法，完善各个教学环节。培训后多维评估效果，同时建立学员资料数据库，为学员答疑解难，提供后续的信息服务等。

4. 积极整合各种资源

利用团校师资、教学设施等软、硬件环境，利用QQ群等网络技术手段，创建广东团干部培训教育网络平台，丰富培训手段和载体，为团干部提供便捷的培训教育渠道和课程，开展灵活的网络学习交流。

（三）团干部培训存在的问题

1. 培训内容重理论

在实际工作中，不同地区、不同类别的团干部所需要掌握的具体知识是不同的，但在团干部培训中，内容主要是政治理论、团工作理论等，重理论轻实际，很难使团干部学以致用。

2. 培训的受众面不均衡

目前团干部培训主要由各个单位组织、选送，单位如果不重视团干部的培训，那么团干部学习提升的机会便会比较少；相反，如果单位重视，不仅能有更多培训的机会，而且也会有相应经费的支持，这种情况就会导致团干部培训的受众面极不均衡。

3. 培训需求缺乏科学分析

培训需求的调查分析是取得培训预期效果的前提和基础。但以往培训计划主要由任务来决定，于是，产生了"年初定方案、到时发文件、基层团干部听'令'而来"的随意现象。缺少与团干部就培训需求的沟通、调查和分析，难以满足不同层次、类别、岗位团干部对于培训的专门需求。

4. 培训理念相对落后

一方面，团干部自身对参加培训的意识模糊不清，他们经常身兼数职且工作繁多，有些来参加培训也是任务驱使，甚至一些团干部抱着急功近利的学习态度，企图通过几天的培训，就能得到"灵丹妙药"去解决他们工作中的疑点、难点问题；另一方面，部分单位对团干部培训不重视，认为团的实践工作与培训交流关系不大，团组织工作的看点和荣誉都来自有影响力的活动，只要有声有色地举办几次活动就可以了，使得大部分团干部培训都是任务导向型，为了完成培训任务而进行培训。

二、2013年广东省团干部培训需求调研的基本情况

本次调研采取问卷调查与座谈、个别访谈、网络调查等相结合的方式，调研的范围遍布全省，涵盖珠三角、粤东、粤西、粤北地区；选取的对象包括省、市、区（县）、镇（街）及企业、机关、学校、"两新"组织等各级团干部、青年，重点是基层对象。本次调研共发放问卷594份，其中纸质问卷328份、网络问卷266份，参加座（访）谈的团干部共38人，形成的座（访）谈纪要共3份。回收问卷共593份，其中有效问卷为591份。

参与本次调研的人员男女的比例为56∶44；就年龄结构来看，"70后"占13.4%，"80后"占78.0%，"90后"占8.5%，其他年龄段占0.2%；就政治面貌来看，中共党员占72.3%，共青团员占24.3%，民主党派占0.3%，群众占3.1%；就文化程度来看，研究生毕业及以上的占8.5%，本科毕业的占73.5%，专科毕业的占13.8%，高中、中专、中技、职高毕业的占4.1%；就专兼职情况来看，专职团干部占30.1%，兼职团干部占69.9%。

参与本次调研的团组织主要分布在珠三角地区，其比例达到62.8%，其他参与调研的团组织分别来自粤东、粤西、粤北地区，比例分别是10.3%、20.7%、6.2%；但本次调研的团组织所属类型分布广泛，其中省直占12.7%，地市占14.1%，县区占18.8%，镇级占21.8%，街道占1.4%，事业单位占9.4%，企业单位占12.4%，社团组织占4.2%，其他占5.1%。

调查表明，广东省来自不同地区、不同组织类型的团干部，在影响培训的因素、参加培训的需求、个人最需要提升的能力等方面的选择上各有差异，通过对这些相同点与不同点的比较分析，可以总结以往培训的经验，发掘以往培训的问题，为未来团干部的培训奠定良好的基础。

三、调研问卷反映的情况及分析

（一）团干部联系青年的方式

1. 传统的联系方式依然占据主导地位

调查表明，当前广东省团干部与青年的联系方式多种多样，特别是随着近些年来志愿服务的发展，志愿服务的"全民性"开始凸显，全社会对志愿服

务的认知程度已大大提高，其中青年志愿者活动以"奉献、友爱、团结、互助"为宗旨，以志愿服务的方式参与社会生活，奉献个人力量，是青年人参与社会实践、锻炼个人综合品质和道德品格的良好载体活动。因此，青年志愿活动也成为团干部联系青年的主要方式，所占的比例达到了16%。同时，从表1和表2中，可以清楚看出来自不同地区、不同团组织类型的团干部结识、联系青年的方式基本一致。通过数据的对比分析，可以发现开会、文件、体育活动、文娱活动等仍是团干部联系青年的主要方式，累计的比例之和达到了40%，这表明传统文体类活动仍然是联系的主要手段。

2. 利用新媒体等手段联系青年有待进一步加强

虽然网络已经广泛普及，但是利用互联网手段联系青年的比例却不高，仅占6%左右（见表1、表2），表明团干部在运用新媒体技术与青年沟通、联络、交流方面有很大的提升空间。同时，这也对共青团事业提出了更高的要求，对传统的工作方式提出了新的挑战。在网络时代，青年的许多需求和利益都是通过网络来满足、来实现，因此也需要团干部充分利用新媒体拓展服务青年的渠道。

（二）团干部对培训内容的需求

1. 注重培训内容的实用性

调查表明，广东省团干部在培训课程的选择需求方面基本一致，其中团干部最渴望的是"活动策划与创新"类的课程，无论是来自不同地区，还是不同团组织类型的团干部，这一比例均达到了33%（参见表3、表4），远远高于其他培训课程的需要。这表明，团干部因实际工作的需要，要经常参与活动的组织、策划等工作，如何更好地吸引青年参与活动，并在活动中引导青年，就成了困扰团干部的主要问题，因此，培训中就更加希望设置此类课程，以解决工作中的困惑。在团干部的访谈中，相当一部分团干部的建议也凸显了对培训内容实用性的需求。

2. 渴望提升自身的管理水平

因为共青团是党的助手和后备军，广大团干部要充分发挥桥梁纽带作用联系青年、管理青年，但是青少年正处于思想躁动期，对事物的认识不够全面，容易产生偏执、孤僻等心理。因此，加强青年团员的管理教育，就需要团干部不断提高自我管理水平和管理能力，在"团干部最需要的培训课程"调研中，"现代管理知识"类课程的比例达到了15.6%，特别是对于工作在珠三角地区的企业单位、街道等团组织类型中的团干部来说，这一需求更高，最高的比例接近25%（见表3）。

表1 不同地区团干部与青年主要联系方式的选择情况（单位：%）

地区	文件	体育活动	文娱活动	开会	志愿者活动	旅游	团支部	培训班	通过团干	组织学习	收缴团费	互联网	一起劳动	相同爱好	其他
珠三角	7.7	10.2	15.3	10.1	15.2	2.0	9.0	4.3	4.6	6.4	1.8	6.5	3.7	3.0	0.1
粤东	6.5	5.1	10.9	11.6	17.4	3.6	12.3	5.8	4.3	5.8	1.4	5.2	2.9	4.3	0
粤西	6.0	7.9	13.9	12.0	18.7	1.9	6.4	4.9	7.1	7.9	1.1	5.2	3.4	3.7	0
粤北	4.4	7.8	13.3	7.8	23.3	1.1	10.0	3.3	7.8	7.8	0	6.7	3.3	3.3	0
平均	7.0	9.0	14.4	10.5	16.7	2.1	8.9	4.5	5.3	6.7	1.5	6.4	3.5	3.3	0.1

表2 不同团组织类型的团干部与青年主要联系方式的选择情况（单位：%）

团组织类型	文件	体育活动	文娱活动	开会	志愿者活动	旅游	团支部	培训班	通过团干	组织学习	收缴团费	互联网	一起劳动	相同爱好	其他
省直	2.3	12.9	20.5	9.4	7.6	1.8	13.5	3.5	4.1	7.0	0	7.0	4.7	5.8	0
地市	8.5	10.2	11.3	10.7	19.8	4.0	3.4	7.9	6.8	4.5	0.6	4.0	6.2	2.3	0
县区	10.5	5.3	14.0	12.3	17.5	0.9	7.5	2.6	6.1	7.5	3.5	4.8	1.8	5.7	0
镇级	5.3	9.9	12.1	11.3	22.3	2.1	8.9	2.8	6.0	5.3	0.7	7.8	1.4	3.9	0
街道	6.7	6.7	13.3	13.3	13.3	0	13.3	26.7	6.7	0	0	0	0	0	0
事业单位	3.0	7.6	16.7	11.4	14.4	1.5	16.7	4.5	6.1	7.6	0	6.1	3.8	0.8	0
企业单位	5.6	13.6	15.8	10.2	13.6	4.0	5.6	5.6	2.3	8.5	0.6	9.6	3.4	1.7	0
社团组织	12.1	3.0	16.7	1.5	12.1	1.5	4.5	6.1	9.1	12.1	9.1	3.0	7.6	0	1.5
其他	18.2	4.5	7.6	13.6	16.7	1.5	15.2	6.1	4.5	3.0	1.5	4.5	3.0	0	0
平均	7.1	9.1	14.4	10.7	16.4	2.2	9.0	4.7	5.5	6.6	1.4	6.2	3.4	3.2	0.1

表3 不同地区团干部在最需要的培训课程方面的选择情况（单位:%）

地区	政治理论、政治形势	现代管理知识	团工作理论与实务	品牌项目建设与管理	活动策划与创新	个人修养与发展	新媒体新技术应用	其他
珠三角	10.0	18.8	10.6	12.9	32.0	8.0	7.7	0
粤东	6.6	12.3	14.2	18.9	30.2	6.6	11.3	0
粤西	9.7	9.2	11.2	17.3	36.7	8.7	7.1	0
粤北	6.5	9.7	17.7	8.1	38.9	4.8	14.5	0
平均	9.3	15.6	11.6	14.1	33.2	7.8	8.4	0

表4 不同团组织类型的团干部在最需要的培训课程方面的选择情况（单位:%）

团组织类型	政治理论、政治形势	现代管理知识	团工作理论与实务	品牌项目建设与管理	活动策划与创新	个人修养与发展	新媒体新技术应用	其他
省直	8.2	18.7	9.0	13.4	33.6	6.7	10.4	0
地市	13.8	8.7	7.2	13.8	39.9	8.0	8.7	0
县区	10.4	12.3	11.0	14.9	34.4	9.1	7.8	0
镇级	6.9	11.0	14.7	14.7	34.4	6.9	11.5	0
街道	25.0	25.0	8.3	8.3	25.0	0	8.3	0
事业单位	10.6	13.8	14.9	13.8	30.9	6.4	9.6	0
企业单位	2.8	24.1	11.1	13.0	29.6	13.0	6.5	0
社团组织	16.7	14.6	22.9	12.5	27.1	6.2	0	0
其他	10.3	37.9	3.4	17.2	24.1	3.4	3.4	0
平均	9.4	15.7	11.5	14.1	33.1	7.7	8.5	0

（三）团干部对培训形式的期望

1. 倾向于亲身体验和实践

在调查中了解到，来自不同地区和不同团组织类型的团干部，都更加希望通过"体验式互动课程"提升知识，这一比例均为27%；其次，团干部更愿意通过"参观考察"进行培训，比例也达到了24%（见表5、表6）。在对团干部进行访谈时，也体现出了这一诉求。

同时,在倾向于实体培训还是网络培训的选择中,有73.5%的团干部选择了实体培训,仅有17.3%的团干部选择了网络培训。这表明,大多数团干部希望参与有更多互动的培训,希望亲自体验、亲身实践,希望培训形式能有更多的创新,而不是以传统的讲座报告、专题讨论、理论授课等形式为主。

表5 不同地区团干部在培训形式方面的选择情况(单位:%)

地区	专家演讲报告	理论专题授课	体验式互动课程	参观考察	经验交流会	学员论坛	其他
珠三角	13.1	11.3	28.1	22.6	17.1	7.9	0
粤东	19.7	9.1	22.7	28.8	16.7	3.0	0
粤西	17.5	6.1	26.3	26.3	20.2	3.5	0
粤北	15.4	10.3	30.8	25.6	12.8	5.1	0
平均	14.8	10.0	27.3	24.2	17.3	6.3	0

表6 不同团组织类型的团干部在培训形式方面的选择情况(单位:%)

团组织类型	专家演讲报告	理论专题授课	体验式互动课程	参观考察	经验交流会	学员论坛	其他
省直	12.5	12.5	29.2	20.8	17.5	7.5	0
地市	20.8	8.3	29.2	16.7	18.8	6.2	0
县区	18.9	11.1	24.4	26.7	13.3	5.6	0
镇级	14.3	10.3	26.2	25.4	20.6	3.2	0
街道	25.0	16.7	16.7	16.7	0	25.0	0
事业单位	19.4	5.6	33.3	16.7	25.0	0	0
企业单位	14.7	1.3	30.7	28.0	14.7	10.7	0
社团组织	7.1	4.8	26.2	31.0	28.6	2.4	0
其他	9.8	27.5	21.6	25.5	5.9	9.8	0
平均	14.8	10.5	27.2	24.0	17.2	6.3	0

2. 希望增加与同行的经验交流

通过表5、表6的对比,可以发现选择"经验交流会"的比例达到了17%,这表明大多数团干部希望有更多的机会与同行交流各自的工作经验与技巧。因为大家的工作性质相同,工作任务相似,所以同行们的成功经验可以较快地在自己的工作中得到借鉴,甚至取得良好的工作效果。在访谈中,有很多团干部也表明了这样的想法。

（四）团干部参加培训的影响因素

1. 对自身的帮助

调查表明，来自不同地区和不同类型团组织的团干部参加培训最优先考虑的因素中，排名第一位的是"对实际工作的指导作用"，比例达到了30%；第二位的是"对个人的启发和帮助"，所占比例为25%（见表7、表8）。这表明，团干部确实希望通过各种培训真正收获对工作和个人有实际帮助的内容。

表7 不同地区团干部组织或参加培训最先考虑的因素的选择情况（单位:%）

地区	培训费用	培训课程	培训形式	对实际工作的指导作用	对个人的启发和帮助	培训场地及食宿条件	其他
珠三角	13.3	16.3	11.5	29.4	25.5	4.0	0
粤东	10.0	17.8	14.4	32.2	21.1	4.4	0
粤西	15.9	11.9	13.1	29.5	27.3	2.3	0
粤北	13.0	11.1	3.7	37.0	29.6	5.6	0
平均	13.5	15.2	11.7	30.2	25.7	3.8	0

表8 不同团组织类型的团干部组织或参加培训最先考虑的因素的选择情况（单位:%）

团组织类型	培训费用	培训课程	培训形式	对实际工作的指导作用	对个人的启发和帮助	培训场地及食宿条件	其他
省直	3.4	15.3	9.3	38.1	30.5	3.4	0
地市	12.1	12.1	17.2	34.5	22.4	1.7	0
县区	20.7	14.0	9.3	24.0	25.3	6.7	0
镇级	20.7	14.0	9.3	24.0	25.3	6.7	0
街道	15.2	12.4	9.5	33.3	25.2	4.3	0
事业单位	16.7	25.0	8.3	25.0	25.0	0	0
企业单位	9.2	19.7	13.2	30.3	26.3	1.3	0
社团组织	12.0	16.0	20.0	25.0	21.0	6.0	0
其他	14.6	10.4	4.2	35.4	33.3	2.1	0
平均	14.3	14.2	11.4	30.1	25.6	4.4	0

2. 培训费用

通过对表7、表8分析，也可以发现来自县区和镇级的团干部对培训费用考虑得更多,所占比例达到了20.7%,而省直的团干部则相对考虑较少。同时,在"影响您参加培训的主要原因"的调查中,"缺乏费用"排在第三位,所占比例达到了16.60%(见图10),表明来自不同地区和不同类型团组织的团干部参加培训时,也会受到经费的限制。

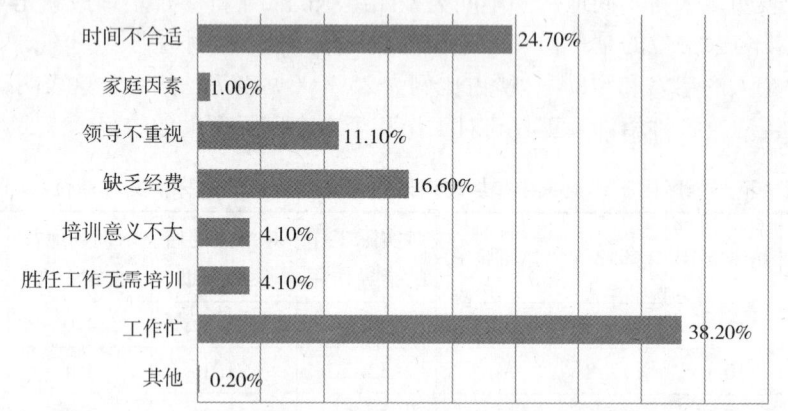

图1　影响培训的主要原因

3. 培训时间和实施机构的选择

此外,在对培训实施机构和培训时间的调查中,发现团干部最希望的培训实施机构是党校,比例为33.30%;其次是团校,比例为25.00%;第三是本单位,比例为20.80%;第四是高校,比例是16.70%;最后是培训机构,比例仅为4.20%(见图2)。共青团是党的助手和后备军,团干部更倾向于在党校参加培训,表明广大团干部愿意发挥其桥梁纽带作用。

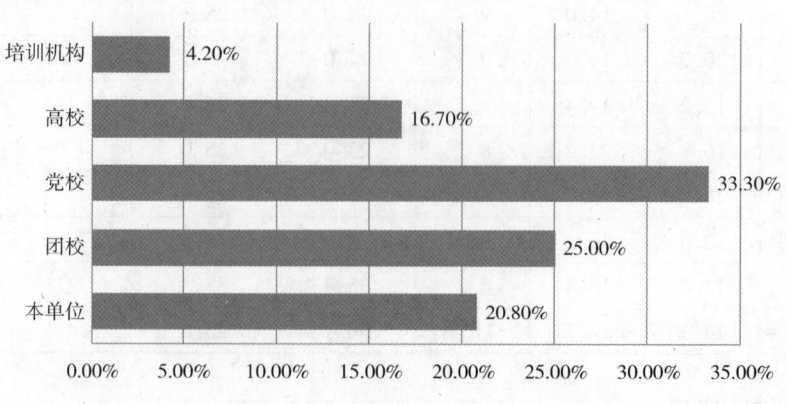

图2　希望培训的实施机构

在培训时间上，团干部普遍希望培训的时间为 3～7 天，所占比例高达 49.70%；其次是 2～3 天，比例为 37.50%（见图 3）。同样在访谈中，也有一些团干部表示了相同的想法，绝大多数团干部更希望培训能得到时间上的保证。

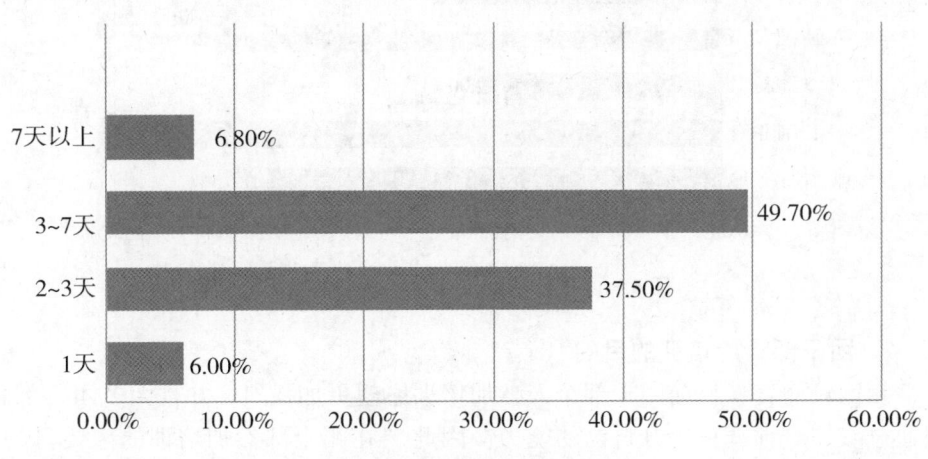

图 3　希望培训的实施时间

（五）团干部参加培训的个人诉求

1. 团干部工作中力不从心的原因

部分团干部不注重提高自身素质，知识老化脱节，跟不上时代发展的步伐，缺乏创新意识、开拓意识，缺乏迎难而上的勇气，工作起来明显感到力不从心，主动性不强，一定程度上存在"畏难情绪"、"有心无力"现象。

调查表明，团干部在工作中感到力不从心的原因中，排在前面的分别是：知识面偏窄（23.30%）、缺乏专业知识（20.90%）、理论功底不够（18.70%），这三个方面表明团干部自身的业务素质和知识储备水平亟待提高（见图4）。面临新问题、新困难时，如果不能充分发挥自身主观能动性，缺乏对自身工作职责和培养合格社会主义事业接班人重要地位的深入认识，走老路、没创新，就不能发挥团组织所特有的凝聚力和号召力，团员也感受不到先进性的荣誉感和责任感，最终团干部自己也会觉得没有成就感，工作中就没有积极性。

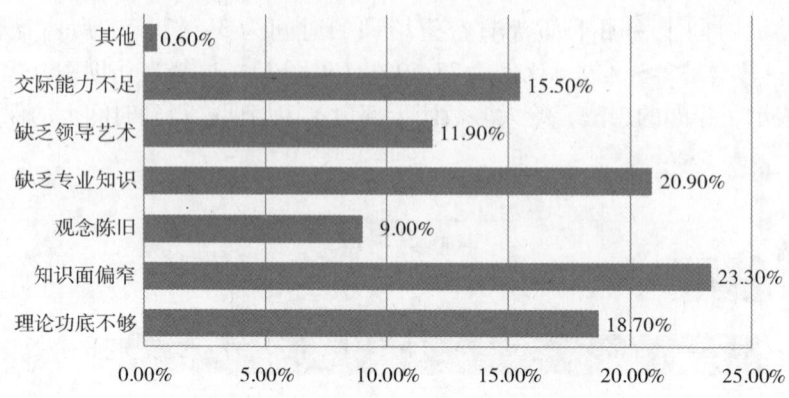

图 4　团干部感到工作力不从心的原因

2. 团干部参加培训的目的

相比较而言，目前团干部个人参加培训愿望更加强烈，并且大多团干部希望通过参加培训真正提升自己的能力。因此"在团干部参加培训的主要目的"调查中，"增强工作能力"就成为最为迫切的需求，所占比例为36.10%；"更新知识"的比例也达到了23.50%；"同行交流增进友谊"，互相学习、取长补短，也是团干部参加培训的重要原因（见图5）。

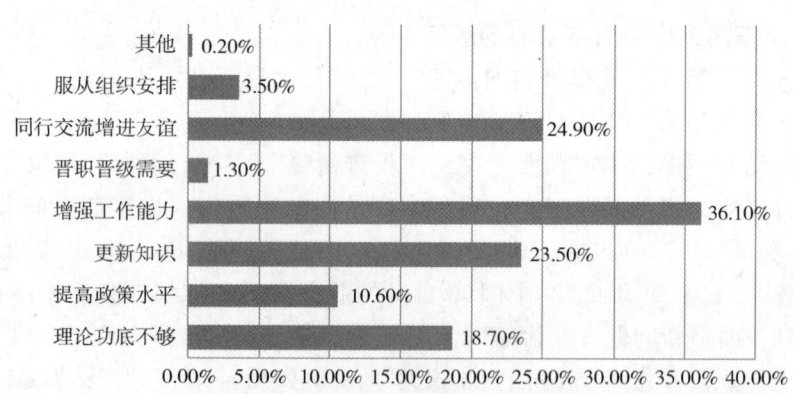

图 5　团干部参加培训的主要目的

3. 团干部个人最需要提升的方面

通过以上分析，结合"团干部个人最需要提升的方面"的调研，表明来自不同地区和不同团组织类型的团干部一致认为最需要提升的方面是"团的活动策划技巧"，所占比例接近27%；其次是"团建创新的方法"，比例接近26%（见表9、表10）。这表明，团干部在培训过程中十分渴望提升实际工作的方法和技巧，渴望培训能对工作有实际的帮助。

表9 不同地区团干部在最需要提升的方面的选择情况（单位:%）

地区	团的基本理论和基础实务	团建创新的方法	团的活动策划技巧	团的调查研究能力	团的公文写作能力	合作和沟通技能	其他
珠三角	10.8	28.5	25.1	8.8	8.6	18.4	0
粤东	7.8	24.4	31.1	5.6	6.7	24.4	0
粤西	6.0	20.9	29.1	8.2	13.7	21.4	0.5
粤北	10.3	17.2	32.9	8.6	6.9	24.1	0
平均	9.5	25.9	26.9	8.3	9.3	19.9	0.1

表10 不同团组织类型的团干部在最需要提升的方面的选择情况（单位:%）

团组织类型	团的基本理论和基础实务	团建创新的方法	团的活动策划技巧	团的调查研究能力	团的公文写作能力	合作和沟通技能	其他
省直	5.4	30.8	34.6	8.5	3.8	16.9	0
地市	6.1	23.5	20.5	6.1	18.9	25.0	0
县区	13.9	28.5	24.3	9.7	7.6	16.0	0
镇级	9.8	21.1	28.9	7.2	9.8	22.7	0.5
街道	8.3	25.0	25.0	0	25.0	16.7	0
事业单位	10.9	26.1	31.5	8.7	4.3	18.5	0
企业单位	7.4	23.8	27.0	7.4	8.2	26.2	0
社团组织	20.5	15.9	34.1	6.8	4.5	18.2	0
其他	12.0	44.0	8.0	18.0	14.0	4.0	0
平均	9.7	25.9	26.8	8.3	9.3	19.9	0

四、今后培训的需求分析和相关对策建议

（一）目前的培训需求

1. 团干部有强烈的培训需求

目前，国际形势复杂多变，国内在改革开放的进程中也面临着一些新的情况和问题，围绕如何在新时期团工作的特点和事业发展的需要，以及如何贯彻落实党中央在现阶段对团工作提出的新要求，团干部对新知识、新方法等方面的学习表现出浓厚的兴趣，培训市场潜力巨大。

2. 对培训内容实用性的需求较为突出

"您参加培训的主要目的"的调查表明:"增强工作能力"占 36.10%,"同行交流增进友谊"占 24.90%(见图 5),可见在团干部的培训中对增强工作能力这种实用性的需求还是较为突出的。

3. 要求培训形式多样化

传统的专题讲座加研讨考察的培训模式已无法满足需求,团干部培训在培训模式上要有所突破,期望培训以多样化的形式呈现。在"您愿意选择以下哪些培训形式"的调查中表明,选择"体验式互动课程"的最多,占 27.30%;其次是"参观考察",占 24.30%(见图 6)。随着时代进步,团干部对培训的形式要求越来越高,一方面在当前多元的社会文化下,多样性的培训方式更容易调动培训者的积极性;另一方面,多样性的培训形式拓展了培训的内容,也增强了培训的效果。

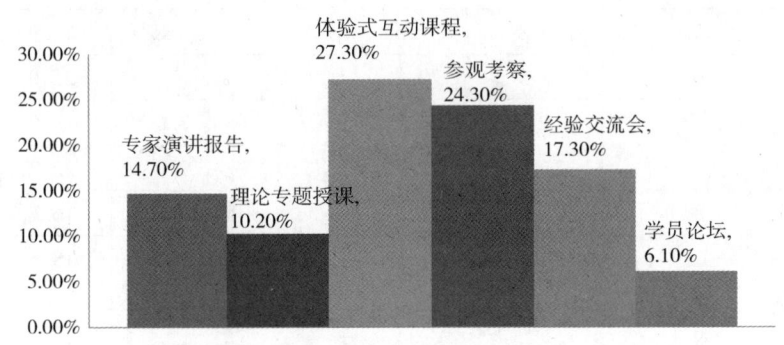

图 6　团干部愿意选择的培训形式

(二) 今后培训建议

1. 强化培训理念

从国家的振兴和个人的发展来看,学习是一个永恒的话题,因此团干部及送训单位应该从思想上认识到培训的重要性,强化培训的内生动力。

(1) 发挥送训单位的促学作用。送训单位即团干部所在单位,负责派遣团干部参加各级各类的学习培训。送训单位对团干部的培训观念和态度,决定着参训干部的学习动力乃至个人成长,进一步而言,团干部教育培训的有效性在很大程度上取决于送训单位的认同与支持。因此,送训单位在干部教育培训上应当树立学习型组织的理念,避免将团干部的培训看作一种必须完成的工作任务,而是应当将培训当作一种常规的安排列入工作计划中,大力发展促学作用，以提高参训学员的能力素质。

（2）强化学员的内生动力。团干部培训有效性的提升，根本目的在于提高参训学员的能力素质；而参训学员能力素质的有效提升，关键在于解决好自身参训的思想意识问题，因此，参训学员应不断提高学习动力，提升思想境界。首先，参训学员应树立人力资本投资的理念，充分认识到学习培训对于能力提升、素质培养、个人成长、职业发展的重要作用，从而激发参训的内生动力；其次，参训学员应树立终身学习的理念，在培训中提升能力素养，在思考中萃取思想精华；最后，参训学员还应树立"在竞争中求生存"的理念，认识到只有不断加强学习，才能实现自我更新和人格塑造，从而在日益激烈的人才竞争中脱颖而出。

2. 突出培训实效性

对团干部的培训应坚持"以人为本"、"按需施教"的原则，对问卷进行统计和分析后发现，在"培训课程有待改进方面"的调查中，认为"理论程度应深化"的占10.60%，"实用程度应加强"的占45.20%，"讲师水平应提高"的占6.80%，"形式应多样化"的占37.10%，可见团干部的培训对实用性的需求还是较为突出的（见图7）。

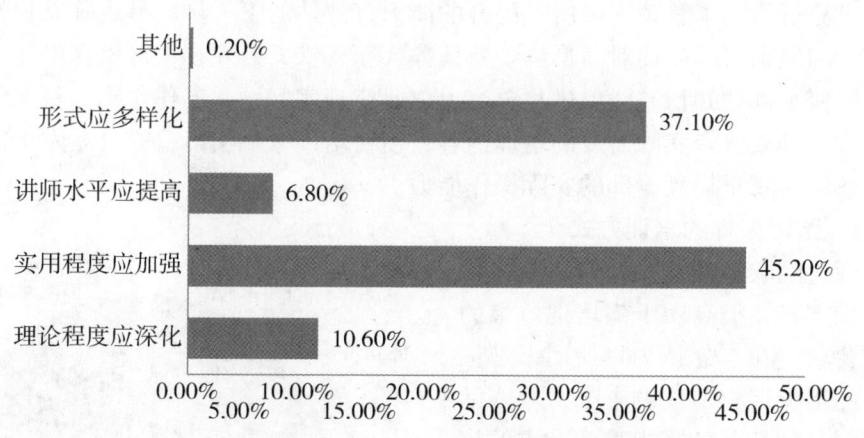

图7 团干部认为培训有待改进的方面

如何使培训达到参训人员的预期，是培训课程在制度和设置的过程中必须去面对和思考的问题，可以从以下三个方面突出培训的实效性：

（1）调研培训需求。培训需求是指特定工作的实际需求与任职者现有能力之间的距离，即理想的工作绩效是实际工作绩效和培训需求的总和。调研培训需求就是在规划和设计培训活动之前，运用多种分析的方法，根据参训人员的需求制定培训方案的活动。培训需求的调研,是科学设置培训内容、增强培训效能的前提和基础。团干部在参加培训前往往都有特定的需求项目。在培训前,培训单位应当通过问卷、电话、访谈、走访等多种方式将学员集中关注的问题进行综合整理,了解参训人员的需求。逐步建立团干部培训需求调研制度,在动态中了解和把握干部培训需求。培训后可采取召开座谈会、回访等多种方式,调查受训对象对培训效果的评价及建议。

(2)遴选培训主题。培训项目需求调研是为了顺利完成培训项目,而对培训主题的遴选则是从战略出发,在全面、客观的培训需求分析基础上做出的对培训时间、培训地点、培训者、培训对象、培训方式和培训内容等的预先系统设定,同时,也回答需要多少资金、具体操作流程、注意事项等基本问题。遴选培训主题,应根据参训团干部的需求,适时推出专题项目的开发和研究,加强专题项目开发的针对性、适应性和前瞻性,加大专题项目更新的力度,以干部需求为导向,合理安排培训内容,增强培训的针对性。

(3)制定培训目标。根据培训需求,开发培训项目,并确立培训目标。培训目标是指培训活动的目的和预期成果。目标可以针对每一培训阶段设置,也可以面向整个培训计划来设定。培训是建立在培训需求分析的基础上的,培训需求分析明确了管理人员所需提升的能力,评估的下一步就是要确立具体且可测量的培训目标。面对新形势、新任务、新要求,必须在干部培训中突出新知识,使干部的知识与时俱进。要突出以研究现实问题和工作实际为重点的培训内容,确立符合实际需要的培训内容,使得培训紧贴实际,充分激发干部学习的热情,真正提高干部的实际操作能力。

3. 整合多样的培训方式

通过问卷调查可见,开辟多样化的培训方式是提高团干部培训效果的内在要求。在"您认为目前团干部最需要的培训课程"的调查中,对"活动策划与创新"的需求最多,占的比例为33.30%;其次是"现代管理知识",占15.70%(见图8)。

在团干部的培训中,如何适应新形势新任务的需要,不断推进教学改革,努力提高教学质量,是一个亟待解决的问题。从培训方而言,应当根据团组织所在地区、团组织所属类型

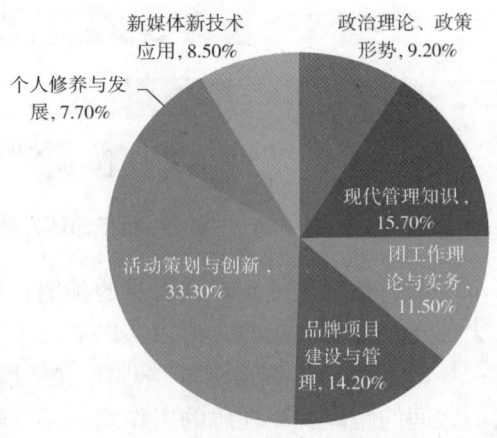

图8 目前团干部认为最需要的课程

的不同特点以及培训需求,配合教学内容,创新培训方式,着力体现以"学员为中心"的培训理念。

(1) 多种培训方式相结合。传统的专题讲座加研讨考察的培训模式对团干部能力与素质的培训不尽完善,因此培训方式应逐步转向教员、学员双向互动交流的模式,更多地融入"参与式培训教育"、"历奇拓展训练"、"时事讲座"和"经验交流",着力于学员资源开发,使青年干部真正得到锻炼,实现教员与学员、学员与学员之间的信息共享,从而实现经验互补、相互促进、共同提高。

(2) 灵活的培训手段。团干部的培训除了实体培训外,还可以强化网络培训。除此以外,还可以组织有针对性的短期实体培训班,面向同等级、需求相似的团干部不仅可以大大缩短所需的培训时间,也有利于学员的经验交流,有利于从不同的实践中互相学习。

(3) 培训的内容应与时俱进。培训内容及方案的建立要以理论基础、世界眼光、战略思维、业务能力为框架,培训内容的设置要以促进经济社会发展需求为导向,突出时代特点,紧密联系改革发展中凸显的热点、难点问题来设计培训的内容和方法,既要着眼于提高能力、改变观念、开阔视野,又要加快推广个性化、差别化的按需培训,提高团干部在不同时期所需要掌握的解决实际问题的能力。

(4) 建设专门的实训基地。实训基地是由不同类别的实验实训室组成的,用于团干部工学结合实践技能的场所。实训结合了课堂教学和实践教学的优势,通过模拟实际工作环境,采用来自真实工作项目的实际案例,教学过程理论结合实践,更强调受训人员的参与式学习,能够在最短的时间内使受训人员在专业技能、实践经验、工作方法、团队合作等方面得到提高。在广东,对团干部实训基地的建设一方面要发挥广东省强大的学科实力和优质教学资源、毗邻港澳和国际化办学的优势;另一方面,实训基地应当严格按照相关要求并结合团干部队伍建设实际,开发优质课程、创新培训方式,不断探索新时期干部教育与成长规律。

4. 解决工学矛盾

此次调查中发现了一个比较严重的问题,那就是工作与学习之间的矛盾比较突出。在"影响您参加培训的主要原因"的调查中,认为"工作忙"而影响培训的占38.20%,"胜任工作无需培训"占4.10%,"培训意义不大"占4.10%,"缺乏经费"占16.60%,"领导不重视"占11.10%,"家庭因素"占1.00%,"时间不合适"的占24.70%(见图1)。可见"工作忙"、"时间不合适"、"缺乏费用"是影响团干部参加培训的主要原因,同时目前有很多单位的团干部都是兼职人员，工作压力很大。

对此我们可以从多方面进行思考以解决这种工学矛盾：

（1）培训讲师团下基层。若团干部没有时间参加专门的培训，那么可以通过培训单位的实际调研，整合团干部的实际困难和问题，制定有针对性的培训。培训讲师团下基层，让基层团干部不出家门就可以享受到行业专家、权威学者所分享传授的前沿知识与权威决策，通过这种主动的培训方式为团干部搭建一个沟通、学习和交流的平台，不断将优质资源引入一线。

（2）发展网络培训的方式，建立网络学院。调查表明，多数团干部因工作忙，培训时间受到限制，因此，我们建议开发相关的网络培训课程，建立网络学院，让团干部可以合理安排工作与学习的时间。网络课程可以最大程度地共享相关的课程资源、工作经验，从而使团干部受益的范围更广。

（3）设置专项培训经费。在"影响您参加培训的主要原因"的调查中，"缺乏经费"的比例达到16.60%，可见，大多数团干部无法参加培训也受到经费的限制，因此，建议共青团广东省委员会设置专项培训经费，保证每个团干部都有机会参与培训。专项经费应倾斜于粤东、粤西、粤北地区和县区级以下的团组织，保证来自不同地区和不同类型团组织的团干部参加培训的机会均等。

5. 建立培训的师资库

授训的师资是决定培训效果的一个重要因素，在"您更愿意听谁的讲座"的调查中，选择"领导干部"的占8.50%；选择"高校教师"的占9.20%；选择"党团校教师"的占8.40%；选择"有经验的同行"的占22.10%；选择"职业培训师"的占13.60%；选择"先进英模人物"的占10.40%；选择"社会知名人士"的占17.10%；选择"企业家"的占10.50%（见图9）。

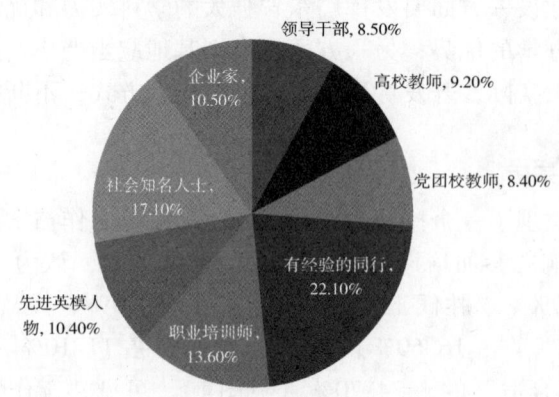

图9　团干部希望开设讲座的对象

可见，参训的团干部对培训师资的要求是多样化的，从另一个侧面也反映出团干部培训一定要注重师资力量的建设。首先，应当建立对团干部的培训师资库，整合教师、杰出的团干部、党校、团校、企事业单位知名人士等多种优质的师资资源，实现教学资源的共享共用，优化区域资源整合，构建资源统筹、优势互补、互通有无、实现共享的新格局，提高团干部的培训效果。其次，提供教师到基层团组织实习的机会。部分教师缺乏基层团工作的实践经历，对团干部培训规律、培训方法、培训技术和团干部成长规律的深入研究不够，导致讲课时针对性不强，理论联系实际不够，不能满足团干部的培训需求。因此，共青团广东省委员会可以提供一些机会给这类教师去基层团组织中工作和实习，可以让他们充分了解团组织和团干部的实际情况。最后，培训单位应当形成一套系统、发展的培训机制，对培训师资的建设有系统的规划，不断地提高教员队伍的教学水平，以适应不同需求的团干部培训工作。

广东省青年职业学院

执笔人：陈春霞、张悦、潘晶晶

广东省公募基金会的现状、发展及对策研究

一、导 言

(一) 研究背景

近年来,随着我国社会经济的发展,各类慈善基金会得到了迅速发展,为和谐社会发展做出了巨大的贡献。目前国内已经有很多针对基金会的研究,但主要是对我国基金会的发展历程的回顾,并对其存在的问题进行探析;另一方面则是通过介绍国外的基金会的发展经验,通过国内外的对比,探讨哪些经验可以借鉴,以探索国内基金会的发展路径。但是已有的研究大多以比较有代表性的基金会,诸如中国青少年发展基金会、中国红十字会、壹基金作为个案进行研究,以此总结出全国范围内的公募基金会的发展态势。然而,对于区域内的公募基金会的发展,却很少有研究涉及,目前各地区的公募基金会达到何种水平、各自有何特色、它们所面临的问题是否有共性等方面,还有待进一步的探究。

公募基金会是慈善基金会的重要组成部分,了解和研究公募基金会的发展状况和发展趋势,具有重要的理论意义和现实意义。为了了解广东省公募基金会的发展现状,研究当前公募基金会发展所遇到的问题和困难,本课题组受广东省青少年发展基金会的委托,对广东省公募基金会的发展现状、存在问题以及对策进行研究。

(二) 研究方法

本课题采取文献研究、问卷调查、结构式访谈、比较研究的方法。一是全面收集广东省公募基金会及国内外公募基金会的工作和实践资料;二是个案调查和对部分公募基金会(重点为广东省青少年发展基金会)相关工作人员的访谈;三是比较国内外公益性基金会实施运作的机制和模式,为广东省公募基金未来的发展提供建议。

为了解省内的基金会的发展现状，同时为了获得关于基金会较为深入的资料，课题组主要采用结构式访谈的方式，同时对其他的公募基金会进行了小范围的问卷调查。访谈提纲包括四大类，涵盖了基金会的基本情况、项目涉及的领域及其执行与评估、基金会内部运作与管理、资金筹集与管理方式等方面。通过对这几个部分的调查，课题组可以大致了解目前基金会的运行模式及内部结构的状况，分析它们对项目目标的执行、机构内部组织间相互协调的情况，以对目前广东省公募基金会的发展现状做一评估。

课题组了解到，目前广东省的公募基金会集中在儿童、医疗卫生与救灾、助弱等方面，在挑选访谈对象的时候，课题组主要选择了这些领域的基金会作为抽样总体。

二、广东公募基金会的发展现状

（一）概况

截至2013年7月底，根据广东省民政局公布的信息，广东省目前已经登记的基金会有312家，其中属于公募基金会性质的有104家，这些基金会有48家在2000年以前成立，省级基金会有28家，市级的以广州、深圳为多数，分别是20家和14家，占总数的32.7%，其次就是汕头、肇庆、东

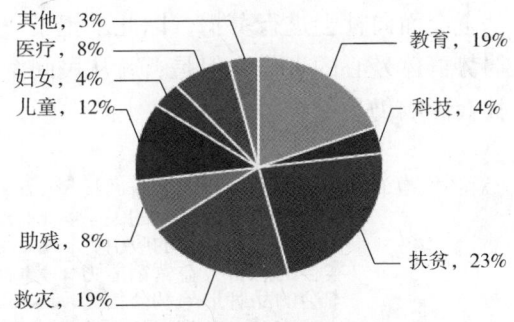

图1　广东省内基金会涉及领域

莞、佛山等地。在广东省基金会的类型中，以扶贫、促进教育发展、鼓励见义勇为行为、青少年发展、救灾等为主要目标，但还包括禁毒、科技发展、志愿者事业等其他内容，总体来说种类多样，涵盖了公共生活的很多方面（见图1）。这些公募基金会大多以政府职能部门为业务主管。

（二）发展现状

1. 资金基础

广东省基金会主要项目涉及的领域在扶贫、救灾、助残等方面，和传统的慈善组织所涉及的范围相似。基金会成立时的原始资金几乎全是政府资助的，为400万元左右，之后的组织收入主要依靠国内企业与个人的捐款，年收入多

是在100万～500万元。基金会对资金的保值增值方式最主要的是采用银行存款,有时也会采取投资实业、购买银行的理财项目和股票等方式,从中可以看出基金会对于资金管理的方式还是比较保守的。这可以从公募基金会的公益性质来解释,它不以营利为主要目的,它的公益性需要它有稳定的资金来源,而投资的风险与不稳定会使基金会的项目执行无法预测。

就募集资金过程中起作用的因素来看,基金会主要还是依靠政府及有关部门的支持,通过行政的力量带动捐款。从这一点来说,这些基金会对政府的依赖性较大、需要政府扶持,自主性、自立程度不足。其他因素中,基金会认为自身的品牌形象、项目的吸引力和与捐赠单位的个人关系也发挥了效果(见图2),以上四种方式几乎涵盖了基金会收入的所有来源。就品牌形象和项目吸引力来说,基金会的项目已获得了较为广泛的公众认可,才能接收到群众的捐赠。捐赠单位因为与基金会成员的关系而提供捐款数,目前在基金会收入比例中占据半壁江山。它固然是一种有效、便利的形式,但这种方式,一方面很多企业是抱着以公益为其做形象宣传的目的,是一种"公关投入",因此企业真正对于项目的情感投入是很少的,对于项目效果也缺少关注;另一方面,公募基金会面向社会进行募捐,因此承担了一种宣传慈善思想,激发人们对于社会弱势群体爱心的责任,但是,就从民间个人获得的捐款比例来看,它所产生的社会影响仍是不够的。

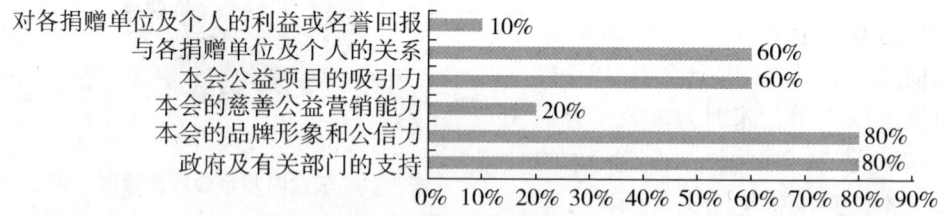

图2　影响募捐的因素分析

2. 内部管理

在资金审计方面,基金会目前都是采用第三方事务所来审计,这说明基金会对于资金的使用还是比较透明的。一般基金会对于组织的运行与管理状况都只是通过给民政部门的年检报告来披露,从这一方面来说基金会的信息透明度并不高。有一些基金会建立了自身的网站,同时印制了相关的手册,但真正有官方网站的并不多,有的只是附属于主管单位网站的一部分,而宣传册也没有很好地对外发放(见图3)。

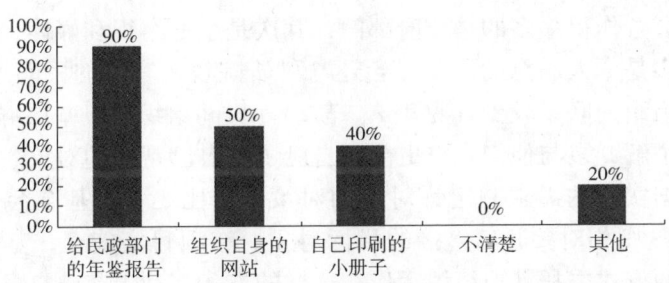

图3 基金会信息披露方式

信息披露的形式和自觉程度，也反映出了基金会对于信息披露的态度和对基金会本身发展的自信程度。给民政部门的年检报告，是作为对已登记的基金会的活动开展与资金募集使用的规范要求，防止基金会违规操作，体现了基金会的被动地位。但是建立自身基金会的网站、印制手册，则是自己主动将组织内部的动态发布出去，自觉接受外来的监督，是对基金会运行状况的积极态度，它不仅是接受监督与约束，更是以此作为宣传途径，扩大公众的认知。

目前基金会的决策一般都是由理事会来决定，理事会人员任期多为5年，经由内部的不记名选举决定人选，理事会多为每半年开一次会议。组织内部同时还设监事会，它们一般列席理事会，或是按组织章程规定的程序检查基金会财务和会计资料。问题是，一般监事会只设一人，这一人能够对理事会形成多大的约束和监督？同时，这一人多大程度上能够保持中立、形成有效监督？因此，这个问题值得进一步思考。

3. 项目发展

在基金会的项目发展上，基金会最先考虑的是这个项目是否与基金会的宗旨相符，其次会根据这个项目具体收益人群的需求程度、项目具体实施的持续性等方面考量来决定是否开展某项活动（见图4），因此从项目制定上来说是理性的，从实用性上来说，能反映社会需求，解决一些社会问题。

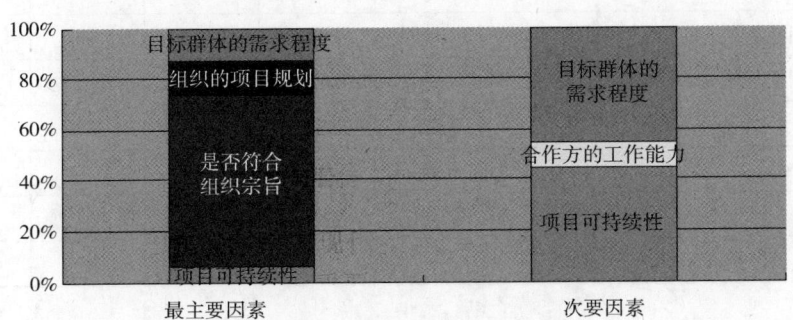

图4 基金会项目选择衡量标准

227

与基金会合作得最多的是政府部门,其次是企业组织和媒体,并且与这些部门的合作多是令人满意的。基金会还与科研院校、官方的民间组织有接触,但是与民间组织的联系较少(见表1、表2)。民间组织对于基层群众的一些真实情况更为了解,多与他们合作更能使自己了解自己帮助的对象最为迫切的需求,也能根据实际的需求制定针对性的对策,相比之下,基金会合作的"官方"、"精英"则相对要脱离直接的目标对象。在项目实施上,基金会多是通过公开竞标的方式委托其他组织运作,这样的方式有利于突破自身局限,让最合适的机构实施,以实现最好的效果。

表1 基金会与其他组织合作情况

组织类型	合作情况			
	经常合作	偶尔合作	很少合作	从未合作过
政府	33%	9.5%	—	—
科研院校等事业单位	6.6%	19%	25%	—
官方民间组织	—	5%		
草根民间组织	6.6%	4.8%	50%	
大陆的其他境外 NGO	13.2%	9.5%	25%	20%
企业组织	20%	9.5%	—	40%
媒体	20%	14.4%	—	40%
其他(请注明)	—	4.8%	—	—

表2 基金会与其他组织合作满意度

组织类型	合作满意程度				
	非常满意	比较满意	一般	不太满意	很不满意
政府	23.6%	20%	—	—	—
科研院校等事业单位	11.8%	15%	—	—	—
官方民间组织	11.8%	15%	—	—	—
草根民间组织	—	15%	50%	—	—
大陆的其他境外 NGO	5.9%	5%			
企业组织	29.5%	10%			
媒体	17.7%	15%	50%		
其他(请注明)	—	5%			

（三）小　结

根据我国的基金会管理条例，我国公募基金会的成立必须有一个业务主管部门，在调查中，我们发现，目前广东省内的公募基金会在各方面具有很大的同质性，比如，他们的业务主管部门都是政府的相关职能部门，这些公募基金会从最初产生就有一种政府催生的产物的性质，也正是在政府的指导下进行，因此公募基金会在运行上都是比较规范的。其他方面，目前省内公募基金会的资金来源、保值增值方式、组织架构与管理方式、与其他的组织的合作意向与方式等也都体现了很大的共性。就收集的资料来看，目前基金会的组织、运行方式上都相对规范，但是在效果上还有较大的提升空间。

在资金来源上，由于基金会发展的时间还很短，资金基础比较薄弱，政府的依赖较大。虽然公募基金会可以面向公众募捐，但是首先由于项目的知名度不高，来自个人的捐款很少；其次，很多项目是来源于机构、企业的短时赞助，因此其持续性将大打折扣，这也使得基金会所实施的项目难以拥有很高的影响力和知名度，对于基金会的品牌推广与宣传是不利的。目前，基金会的资金来源主要是接受企业与个人的捐款（见图5），并且这种捐款是建立在与组织有关的私人关系上的，这种"外授"的收入是很不稳定的，虽然基金会的性质不以营利为目的，但是还是需要找到自力更生的方式，比如，进行多领域的投资，这样就可以规避风险；可以接受物质性的捐款，进行义卖活动。

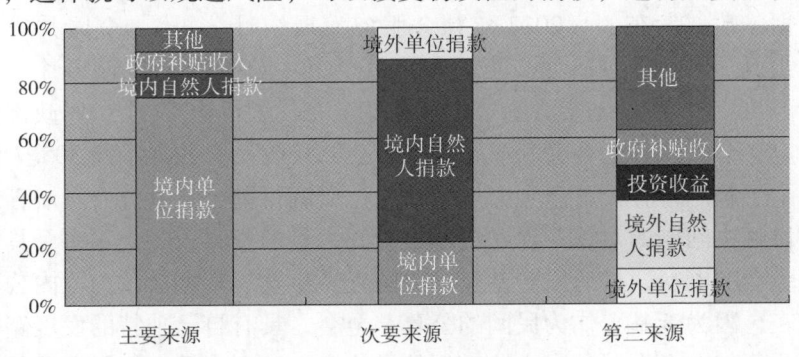

图5　基金会主要收入来源

在管理、项目实施方式上，基金会也都还欠缺经验，其内部管理机制过于简单，受到的行政影响很大。目前这些基金会的内部工作人员很少，受过专业训练、有过相关管理经验的就更是屈指可数。另外，如何接收、培训志愿者，并将他们留住也是今后工作的一个努力方向。在项目实施上，基金会一般会以公开招标的方式让其他组织来运作，让专业的组织运作有助于提高项目的实施效果。但是，从另一方面来说，基金会内部由于缺乏拥有相关知识的人员，对于第三方组织运作的状况能够起到的监督作用很少。同时，由于委托组织运作的资金一般要低于公益总支出的10%，所以在竞标的时候，所要考量的因素不再是单纯的项目实施效果，还需要考虑到经费的问题，因此被委托的组织的专业程度也是不能够保证的，因此组织内部拥有专业的人才，在提高实施效果与降低需要委托第三方来实施的费用等方面都将会发挥积极作用。

在组织结构上，目前的基金会都设有理事会与监事会，人员的任期与人数上也都几乎相同，他们所行使的责任相近，已经达成了一定的标准。

目前省内的公募基金会由于多是政府职能部门下设的，资金来源多是一些企业，在和其他的组织合作上，也多是和政府及这些企业打交道，性质和类型比较单一，基金会应该多与其他的民间组织进行合作，由于它们的目的与运营方式有很多的共性，相互之间可以借鉴经验。在有共同的项目目标的情况下，可以相互合作，扩大活动的规模与影响力，这对于提高合作方的知名度也是有益的。

三、国内外公募基金会的个案研究

（一）我国公募基金会发展现状

根据民政部发布的《2012年社会服务发展统计公报》，全国共有基金会3029个，比上年增加415个，增长15.9%。其中公募基金会1316个，非公募基金会1686个，涉外基金会8个，境外基金会代表机构19个。民政部登记的基金会199个。公募基金会和非公募基金会共接收社会各界捐赠305.7亿元。

为了了解广东省公募基金会发展状况，研究目前公募基金会发展存在的问题，探讨解决问题的对策，课题组通过查阅大量的资料，收集了多个具有代表性的基金会的资料，最后以壹基金、中国青少年发展基金会作为境内公募基金会的代表，因为壹基金作为民间的公募基金会，具有自己独特的发展路径，对广大的公募基金会发展具有十分重要的借鉴意义，而中国青少年发展基金会则作为全国性的公募基金会，本身具有极大的影响力，与共青团中央有着紧密联系，具有极强的动员力量和行政资源等特点，对于理解和研究广东省青少年发展基金会的现状和发展战略具有参考价值。由于在我国内地才有公募基金会和非公募基金会的划分，为了对比研究境外基金会的现状和发展路径，吸收先进经验，课题组选择了我国香港的公益金和美国的福特基金会作为个案，介绍两个基金会的状况和特点。香港公益金具有历史悠久、社会参与度高和筹款方式独特的特点,而福特基金会则影响力大、项目分布广。

(二) 壹基金个案

1. 案例概况

壹基金是由李连杰先生于 2007 年发起成立的公益组织,目前是国内第一家民间公募基金会。2010 年 12 月 3 日,深圳壹基金公益基金会在深圳市民政局的大力支持下正式注册成立,拥有独立从事公募活动的法律资格。壹基金以"尽我所能,人人公益"为愿景,致力于搭建专业透明的壹基金公益平台,倡导"壹基金、壹家人"的全球公益理念,专注于灾害救助、儿童关怀、公益人才培养三大公益领域。

目前,壹基金的公益项目包括联合救灾、海洋天堂计划、温暖包、自律联盟。具体如下:

壹基金联合救灾联合民间公益机构、媒体、企业与个人,采取"提前备灾、联合行动、快速救援"的策略,为中小型自然灾害中受影响的儿童及其他弱势群体提供服务。

壹基金海洋天堂计划源自电影《海洋天堂》,本计划联合全国范围的民间服务机构形成网络工作模式,为脑瘫、自闭症、罕见病等贫困特殊类型残障儿童提供救助,提高民间机构专业服务能力和组织发展能力。

壹基金温暖包是壹基金针对凝冻灾区儿童和孤儿的严酷生活困境,发起的社会各界捐赠"壹基金温暖包"的活动,以解决凝冻灾区和西部高寒山区儿童御寒物资特别缺乏,过冬衣物、条件和设备均不足的问题,为凝冻灾区儿童和孤儿送去温暖,送去社会关爱。

自律联盟是一个由社会组织和其他利益相关方共同组成的社区,是国内首个由民间公益机构发起,推动行业自律,公信透明的社区。

2. 参与机制

(1) 参与主体分析。壹基金的参与主体主要分为以下几个方面:捐赠者参与、受益组织或个人参与、基金会自身参与。捐赠者参与主要是指社会各界热心人士;受益组织或个人参与主要是指援助项目的直接受益对象,壹基金的受益对象主要包括学校、学生、儿童及其他受益群体;基金会自身参与主要是指壹基金内部工作人员的参与。

(2) 参与机制分析。壹基金的参与机制主要包括项目推动、直接参与、共同参与。

项目推动机制主要指通过公益项目的实施来满足受益对象的需要,帮助其解决困难,推动社会的和谐与进步,实现基金会的实际价值。壹基金战略模式为"一个平台+三个领域",即专注于灾害救助、儿童关怀、公益人才培养三大公益领域。

直接参与机制主要是指基金会直接与受益对象接触,直接参与到援助项目的管理当中,并在其中发挥主要作用。相对于间接参与,直接参与更容易帮助受益对象达成意愿和实现良好的捐助效果。

共同参与机制主要是指基金会与其他参与主体共同参与某一项目,各自发挥作用,形成伙伴关系。这种参与机制有利于项目管理的透明化,能够促进资源的优化配置。壹基金在项目调研和建设阶段,都要求受益对象参与其中。资源主导机制主要是指壹基金在整个公益活动中始终掌握和支配着其所捐赠的物资。基金会特别强调其对自身资源的主导权,通过其对捐赠物资的主导权,来防止捐赠物资被挪用、克扣等不良现象,保证公益目标的有效达成。

(3) 问题探讨。

第一,缺乏长远具体的发展规划。2010年注册成立的深圳壹基金目前还没有长远具体的规划,主要还是根据现今的突发事件,比如地震、山洪等灾害开展工作,并没有完整的长远规划。

第二,缺乏基金的增值与管理。壹基金的基金来源主要依靠发起人捐款和社会捐款。在扩展资金的来源,采取有效措施使基金保值增值及其基金管理的安全性方面,壹基金仍然存在不足之处。

第三,专业化问题。专业化问题主要包括项目专业化和管理人才专业化。项目专业化影响着组织的公信力和影响力,管理人才的专业化则关系着项目开展的效率。因此,加强专业人才队伍的建设和组织建设有助于更好地发挥资源整合作用,更好地实现公益价值。

第四,对外宣传与交流问题。壹基金发起人一直倡导踏踏实实和低调做事的理念和精神,因此,基金会的宣传活动做得很少,其门户网站的宣传资料也不多。

(三) 中国青少年发展基金会个案

1. 案例概况

中国青少年发展基金会简称为"中国青基会"(英文译名为 China Youth Development Foundation,缩写为 CYDF),于1989年3月由共青团中央发起成立。中国青基会是全国性公募基金会,其面向公众募捐的地域是中国以及许可中国青基会募捐的国家和地区。

中国青基会以"争取海内外关心中国青少年事业的团体、人士的支持和赞助,促进中国青少年教育、科技、文化、体育、卫生、社会福利事业和环境保护事业的发展，推动现代化建设和祖国统一，促进国际青少年间的友好关系，维护世界和平"为宗旨，追求"通过资助服务、利益表达和社会倡导，帮助青少年提高能力，改善青少年成长环境"的使命。多年来，基于共同使命、共同价值观、共同的道德标准及共同行动，中国青基会与全国38家地方青基会形成全国青基会共同体。中国青基会于1989年10月发起实施希望工程，是我国社会参与最广泛、最富影响力的民间公益事业。

2. 公益项目

中国青基会实施的项目有希望小学、希望工程快乐阅读、希望厨房、希望医院和保护母亲河等20余个，涉及教育、环保和卫生等领域，其使命是"资助服务、利益表达和社会倡导，帮助青少年提高能力，改善青少年成长环境"，遵循"社会责任、创造进取、以人为本、追求卓越"的价值观，积极关注弱势群体和公众利益，以务实的行动为构建和谐社会做出力所能及的贡献。其中，希望工程学生资助包括希望工程365、希望工程圆梦行动（面向大学新生、面向在校大学生）、希望工程激励行动、百年职校、希望社区（面向流动儿童、面向留守儿童）。

3. 活动模式分析

（1）针对不同的对象，提供差异性服务。中国青基会日常开展的公益项目有20余个，不论是希望工程项目，还是保护母亲河项目，都是建立在不同的服务对象上，并且每个项目都有自己的特色，从服务对象和服务区域出发，制订不同的方案。

（2）加大社会宣传力度。在实际的公益项目策划和运行中，中国青基会多方借力，多渠道加大社会宣传力度，让社会成员认识和了解到中国青基会的工作和项目。

（3）动员社会力量参与公益项目。中国青基会作为全国性的公募基金会，涉及的区域和项目十分广泛。在项目运行和实施过程中，中国青基会广泛动员社会资源参与进来，促进公益项目的社会化。

4. 运作特点

（1）重点关注青少年发展。中国青基会以"通过资助服务、利益表达和社会倡导，帮助青少年提高能力，改善青少年成长环境"为使命，开展的项目绝大多数都是以青少年为服务对象，包括希望工程资助项目，涉及九年义务教育阶段、大学新生和大学在读生。

（2）服务领域随着社会发展而有所拓展。中国青基会从最开始的希望工程项目，经过20多年的发展，已开展20余项公益项目。

（3）参与人员广，社会影响大，持续性强。中国青基会作为中国全国性公募基金会,具有广泛的社会影响力,所开展的公益项目具有持久的延续性。

(四)香港公益金

1. 香港公益金概况

香港公益金(The Community Chest)成立于1968年11月8日,为香港非牟利及非政府资助的慈善机构,负责为所资助的社会福利机构筹募捐款,而行政费用由香港赛马会赞助,因此公益金可在不考虑行政费用下,将市民捐款拨给142间社会福利机构。香港公益金以"向社会人士呼吁,为所资助的社会福利机构筹募捐款,向有需要的人士提供援助;担任捐款者的信托人,负责谨慎地分配捐款予各会员机构,从而加强社会福利工作,扩阔服务范围;为愿意资助香港多种社会福利工作的捐款者提供统一捐赠服务"为使命,以"鼓励群众积极参与及捐赠,共同建立一个充满爱心的社会"为宗旨。

董事会由香港社会贤达、商界领袖组成,义务为公益金工作。董事会之下,设有执行委员会、筹款委员会、公共关系委员会以及入会、预算和分配委员会及多个筹划委员会,由300多名志愿人士一起推动工作。公益金的常规行政工作及推行各项筹款活动则由法团之行政总裁率领40多位职员处理。

香港公益金每年通过"百万行"、"商业机构募捐计划"、"雇员募捐计划"、"工业为公益募捐计划"、"慈善清洁及植树运动"、"销售慈善奖券"等筹款活动,筹集款项达数千万港元。

2. 启示

(1)基金会内部管理方面。由社会贤达、知名人士组成董事会,内部的工作人员以及志愿者,也是由乐于奉献、有爱心的人组成。

(2)资金管理方面。设立投资委员会,聘请投资、财务等领域专家,制定投资目标、投资原则,选聘并定期评价基金经理和基金机构,控制投资风险,确保投资资金的保值增值。

(3)社会监督方面。一是组织志愿者在街头和群众进行面对面交流,让公众更能具体了解基金会近期举办的活动以及慈善事业的相关情况;二是通过媒体广而告之各种捐款方式;三是设立独立网站,及时更新基金会近况;四是在网络、报纸等媒体上公布基金会的月报、年报。

(4)资金筹集方面。香港公益金广泛发动香港市民捐款,通过多种途径进行募捐。倡导人人做公益,借助街头宣传、网络宣传等多种方式,发动和鼓励普通市民积极参与进来。正是因为具有多样化、生活化、灵活和广泛的筹集方式,香港公益金每年筹款数目十分可观。

(五) 福特基金会

1. 概况

福特基金会，是由老福特的长子埃兹尔·福特（Edsel Ford）在1936年出资2.5万美元成立的地方性小基金会，当时的宗旨是"以科学、教育和慈善为目的，一切为了公共福利，此外无其他目的"，资助的内容主要依据福特家族的兴趣。其真正发展成为起重要作用的世界性大基金会是在1953年改组之后，因此，该基金会被多数人称为"20世纪中后期的后起之秀"。改组后基金会的宗旨是："加强民主价值观，减轻贫困和不公正，促进国际合作，推动人类成就"。基金会的工作重点确定在五个领域：促进国际理解；促进民主制度；稳定就业，改进劳资关系；澄清教育目标，消除宗教和种族歧视；对"人"进行科学研究等。

2. 运作特点

（1）以资助教育为重点。1951年，福特基金会成立了两个机构——教育促进基金和成人教育基金，仅仅在1951年到1953年的三年中就捐款1亿美元。

（2）对社会科学的投入不断加大。社会科学方面主要注重行为科学和未来资源研究。

（3）十分重视扶贫工作和种族问题。扶贫工作方面，福特基金会把治理城乡贫困问题作为常年的优先项目之一，这种做法在其他基金会并不多见。

（4）热衷于国际工作。在福特基金会改组后，会长霍夫曼（Paul Hoffman）和董事长小福特本人对世界事务有特殊的关怀。因此，福特基金会的国际工作政治性比较强。而今，福特基金会所资助的项目也分布在全世界。

（5）福特基金会重点不在于去解决问题产生的后果，而是解决问题产生的原因。虽然福特基金会开展的项目十分广泛，涉及的领域和国家地区都很广，但是项目实施的重点依据在于去解决社会问题所产生的原因。

四、广东公募基金会发展的SWOT分析——以广东青基会为个案

（一）广东青基会的发展现状

1. 组织简介

1994年7月，在希望工程广东助学基金的基础上，共青团广东省委员会、广东省青年联合会、广东省学生联合会、少先队广东省工作委员会共同创办成

立了广东省青少年发展基金会，专门负责希望工程资金的募集及管理。广东青基会属于公募基金会，面向公众募捐的地域范围是广东省，是具有独立法人资格的社会团体，其登记管理机关是广东省民政厅，业务主管单位是共青团广东省委员会。其宗旨是：推动青少年教育、科技、文化、体育、卫生、社会福利和环境保护事业的发展；加强与各省市区和港澳台地区及海外青少年组织的联系，发展海内外青少年的友好关系。

广东青基会成立以来，结合共青团和青少年工作特点，积极开展青少年慈善公益活动，努力倡导"社会责任、创造进取、以人为本、追求卓越"的价值观。截至目前，广东青基会累计筹集慈善捐款近7亿元，援建希望小学865所，资助困难学生17万名，幸福厨房149间，在省内各贫困地区建设了希望书库、三辰影库、快乐体育园地、希望网校、希望家园、幸福厨房等一大批公益慈善项目。

多年来，广东青基会广泛动员海内外的资源，为贫困地区援建希望小学、资助困难家庭的孩子继续学业，关爱农村留守少年儿童，关注新生代农民工的成长成才，积极开展各项有利于青少年身心健康成长的活动，极大地促进了贫困地区基础教育事业和青少年事业的发展，取得了显著成绩，被评为全省首批5A级基金会、"全国先进社会组织"，获得广东省"南粤慈善奖"、广东省"扶贫济困红棉杯金杯奖"、全国"希望工程20年杰出建设者"、全国"希望工程影响力奖"等一系列荣誉。

2. 组织架构

理事会为最高权力机构，监事会负责机构监督工作，下设监察办、行政财务部、筹资宣传部、实施部、综合部五个部门。理事会由19名理事组成，理事长为理事会和基金会最高负责人；监事会由15名成员组成，监事长为监事会最高负责人；下属五个部门共有员工10名，其中事业编制9人，聘用1人（见图6）。

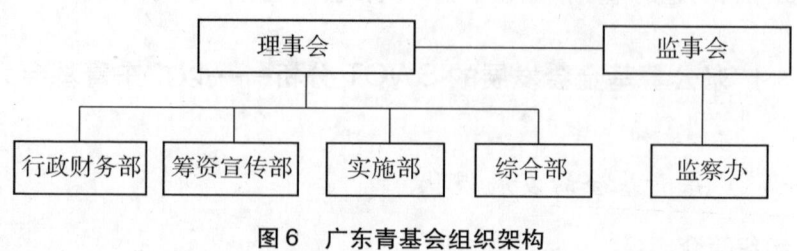

图6 广东青基会组织架构

3. 志愿者队伍

广东青基会发展了两支志愿者队伍：一支是广东救援辅助队，另一支是广东省增城市新塘济困扶助协会。广东救援辅助队主要为社会提供救急、救伤、救援辅助服务。广东省增城市新塘济困扶助协会以助学为主，主要负责新塘具体的助学实施工作，比如发放助学金、平时跟困难孩子联络等等。

4. 主要活动

近20年来，在传承与发展希望工程传统捐资助学慈善公益项目的基础上，广东青基会开创了""爱心券"募捐"、"百万爱心行动"、"1（家）+1"助学行动、"百万企业献百元"、"助学长征"、"希望工程志愿者劝募行动"、"行路上广州"、"南粤会亲"、"幸福厨房"、"希望之路慈善绿道行"、"圆梦计划"、"希望家园"等一系列的慈善品牌项目，设立了"希望工程培英基金"、"公安英烈子女助学基金"、"希望工程民营企业助学基金"、"卓定华助学基金"、"新苗基金"、"扶贫济困基金"、"红领巾基金"等十几个专项基金，赢得了社会各界爱心人士及企业的广泛赞誉，为广东慈善事业的创新发展开创了新局面。

（二）SWOT 模型分析法介绍

SWOT 模型分析法又称为态势分析法，它是由美国旧金山大学的管理学教授史提勒（Steiner）于20世纪80年代初提出来的，S、W、O、T四个英文字母分别代表优势（Strengths）、劣势（Weaknesses）、机会（Opportunities）、挑战（Threats）。即经过实地调查，将与研究对象紧密联系的内部因素和外部因素全部列举开来，再用矩阵的形式排列，加以全面系统的分析，最终从中得出一系列相应结论，而这些结论通常带有一定的决策性。

由于 SWOT 模型分析法使用方便、受限制少、操作简单并且形象清楚，可对研究对象所处的状况进行较为系统、全面、精确的分析，便于研究者抓住问题的关键所在，对有效制定发展战略、计划和对策具有重要意义，故受到众多研究者青睐，被广泛应用于各个领域，成为管理者或研究者制定战略的主流方法之一。

1. 分析环境因素

环境因素的分析就是通过多种调查研究方法，对组织所处的各种环境因素（包括内部因素和外部因素）进行系统全面分析的过程。内部因素即为组织自身的优势（Strengths）和劣势（Weaknesses），它们是组织在其发展过程中自身具备的积极因素和消极因素，都属于主动因素，基本上可以归结为人力资源方面的因素、销售方面的因素、管理方面的因素、组织方面的因素、财务方面的因素、经营方面的因素等;外部环境因素即为组织发展的机会(Opportunities)和威胁(Threats),它们是外部环境中对组织发展有直接影响的有利因素和不利因素,都属于客观因素,基本上可以归结为竞争方面的因素、市场方面的因素、经济方面的因素、社会方面的因素、政治方面的因素、产品和服务方面的因素、人口方面的因素、技术方面的因素等。

2. 构造 SWOT 矩阵

按照对组织发展影响程度的大小或轻重缓急等将调查得出的各种影响因素进行排列,构造 SWOT 矩阵。在这个过程中,将那些对组织发展具有重要影响的、直接影响的、深刻影响的因素排列在前面,而将那些对组织发展具有次要影响的、间接影响的、短暂影响的因素排列在后面。

3. 制订行动计划

SWOT 模型分析的结构依据不同的研究目的、不同的研究对象有着不同的称谓。本研究属于发展研究,所以 SWOT 模型分析的结果称为发展对策。

当然慈善组织作为非营利组织中的一员,其有许多不同于营利组织的特征。所以,我们在对慈善组织进行 SWOT 模型分析时,应该注意以下两点:"第一,企业等营利组织有界限明确的市场,与政治的关联度相对小一些,而非营利组织的情况却正好与此相反,他们的市场界限比较模糊,与政治的关联度相对大一些。第二,机遇拉动企业等营利组织的发展,而非营利组织则需要在潜在的挑战中探索出实现自身发展的机遇。即对企业等营利组织而言,战略管理面临的挑战是洞察众多机遇中潜在的挑战;而对于非营利组织而言,其挑战则是在众多挑战中探寻出发展的机遇。"[1]

(三) 广东青基会发展的内部因素分析

1. 广东青基会发展的优势分析

(1) 依托团委平台,公益运作成本较低。广东青基会的资助项目和活动项目非常多,而工作人员数量相对较少,项目和活动的正常开展很大程度上得益于团委系统平台的支持,而由于共青团体系延伸到各个基层地区,这为其开展活动带来了极大方便。纵观广东青基会历年开展的活动,从成立之初的希望工程开始,就依托共青团系统平台,由各地方团委负责具体公益项目的实施和监督,最大限度地节约了公益成本。

(2) 打造希望工程品牌,社会公信力较强。广东青基会是在希望工程广

---

[1] 保罗·C. 纳特、罗伯特·W. 巴可夫:《公共和第三部门组织的战略管理:领导手册》,中国人民大学出版社 2001 年版,第 105 页。

东助学基金的基础上成立的，成立的初衷就是为了更好地实施希望工程，成立后的重点工作也是希望工程。通过打造希望工程品牌，在社会上获得了良好口碑。

希望小学建设是希望工程的传统品牌项目，主要目标是资助农村贫困地区乡村小学改造危旧校舍，为农村学童改善教学条件与环境，提升农村学校的教学质量。从1992年广东省第一所希望小学——五华县畲维希望小学落成启用以来，20多年来，广东希望工程已先后在省内外各地建设完成希望小学865所，其中省内670多所、省外180多所。除了希望小学建设以外，希望图书室、希望网校、三辰影库、快乐体育园地、快乐音乐教室等相应的配套教育设施捐建活动也在为丰富农村小学教学内容发挥着重要作用。希望小学的建设，有效改善了我省农村小学教育硬件设施严重滞后的局面，改善了贫困地区基础教育设施投入不足的问题，为促进贫困地区基础教育事业的发展作出了卓越的贡献。相应地，开展"希望工程"活动的广东青基会也赢得了社会的广泛赞誉。

除此之外，在共青团广东省委员会的主管下，广东青基会各项活动开展有序规范，善款去向及时告知捐助方并公布于网站，透明化的运作赢得了捐助方、被捐助方的信任，公信力大大增强。

（3）借力事业单位，职员待遇较好。广东青基会的工作人员大部分由事业单位的工作人员兼职，工资待遇执行事业单位工资标准，待遇在慈善机构里相对不错，有利于吸引人才。目前工作人员都是大学以上文化，相对素质较高，而且大都安心工作，流动性不强，有利于公益项目和活动开展的连续性。

（4）通过团委体系捐款，缓解募款压力。与其他慈善机构相比，广东青基会除向社会募款外，共青团系统内捐款近年来逐渐增多，可缓解社会募款压力。一般来说，共青团广东省委员会每年都会组织一些募捐活动，募来的款项主要用于社会救灾或其他青少年发展项目。募捐得来的款项由广东青基会管理。

2. 广东青基会发展的劣势分析

（1）独立性不强。我国政府对慈善组织实行"双重管理体制"。《社会团体登记管理条例》中明确规定，民间组织由民政部门主管登记管理，同时受业务主管部门的管理，即实行"分级登记，双重管理"的模式。广东作为社会组织建设先行先试的试验区，于2009年末正式出台了《关于进一步促进公益服务类社会组织发展的若干规定》（粤民民〔2009〕96号），对社会组织管理体制进行改革和创新，将原来的业务主管单位改为业务指导单位，明确了业务指导单位的五项职责，在社会组织去行政化的道路上先行一步。但社会组织要去行政化，还要有一个过程。广东青基会亦如此，它始终处于政府—市场—社会的巨大张力之中，既要寻求发展空间，争取合法性，又脱离不了行政的干预，呈现出鲜明的"半官半民"特点。这种特点决定了广东青基会在组织运行过程中政治化色彩浓厚，人事、决策、资金上都无法完全独立于共青团广东省委员会。

（2）理财方法少。资金保值增值是广东青基金发展面临的一个主要问题，事实上，不止是广东青基会，这几乎是所有公募基金会都面临的发展瓶颈。

现行的《基金会管理条例》规定：基金会保值增值须遵循"合法、安全、有效"的原则；公募基金会每年公益事业支出不得低于上一年总收入的70%；基金会应当根据章程规定的宗旨和公益活动的业务范围使用其财产。这在法律上保证了公募基金会可以投资理财。

但事实上，广东青基会的捐赠收入基本上都是定向捐款，每笔资金都有预定的公益去向，每年可供投资理财的资金不多。广东青基会的理财不能有风险，问责压力巨大，种种制约之下，广东青基会理财增值最大的空间就是利用公益资金捐入和使用支出之间的时间差，选择银行无风险的理财方式进行理财，收益自然不高。公募基金会没有像私募基金会一样让专业的理财能手担任基金经理人，理财能力相对不高。

（3）工作渠道较长。一般来说，慈善组织没有政府部门严格的科层化制度，由慈善组织提供公共物品救助困难群体的效率要高于政府部门。但对于广东青基会来说，其项目运作主要是依托共青团系统，包括自下而上的申请审核和自上而下的资助制度，流程较长，在一定程度上降低了效率。再加上基层团组织人手少，工作多，工作人员流动快，也给项目资助带来一定的影响。

（4）法人治理结构不够完善。理事会为广东青基金的最高决策机构，监事会为最高监察机构，这两个机构应在广东青基会的发展建设上发挥了重要作用，但也存在一些不足。广东青基会成立之初，在选定理事、监事时主要考虑了捐赠大户，理由是他们捐赠多，贡献大。在监事当中，也有一些是政府部门的负责同志。这些理事和监事层次是比较高的，但他们的事务繁忙，难以参加基金会的会议和活动，每年的理事会很多都是派代表出席。理事会、监事会的这种状况，影响了广东青基会向更高更大的空间发展。

（四）广东青基会发展的外部因素分析

1. 广东青基会发展的机会分析

（1）经济方面的坚实基础。广东省地处我国沿海地区，又得改革开放风气之先，拥有得天独厚的区位优势和经济发展先机。2012年广东省实现地区生产总值（GDP）57067.92亿元，比上年增长8.2%。人均GDP达到54095元，按平均汇率折算为8570美元。① 从全国各省份的年度经济数据来看，广东省连续24年经济总量位居全国首位。② 广东人勤劳智慧，抓住改革开放的机遇，成为全国经济最发达的省份之一，这为广东青基金的发展提供了坚实的物质基础。

（2）政治方面的政策支持。基金会在性质上虽然属于非政府组织，但它的发展离不开政府的支持和帮助。近年来，中国政府正在经历由全能型向有限型的职能转变，政府转移出来的部分社会管理和公共服务职能将由非营利机构来承担；政府对非营利组织功能和作用的认识也逐步加深，对非营利组织的各项支持政策正在逐步完善。

另外，与全国各省市相比，广东对慈善事业的支持力度较大，很多慈善政策都走在全国前列，如2008年成立了广州市发展志愿服务事业指导委员会，借亚运会契机大力发展志愿服务事业，出台《广州市志愿服务事业发展五年规划（2010—2014年）》。这些国内、省内政策都为广东青基金的发展提供了有力支持。

（3）民风方面的乐善好施。改革开放以来，广东的慈善事业迅速发展，慈善风气兴盛。可以说，乐善好施的传统和现代慈善理念的双重浸染，造就了广东这块慈善事业的丰饶土壤，为广东青基会提供了良好的发展环境。

（4）文化方面的开放包容。广东是改革开放的前沿地带，毗邻港澳，具有无比优越的文化开放优势。广东自古至今都是开放文化的沃土。时至今日，开放文化已经在广东人身上衍射出注重国际交流、善于对外合作、文化兼收并蓄、接轨国际标准、自觉求真趋善的夺目光芒。

同时，广东不仅侨乡非常多，也是国际移民较多的省市，通过"引进来、走出去"战略，不断地学习借鉴国外和港澳地区的先进经验，这对广东青基会的发展具有一定的指导作用。事实上，广东青基会与港澳地区历来有慈善活动的合作，如"行路上广州·步行筹款"活动。

（5）社会发展的两极分化。改革开放30多年来，中国取得了举世瞩目的成就，国民经济持续、快速、健康发展，社会生产力和国家综合实力不断增强，经济总量稳居世界前列，人民生活水平显著提高，到20世纪末已总体上达到了小康水平。然而，随着经济的高速增长，三大差距问题也令人担忧，即

---

① 来源：广东省统计信息网，http://www.gdstats.gov.cn/tjzl/tjgb/201303/t20130301_99081.html。

② 来源：《第一财经日报》，http://www.yicai.com/news/2013/01/2458093.html。

贫富差距、城乡差距、地区差距。

贫富差距、城乡差距和地区差距使一部分人越来越富有，而另一部分人却生活拮据，甚至连基本的生存问题都难以解决，成为社会中的弱势群体。但是，目前广东省乃至全国的社会保障制度都还不完善，在这样的社会环境下，急需慈善组织发挥扶贫济困的作用来帮助弱势群体，这为广东青基会的发展提供了必要的社会条件。

（6）志愿精神的广泛深入。广东省尤其是广东青基会所处的广州市，志愿者精神深入人心，是全国最早开展青年志愿服务的省份之一，志工队伍发展走在全国前列。目前广州市共有注册志愿者123.1万人，志愿服务在广州有着非常广泛的群众基础，特别是经过2010年亚运会、亚残运会志愿服务的洗礼后，志愿服务精神已经深深扎根在广州人的心里。

另外，广东青基会所处的广州市共有20多所普通高校，大学生较多，青年志愿者后备慈善力量强大。此外，随着经济的发展，广东中产阶级数量增长迅速，为非营利组织提供了筹资渠道、储备了志愿者资源，也为非营利组织积蓄了新一代的管理人才。

2. 广东青基会发展的挑战分析

（1）公益事业的时代转型。近些年来，中国公益事业已经迈进了一个从传统公益向现代公益转型的阶段，政府、企业与民间组织都在推动这样的转型。大量的社会需求源源不断地产生，手握资源的企业纷纷开始加大对公益慈善的投入。面对公益事业时代转型的新形势，广东青基会必须积极应对，及早看到新的发展方向，立足自身优势和长项，开拓创新公益项目，跟上并引领时代步伐。

（2）社会募款的激烈竞争。近10多年来，非营利组织迅速发展。不止民间慈善组织迅速发展，政府也积极开展各种慈善项目和活动。如此一来，虽然客观上有利于慈善事业的总体发展，但捐款途径众多，各类捐款宣传层出不穷，相对来说社会募款竞争加大，慈善组织要花费大量人力、物力筹集善款，给广东青基会的社会筹款带来很大压力。

（3）法律法规的有待健全。相关法律法规政策不健全不仅仅是广东青基会发展的障碍，也是我国所有慈善机构发展的不利因素。目前，我国关于慈善组织的法律法规政策主要有《中华人民共和国公益事业捐赠法》、《中华人民共和国红十字会法》和国务院发布的《基金会管理条例》、《社会团体登记管理条例》、《民办非企业单位登记管理暂行条例》等，此外，信托法、民办教育促进法、企业所得税法、个人所得税法等法律以及财政部、民政部、国家税务总局等部门制定的有关规章中各有部分条款涉及慈善事业。但慈善组织翘首以盼的《慈善法》仍未见颁布，针对慈善组织实体内容的法律法规政策在我国基本上是空白，对慈善组织的性质、组织形式、管理制度、运行标准等仍缺乏完善、系统的法律法规政策。

总体上看来，现行法律规范不仅立法层次较低，而且原则性强，可操作性不够，没有相应的司法解释和具体的实施细则，对非法民间组织和民间组织违法违纪行为的查处只有宏观原则，而无操作细则，缺乏综合性法律规范来规制和保障民间组织的运行。这不仅无助于组织管理质量的提高，反而造成了管理的混乱。

此外，虽然2012年中央和地方相继出台关于慈善事业发展方面的法规制度，与以往相比，服务性法规大大增加，但中国现有的法律框架对慈善事业的发展还是秉持着限制和控制的理念，使得慈善组织还不具有做大做强的基础。①慈善组织运营方面，对基金会年度支出额度下限的要求，使得慈善组织的资金消耗过快，不利于组织的发展。②10%的行政费用限制，使得很多小型基金会根本不可能雇佣专业工作人员，广东青基会也必须小心翼翼地开展公益活动，不敢放开手脚大干。③税收政策方面，一方面我国慈善捐赠手续办理相当复杂，捐赠后需要办理税前扣除涉及的证明材料，整个办理流程至少要2个月时间。第二方面，鼓励捐赠的税收优惠力度不够，《中华人民共和国企业所得税暂行条例》规定，企业捐赠款物的金额如果超过企业当年税前利润的3%，超额部分仍需缴纳企业所得税。而国际上许多国家准予税前扣除的部分为年度应税所得的10%，甚至更高。第三方面，我国遗产税和赠与税缺失，而很多拥有大量财力物力的富人又缺少公益意识，以致这部分群体没有在慈善事业中发挥其应有的作用。

（4）"清流慈善"的惯性思维。我们社会的公益慈善理念存在"清流慈善"的倾向，认为公益慈善仅仅是施舍与救助，不认为公益慈善是行业或者说是一个产业。而事实上，当代慈善事业已经发展成为一个产业，尤其在一些发达国家慈善产业发展已经很成熟。在国外，非营利组织的资金来源主要有三个渠道，即民间捐赠、服务收费和政府补贴，其中服务收费是非营利组织获得资金的极其重要来源。在一些国家，来自会费、收费活动和商业经营的收入超过了所有其他来源的收入，构成了非营利组织总收入的最大部分。在我国，"清流慈善"的传统思维惯性对慈善行业的发展仍是一个严峻的挑战。

（五）分析结论

以上分析表明，广东青基会的发展既有优势又有劣势，既面临机会也面临挑战，但这些内外因素也是变动不居的，在一定条件下可以相互转化。广东青基会应扬长补短，立足自身优势，把握机会，把劣势化为优势，把挑战化为机会，增强自身实力，以期走向更好的未来。

综上所述，可得出广东青基会发展的 SWOT 模型图，如表 3 所示：

表 3　广东青基会发展的 SWOT 模型

内部因素		外部因素	
优势 （Strengths）	公益运作成本低 社会公信力较强 职员待遇较好 共青团体系捐款缓解募款压力	机会 （Opportunities）	经济方面的坚实基础 政治方面的政策支持 民风方面的乐善好施 文化方面的开放包容 社会发展的两极分化 志愿精神的广泛深入
劣势 （Weaknesses）	"半官半民"独立性不强 理财方法不多 工作渠道较长 法人治理结构不够完善	挑战 （Threats）	公益事业的时代转型 社会募款的激烈竞争 法律法规的有待健全 "清流慈善"的惯性思维

五、问题及建议

（一）广东省公募基金会存在的问题

1. 参与机制不完善，社会参与度低

从项目调查的结果来看，广东省公募基金会的参与机制不够完善，社会参与度低。由于大部分公募基金会都是挂靠在某些政府部门或者事业单位，在项目的设计、实施以及评估阶段，大多数是由政府部门推动、公募基金会落实，都较少地考虑社会的参与。

2. 筹款渠道单一，资金来源少

从收集到的资料来看，目前省内基金会的筹资方式主要是从银行存款中获得的利息，或者是银行内部的一些理财项目。由于基金会的性质还是更多的属于公益性的，因此只要能够有效地使用资金，就谈不上要"节流"，它更需要的就是要广开渠道。由于公募基金会的性质，目前的管理条例对于基金会的对外营利活动进行了限制。

3. 合作机制欠缺，难以形成良性互动

调研结果显示，广东省公募基金会欠缺合作机制，难以开展良性竞争，全省的公募基金会发展水平参差不齐。合作机制的欠缺，导致了各种低水平的重复开展项目，甚至存在恶性竞争。

4. 项目实施缺乏长远规划，难以产生持续影响力

由于公募基金会的筹款来自捐方，不少捐方都会明确指明捐款用于哪些项目，还有些捐方要求把善款用到某个新的项目，因此公募基金会缺乏对于项目的长远规划和设计。另外，不少公募基金会往往受到上级部门的指示，有些项目前期调研时间短，缺少相应的项目评估。还有的项目则是因为捐赠方停止捐款而中途停止，因此难以产生持续的社会影响力。

5. 专业化水平较低，缺乏专业人才

课题组调研发现，尽管基金会的全职工作人员大多具有本科学历，但是并没有相应的专业学习，基金会急需的专业人才并没有得到充实。比如，项目设计以及网络人才就比较缺乏。而目前基金会也缺乏正规的内部培训机制，大多靠职员自己实战摸索经验。现在公募基金会的管理依然是保持有两个主管单位，民政局为其登记单位，还有一个业务主管单位，负责对它开展的一些活动、人事安排、资金筹集等进行监管。就目前状况来看，业务主管单位对基金会的约束较大，基金会的自主权受到了限制。同时，基金会的公益性质，导致其很难开出很高的工资来吸引一些优秀的技术、管理人才。而从事社工专业训练的人，迫于生活的压力也很难在这个领域长期坚守，相关的志愿者也是在空闲的时间投入进来，并且不是长期性的，能够坚持下来长期在这个领域工作的更是寥寥无几了。

6. 缺乏强有力的社会监督，导致社会认可度较低

课题组调研发现，广东省公募基金会近几年在信息披露方面做得比较好，但是仍然缺乏强有力的社会监督机制，社会上不断爆发的慈善危机，在一定程度上影响了公募基金会的社会认可度。目前，公募基金会主要的制约就是每年要交给民政部门的年检报告，以及业务主管单位的监管，他们都没有直接的对外的网站发布自己的活动信息，也很少有专门的宣传册、宣传活动对基金会进行专门宣传。

（二）建议

1. 强化基金会员工的业务学习，提高项目执行力，重视专业人才的培养，强化团队的凝聚力，提高自我的约束能力

现在公募基金会的管理依然是保持有两个主管单位，民政局为其登记单位，还有一个业务主管单位，负责对它开展的一些活动、人事安排、资金筹集等进行监管。就目前状况来看，业务主管单位对基金会的约束较大，基金会的

自主权受到了限制。基金会的长期发展，必然需要增加它的自主灵活性。如果允许基金会自主地安排岗位人员，并且对资金的使用、募集以及项目的设定拥有决定的权力，可以使基金会活动的效率大大提高。另外，基金会的工作人员是基金会发展的最为直接也最为关键的因素之一，因此要提高工作人员的自律意识，强化团队合作，增强责任感。

2. 重视合作机制，鼓励"走出去"，加强与私募基金会、NGO以及政府的交流学习以及项目合作

应该鼓励公募基金会加强与私募基金会、NGO以及政府组织合作，共同探讨组织管理、项目合作以及人才培养等。公募基金会可以选派职员到私募基金会、NGO或者政府组织交流学习，形成良性互动关系。随着市场经济的发展，私募基金会日益繁荣，在很多方面的经验值得公募基金会借鉴和学习，因此，公募基金会应该摆正心态，平等地与私募基金会交流互动，共同发展。

3. 拓宽筹款方式，多渠道运营资金

就宣传上来说，广东省公募基金会用于专门宣传的资金并不多。但是如果确实是一个很有意义的活动，对其宣传可以引起广泛的社会关注，不仅能为保证项目有效实施募集更多的资金，同时可以激发社会的认同与广泛的参与。所以，增加宣传的比例也是有必要的。从宣传的形式来看，目前可以采用的有张贴海报、电视媒体的采访效应。其实在开展活动的时候，完全可以在以捐助企业冠名的时候，也为基金会树立一个"功德碑"。基金会自己运营一个营利的组织对于基金会的发展是一个很好的出路，也可以减轻对民众和组织内部成员的压力。应该在完善有关资金管理法律法规的基础之上，大胆创新资金管理方式，设专人管理资金。

4. 引入参与式机制，增强项目运行效果

参与式机制强调主动、共享与多元，让利益相关者参与进来，一起为项目出谋划策，在项目的策划、实施和后期评估过程中参与其中。公募基金会的任何一个项目，都涉及基金会、捐赠方、受益方等群体，因此，在整个项目运作过程中，应该引入参与式机制，应该充分考虑多方的需求，尽可能地让各方参与进来。

5. 加大对项目设计、实施的评估与监督，提高项目的针对性、有效性和广泛影响度

基金会使用的资金主要是捐款人的，因此直接受到了捐款人的监督，在项目实施中是比较规范的。实施时要征求捐款人的同意，并且对他们的资金也是物尽其用，在项目实施完毕后，也要接受捐方的审查。但在项目具体实施的时候，基金会不参与管理，主要是依靠当地政府的监管。虽然这其中会有进行约

束的条件存在,比如捐助的款项是固定的,合同签订之后不再继续追加,这样就防止"猫腻"行为的存在,但是对于整个项目来说,进行全程的监督虽然是不可行的,执行过程中进行阶段性的验收还是有必要的,从中也可以留有一定的回旋余地来调整,以应对一些突发情况。如果能够将一个项目稳定下来,每年有一定的名额,并且与一个地方能够长期建立帮扶的关系,这样至少会在当地建立一定的影响力,从而做大做强基金会自身的特色品牌活动。例如,福特基金会以教育、科研等为核心,重视对项目的监测,就在国际上产生了广泛的影响力。

6. 多渠道接受社会监督,主动披露信息,提高社会公信力

香港公益金在社会监督方面的做法值得广东省公募基金会借鉴和学习:一是组织志愿者在街头和群众进行面对面交流,让公众更能具体了解基金会近期举办的活动以及慈善事业的相关情况;二是通过媒体广而告之各种捐款方式;三是设立独立网站,及时更新基金会近况;四是在网络、报纸发布相关信息。基金会需要社会监督,这不是一种对开展活动的干涉,其实也是支持,而基金会对外以更公开、透明的方式进行信息披露,无疑也是一种自我约束与成长。

7. 品牌项目,做大做强特色项目,加强对外宣传推广

对于广大公募基金会来说,品牌项目是基金会生存最为关键的因素之一。因此,公募基金会应该重点培训自身的品牌活动,并且做大做强,把具有自身基金会特色的品牌活动做好,另外还应该总结反思,把优秀项目案例总结成文,加强对其他公募基金会、私募基金会社会人士、NGO和政府部门的宣传推广,提高基金会的社会认可度和影响力。

广东省希望工程服务中心
执笔人:林乔林、杨小柳、吴阳平

下篇

青少年发展研究

广东省新生代产业工人发展诉求与培养路径研究

一、研究背景

(一) 新生代产业工人的基本特征

新生代产业工人是指出生于 20 世纪 80 年代以后，年龄在 16 岁以上，在异地以非农就业为主的农业户籍人口。其中既包括从小在农村长大进城务工的青年劳动力，亦包含随打工父母在城市中长大的青年劳动人口。广东省部分官方文件及媒体已经改称之为"新生代产业工人"。

产业工人问题是我国城镇化、工业化和城乡二元经济社会结构下，政治、经济、社会体制等多种因素的综合性产物，是与产业工人现象相伴生并不断凸显的社会问题。新生代产业工人是在改革开放下成长起来的新一代群体，新生代产业工人问题是传统产业工人问题在新阶段的延续、体现和发展。随着改革开放以来我国工业化、信息化、城镇化、市场化、国际化程度的不断提高，他们的就业和生活环境相对传统产业工人有了很大改善，对工作和生活有更高的、不同的要求。相比老一代的产业工人，他们以"三高一低"为特征：受教育程度较高，职业期望值高，物质和精神享受要求高，工作耐受力低。他们渴望融入城市实现自身价值，期望适应城市，过上更好的生活。同时，他们也面临着受教育程度和职业技能水平滞后于城市劳动力市场需求的现状。

但在城乡二元社会体制没有彻底打破之前，在劳动力市场供大于求的就业结构下，他们与传统产业工人有着类似的社会境遇，面临一些共同的基本社会问题。总之，这个群体的出现对我们解决产业工人问题提出了与时俱进的新要求。

(二) 国家、地区对新生代产业工人的关注

2010 年，中央一号文件《关于加大统筹城乡发展力度进一步夯实农业农

村发展基础的若干意见》首次提出"新生代产业工人"一词，并且明确指出，要关注这个群体的特点及其存在的问题，采取有针对性的措施，着力解决新生代产业工人问题。还提出，要加强农村新生劳动力的预备制的教育，给他们一定时期的免费教育，作为劳动大军的储备。

进入新世纪以来，中央及地方政府高度重视产业工人教育问题，并积极开展农村劳动力转移的教育工作，如"阳光工程"、"农村劳动力转移教育雨露计划"、"农村劳动力技能就业计划"等等。另外，还要继续推进农村中等职业教育免费进程。2010年的两会仍将此作为讨论的重点，突出中央对这一群体的高度关注。而"幸福广东"的提出，使行走于城市与农村边缘、实现融城之梦的新生代产业工人坚定了信心。同年12月，共青团广东省委员会联合北京大学等相关单位启动"圆梦计划·北大100"项目，在全省范围内选拔100名优秀的产业工人到北京大学圆大学梦。该活动在社会上引起广泛关注，吸引了众多高校参加，其中以广东地区为主。现今，广东"圆梦100计划"已经进行得如火如荼，越来越多的新生代产业工人拥有再教育的机会。

2012年11月，在北京召开的中国共产党第十八次全国代表大会报告指出："让3.2亿名产业工人感受到温暖。在3.2亿名外出务工产业工人中，年龄在16岁至30岁的占61.6%，新生代产业工人已经成为外出务工产业工人的主体，他们用自己的勤劳和智慧，擦亮'中国制造'的品牌，打造城市更美好的生活，为中国迈向世界第二大经济体做出了不可磨灭的贡献。"报告中关于教育问题，其相关表述是："加快发展现代职业教育，推动高等教育内涵式发展，积极发展继续教育，完善终身教育体系。"在就业方面，"加强职业技能教育，提升劳动者就业创业能力，增强就业稳定性"。这些都跟产业工人密切相关。

（三）研究方法

1. 政策文件、文献分析法

自2006年以来，国家及广东省出台了许多针对新生代产业工人的政策文件，这些政策的出台及项目的开设，不断引导并完善本课题的健康发展，对政策文件的搜集以及国家政策性活动的解读都将贯穿整个课题研究过程的始终。同时，课题组通过各种渠道收集文献资料，包括专家学者的研究论文、书籍刊物、官方报告和新闻报道、相关网站、贴吧、QQ群、博客和微博等。

2. 问卷法

本课题以珠三角参加广东"圆梦100计划"的新生代产业工人骨干为调研对象，根据研究需要，通过共青团广东省委员会向参加广东"圆梦100计划"的新生代产业工人发放问卷 300 份，有效问卷 295 份，回收率为 98.33%。

3. 访谈法

在问卷调查定量研究的基础上，本课题组还通过面谈、QQ 网聊、电话等渠道采访了共青团广东省委员会权益部新生代产业工人"圆梦 100 计划"相关负责人牛倪、华南师范大学网络学院招生部部长罗安妮、华南师范大学历史文化学院教授陈向阳及华南师范大学政治与行政学院讲师刘学勇，以及广东省"圆梦计划·北大 100" 2011 级班长左万景、优秀学员暨广东省五四青年奖章获得者唐小华、优秀学员代表邝美艳。同时，在完成实地问卷调查后，对相关人员也进行了采访，通过不同方面、多角度的访谈收集课题的定性材料。

二、新生代产业工人职业技能教育现状分析

（一）新生代产业工人的基本情况

2012 年，课题组围绕新生代产业工人骨干培养发展计划"圆梦 100 计划"学员进行问卷调查，共发放问卷 300 份，回收有效问卷 295 份。调查对象中，男性占 43.5%，女性占 56.5%，其中"80 后"新生代产业工人占 76.6%，"90 后"新生代产业工人占 0.3%，35.2% 未婚。从行业分布来看，制造业占 45.2%，商业服务业占 21.2%（见表 1）。

表 1　"圆梦 100 计划"新生代产业工人调查样本的基本概况（N=295）（单位:%）

变量	具体指标	百分比	变量	具体指标	百分比
性别	男	43.5	从事行业	制造业	45.2
	女	56.5		建筑业	4.8
年龄	22 岁以下	0.3		商业服务业	21.2
	22～27 岁	30.3		交通运输业	4.3
	28～32 岁	46.3		其他	24.5
	32 岁以上	23.1	婚姻状况	未婚	35.2
户口	农村户口	60.2		已婚无子女	10.9
	城镇户口	39.8		已婚有子女	53.2
				其他	0.7

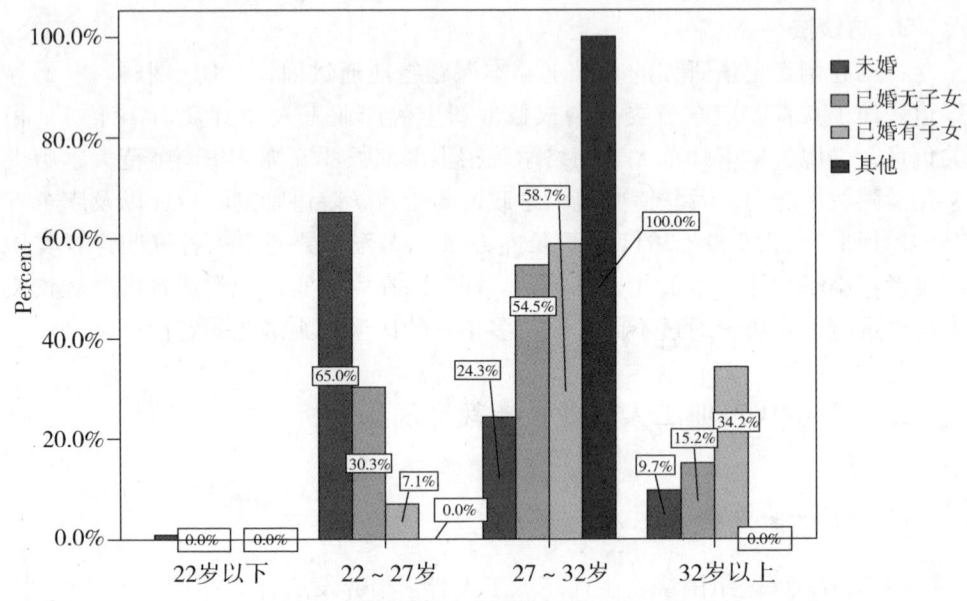

图 1　年龄阶段与婚姻状况的交叉对比

1. 年龄和户籍

从表 1 可以看出，参加"圆梦 100 计划"的新生代产业工人年龄基本集中于 22～32 岁，占 76.6%。由此可见，参加"圆梦 100 计划"的学员大多数是"80 后"，"90 后"的新生代产业工人基本没有进入"圆梦 100 计划"。造成这种现象的原因主要是刚从校园走出来的"90 后"产业工人显然还没有意识到教育对职业发展的重要作用，对共青团广东省委员会提供的"圆梦 100 计划"表现更为积极的是已经工作多年、意识到教育素养对自身发展的重要意义的"80 后"产业工人。然而，不容忽视的是，也有 23.1% 的年龄超过 32 岁的非新生代产业工人进入了共青团广东省委员会举办的"圆梦 100 计划"。另外，只有 60.2% 的参与培训人员属于农村户口，非农业户口在一定程度上挤占了原本就很稀缺的教育资源，造成教育资源再分配的不公。

2. 婚姻

从表 1 和图 1 数据可知，新生代产业工人群体中未婚群体占 35.2%。对于已经达到适婚年龄的青年男女来说，婚姻问题显然已经成为新生代产业工人群体中实现自我发展的一个重要的情感诉求。具体到不同年龄段的未婚群体的比例分配，32 岁以上年龄阶段的人群占未婚群体 9.7%，占总体样本的 3.4%；28～32 岁年龄阶段占未婚群体 24.3%，占总体样本的 8.6%。这样的比例显然是比较低的，新生代产业工人群体中基本不存在"剩男"、"剩女"的婚育难的问题；未婚群体35.2%的比例略高于22～27岁30.3%的比例，显然更多的婚恋需求来自于22～27岁的新生代产业工人。这种年龄特征是提供婚恋活动交友平台时需要考量的。

3. 行业分布

新生代产业工人就业的行业分布呈现明显的"两升一降"特征，即在制造业、商业服务业中的比重呈上升趋势，在建筑业中呈下降趋势。《中国产业工人调研报告》显示，2004年产业工人在制造业、服务业和建筑业中的比重分别为33.3%、21.7%和22.9%；而国家统计局2009年数据显示，外出产业工人中从事制造业、服务业、建筑业的比重分别为39.1%、25.5%和17.3%。从数据对比可以发现：到目前为止，就广东地区而言，新生代产业工人在制造业的比例为45.2%，呈现出明显的上升趋势，一方面显示广东珠三角地区制造业的强势，另一方面更说明制造业群体有更大的教育发展需求。而建筑行业仅为4.8%，一方面可能是从事建筑行业的新生代产业工人在逐渐减少，也有可能是该行业的工人对提升自我教育素养的积极性和主动性较低。但总体而言，相对于传统产业工人，新生代产业工人显露出了行业倾向性，开始偏向于劳动环境和就业条件更好的行业。

（二）新生代产业工人的教育发展诉求

1. 参加"圆梦100计划"前当地政府提供技能教育情况

调查数据显示，在接受"圆梦100计划"的新生代产业工人中，只有不到14%的受调查对象表示曾经接受过政府提供的相关教育，其余都是从其他途径接受职业教育（见图2）。

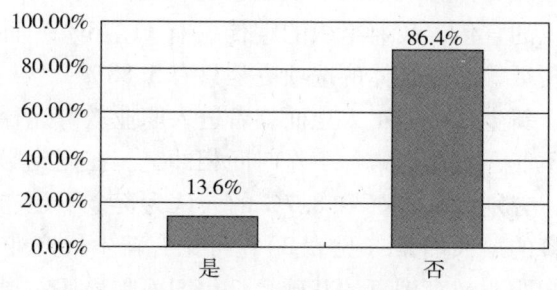

图2　培训是否由政府提供

近几年来，国家加大了对新生代产业工人教育的力度。但调查数据显示，有近九成的新生代产业工人对当地政府提供的教育无所了解,只有约一成的新生代产业工人了解当地政府提供的教育(见图3)。而对于"政府等相关部门提供的职业技能教育的质量"这一问题,66.60%的调查对象认为效果一般,而认为较差或很差的占27.90%,只有5.5%的调查对象认为好(见图4)。

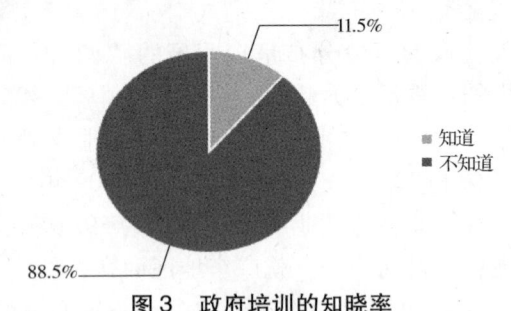

图3 政府培训的知晓率

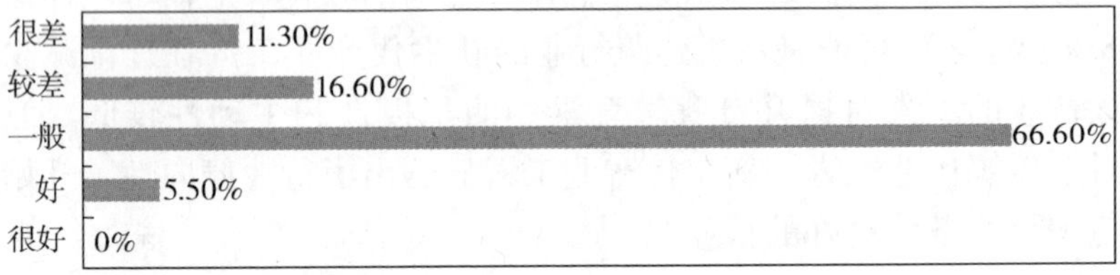

图4 对政府等相关部门培训的质量满意度

2. 影响参加教育培训的主要因素

在了解信息的途径方面,新生代产业工人受工作时间和范围的限制,在城市的社会关系网较窄且相对集中,对职业教育的信息的接受和传递一般都集中于企业提供的信息或者身边的朋友交流。从调查数据来看,有41.18%的新生代产业工人对职业教育信息最认同的获取渠道就是亲戚和朋友,有23.53%的则认为是企业组织的宣传,政府组织的宣传仅有11.76%,而被视为个体主动性最强的新闻、报纸等新闻媒体的选项更是只有5.88%。

另外一方面,新生代产业工人也面临着进入职业教育途径的困难,参加职业教育不仅花费不菲,更是经常与工作时间相冲突。在问到影响自身参与职业教育最大因素时,分别有72.4%和8.7%的人认为资金不足和时间受限是影响自己参与职业教育的最大因素(见表2),可见,新生代产业工人在有接受职业教育意愿、得知职业教育信息的基础上,仍旧面临最后一道坎——教育资金和时间的限制。

表2 影响接受相关的职业技能教育的主要因素

	因素	频率	百分比
有效	资金不足	191	72.4
	当地缺少教育基地	11	4.1
	时间受限	23	8.7
	没有适合的内容	22	8.3
	觉得没必要	4	1.4
	合计	6	2.1
缺失		5	3.4
合计		262	100.0

3. 适合新生代产业工人发展需求的教育方式

根据问卷的调查结果，36.60%选择网络课堂，其所占比例高于其他选项，说明运用网络教育的形式，学员们可以自由安排学习时间。对于长期工作于生产一线的他们而言，网络教育更符合实际，更具可行性。从学校开发课程来说，网络课程也比较容易操作，不会占用过多在校学生的教师资源，在现有条件下尽可能地发挥高等院校的教育辐射作用。由此可见，"圆梦100计划"现行的远程教育形式具有较大的发展前景，随着时间的推移，很有可能成为今后发展的一种趋势（见图5）。

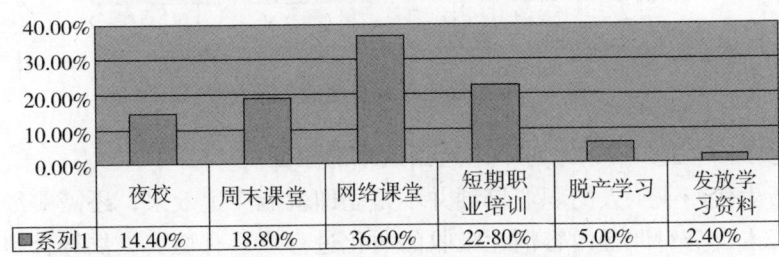

图5 希望获得教育的方式

4. 参加"圆梦100计划"的主要目的

问卷的调查结果显示，提高职业技能是新生代产业工人"圆梦100计划"学员参加职业技能教育的重要目的，有45.10%的受调查者想通过职业技能的教育提高工作效率，获得更高的职位，从而增加收入（见图6）。

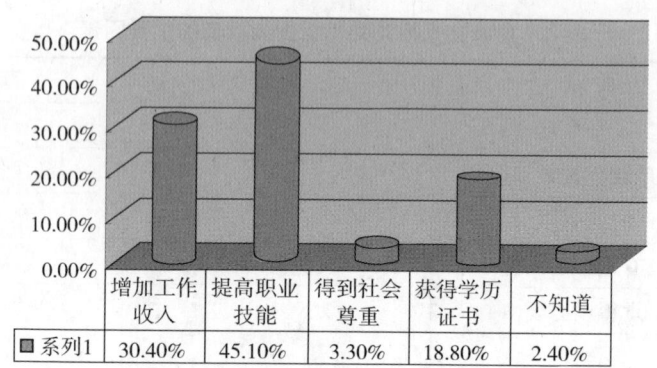

图6 参与职业技能培训的主要目的

5. 参加"圆梦100计划"后达到的效果

调查显示,参加"圆梦100计划"的学员所学的专业与期望比较符合(见图7),有72%的学员认为"圆梦100计划"提供的职业技能教育达到其预期的效果(见图8)。这说明"圆梦100计划"有别于社会现存的一些职业教育机构提供的活动,具有很大价值,并且得到学员的普遍认可。

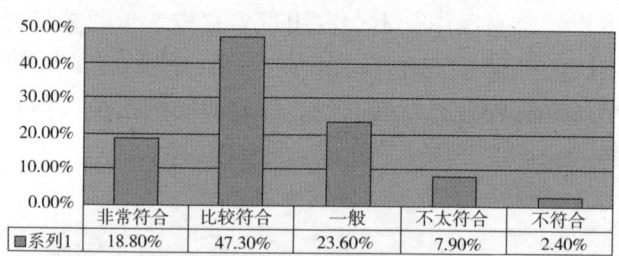

图7 现在就读专业与期望的符合度

6. 参加"圆梦100计划"未达到效果的原因

对新生代产业工人的职业培训并不是立即就能产生效果,还需要经过新生代产业工人自身对课程内容消化吸收的内化过程。只有切实提供符合新生代产业工人实际需求的培训内容和授课方式,才能提高职业培训的实效。在接受调查的新生代产业工人群体中,有28%的人认为接受的职业培训没有达到自己预期的培训效果(见图8)。

从数据可以看出,大部分的新生代产业工人都认为所接受的培训实用性不强,跟自己实际工作的需要结合度不高,缺乏一种学以致用的学习动力(见图9)。

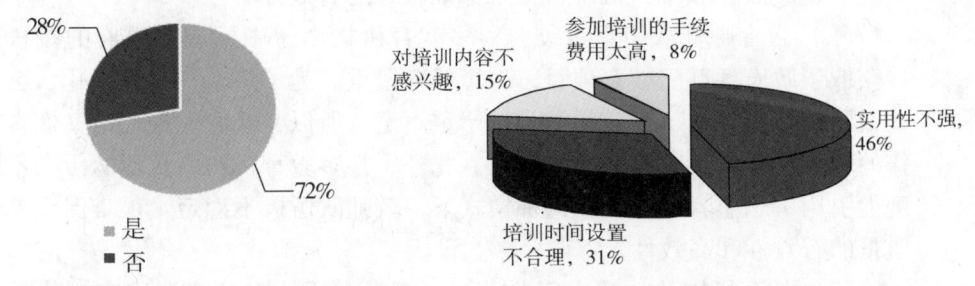

图8 "圆梦100计划"培训效果满意度　　图9 未达到预期效果的原因

三、新生代产业工人教育发展诉求现象分析

（一）政府和部分企业对职业技能教育重要性认识不足

产业工人教育具有准公共产品的性质，属基础建设范畴，国家须明确其在产业工人教育中的主导地位与主要责任。然而，近年来国家有关产业工人教育的政策方针由于缺乏一定的立法制度保障，措施不力。部分地方政府未能切实贯彻中央有关精神，教育活动落实不力。切实加大宣传力度和促进新生代产业工人职业技能教育的规范化是政府现在需要做的。

在此次访谈的过程中，我们了解到有部分企业对产业工人的技能教育单一化、简单化，没有给予足够的重视。员工教育作为一种人力资本投资，对于企业自身的发展具有长效性，然而部分企业因追逐短期的利益最大化忽视长久的利益最大化，放弃对产业工人进行统一的规范化的集体教育。另外，造成这种现象的另一个原因是产业工人的频繁流动和跳槽。企业对产业工人教育的投资容易发生收益外溢的现象，这使得企业对产业工人的教育往往缺乏足够的动力，形成了企业对产业工人"重用轻养"的现象。

（二）职业技能教育机构和内容存在缺陷

职业技能教育是产业工人与教育机构双向互动的过程，但现阶段的教育机构存在较多问题，并不能很好地满足新生代产业工人的教育需求。究其原因，有以下几个方面：

（1）教育机构自身缺乏竞争性。目前，我国现有的产业工人教育机构多数是以行政指令的方式指定的，缺乏竞争机制，这些教育机构的资质程度好坏不一，而且在教育过程中，政府对教育机构的教育过程、教育质量、教育效果缺乏有效的监督和考核机制,很难保证教育的有效性。

(2)教育师资队伍不过硬。很多教育机构由于中标或在政府的授权下直接获取了政府各部门教育项目,教育任务繁重。为了追求利润最大化,舍不得花钱聘请专业教师,造成师资力量严重不足。所以,既懂业务理论又懂实践操作的教师在各大教育机构尤其缺乏。此外,很多教育机构的教学队伍在不同程度上引用了志愿者模式,在这种模式下,教师队伍极不稳定,很难保证其教育质量的有效性和高效性。

(3)教育机构的教育内容脱节滞后现象严重。对某个群体实施的教育类型和教育层次将直接决定该群体的职业领域与就业层次,从而决定其社会经济价值的实现程度和向上自由、和谐发展的程度。产业工人的教育需求大都是指向获得一份好的工作,对技能和一般技术的需求反而相对较弱。由于信息的不对称,政府或新生代产业工人个体都难以预计进城以后的情况,使得流动前的教育往往具有一定的盲目性和暂时性。

(三)缺乏有效的政府支持

从我国目前颁布的有关产业工人教育的文件来看,主要集中于产业工人教育的措施和步骤,促进农村劳动力转移,缺乏有效的教育配套保障措施。虽然已经出台相关的针对新生代产业工人的教育政策,如"圆梦100计划",但是由于我国教育资源的分配和投入在城乡之间有着重大的差异,城乡两种教育资源的长期分离,导致两种教育背景难以很好地过渡衔接,而且随着产业结构的升级和社会的发展,对新生代产业工人教育的社会需求越来越大;对于青年产业工人个体而言,在城市的工作生活使他们慢慢发现自己的教育需求,但受现行的城乡二元结构的影响,大多外来的新生代产业工人难以平等享受当地的教育服务,对新生代产业工人的职业教育,政府资源投入力度明显不足。

(四)教育内容的需求与供给存在一定的错位现象

产业工人的教育需求大都是指向获得一份好的工作,对技能和一般技术的需求反而相对较弱,而目前教育机构提供的教育内容有些狭隘,较为单一、低层次。把针对该群体的教育等同于单一性的技能教育,并片面地认为鉴于农村转移劳动力群体整体受教育水平低下,针对该群体的教育也只能基于他们的基础,以低层次的技术教育为主要教育内容,忽略了教育对象已经发生的变化和特点,忽视了新生代产业工人的发展需求,导致其参加教育的积极性减弱。这不利于新生代产业工人在城市中的职业选择和发展,因为对某个群体实施的教育类型和教育层次将直接决定该群体的职业领域与就业层次,从而决定其社会经济价值的实现程度和向上自由、和谐发展的程度。

（五）接受职业技能教育的意愿强烈，但认识不足

新生代产业工人接受职业教育的初衷基本是获得实用技术，形成较全面的职业能力，增加自身的职业竞争力，由此进一步拓宽就业面，稳定就业岗位，改善目前的生存状态。与此同时，由于技能欠缺使产业工人难以适应现代产业对从业者高技能、高素质的要求，故他们想通过提高职业技能来提高自己的收入；限于他们接受职业教育的短期、现实的现状，更倾向于选择离开需要长久教育的技术类工作，转向更注重学历的文职工作。然而也有一部分新生代产业工人受长期形成的传统思想的左右，随遇而安，对职业技能教育认识不够到位，认为自己进城打工"能干"、"够用"就行，对技能升级和有关思想道德、安全、维权等方面的教育热情不大，造成参加教育的积极性不高、目的性不强。同时也表明大部分新生代产业工人对继续参加教育是否能够真正提升他们的职业竞争力持怀疑态度。造成这种现象的原因可能是因为现有的教育体系不能提供能明显提升他们职业竞争力的教育项目，也可能是因为在他们当中缺少通过继续教育获得成功的榜样。

（六）低廉、免费教育更能调动参与教育的积极性

由于总体收入低，新生代产业工人难以承担昂贵的教育费用。新生代产业工人可用于教育的时间和费用不足，主要有下列原因：一是多数用人单位与产业工人签订的是短期合同，甚至没有劳动合同，而且用人单位对利益最大化的追求，导致其对产业工人的教育缺乏积极性，"重用轻养"，尤其是订单多的季节，加班加点工作经常性发生。加班时间长导致新生代产业工人可用于教育的时间减少。二是参加教育对时间的占用可能会导致新生代产业工人收入的减少。这两方面的原因导致新生代产业工人参加教育的成本增加，从而影响他们参加教育的积极性。

四、对完善"圆梦 100 计划"的建议

广东"圆梦 100 计划"所规划的新生代产业工人职业技能教育模式为解决新生代产业工人职业技能教育的问题提供了一个具有建设性的大方向，这也正是本课题组所期待看到的。但广东"圆梦 100 计划"从 2010 年 12 月正式启动，2011 年下半年开始在全省广泛普及，还是一个非常年轻的项目。因此，结合以上的数据分析和课题组的采访，认为"圆梦 100 计划"有以下几方面

值得完善。

1. 政府、企业、学校需要有更进一步的合作

政府的大力支持是广东"圆梦100计划"能够顺利开展的重要前提。这种支持有很多方面，包括政策层面的倾斜、财政支持等，尤其是财政方面，政府拨出经费支持项目，在学费方面能够帮新生代产业工人减轻负担。此外，随着"圆梦100计划"规模的扩大，新生代产业工人所在的企业要给予员工更多的自由，在不影响企业生产的前提下努力配合政府、学校为产业工人的继续深造提供多方面的帮助。最后，为了促使更多的新生代产业工人投入"圆梦"热潮，学校应该结合当地实际实时地增设教育学习点，满足学员的要求。

2. 提高宣传覆盖率，降低入学门槛

调查数据显示，有72%的学员认为"圆梦100计划"提供的职业技能教育达到其预期的效果，有66.1%的学员认为如果有机会非常愿意进一步学习深造，同时在学员建议中我们发现还有许多新生代产业工人并不知道这个项目。因此，既然"圆梦100计划"的开展取得了不错的反响，共青团广东省委员会等相关部门应该结合企业、高校进一步对"圆梦100计划"进行宣传，提高宣传覆盖率。此外，"圆梦100计划"的门槛太高也是一个问题。对于广大产业工人来说，别说大专，可能连中职的学历也没有，而像"圆梦计划·北大100"的学历要求是专科起点，还要是1980年以后出生（且年满16周岁），在广东企业一线工作。对于表现优秀、有突出贡献、曾荣获市级以上嘉奖、尚未取得大专文凭的新生代产业工人，由基层团组织推荐，经主办单位审核同意，才可以报名参与考试。这让更多的产业工人很失望。因此，如果放宽条件限制，报名人数将会大幅度上升，这给当地远程教育提出了更高的要求。眼下的"圆梦100计划"还远远满足不了"追梦人"的需要，当尽快"扩容"，将"圆"加大，并提供多样化的"追梦空间"。

3. 结合地区实际丰富授课方式

本课题组在调查中发现，有超过一半的学员希望老师能提供面对面授课的机会，学员之间能有一些面对面交流的活动。可能考虑到地区性和产业工人闲暇时间少的问题，"圆梦100计划"所提供的更多的是网络远程教育，并且取得良好的成效。但有些问题光靠网络课程是无法解决的。授课还应以网络授课为主，毕竟调查数据显示学员平时获得信息的渠道排在第一位的是互联网，占80%以上；同时还应以活动交流为辅，结合各个地区的实际创新教学方式，增加学员与老师、学员与学员之间的交流，真正从实质上提高学员的专业素质，更好地完成教育。

4. 进一步完善教学流程

由于"圆梦100计划"刚刚起步,当前及未来很长一段时间是以网络授课为主,这种方式下的教学模式会因为学员与教师、学员与学员之间缺乏交流的沟通而出现一些问题。目前的网络授课缺乏互动性,所以学校要进一步完善网络教学系统,畅通教学流程,使学员能够独立自主地完成学习任务,减少不必要的阻碍。同时,教师要不断提高专业素养和师德修养,在教学的每一环节做到对学生负责。

5. 加强与相关单位的合作

调查数据显示,学员喜欢的报纸杂志的类型中,文学艺术占51.5%,从中可以看出新生代产业工人这个群体有别于传统的产业工人群体,他们大部分人具备了一定的文化基础知识,都有自己理想的追求。"圆梦100计划"的最终目的是帮助广大新生代产业工人完成求学的梦,同时往人生更高的层次迈进。因此,共青团广东省委员会可以加强与新生代产业工人有关的机构的合作,如广东省青年产业工人作家协会等,通过培养一批优秀青年产业工人骨干,打通他们的向上通道,为广东社会建设和文化事业发展提供服务。

6. 加大教育服务信息的宣传力度

调查结果显示,在新生代产业工人获取信息的途径中,有80.3%的受访对象将网络排在第一位,35.6%和33.9%的人将人际交往和电视放在第二位。而目前对新生代产业工人信息的传递依旧以传统的厂区、街道旁贴横幅、贴公告等方式,在引起新生代产业工人注意力方面并不符合其接收信息的特点。可见,教育服务信息的缺失也是制约新生代产业工人继续接受教育的重要因素之一。因此,可以借助媒体尤其是互联网的作用,传播有关新生代产业工人接受继续教育的信息和内容。

7. 充分发挥企业技能教育的主体作用

企业要提高认识,在国家政策支持、资金补贴和制度约束下,承担提高新生代产业工人整体素质的主体责任。根据对"圆梦100计划"学员的调查,发现管理岗位和技术岗位的新生代产业工人占64.4%的比例。因此,企业可以将中层干部或者关键技术岗位人才优先派出去学习,一方面可以作为选拔优秀员工的标准,提高企业的人才储备;另一方面也有利于促进企业内部的良性竞争,提高企业效益。

8. 充分发挥高等院校的作用,提升产业工人的学历层次

随着时代的发展,不断提高新生代产业工人的教育文化素质,是实现劳动力持续转移和产业结构顺利升级的重要前提条件之一。高等院校应该充分发挥自身的优势,丰富办学形式,为新生代产业工人的发展提供教育服务。在这方

面,"圆梦100计划"提供大专、专升本等级别的教育,除北京大学以外,中国的众多高校都投入其中,招收学生从100名扩招到10000名。

9. 积极开展远程网络教育

我国正在实现城乡一体化,为此,在构建社会教育体系的同时,也应该根据时代的发展,重视对网络教育的投入。现在是信息社会、网络时代,网络不仅成为新生代产业工人获取信息的最重要的渠道,同时也是开展新生代产业工人职业技能教育的新途径。通过网络手段开展对产业工人的职业教育是目前较为可行的途径,使产业工人能够一边工作、一边学习,不仅可以帮助他们提升职业技能,还可以帮助他们实现学历晋升的梦想。这种就地教育形式,组织快捷、方便,教育经费投入少,可以为优秀新生代产业工人提供相互交流的机会,促进新生代产业工人自我教育、自我管理。

共青团广东省委权益部

执笔人:吴伟达、练荣文、肖亮亮

广东省城乡流动青年就业与社区融入状况研究

一、资料收集说明

首先，以深圳为地域范围，采用比较严格的随机抽样方法，在宝安区、龙岗区对600多名城乡青年工人进行了问卷调查，获取了较为规范的数据资料。

其次，在广州市海珠区、番禺区和佛山市禅城区对22名青年工人通过深度访谈和座谈会的方式，获取了较为丰富具体的质性研究资料。

再次，对上述地区的两家从事专业外来工人服务的社会工作机构以及机构能够联系到的城乡流动青年，清华大学、香港大学和华南农村发展研究中心的几位长期从事城乡流动青年研究与服务的青年专业人士（博士生）进行了详细、深入的座谈讨论，获取了较为系统的相关资料。

二、广东城乡流动青年概况

本报告采用统计软件对数据资料进行统计汇总，采用质性研究的主题编码方法对访谈和座谈记录进行汇总、整理、再整理和结构化，形成了《深圳地区问卷调查报告》（见附录）和《广州、佛山地区质性研究报告》。这些资料在一定程度上说明了广东省的城乡流动青年，特别是外来青年务工人员的流动、求职、就业、生活、发展、融入等相关情况。

（一）深圳地区城乡流动青年的情况

1. 一般就业情况

①在深圳工业区，城乡流动青年对找到新工作的信心较高，说明这一地区的劳动力需求量比较大；②深圳地区大多城乡流动青年签订了3年以下的正式劳动合同；③实际获得工资均值为3788.85元，工资底薪基本都超过了最低工资标准；④公司拖欠工资的情况屡有发生；⑤关于"五险一金"，大多城乡流

动青年享有部分保险与福利，但完全享有的人数很少；⑥城乡流动青年的工资期望由底线型工资转向增长型工资诉求；⑦工作强度较大，周工作时间和日工作时间超标较为严重；⑧在生产环境的安全与卫生管理方面，总体不容乐观；⑨在工厂内部，拉长与普工之间在很多方面存在较大差别。

2. 人际关系、身份认同与人生希望

①在工作场所中，城乡流动青年最信任老乡和拉长，拉长更信任自己的老板；②从身份认同角度来看，大部分城乡流动青年认为自己是打工者而不是农民；③就普通城乡流动青年的迁移意愿和未来打算而言，绝大多数青年希望以后回老家发展；④对于未来，城乡流动青年对前景并不看好，迷茫程度较为严重。

（二）广州、佛山地区城乡流动青年的情况

1. 流动和求职

（1）困难。环境不适应，经验和阅历浅薄；人力资本有限；就业困难，找不到工作。

（2）需求、愿望。希望找到工资高、比较稳定、正式的、有意思的工作；希望抑制物价上涨，尤其是房租。

（3）计划、诉求。收入增加；提高技术水平；创业，做生意。

（4）社会支持。依靠亲戚朋友帮助；政府、法律帮助；劳工NGO的支持和服务。

2. 就业

（1）困难。工资太低，拖欠工资，工资不稳定；工作时间太长，加班多；工作环境危险；工伤申报困难；无社保，无福利；在买社保问题上被差别对待，受歧视，社会保险跨地转移、续接存在诸多限制；为了工作，有求于老板，只得服从老板的不公正待遇；缺乏相关培训，缺乏法律知识；个人技术、能力不足。

（2）需求、愿望。缩短工作时间；提供安全、干净的工作环境；减少工作的疲劳程度；购买社会保险；提高工厂伙食水平；消除歧视和不公平、不合理的待遇；提高福利待遇；关注劳工健康。

（3）社会支持。靠自己；亲人好友等帮助；政府部门；共青团、工会等帮助；NGO的帮助；提供贷款方便创业。

3. 个人与家庭的日常生活

（1）困难。学校收费高，不能享受义务教育权利，不能异地高考，亲子关系紧张，夫妻为子女吵架；家庭不能团聚，空间隔离，与家人的关系紧张；

缺少积蓄，生活、住宿条件差，没钱在家乡盖房；社会治安较差；精神生活匮乏。

（2）需求、愿望。子女教育得到保障；家人团聚，一起安稳生活，改善住宿环境；养老有保障；在家乡购房；改善社区邻里关系。

（3）社会支持。靠自己、家人；政府部门；社会组织。

4. 积累与发展

（1）困难。工厂上升渠道狭窄，劳工廉价化，得不到应有的保障；物价高，消费高，房租贵；工资低，自身创业的资金不多；面临市场、资源、资金、关系等风险，缺少人脉，缺少支持；自身性格和身体因素，缺少计划。

（2）需求、愿望。自我技能与素质的提高；赚钱回老家建房子，结婚生子孝敬父母。

（3）计划、诉求。买房子，回家结婚，养老；业余学习与发展；创业，当小老板，摆脱打工的命运。

（4）社会支持。靠自己努力赚钱；同学、朋友、老乡等；希望政府支持；社会组织提供技能培训的机会；增加企业内部工人积累与发展的机会。

5. 融入和社会参与

（1）困难。方言障碍，缺少朋友，交往狭窄；缺少城市认同，与社区、社会的联系少；工作时间长，没有更多的时间参与社区生活、融入社会；没有多余的钱用于交友娱乐；文化、生活习惯等的生活差异成为融入社会的阻碍；对自身身份和定位的迷茫，前途渺茫，没有归属感。

（2）需求、愿望。希望得到尊重、不被歧视；想留在城市，关心积分入户；疏通社会参与渠道。

（3）计划、诉求。有正常的社会关系网络，提供交流和娱乐的平台。

（4）社会支持。政府部门；社会组织；工厂或工业区。

（三）结论与建议

1. 结论

根据过往的相关研究文献和实证资料，结合本次问卷调查和质性研究的资料分析，得出以下结论：

（1）在城市务工的城乡流动青年大多已经把居住在城市和打工当作一种"自然的"生活方式。这种生活方式的形成有长时间以来的城乡差异、经济和社会结构变迁等历史背景的影响。一方面，向城市流动的青年经过两代甚至三代的传递以后，已经呈现出劳动力简单再生产的趋势，而这种趋势在短期内难以改变。另一方面，当今的城乡流动青年的生活方式与曾经在外地同样打工的父辈相比又形成了较大的差异。这种城乡流动青年现象中的再生产和差异性都值得重视。

（2）总体上，城乡流动青年的求职、就业状况不容乐观。在教育与职业技能基础、个人综合能力、性别歧视、劳动力市场隔离、城乡差别、地区差异、产业结构和国民经济发展水平、社会治理和公共服务的缺陷与不足、分配体制的弊病等诸种因素的作用之下，他们的收入低，权益容易受侵害，就业效果不理想，绝大部分就业者处于低积累、缺少上升渠道的简单劳动力再生产的状态。与国际劳工组织的"体面就业"的概念相比较，他们的就业状况还有很大的差距。

（3）从个人与家庭的生活、城市适应、社区融入以及社会参与等公民权的角度来看，城乡流动青年在业余生活、休闲娱乐、学习提高、个人保障、情感婚恋、子女养育、社区融入、参与公共事务、享有政治权利、文化与精神生活、个人发展以及社会责任承担等诸方面，都存在着诸多局限和不足，以及自身资源和社会支持缺乏的特征。由此产生对城乡流动青年人群本身和全社会多种不利影响，有可能造成难以预计的矛盾冲突，并对和谐社会构建和国民生活质量的提升形成各种有形无形的障碍。

（4）我们在访谈中了解到，珠江三角洲一些工业园区或工业集中的城镇，有各种教会组织的进入。我们不能对这一现象进行简单的负面评价，但至少说明在城乡流动青年集中的地方，宗教力量已经注意到他们工作与生活中的问题，并试图采用宗教的方式介入，这是值得我们极为关注的。

2. 建议

（1）从履行政府责任、改善公共服务、多元参与的社会治理角度出发，政府部门、群众团体、社会组织、慈善机构、企业与社区都有责任加强对城乡流动青年的服务和支持。这些服务和支持的内容大体上可以包括：

一是建立和改善流动青年个人、家庭、社区、企业、政府和社会的支持系统，设立各种有利于城乡流动青年的就业、生活和发展的社会服务和支持项目。

二是这些体系和项目应当旨在对城乡流动青年群体从本人和家庭的支持体系予以进一步的支持、改善。

三是适当增加公共投入和社会投入，提供直接支持和资源链接，拓展各种支持、服务的综合效果。

四是采用优势、积极和正面的立场，将城乡流动青年看作城市发展和社会建设的巨大的、积极的有生力量，促进和倡导其自我服务，动员和吸引他们参与社区和城市公共事务，倡导和促进他们在提升自我的同时承担社会责任。

（2）对城乡流动青年以及所有外来务工人员的服务，宜采取企业社会责任与社区服务两种主要途径，同时采用社会工作介入的专业方法。

一方面，倡导、促进、鼓励企业内部设立社会工作及员工福利服务的部门与职位，拓展人力资源部门、工会、共青团组织的工作职能，逐步开展对员工的服务，并将其与企业内部的员工稳定、工作积极性提高以及企业效益提高整合起来，同时也倡导鼓励政府、群众团体和社会组织介入企业内部的员工服务。

另一方面，政府部门、群众团体、社会组织以及社区（包括工业园区）有必要采取各种有效措施，在城乡流动青年和外来人口比较集中的宿舍区、工厂区等开展社区层面的服务工作，特别是在企业规模小、就业分散而人口较为集中的地方开展工人服务，构建支持体系，将会起到积极作用。

附录

深圳地区问卷调查报告

一、抽样依据和方案

（一）调查对象

本次调查的对象是广东省深圳市内就业的流动青年人口，年龄在16周岁以上。要求被访者在本地居住一个月以上，进入企业的时间也要在一个月以上。依照研究设计，将调查对象分为两大类：普通员工和拉长（也称线长）。

（二）配额方案

本次调查以配额抽样和便利抽样相结合的方式来进行。依照工厂所在地区、资金来源（内资、外资）、员工数量等四项指标来抽取厂方，每个工厂调查四个样本（其中包括两名普通工人和两名拉长），样本容量为680份。

按照深圳市经济社会发展的总体特征，调查地点确定在宝安区和龙岗区。其中，宝安区工厂占总体调查厂方数量的65%，龙岗区占总数的35%。从工厂资金来源方面来划分，抽取的内资企业和外资企业分别占总体数量的60%和40%。参照深圳市宝安、龙岗两区企业名录信息，按照工厂规模进行划分：

员工规模为25～100人的工厂抽取60家,员工规模为101～200人的工厂抽取40家,员工规模为201～1000人的工厂抽取45家,员工规模1000人以上的抽取25家。

二、样本基本特征

此次调查样本容量为680份,回收有效问卷663份。其中普通员工有效问卷为335份,拉长有效问卷为328份。表1报告了本次调查样本的基本信息:

(1)流动青年性别比例总体协调,拉长群体性别作用显著。在全部的样本中,男性占70.79%,女性占29.21%。在普通员工群体中,男女比例基本协调,差别不大,分别为53.68%和46.32%。但是,拉长群体中的性别作用显著,83.99%的拉长为男性,只有16.01%的拉长是女性。拉长的平均年龄比普通员工要高出5.48岁,普通员工的平均年龄为28.57岁。

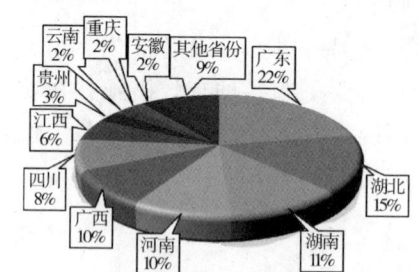

图1 流动青年来源地分布

(2)流动青年来源地覆盖全国大部分地区,但大部分来自长江以南。在深圳务工的青年群体中,绝大部分都是来自深圳之外,94.42%是外地户口,普通工人与拉长没有太大的群体性差异。图1呈现了样本的来源地分布。

表1 样本个人特征构成

描述项		普通员工		拉长/线长/组长		所有样本	
		样本数	百分比	样本数	百分比	样本数	百分比
性别	男	155	53.68%	314	83.99%	469	70.79%
	女	133	46.32%	59	16.01%	193	29.21%
是否本地户口	本地户口	5	1.49%	32	9.76%	37	5.58%
	外地户口	330	98.51%	296	90.24%	626	94.42%
是否农村户口	农村户口	296	88.36%	224	68.92%	520	78.79%
	城市户口	39	11.64%	101	31.08%	140	21.21%
是否有土地	有	264	88.29%	—	—	264	88.29%
	没有	35	11.71%	—	—	35	11.71%

续上表

描述项		普通员工		拉长/线长/组长		所有样本	
		样本数	百分比	样本数	百分比	样本数	百分比
受教育水平	小学及以下	17	5.07%	6	1.83%	23	3.47%
	初中	144	42.99%	44	13.41%	188	28.36%
	高中	94	28.06%	95	28.96%	189	28.51%
	中专	47	14.03%	64	19.51%	111	16.74%
	技校	14	4.18%	39	11.89%	53	7.99%
	大专	15	4.48%	64	19.51%	79	11.92%
	大学及以上	4	1.19%	16	4.88%	20	3.02%
婚姻	已婚	138	41.32%	279	85.06%	417	62.99%
	单身	196	58.68%	49	14.94%	245	37.01%
与伴侣一起	是	94	68.61%	224	80.58%	318	76.63%
	否	43	31.39%	54	19.42%	97	23.37%
是否有子女	有	199	37.07%	246	75.69%	365	55.64%
	无	212	62.93%	79	24.31%	291	44.36%
与子女一起	是	21	17.95%	104	42.28%	125	34.44%
	否	96	82.05%	142	57.72%	238	65.56%
平均年龄		28.57 岁		34.05 岁		31.67 岁	
平均子女数		1.78 个		—		1.78 个	

备注：数据经过加权，加权基准依照 2010 年全国人口普查数据中的就业人口年龄分布展开。表格中报告的样本数为有效样本数，已经剔除相应条目的缺失值，以下表格同样处理。关于青年的定义有不同的标准。本次调查数据，依照世界卫生组织的定义，44 岁以下为青年，则调查数据中青年比例占 98.49%；依照中国青年联合会的定义，18～40 岁的人为青年，则样本中青年比例占 93.20%；依照中国国家统计局的定义，15～34 岁的人为青年，则样本中青年比例占 77.97%；依照中国共青团的定义，15～28 岁的人为青年，则青年比例为 49.76%。

（3）流动青年大多来自农村，少数人群在老家已经没有土地。从农村户口与非农户口的角度看，普通员工有 88.36% 是来自农村，只有 11.64% 的普通员工具有非农户口；在拉长群体中，具有非农户口的比例达到了 31.08%，这一比例是普通工人群体的 2.67 倍。调查中询问了具有农村户口的普工群体在家乡是否拥有土地（责任田），88.29% 的人是有土地的，11.71% 的人已经没有了土地，他们的收入只能依靠外出务工。

（4）普通员工受教育程度普遍偏低，拉长群体教育水平优势明显。普通工人中，受教育程度最集中的是初中，有144人初中毕业，占42.99%，而拉长的受教育程度分布相对均匀。在普通员工里面，有51.94%的人群接受过高中或高中以上的教育，而拉长群体中，这一数据是84.75%，该群体的整体教育素质要高于普通员工。

（5）过半流动青年已经结婚，伴侣或孩子相随的比例偏低。普通员工中有相当一部分（41.32%）人群已经结婚，在这些已经结婚的普通员工里面，有68.61%是同自己的伴侣住在一起。但是62.93%的已婚普通员工是没有孩子的，那些有孩子的普通员工中，也仅有17.95%是把孩子带在身边的。相比之下，拉长群体的情况要更为乐观。拉长中，85.06%的人群已经结婚，80.58%的拉长同自己的伴侣住在一起，并且75.69%的拉长也有了自己的孩子，42.28%的拉长与孩子一起居住。

小结：流动青年性别比例总体协调，拉长群体性别作用显著。其来源地覆盖全国大部分地区，但大部分来自长江以南；从户口来看，流动青年大多来自农村，少数人群在老家已经没有土地。普通员工受教育程度普遍偏低，拉长群体教育水平优势明显。过半流动青年已经结婚，有伴侣或孩子相随的比例偏低。

三、流动青年求职与换工

表2和表3呈现的是城乡流动青年工人的职业流动经历和对未来换工的看法。

表2 工作、流动经历

描述项	普通员工		拉长/线长/组长		所有样本	
	均值	标准差	均值	标准差	均值	标准差
工龄（年）	5.66	4.33	9.47	4.63	7.55	4.87
在深工作时间（年）	3.66	3.14	—	—	3.66	3.14
换工次数	2.54	2.14	—	—	2.54	2.14
本厂工作时长（年）	1.80	1.81	4.63	5.69	3.20	4.43
找到等同工作时间（天）	18.72	16.19	—	—	18.72	16.19
被替代时间（天）	18.37	30.94	50.58	75.51	34.27	59.61

从表2可以看出，普通员工的平均工龄是5.66年，拉长的平均工龄为9.47年，比前者高出3.81年。普通员工的平均更换工作次数为2.54次。此外，普通员工在当前工厂工作的时间平均为1.80年，但是拉长工作的平均时间长达4.63年。普通员工的不可替代性较弱，工人们认为，如果他们辞职，那么在半个月左右，工厂就能找到人来代替他们的位置；拉长相对时间长一些，工厂要50多天才能找到一位新的拉长。

表3　换工预期

描述项		普通员工		拉长/线长/组长		所有样本	
		样本数	百分比	样本数	百分比	样本数	百分比
找到新工作	能	308	93.62	288	91.14	596	92.40
	不能	21	6.38	28	8.86	49	7.60
找到更好工作	能	246	79.87	234	78.26	480	79.08
	不能	62	20.13	65	21.74	127	20.92

表3说明受访的青年对找工作方面态度积极乐观，有92.40%的人认为自己如果辞职，能够找到与目前相当的工作；有将近80%（79.08%）的人认为自己能够找到更好的工作。

小结：拉长工龄、在当前工厂工作年限普遍高于普通员工，普通员工被替代周期较短，拉长群体的"不可替代性"更强。流动青年对寻找到新工作的信心较高。

四、目前工作状况

工作是青年工人在城市里生存的最大保障，流动青年从家乡来到打工地，主要目的是为了获得更高的收入以满足自己或家人的生活需要。工作体验的好坏，也同时影响到青年的工作产出和对城市的整体印象，这也会进一步影响到其在工作地的社区融入程度。目前的工作状况，主要考察合同签订情况、工作时间与加班情况、工资收入、涨工资情况、工资预期、对最低工资标准的认知、社保购买情况、企业对工人工作时间管理的严厉程度以及工作场地的环境与条件、工人的评价。

（一）基本情况

大多员工签订了正式劳动合同，合同期限一般在3年以下。表4所示，调查的普通员工中，有288名（占所有普通员工的87.01%）是正式合同工。有

17位受访者选择了"其他"。具体来说，有些员工与企业有"口头合同"，也有一些员工不清楚自己是否签订了劳动合同。进一步的询问显示，有275名员工签订了短期合同，有2名员工签订了永久性合同。在签订短期合同的群体中，合同期为3年的最多，占33.96%，其次为2年及1年或以下，需要注意的是，合同期为4年的十分稀少，仅占签约工人的0.75%。

工资结算方式以计时工资为主，工资底薪基本都超过了最低工资标准。有284名（85.03%）员工是计时工资的结算方式，只有9.88%的员工工资结算方式为计件模式；另外剩余的17人中，按照他们的描述，有些是采用月薪制（固定工资）或者年薪制来结算工资。普通员工的底薪约有一半是按照深圳市最低工资标准执行，有57.7%的员工工资与最低工资标准持平，依然有4.61%的青年工人的工资底薪在最低工资标准以下。

表4 工作基本情况汇总

描述项		普通员工		拉长/线长/组长		所有样本	
		样本数	百分比	样本数	百分比	样本数	百分比
工作类型	合同工	288	87.01	—	—	288	87.01
	学生工	16	4.83	—	—	16	4.83
	派遣工	10	3.02	—	—	10	3.02
	其他	17	5.14	—	—	17	5.14
是否签合同	签订	275	83.08	—	—	275	83.08
	未签订	56	16.92	—	—	56	16.92
合同期限	0~1年	64	23.89	—	—	64	23.89
	2年	76	28.36	—	—	76	28.36
	3年	91	33.96	—	—	91	33.96
	4年	2	0.75	—	—	2	0.75
	4年以上	35	13.06	—	—	35	13.06
工资结算类型	计件工资	33	9.88	—	—	33	9.88
	计时工资	284	85.03	—	—	284	85.03
	其他方式	17	5.09	—	—	17	5.09
工资底薪	1000~1599元	14	4.61	—	—	14	4.61
	1600元	176	57.7	—	—	176	57.7
	1600元以上	115	37.74	—	—	115	37.74

续上表

描述项		普通员工		拉长/线长/组长		所有样本	
		样本数	百分比	样本数	百分比	样本数	百分比
实际工资	1700～2000元	11	3.32	0	0	11	1.68
	2001～3000元	224	67.63	10	3.09	234	35.69
	3001～4000元	91	27.48	129	39.82	220	33.58
	4000元以上	5	1.5	185	57.13	190	28.97
	最高	5000元		12000元		12000元	
	平均值	2891.62元		4705.46元		3788.85元	
是否应该加薪	是	275	82.34	248	75.61	523	79.00
	否	59	17.66	80	24.39	139	21.00

实际获得工资均值为3788.85元，但普通员工与拉长工资差距很大。工资底薪与实际工资还是有差别的。调查中同时询问了普通员工与拉长的实际工资。如表4所示，所有员工的实际工资都高于深圳市的1600元/月的最低工资标准。但是，普通员工与拉长的实际工资差别较大。拉长的平均月工资为4705.46元，高出普通员工月工资（2891.62元）1813.84元。详细比较，普通员工的工资大多分布在2001～3000元之间，有67.63%的普工落在此区间。而拉长群体中，有57.13%的拉长月工资高过4000元。拉长最高工资达12000元/月，普通员工的最高工资是5000元/月，是拉长的41.67%。还需要指出的是，普工群体中，有3.32%的员工月工资落在2000元以下，而拉长组别中全部高于2000元/月。

流动青年由底线型工资转向增长型工资诉求。所有员工的工资虽都高于最低工资标准，但是大部分（79%）的人群不再满足于底线型的工资，认为公司应该给他们涨工资，有增长性的需求。尤其是普通员工群体，有82.34%的员工不满足当前的工资。

（二）工作环境与福利

除了询问员工的工资情况，调查中还考察了普通员工的工作强度、环境与福利，回答结果见表5。

数据显示，流动青年工作强度较大，周工作时间和日工作时间超标较为严重。被调查的普通青年工人的每周平均工作将近6天（5.8天），只有22.36%

的工人享受双休日，有 4.23% 的员工一周工作 7 天，没有假期。大部分的 (64.05%) 员工都是一周休息一天。每天在正常工作时间（8 小时）以内的占 22.65%，加班时间 2 小时以内的高达 54.98%，加班时间超过 3 小时的员工也有 22.35%。所有普通员工的平均工作时间为 9.63 小时，超过标准工作时间 1.63 小时，强度最大的员工每天工作 13 小时。

在加班方面，大多数员工是自愿加班，但有少数员工没有加班工资。94.28% 的员工是享有加班工资的，但有 5.72% 的员工没有获得加班报酬。在加班意愿方面，有 70.27% 的员工是自愿加班，29.73% 的员工是非自愿加班。此外，是否有加班工资与员工加班意愿之间有着一定的关联，调查显示，自愿加班人群中有 3% 的普通员工没有加班工资，非自愿加班人群中有 11.34% 的普通员工是没有加班工资的。

表 5　普通工人工作强度、环境与福利

描述项	描述内容
周工作时间（天）	5 天（74 人，22.36%）；5.5 天（23 人，6.95%）；6 天（212 人，64.05%）；6.5 天（8 人，2.42%）；7 天（14 人，4.23%） 平均值 5.80 天，标准差 0.5 天，众数 6 天，最小值 5 天，最大值 7 天
每天工作时长（小时）	6～8 小时（75 人，22.65%）；8.5～10 小时（182 人，54.98%）；超过 10 小时（74 人，22.35%） 平均值 9.63 小时，标准差 1.24 小时，众数 10 小时（115 人），最小值 6 小时，最大值 13 小时
是否有"五险一金"	福利项目数量：完全没有（36 人，11.08%）；获得 1～3 项（124 人，38.16%）；获得 4～5 项（78 人，24%）；全部获得（87 人，26.77%） 单项福利：有养老保险（203 人，61.14%），有医疗保险（265 人，80.06%），有工伤保险（282 人，85.20%），有失业保险（170 人，51.52%），有生育保险（132 人，40.24%），有住房公积金（109 人，32.93%）
有无加班工资	有（313 人，94.28%）；没有（19 人，5.72%）

续上表

描 述 项	描 述 内 容
是否自愿加班	自愿加班（234，70.27%）；非自愿加班（99人，29.73%）其中，自愿加班人群中有3%的普工没有加班工资；非自愿加班人群中有11.34%的普工没有加班工资
工作环境脏热冷吵	是（150人，45.05%）；否（183人，54.95%）
工作环境粉尘、有毒气体	是（121人，36.45%）；否（211人，63.55%）
是否能上厕所	能（266人，79.40%）；不能（69人，20.60%）
是否能喝水	能（307人，92.19%）；不能（26人，7.81%）

在工作环境和管理方面，总体不容乐观。受访者的回答显示，工作环境脏差与粉尘（有毒气体）污染的情况分别是45.05%和36.45%，该比例水平较高；工作时间中，员工一般是可以喝水与上厕所的，同喝水相比，自由上厕所的比例相对较低，只有79.40%。

在"五险一金"方面，大多员工享有部分保险与福利，少数员工完全没有或者完全享有"五险一金"。从福利项目数量看，获得1~3项保险或福利的人员最多，占38.16%；其次是全部获得和获得4~5项的，分别占26.77%和24%；另外，有11.08%的员工回答完全没有享受"五险一金"中的任何一项。从单项福利来看，绝大部分（85.20%）员工享有公司或企业提供的工伤保险，80.06%的员工持有医疗保险。享有养老保险、失业保险、生育保险和住房公积金的员工比例不高，分别为61.14%、51.52%、40.24%和32.93%。

小结：大多员工签订了正式劳动合同，合同期限一般在3年以下。工资结算方式以计时工资为主，工资底薪基本都超过了最低工资标准。实际获得工资均值为3788.85元，但普通员工与拉长工资差距很大。流动青年由底线型工资转向增长型工资诉求。工作强度较大，周工作时间和日工作时间超标较为严重。在加班方面，大多数员工是自愿加班，但有少数员工没有加班工资。在工作环境和管理方面，总体不容乐观。在"五险一金"方面，大多员工享有部分保险与福利，少数员工完全没有或者完全享有"五险一金"。

五、法律常识认知与劳资纠纷处理

(一) 法律常识认知

表6 工人法律认知情况

描述项		普通员工		拉长/线长/组长		所有样本	
		样本数	百分比	样本数	百分比	样本数	百分比
依劳动法办事	非常同意	266	79.64	232	70.95	498	75.34
	比较同意	61	18.26	92	28.13	153	23.15
	比较不同意	7	2.10	3	0.92	10	1.51
月加班上限36小时	正确	144	42.99	188	57.32	332	50.08
	不正确	85	25.37	97	29.57	182	27.45
	不确定	106	31.64	43	13.11	149	22.47
企业须购买养老保险	正确	218	65.27	265	80.79	483	72.96
	不正确	42	12.57	40	12.2	82	12.39
	不确定	74	22.16	23	7.01	97	14.65
节日加班费是3倍	正确	174	51.94	111	33.94	285	43.05
	不正确	129	38.51	200	61.16	329	49.7
	不确定	32	9.55	16	4.89	48	7.25
经济性裁员无需赔偿	正确	13	3.89	20	6.1	33	4.98
	不正确	282	84.43	296	90.24	578	87.31
	不确定	39	11.68	12	3.66	51	7.7
法律常识得分	0分	10	3.00	6	1.83	16	2.42
	1分	49	14.71	39	11.93	88	13.33
	2分	109	32.73	90	27.52	199	30.15
	3分	112	33.63	129	39.45	241	36.52
	4分	53	15.92	63	19.27	116	17.58
	平均分	2.45分		2.62分		2.53分	

工人对法律常识认知情况关系到工人能否意识到自己的劳动权益是否受到侵害,也决定了工人在遇到劳资纠纷时会不会采取行动与采取行动的方式。表6呈现的是所有受访对象的法律认知情况。

从表6可以看出,普通员工和拉长群体对"企业要严格按照劳动法办事"这个表述的态度有着明显的群体差异,普通员工中回答非常同意、比较不同意的百分比均高于拉长群体，这里可能的解释是普通员工更迫切地希望企业依照劳动法行事，但是有的时候对于能否依法行事又信心不足。

在调查中，用4条与工人密切相关的法律条文来考察其法律常识。数据显示，拉长平均得分是2.62分，比普工高出0.17分。在得分的分布上来看，普通员工与拉长群体的差别不大，众数都是获得3分。但是在具体的问题上，仍存在一些差异，在四道题目上面，除第三题之外，拉长正确回答的比例均高出普工群体正确回答的比例。

综合来看，处于拉长职位上的群体比普通员工更了解劳动法。

（二）劳资纠纷处理

调查中询问了普通工人的欠薪经历，从表17可以看出，有7.83%的员工见过公司拖欠工友工资，同时，有50名（8.12%）员工表示自己有被拖欠工资的亲身经历。

表7 普通员工欠薪经历

描述项	描述内容
公司是否发生过欠薪	有（26人，7.83%）；没有（306人，92.17%）
你本人是否被拖欠过	有（50人，14.93%）；没有（285人，85.07%）

除了拖欠工资，调查组还询问了这样一个问题："假设您目前单位经营损失比较大，希望所有的工人能牺牲一些工资。您觉得这样的政策合理还是不合理？"表8报告了调查结果。可以看出，普通员工是非常反对牺牲自己的工资来帮助公司的，认为非常不合理的占61.45%，只有6.92%的普工认为是合理的；拉长反对的情绪相对要弱，认为合理的比例是9.15%。

表8 牺牲员工工资是否合理

牺牲员工的工资是否合理	普通员工		拉长/线长/组长		所有样本	
	样本数	百分比	样本数	百分比	样本数	百分比
非常合理	4	1.20	2	0.61	6	0.91
比较合理	19	5.72	28	8.54	47	7.12
比较不合理	105	31.63	165	50.30	270	40.91
非常不合理	204	61.45	133	40.55	337	51.06
得分	1.47	1.69	1.58	—	—	—

上面的分析表明，员工在工作过程中存在被拖欠工资的情况，而且不赞同牺牲自己的工资来扶持公司的发展，那么当员工们遇到了不合理的待遇，他们将采取什么样的方式来应对呢？我们对此进行了询问，参见表9和表10。

表9　员工处理非合理待遇的首选途径

处理不合理待遇的方法	普通员工		拉长/线长/组长		所有样本	
	频数	百分比	频数	百分比	频数	百分比
离职	131	39.34	48	14.63	179	27.08
忍受	65	19.52	72	21.95	137	20.73
找企业负责人	121	36.34	197	60.06	318	48.11
停工罢工	7	2.10	4	1.22	11	1.66
向区政府反映	4	1.20	4	1.22	8	1.21
向市政府反映	2	0.60	1	0.30	3	0.45
上法院	3	0.90	2	0.61	5	0.76

表10　员工进一步处理非合理待遇的途径

若上述方法无果，处理方法	普通员工		拉长/线长/组长		所有样本	
	频数	百分比	频数	百分比	频数	百分比
离职	84	65.63	113	61.75	197	63.34
忍受	12	9.38	23	12.57	35	11.25
找企业负责人	4	3.13	6	3.28	10	3.22
停工罢工	6	4.69	6	3.28	12	3.86
向区政府反映	11	8.59	11	6.01	22	7.07
向市政府反映	6	4.69	4	2.19	10	3.22
上法院	5	3.91	20	10.93	25	8.04

普通员工与拉长首选的处理纠纷的方式不同，普通员工倾向于离职或者忍受，拉长倾向于协商。从表9可以看出，普通员工选取最多的方法就是直接离职，这一比例达39.34%，其次是找企业负责人（36.34%）或者受（19.52%）；拉长群体则不同，超过一半（60.06%）的人首先选择的是找企业负责人商讨，其次才是忍受（21.95%），只有14.63%的人选择直接离职，

普通员工直接离职的比例是拉长的2.69倍，这说明拉长群体不会轻易放弃当前的工作。

如果找企业负责人、停工罢工等方式都不能够阻止员工的权益受损，表10的数据表明，不论是普通员工还是拉长的进一步的行动比较相似，均有超过一半的人选择在交涉无果之后直接离职，比例分别为65.63%和61.75%，其次都是选择忍受继续工作。此外，需要注意的是，拉长更倾向于选择法律途径保护自己的权益，选择上法院的比例占10.93%，远高于普通员工的3.91%，但整体比例都非常低。综合表9、表10来看，员工选择用法律来维护自己权益的比例仍然偏低。

小结：综合来看，处于拉长职位上的群体比普通员工更了解劳动法。公司拖欠工资的情况屡有发生，但拉长更倾向于赞同公司利益。在遇到不公正待遇时，普通员工与拉长首选的处理纠纷的方式不同，普通员工倾向于离职或者忍受，拉长倾向于协商。如果初步交涉没有效果，拉长和普通员工大多选择离职；拉长选择法律维权的意识高于普通员工，但整体比例非常低。

六、社区融合与社会认同

社区融合与社会认同程度决定了流动青年是否愿意继续留在城市工作或者永久定居该城市。调查中，还询问了员工们工作场所的人际关系、身份认同、阶层认同、个人地位（社会流动、工作积累、个人与家庭发展）的社会比较和预期、迁移意愿等相关问题。

（1）工作场所的人际关系问题。青年工人最信任老乡和拉长，拉长更信任自己的老板。关于员工对工作场所中人群的信任问题，设置了四个选项：完全相信、基本相信、基本不相信和完全不相信，依次赋予4分、3分、2分和1分，表11是汇总结果。

表11 对工作场所人群的信任得分

题目/选项	普通员工得分	拉长得分	平均得分
拉长	3.06	—	3.06
老乡	3.30	—	3.30
老板	2.56	2.94	2.74
厂长	—	3.01	3.01

普通员工对自己的老乡和拉长较为信任，得分分别是3.30分和3.06分，信任老乡胜过信任拉长。拉长对老板和厂长的信任程度较好，分别得到了2.94分和3.01分。与普通员工相比，拉长更信任自己的上级。

（2）青年务工人员对自己的前景并不看好，迷茫程度较为严重。从表12

可以看出,有77.91%的普工认为自己作为打工者是没有出路的。高达82.99%的员工认为同本地人相比,自己的收入很低。只有13.13%的员工认为社会是公平的,其余的都认为社会很不公平。

表12 普通员工的自我感觉

描述项	没有	偶尔有	经常有	总是有
作为打工者人生没有出路	74(22.09%)	179(53.43%)	58(17.31%)	24(7.16%)
和本地人相比,我的收入很低	57(17.01%)	137(40.90%)	92(27.46%)	49(14.63%)
我们社会很不公平	44(13.13%)	140(41.79%)	88(26.27%)	63(18.81%)

(3)从身份认同角度来看,大部分青年工人认为自己是打工者,而不是农民。依照表13可以看出,只有极少部分人(12人)认为自己是农民,绝大部分人觉得自己是一个打工者或者工人。受访者的回答显示,61.52%(203人)的员工认为自己10年之后的社会地位将会上升,只有3.94%(13人)的员工认为自己的地位会下降。

表13 普通员工身份认同与预期

项 目		你现在的身份是什么				总 计
		农民	工人	打工者	其他	
10年内地位变化预期	将会上升	5	29	155	14	203
	保持不变	3	23	87	1	114
	将会下降	4	4	5	0	13
总 计		12	56	247	15	330

关于普通员工的迁移意愿和未来打算,绝大多数青年希望以后回老家发展。表14显示,在334名普通员工中,绝大部分有回家的打算,这一比例占据了71.26%,有28.74%的员工想一直停留在城市中生活与工作。关于回家之后的打算,有58.09%(140人)的流动青年计划用自己的积蓄来做小生意,其次有45人(18.67%)想继续当农民,只有7.14%的人选择了回家乡打工。此外,有38人的回答是"其他",经细致询问,一部分年纪较轻的工人想回家继续读书,提高自己的知识水平,部分年轻女性则表示自己将回家结婚。

表 14 普通员工的迁移意向

是否有回家的打算			回家之后的打算				总 计
			当农民	打工	做生意	其他	
	有	238（71.26%）	45	18	140	38	238
	没有	96（28.74%）	—	—	—	—	96
总 计		334	45	18	140	38	334

小结：从工作场所的人际关系来看，青年工人最信任老乡和拉长，拉长更信任自己的老板。对于未来，青年务工人员对前景并不看好，迷茫程度较为严重。从身份认同角度来看，大部分青年工人认为自己是打工者，而不是农民。关于普通员工的迁移意愿和未来打算，绝大多数青年希望以后回老家发展。

七、总结

兹根据上述有关样本各项指标的数据分析，将以深圳为代表的青年流动工人的就业与社区融入的相关情况汇总如下。

1．样本基本情况

①其来源地覆盖全国大部分地区，但大部分来自长江以南；②从户口来看，流动青年大多来自农村，他们之中少数人（11.7%）在农村老家已经没有土地；③普通工人受教育程度普遍偏低，拉长群体教育水平优势明显；④流动青年性别比例总体协调，拉长群体性别作用显著；⑤过半流动青年已经结婚，有伴侣或孩子相随的比例偏低。

2．拉长与普通工人的差距

①拉长的工龄、在当前工厂工作年限普遍高于普通员工；②普通员工被替代周期较短，拉长群体的"不可替代性"更强；③流动青年对寻找到新工作的信心较高。

3．就业状况

①大多员工签订了正式劳动合同，合同期限一般在3年以下；②工资结算方式以计时工资为主，工资底薪基本都超过了最低工资标准；③实际获得工资均值为3788.85元，但普通员工与拉长工资差距很大；④在"五险一金"方面，大多员工享有部分保险与福利，少数员工完全没有或者完全享有"五险一金"；⑤流动青年的工资期望由底线型工资转向增长型工资诉求；⑥在加班方面，大多数员工是自愿加班，但有少数员工没有加班工资；⑦工作强度较大，

周工作时间和日工作时间超标较为严重;⑧在工作环境和管理方面,总体不容乐观。

4. 劳资纠纷及应对方式

①公司拖欠工资的情况屡有发生;②在遇到不公正待遇时,普通员工与拉长首选的处理纠纷的方式不同,普通员工倾向于离职或者忍受,拉长倾向于协商;③综合来看,处于拉长职位上的群体比普通员工更了解劳动法;④拉长选择法律维权的意识高于普通员工,但整体比例非常低;⑤拉长更倾向于赞同公司利益;⑥如果初步交涉没有效果,拉长和普通员工大多选择离职。

5. 人际关系、身份认同与人生希望

①从工作场所的人际关系来看,普通员工最信任老乡和拉长,拉长更信任自己的老板;②从身份认同角度来看,大部分青年工人认为自己是打工者而不是农民;③就普通员工的迁移意愿和未来打算而言,绝大多数青年希望以后回老家发展;④对于未来,青年务工人员对前景并不看好,迷茫程度较为严重。

共青团广东省委城市青年工作部
执笔人:万向东、蒋巍、江凯涛[1]

---

[1] 课题组成员还有:吴敦旭、郜宪达、吴婷婷、刘翠玲、郭乔、郭中飞、骆玉婷、钱钦、林拉洒、雍昕。

广东省农村青年创业需求及政策环境研究

根据党的群众路线教育实践活动要求和共青团中央"走进青年、转变作风、改进工作"大调研活动安排以及共青团的"十七大"报告提出的"要竭诚服务青年成长发展,为青年'圆梦'创造条件"的要求,共青团广东省委员会农村青年部联合华南农业大学等单位,对广东农村青年创业需求及政策环境进行了调研,重点分析了广东农村青年创业现状、现有支持农村青年创业的相关政策及政策落实过程中存在的问题,从而为进一步提高农村青年创业本领,优化其外部政策环境提出建议。

一、调研概要

(一)调查目的与内容

近些年来,广东农村青年创业有了较快发展,但还存在不少问题。广东省有关部门出台了税费优惠、项目扶持等一些农村青年创业扶持政策。虽然这些政策的推出取得了积极的效果,但不排除存在不完善、执行落实难等问题。因此,本课题的研究旨在摸清广东农村青年创业的实际情况,分析创业过程中存在的问题,努力完善相关政策,着力帮助农村青年解决创业中的瓶颈问题,为农村青年创业创造一个良好的政策环境,提出促进农村青年创业的对策建议。

本调研主要包括四大内容:一是广东农村青年创业现状,主要包括农村青年创业过程中的创业意识、创业能力、创业资源、创业困境等;二是广东现有支持农村青年创业的有关政策情况;三是扶持政策落实过程中存在问题的原因分析;四是营造良好的农村青年创业环境的政策建议。

(二)调查方法

1. 文献收集与研究法

依据相关文献,收集广东省对农村青年创业扶持的实践资料;收集相关的各级部门的农村青年创业扶持与优惠政策进行分析与对比；总结政策实施的成果和经验。

2. 问卷调查法

采用简单随机抽样方法，在粤东、粤西、粤北和珠三角农业大市共选取500名左右农村创业青年进行问卷调查，掌握农村青年创业现状与需求。

3. 个别访谈法

根据拟定的访谈提纲，选取50名左右农村创业青年和10个涉农部门相关领导进行个别访谈，发现政策环境所存在问题。

4. 召开座谈会

在一些有代表性的地区，挑选一些正在创业和打算创业的农村创业青年，并召集一些相关部门（如农业部门、税务部门、银行等）的工作人员召开座谈会，以获取有关创业过程中存在的问题及政策需求。

（三）调研的统计结果与分析

1. 广东农村青年工作状态

本次调研对象主要是分布在粤东、粤西、粤北地区的农村青年。回收问卷共500份，其中有效问卷为477份，创业人数占41%，就业人数占51%，待业人数占8%（见图1）。可见，农村青年自主创业占有较大比重。

2. 农村青年创业现状分析

（1）创业意识（创业动机）。在分析创业动机前，首先要把握被调查者对创业的理解，以便更好地分析被调查者的创业行为。从图2可知，33.2%的被调查者认为创业是自己开小店或者小厂；32.4%则认为是成为农业专业大户。由此可见，被调查者对创业的认识存在一定的局限性，大部分创业者没有现代企业经营的理念。

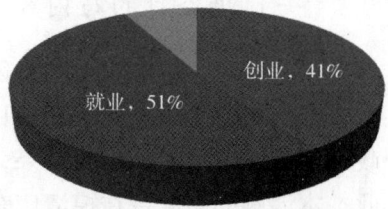

图1 目前的工作状态情况

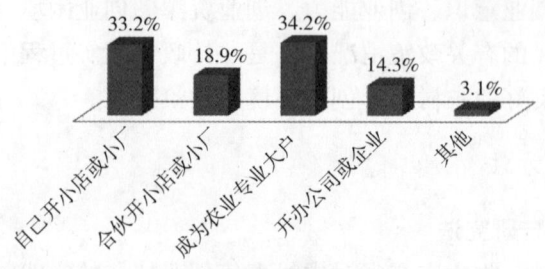

图2 创业理解情况

从图3可以发现，56.1%的被调查者的创业动机是想赚钱以改善自己的生活条件，41.8%的被调查者的创业动机是实现个人理想和自我价值。由此可见，农村青年的创业动机主要是赚钱改善生活、实现个人理想和自我价值。

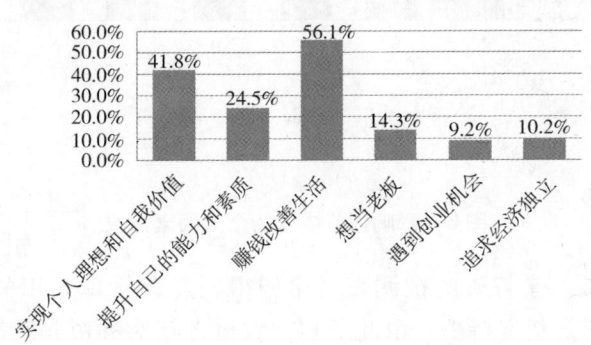

图3　创业动机情况

（2）创业能力。通过调查发现，农村青年创业者的文化程度主要是高中、中专文化水平及以下，缺乏各种经营管理专业知识技能。从图4可以看出，69%的企业经营年限是3年或以下的，而根据个别访谈可知，判断创业项目是否可持续的指标之一是企业经营年限是否能持续经营3年，因此，农村青年的创业经营能力还有待提高。

从图5可知，近三年来经营亏损的只占被调查者的8%，说明大部分农村青年的企业经营状况较好。其中经营良好的只有23%，说明农村青年的经营能力还有待提高。

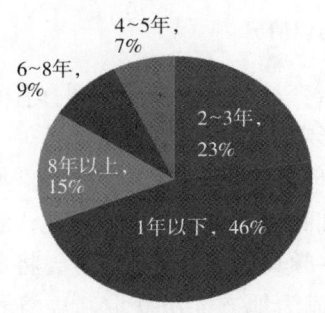

图4　创业创办年限情况

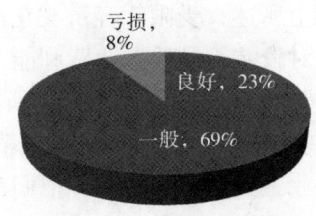

图5　近三年经营状况

从图6可知，分别有58.7%、52.0%和53.1%的被调查者认为对市场的判断力、有关创业项目的专业知识和经营管理能力三个个人因素是影响创业成效的主要因素。

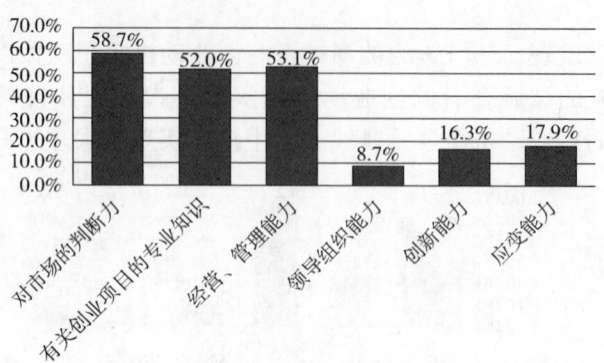

图 6 影响创业成效的个人因素情况

从图 7 可知,有 47% 的被调查者希望得到经营管理知识的培训,而对其他技术的需求则是基本持平。由此可知,农村青年对种植养殖都有一定的技术基础,但由于大部分被调查者的文化水平较低,缺乏专业的经营管理知识,因此,他们希望政府可以开展经营管理知识的课程,以提高自己的经营管理水平。

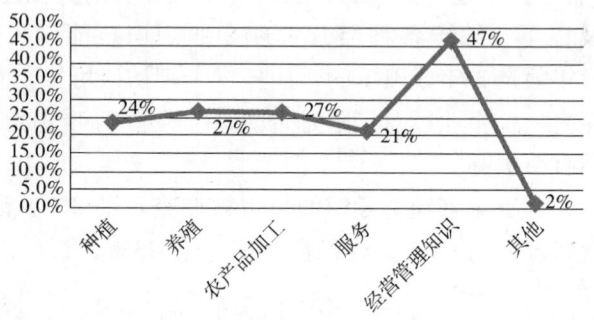

图 7 希望获取的技术培训情况

综上所述,受限于经济文化地理环境和受教育程度,大部分被调查者的创业能力相对较差,导致企业营利能力较差,进而影响了企业的可持续经营。

(3) 创业资源。被调查者所在的区域地理环境优越,各地县(市)都拥有独特的农作物,他们中大部分人都拥有一定基础的种植养殖技术,因此,农村青年的创业主要以农业为主。他们在当地发展这些颇具地方特色的产业,将成为欠发达县(市)区域经济的主要竞争优势产业,成为地方经济获取新经济利益的重要来源,并为政府提供了一条发展山区和欠发达地区区域经济的新思路。

从图 8 可知,61.2% 的被调查者主要通过家人、亲戚、朋友的渠道来获取创业信息。由此反映出大部分的被调查者都存在着信息不对称的困境,不能有效地获取所需的市场信息,这就在一定程度上影响了被调查者进一步地扩大企业规模和增强企业的市场竞争力。

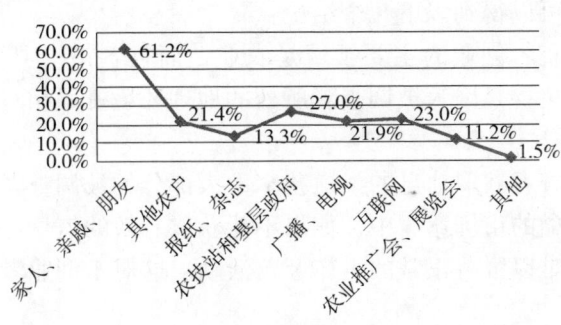

图 8　创业信息渠道情况

从图 9 可知，只有 19% 的被调查者是比较清楚或很清楚农民创业优惠政策的情况，而大部分被调查者是比较不了解的，由此可见，信息不对称存在于创业活动的多个方面。

由图 10 可见，73% 的被调查者在创业时的初始投资规模为 0～5 万元；由图 11 可见，60.2% 的被调查者的创业资金来源是亲朋好友的资助，52.6% 的被调查者的创业资金来源是自有资金。这表明，被调查者的初始投资规模都比较小，筹集资金的主要方式是自有资金和亲友的资助。

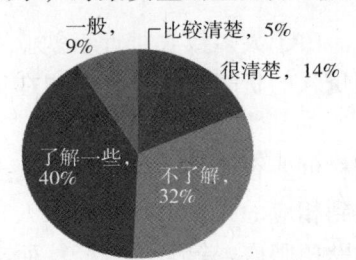

图 9　了解农民创业的优惠政策情况

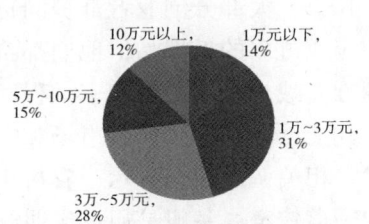

图 10　初始投资规模情况

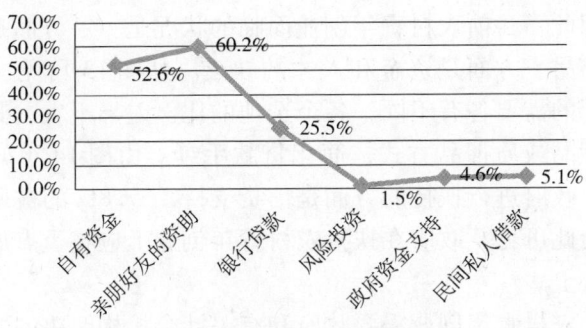

图 11　创业资金来源情况

综上所述，可以得到以下几个结论：

其一，被调查者创业的主要领域是农业，而且各市（县）都有自己特色的农业产业，这主要是因为被调查者所处的地理环境资源相对丰富，有农业生产的资源优势。

其二，被调查者获取信息的渠道狭窄，大部分的被调查者存在有效获取信息的问题。在残酷的市场竞争中，如果不能获取有效的信息，没有生产出适销对路的产品，就难以维持正常的生产经营活动，这对于创业者而言，也是一个很大的硬伤。

其三，被调查者的创业资金主要是来源于自有资金和亲朋好友的资助，其筹集到的资金非常有限，远不能满足创业需求。而且，农村青年自身积累资金较少，亲朋好友资助的也不会太多。由此可以反映出，农村青年创业者应该充分利用农业基础资源优势，大力发展农业产业型创业。

（4）创业困境。通过个别访谈和召开座谈会，我们发现：

其一，农村青年创业者对国家优惠政策了解程度局限于注册登记优惠上。大多数人申请贷款的意识较弱，虽然有考虑过申请贷款但实际提出申请的较少；申请贷款者获批的较少，主要是没有较好的抵押品；还有办理贷款的手续烦琐。

其二，大部分创业者都赞同贷款优惠政策。由于大多数农村青年创业者没有相应或过多的抵押品，他们都希望采用信用贷款的贷款方式，且希望在信贷办理方面减少贷款手续和审批程序与时间。

其三，为了继续扩大市场和生产规模，农村创业企业最大的需求是资金和技术。相关调研数据显示，农村小企业难以招到相应的人才，及时获取人才信息的渠道较窄，一般是通过亲朋好友介绍、粘贴招聘广告等简单途径；而在生产原材料和半成品获得方面，大多数企业表示较为容易。

从图12可知，66.8%的被调查者认为在创业过程中，遇到的主要困难就是缺乏资金。因此，目前农村青年创业面临的状况是：一方面是自然资源和原材料供应丰富，另一方面是资金和人才的缺乏。从图13可见，被调查者对金融机构贷款方面的需要各有不同，各个选项的比例差异不大，其中主要希望金融机构改善抵押品或质押品方式，简化贷款手续。由图14可知，50%的被调查者认为最需要政府进行扶持的方面是信贷支持，37.8%的被调查者认为是市场信息提供。由此可见，政府在扶持农村青年创业上应将重点放在资金信贷和信息渠道的改善上。

综上所述，农村青年创业需要政府和有关社会机构解决的主要问题是资金和信息的提供。

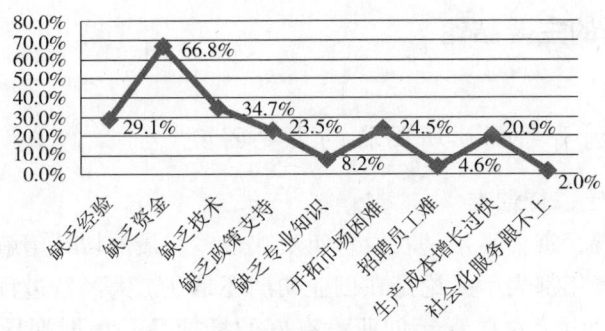

图 12 创业中遇到的主要困难

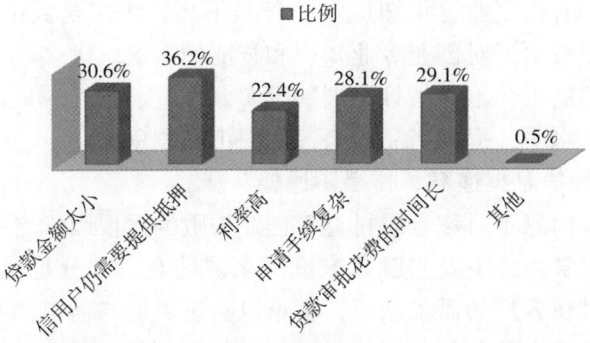

图 13 金融机构贷款需要改善的因素

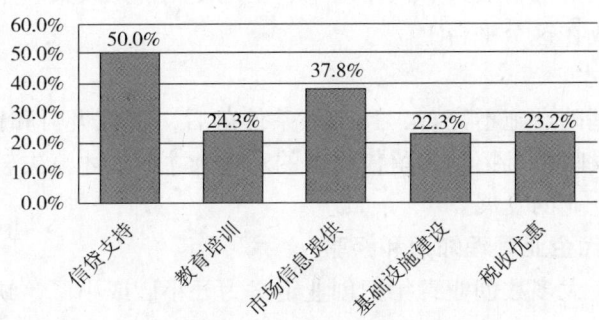

图 14 需要政府进行扶持的方面情况

二、调研的主要结论

（一）农村青年创业所面临的主要困境

1. 资金缺乏，贷款难

据调查发现，资金不足是农村青年反映最多、最迫切希望解决的问题。绝大部分的农村青年都表示无论是在创业初期还是在扩大经营过程中，资金缺乏成为一大困境。由于农村青年创业没有好的抵押品，无抵押导致信用贷款很难，从而大大制约了农村青年创业的开展。

2. 缺乏创业技术与能力

调查显示，农村创业青年知识水平普遍不高，大多是大中专及以下文化，且在调查中强烈表示了对创业专业知识和技能的需求。大多数创业者反映获得技术和知识培训的机会不多，且培训缺乏实效性、前瞻性。他们希望通过培训提升企业的技术水平，提高产品质量，增强市场竞争力。

3. 创业市场信息渠道窄，传播不通畅

调研发现，信息不对称是农村青年创业失败的重要因素之一。农村青年获取信息的来源非常少，主要来源是家庭或亲戚朋友，部分是通过电视和报纸。不能及时了解潜在客户的需求动态，就难以实现供应与需求的有效对接。

调查中也发现大部分创业青年对国家一些创业优惠政策的了解并不多。他们迫切希望政府可以提供一个能进行公开化、全面化交流的学习平台，将政府的各种扶持政策如税收政策、人才政策、土地使用优惠政策、金融机构的信用贷款政策等都放在这个平台上。

4. 缺乏人才

由于农村基础设施不完善，且经济条件落后，很难吸引和留住优秀人才。创业企业普遍反映很难招到和留住需求的对口人才，人才流失较为严重，直接影响和限制了企业的发展。

5. 缺乏现代企业管理知识和经验

调查显示，大多数创业青年把创业定义为开小店或小厂，缺乏公司化、标准化的管理理念和目标。产品主要销往本市（县）、镇，没有更大的市场目标规划。在管理上也主要是局限于家庭式小作坊的模式。同时，有大部分的农村青年反映当地相关部门组织的培训远不能满足农村青年创业的需求。由于营销推广知识的欠缺，可能引发的结果就是他们生产出优质的产品，由于知名度不高导致市场难以进一步扩大。部分农村青年还表示，他们的产品部分是已经有品牌的,但是他们不知道这个品牌的作用何在,应该如何更好地应用品牌做好营销。因此,如何更好地宣传推广自己的产品和品牌,已成为农村青年关心的一大问题。

(二) 广东农村青年创业有关扶持政策方面存在的问题

为了更好地促进广东农村青年创业,广东省相关部门已先后出台了税费优惠、项目扶持等扶持政策。尽管政策的推出取得了一定的积极效果,但由于政策不完善、执行落实难、相关机制不完善等问题,导致政策在实施过程中效果并不理想。调研结果显示,目前我省农村青年创业相关扶持政策存在的主要问题有以下几点:

(1) 相关扶持政策文件中某些规定或内容存在不够明细化、不够准确化、不具备操作性等问题。其中存在一些由于某些条款的措辞不够明确而导致相关扶持政策在落实与实施过程中无法正常化,或者出现一些被相关部门利用政策漏洞打"擦边球"的现象。座谈会中,相关基层干部希望相关部门能够组建相关调研团队深入到各村、村民之中广泛收集农民创业实际需求意愿,根据实际需求制定有效的扶持政策。

(2) 贷款手续烦琐、复杂,需要担保,成为农村青年创业贷款的"拦路虎"。如采访中大部分创业者表示贷款书的填写较为困难,填写内容较多,还要请人担保,且担保人到场签字等。大部分农村青年创业者希望相关的政府部门或组织能牵线,建立相应的咨询和服务平台,建立相应的基金担保或信用担保机制。

(3) 缺乏有效组织进行资源整合。省政府不少部门都出台了一些扶持"三农"的政策,一方面由于信息传递不畅导致很多农村青年不知道,另一方面少部分知道信息的人享受了多次多部门的优惠政策。大部分创业青年在座谈会中表示希望能有一个组织牵头,提供企业、创业者和金融机构及相关专家的平台,让更多的资源获得整合,更好地发挥优惠政策的效果。

(4) 相关政策规定应更为现实化、合理化、多样化。访谈中大部分创业青年反映贷款额度和政策扶持贴息额度较小,贷款审批时间较长,还贷时间往往和生产资金需求产生矛盾,致使一些创业者最终选择放弃银行贷款和享受一些相应的扶持优惠政策。也有相关部门反映贷款贴息扶持审批指标与方法不能满足当地情况,政策扶持中经常出现扶持大企业、不扶持小企业的"扶大不扶小"的问题。创业青年们希望政府贴息多样化、明细化,同时银行应根据行业的特殊性制定多样化的信贷产品,更好地满足各种类型农村青年创业者的贷款申请需求。

(5) 缺乏创业应急资金支持。相关扶持政策更多的是面向发展中、正常运营中较好的创业项目，而在实际操作中较少面向刚启动或面临资金瓶颈与困境的企业。

三、促进广东农村青年创业的政策建议

由于共青团组织与农村青年联系紧密，对青年创业需求了解较多，可以充分发挥共青团在农村青年创业中的纽带和推动作用，为农村青年创业提供经验积累、项目对接、资源整合、创业培训等方面的支持与帮助。

1. 多方协同，解决农村青年创业的资金需求

（1）目前，各级政府及金融机构都出台了扶持农业发展和农民创业的政策，由于各部门没有协调，出现各项优惠政策内容有重复、惠及对象标准不统一等现象。为此，建议由共青团广东省委员会牵头，将制定农村青年创业的资金扶持部门联合起来，建立一个联席会议制度，进行资源的有效整合。通过这个联席会议制度，确定贷款项目的筛选、贷款信用标准、信用担保制度、贴息贷款制度等。让有志于在农村创业的青年能及时得到所需的创业资金。

（2）要切实落实共青团广东省委员会和广东省财政厅联合颁发的"青春时'贷'"青年创业小额担保贷款项目（从2013年起，每个地市确保每月获得小额贷款青年不少于30人，每月实际发放贷款总金额不少于50万元，担保金由各市县财政支出）。对于一些比较贫困的地市，可由广东省财政厅给予一定的补贴。

（3）由各级团委组织，每年度评定省、市（县）、镇级"农村青年创业标兵"或"农村青年创富带头人"，颁发证书，可以此作为贷款的信用标准，同时作为农村青年创业的典型，加以宣传推广。针对创业初期风险较大的情况，可以建立一个"农村青年创业贷款保证保险基金"，广泛吸收银行、保险公司和民间资本，进行担保贷款。

（4）要优化贷款审批流程，提高审批效率，缩短贷款操作时间，做到优先受理、优先调查评估、优先安排信贷资金，建立农村青年创业贷款的"绿色通道"。

2. 加强培训，提高农村青年的创业能力

（1）建议由各级团委负责，组织相关培训，可以村、镇为单位统一上报各种培训需求计划，要有专人进行管理，建立档案，落实培训课程和考核。通过考核并发放相应的创业培训证书，可作为今后农村青年申请创业贷款的一个重要评价指标。

(2) 要落实创业培训经费，培训费用可以从创业贷款中拨出一部分，建立培训基金。

(3) 培训内容应丰富多彩，包括相关政策法规、专业技术知识、经营管理知识等。培训方式可以多种多样。可以联合各类高等院校、大中专院校，建立多层次的青年创业培训基地，开展培训工作；可以聘请专家到当地举办专项的技术培训讲座；还可以参观考察先进企业，通过现场学习交流创业经验。

3. 充分利用网络平台，加快信息传播与交流

(1) 政府应积极推动"网络下乡"活动，普及农村网络技能培训，加强农村创业青年对网络信息技术的使用，增强自身竞争力。

(2) 政府有关农村青年创业的各种政策可以通过互联网平台及时进行宣传。此外还可以通过报纸、杂志、广播、电视等传统媒介以及手机媒体等新媒介进行宣传。要加大对各级共青团组织门户网站的建设，及时发布各级共青团组织促进青年创业的工作动态，并建立信息反馈机制，及时收集农村青年的创业动态和对相关政策的建议。

(3) 通过建立网络平台，引导农村青年开展网络创业，促进电子商务。创业企业还可以通过网络平台招聘人才，发布宣传广告，推销商品。

4. 建立创业园区，引导农村青年创业项目转型升级

(1) 为了更有效地促进农村青年创业，各地应建立创业园区，发挥园区产业集群效益。通过创业园区，引导农村青年创业项目转型升级，增强和提高创业项目的抗风险性和收益性；改善工作环境，可吸引和留住人才。政府牵头建立相关的创业园区，有利于扩大其市场影响力，同时也便于管理，实行优惠政策一揽子服务和一步到位。

目前，农民创业选择的大多是抗风险能力弱、规模小、技术含量低、比较分散的家庭作坊式项目，如农产品种植、家畜养殖、农产品初加工等，这些创业项目受市场和自然环境影响大且市场进入门槛低，收益极不稳定，因此往往很难获得金融机构对其资金贷款的支持。通过创业园区建设，可以产生规模效应，在原料采购和产品销售方面大大降低成本，并比较容易获取信用贷款。

(2) 创业园区要鼓励并重点扶持生态养殖、农业旅游、环保型创业项目。引导农村青年创造良好的生态环境，将丰富的资源条件转化为经济优势，从而吸引投资者，以获得产业发展的机会。

(3) 要加大创业园区的开发力度。建议可将创业园区房租补贴政策延伸到园区以外，帮助青年找到合适的开业场地。同时，需要制定与现行政策配套的促进青年创业场地扶持的专项特殊政策，建议进一步提高青年在现有的房租政策上的补贴额度，制定对在创业园区的青年创业者实行免房租的优惠政策

等。通过场地扶持政策，充分发挥创业园区的创业孵化器作用，进一步优化企业的创业环境。

5. 引入风险投资基金，保障农村青年创业的持续稳定发展

（1）建议充分发挥政府创业基金稳定性强、可信度高的特点，采取公开募集的方式吸纳民间资本投入，壮大"创业基金"的资本实力。

（2）建议在地方政府扶持创业基金中专门建立一块"种子基金"，用于对初创企业和新兴产业企业的资金扶持。基金的运作为无偿性质，同时完善"种子基金"的申报、评审和注入机制，既保证项目评审的权威性，又要保证资金注入的及时性。

（3）要建立创业救济制度，确保青年创业救济的合法性和合理性。共青团要积极主动与人保部门、社保部门进行沟通，协商救济的方式，或为青年创业失败者提供救济保障金或提供重新就业的机会，或根据现实状况帮助青年进行二次创业。

6. 建立并完善扶持资金发放与落实监控机制

（1）落实各金融机构的农村青年贷款项目，提高贷款的效率和效果。推动省政府将农村青年创业小额贷款财政贴息工作纳入全省农村金融工作督查考评办法范围，成为各级政府金融工作的考核指标。确保各项扶持资金的落实，做到"规划到户、责任到人"，建立对贷款机构相应的贷款工作考核体系，重点考核贷款到户率、贷款发放量、贷款回收率、贷款损失责任等主要指标。对考核结果优良的基层农村信用社及相关扶持部门，可给予适当奖励。

（2）加强贷款项目实施的监督和检查，协助做好贷后管理，确保贷款项目的顺利实施，争取发挥最大效益。相关的资格审核应实行职责问责制，落实到各部门机构的"谁盖章谁负责"；保证各级财政拨款的实效性，可设立扶持资金落实反馈机构，对资金拨放和使用进行跟踪与监督。

（3）推进农村青年信用体系建设。大力开展广东农村青年信用示范户评选帮扶工作。按照"因地制宜、务求实效、协同配合、风险可控"的原则，紧密结合当地中国人民银行农村信用体系建设工作，建立各级农村青年电子信用档案，形成健全的评定机制、到位的政策扶持、得力的金融支持、显著的信用激励、有效的风险控制、明显的示范效应的农村青年信用示范户评选工作格局。

共青团广东省委农村青年工作部
执笔人：黄瑞轸、郭炜城、陈梓伟

广东省"亿元级"青年领军企业发展需求研究

一、调研背景

民营经济的发展,是推动广东省成为改革开放先行地和中国特色社会主义排头兵的动力。2012 年,广东民营经济完成增加值 29319.97 亿元,同比增长 9.1%,连续 4 年高于 GDP 增长率,对全省经济增长的贡献率更高达 55.9%,为缓解经济下行压力做出重大贡献。然而,2012 年广东主营业务收入超百亿元的 155 家企业中,民营企业却只有 42 家,比重为 27.1%,与民营经济在广东经济中的地位极不相称;在全省 502.16 万户民营企业中,注册资本在 1000 万元以上的只有 60811 户,"多、小、散"的特征成为广东省民营经济的一块短板。

2013 年,是广东省继续稳增长、调结构、力争保持全国经济增长排头兵位置的关键一年,大型骨干企业作为广东省经济增长的领军企业群体,则成为经济回升的重要基础。2013 年广东省"两会"期间,广东省政府工作报告提出:"要培育一批具有核心竞争力、经营规模超 100 亿、500 亿、1000 亿的大型骨干企业尤其是民营企业。"更将培育大型民营企业作为未来几年的发展重点。因此,提升民营企业核心竞争力,打造广东骨干企业后备梯队,对于弥补广东民营经济短板、调整经济结构,从而实现快速健康持续发展具有重要意义。

在这种背景下,由共青团广东省委员会、广东省青年联合会联合有关部门发起了对广东"亿元级"高成长性青年领军民营企业发展需求市场调研,旨在从政策支持、管理提升、资源对接、人才服务等方面对一批"亿元级"青年领军企业的发展需求进行深入调研,为入选企业提供针对性、个性化服务,从而帮扶入选企业提升品牌及创新创效能力,构建助力广东转型升级生力军。

二、调研设计

本次调研紧密结合当下广东省民营经济的发展要求和大型骨干企业核心竞争力提升的关键要点,针对入围企业,从政策支持、资源对接、人才服务和管理提升四个方面的 10 项需求进行摸底式调研，为后期制定长效提升计划打下基础（见图 1）。

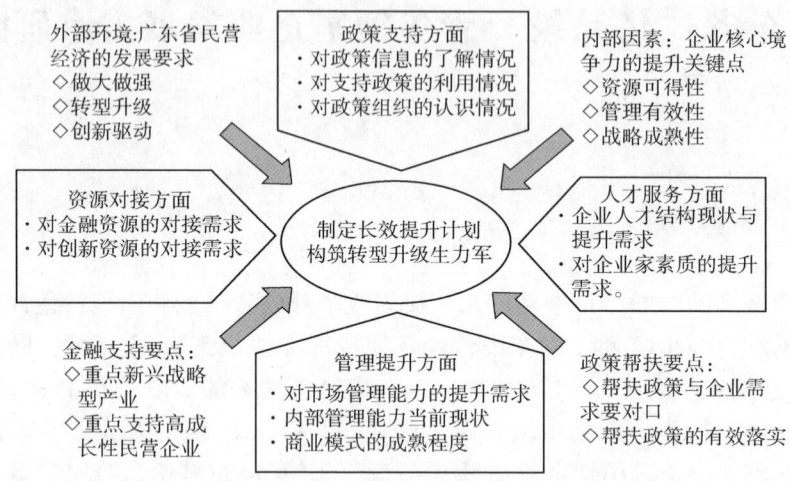

图 1　青年领军企业发展需求调研路径设计与提升计划

三、调研情况概述

本次调研根据各地区域优势和产业发展实际，结合企业自身提升发展水平的意愿程度，按照自愿报名、组织推荐的原则，由广东省青年联合会、广东省青年企业家协会、广东省青年商会、各地级市和顺德区总共推报 178 家合格企业。

针对 178 家企业发放调研问卷，回收有效问卷 90 份，有效回收率为 50.6%。其中主营业务收入 10 亿元以上大型企业 25 家，占 27.78%；10 亿元以下大型企业 26 家，占 28.89%；中型企业 39 家，占 43.33%。按照所属产业类型进行划分，属于战略性新兴产业的企业有 26 家，占 28.89%；属传统优势产业的企业有 25 家，占 27.78%；属其他各种产业的企业共有 39 家，占 43.33%（见图 2）。

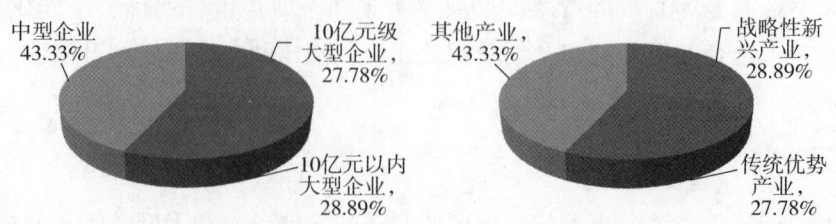

图 2　调研样本规模与所属产业情况分布

四、调研分析

(一)资源对接情况

战略性资源的可得性是企业培育核心竞争力的基础。传统的广东经济较大程度依赖于外向地域优势和劳动力成本优势,而在打造升级版广东经济的战略转型背景下,加强企业自主创新能力,创造新的核心竞争力,才是持续增长的关键。因此,通过产学研的方式进行创新资源对接能够为青年领军企业提供首要战略性资源。

此外,以第三产业金融服务业推动第二产业,以深圳和广州为中心,培育金融服务业优势,推动战略性新兴产业和传统优势产业发展,能够为促进实体经济快速转型升级提供重要的资源保障。

基于此,对调研样本中的青年领军企业创新资源和金融资源的对接情况进行分析。

1. 创新资源

高校是知识创新的核心力量,也是培育创新型人才的摇篮。通过与高校进行合作,青年领军企业不仅能够提高自身研发能力、提升企业内部人才质量,还有利于企业建立创新社会网络,提升在业界的品牌知名度。对样本企业的产学研对接情况调研表明,86.52%的企业认知到产学研合作的重要性,并且已经或者正在与高校或科研机构进行合作,其中56.18%的企业能够在合作中获得显著收益(见图3)。进一步分析表明,首先,提高企业研究开发能力和人才培养质量是企业在产学研过程中获得的两项最主要收益,分别有82.02%和61.80%的企业获得了这两项收益;其次,33.71%的企业认为获得高校和科研机构这样的社会资本能够使其收益丰硕(见图4)。

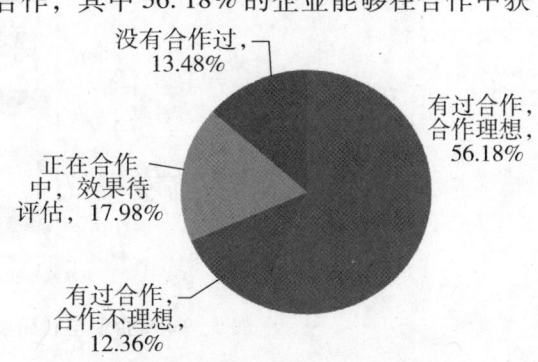

图3 样本企业进行的产学研合作现状

企业的实践情况表明,产学研合作能够为企业带来创新资源,主要表现为人才资源和知识资源,并且对于企业获得内在创新能力具有显著影响;然而,短期内并不能产生显著直观的经济收益和品牌效益,产学研合作须建立长效机制。

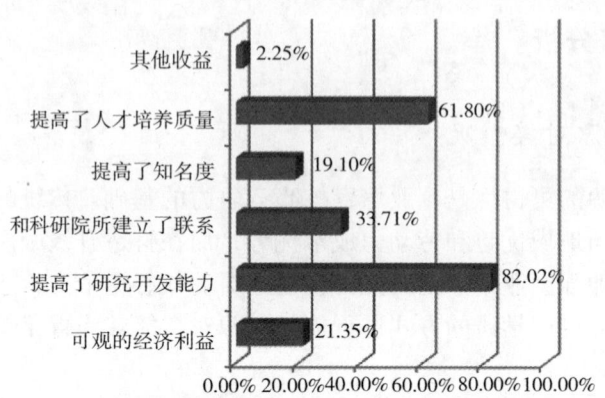

图 4　样本企业在产学研合作过程中的收益情况

对样本企业与科研机构进行合作的内容进行分析进一步表明，相比于从产学研的合作中获得产品开发、技术成果、项目经费等直接收益，企业更倾向于让研究机构担任间接辅助的角色，如培养人才、优化企业工艺等（见图5），从而充分发挥科研机构的知识密集型优势，为企业带来新的活力；对于应该如何使用这些创新资源来创造价值，通过市场化运营的手段可能是最有效的措施。

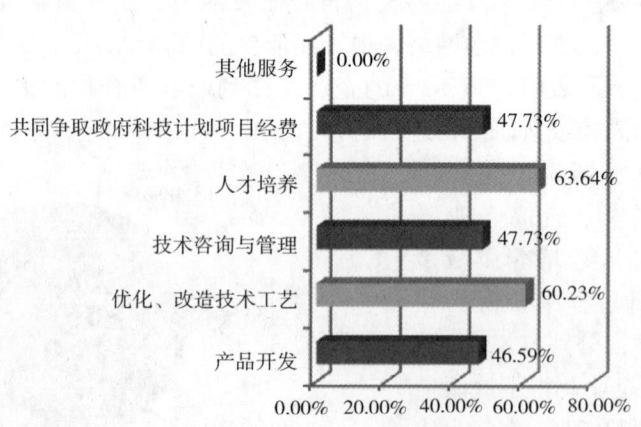

图 5　样本企业与科研机构的合作内容

此外，青年领军企业联系科研机构的方式分布表明，当前广东省青年领军企业与科研机构联系的路径还不够通畅。71.26%的企业通过自己的社会关系资源来取得与高校或科研机构的合作，仅有35.63%的企业能够获得政府机关的牵线帮助，高校或科研机构主动与企业建立合作的只有12.64%（见图6）。从中可以看出，广东省政府部门和高校、科研机构等主动帮扶企业的氛围和机制都还较薄弱，应该发挥的经济支持功能有待增强。

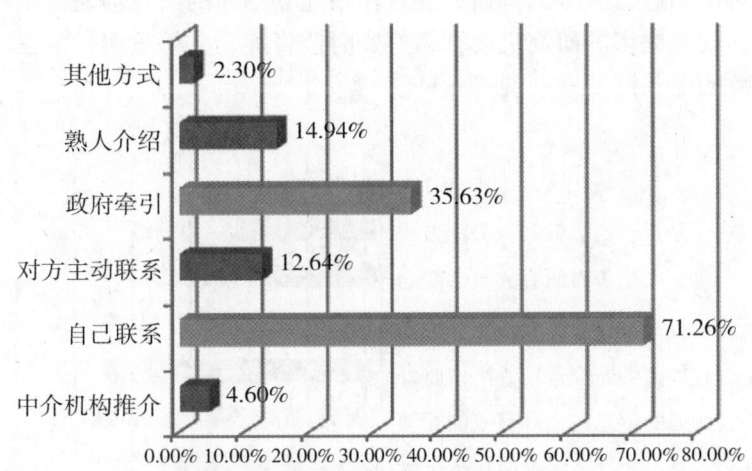

图6　样本企业与科研机构的合作路径

最后，对政府机关单位应该如何支持青年领军企业与科研机构进行合作的调研结果表明：①建立并完善促进产学研集合的公共技术平台和服务体系具有较大的必要性，绝大多数企业期望通过这样的平台和服务体系来获得创新资源（见图7）；②为鼓励企业积极通过产学研的平台进行技术创新，设置专项的基金给予产学研项目经费支持，以及对产学研项目产生的收益进行一定的税收减免，将产生积极的效应（见图7）；③产学研的技术平台与服务体系应该是"三位一体"的，即不仅要致力于帮助青年领军企业与科研机构进行对接，同

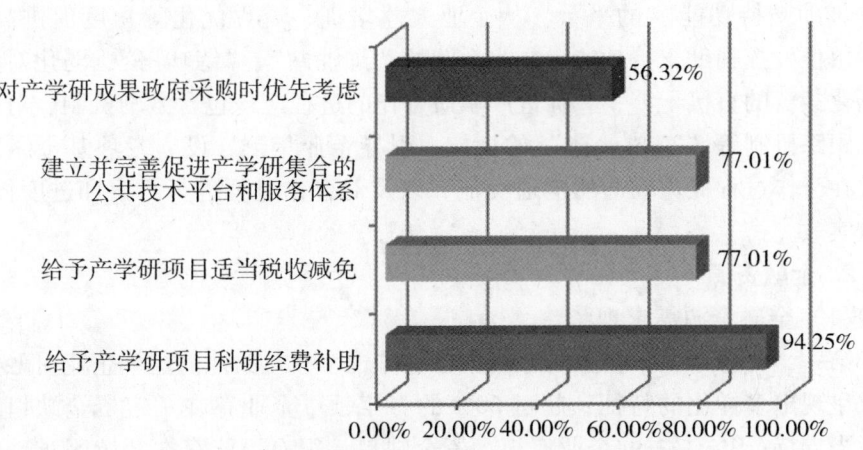

图7　样本企业对政府支持产学研合作措施的期待

时能够对产学研合作的全过程进行完整的流程管理，包括在合作前协助企业和科研机构对市场进行充分的调研，在合作中建立畅通的信息沟通机制和有效的互动机制，设置周密的研究进度并做好实时监督等，分析表明，这三项是影响产学研成败的最关键要素（见图8）。

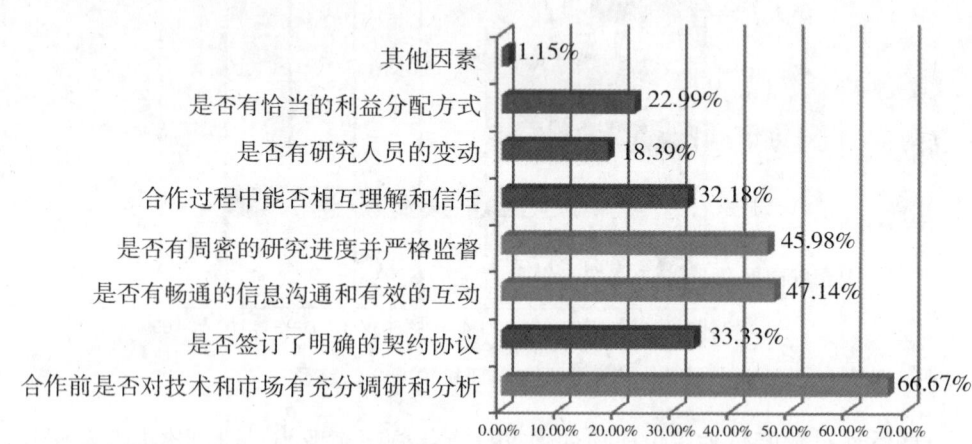

图8　影响企业与科研机构产学研合作成败的关键要素

综上所述，为了更有效实现创新资源的对接，共青团组织作为对接青年领军企业与高校、科研机构的枢纽单位，应该充分发挥其对高校资源和企业资源的影响作用，积极促进搭建产学研集合的公共技术平台和服务体系，同时鼓励高校资源积极主动与企业资源对接，体现高校应有的社会责任和对经济的智力支持作用。为了更好地扮演枢纽的作用，应注意以下几项：①将服务平台定位为"辅助支持功能"的平台，从企业人才培训、流程优化等角度促进高校、科研单位发挥辅助支持功能，作为企业的"加油站"、"练功房"，弱化对企业市场化经营的直接干涉；②促进产学研合作的过程应该包含激励机制、对接机制和跟踪机制等"三位一体"的功能，引导企业集群，设立专项基金激励合作，在合作过程促进畅通的沟通交流，以及对合作过程进行考察和进度控制，注重实效。

2. 金融资源

（1）金融资源需求现状。

第一，对青年领军企业的融资服务应体现个性化关注。这些企业对融资的需求呈现出多样化的特征，超过60%的青年领军企业存在一定资金缺口，需要适当支持；9%左右的企业有很大资金缺口，很有可能存在经营困难，应重点综合关注其经营和资产状况；需要注意的是，19.32%的青年领军企业不仅没有融资需求，反而因为资金充足而希望提高资金效益，银行等金融机构应积极加快金融创新，为其提供有效益的金融服务（见图9）。

第二，这些青年领军企业呈现出高成长性的特点，目前的企业资金主要用途集中于技术研发和扩大生产，金融服务应重点支持（见图10）。

第三，相应地，如果目前获得融资，企业将主要用于快速上马项目，进行扩张；其次将用于流动资金的补充和中长期经营贸易的支持（见图11）。

分析表明，在当前国际经济形势逐渐回暖，国内市场需求有所回升的情况下，大部分青年领军企业希望获得融资来进行扩张。这些企业对于金融资源的需求呈现出多样化和成长性两个显著特征。

（2）金融资源获取能力。信用贷款和抵押贷款是企业从银行获得金融资源的两种主要形式，成功发行企业债则是企业能够在市场上建立起较好信誉的一项标志。根据青年领军企业在银行的授信程度和发行企业债的情况对样本企业的金融资源获取能力进行评估。

结果表明：①80%以上的青年领军企业在1家及以上的银行拥有授信额度（见图12），并且其中近一半企业拥有3家及以上银行的授信额度，说明青年领军企业的信用贷款市场

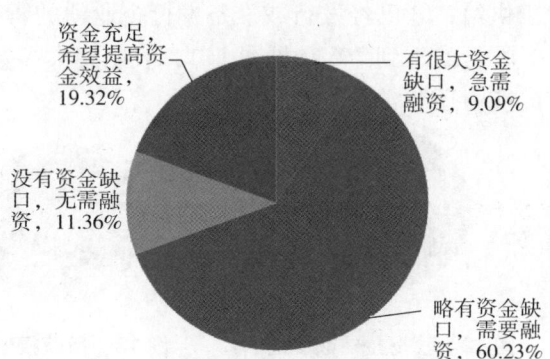

图9　样本企业对资金的需求情况

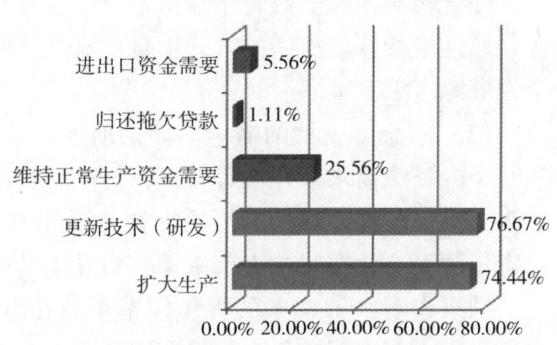

图10　样本企业的资金主要用途

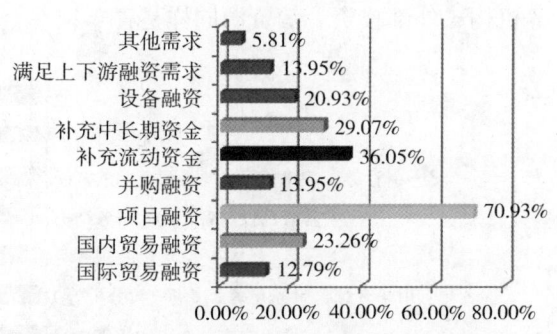

图11　样本企业目前急需解决的融资需求

仍有发展空间；②接近一半的企业表示所获得的授信额度并不够用（见图13），并且有 14.24% 的企业尚无银行授信额度，表明对信用贷款的需求仍大于供给；③已经发行或准备发行企业债的青年领军企业只有 46.51%，其中已经发行的不到 7%（见图 14），表明绝大多数企业通过债务市场获取金融资源的能力还非常有限。

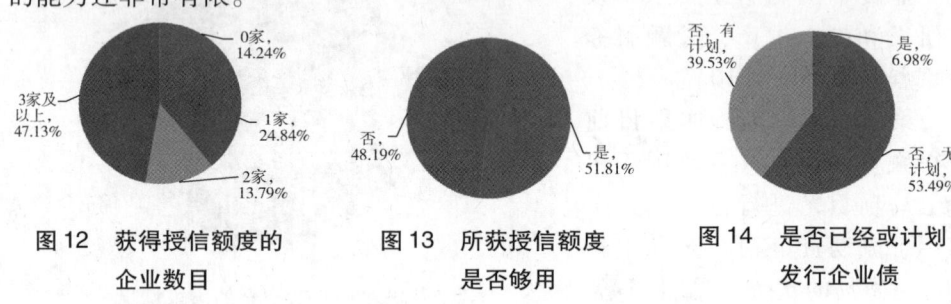

图12　获得授信额度的企业数目　　图13　所获授信额度是否够用　　图14　是否已经或计划发行企业债

综合表明，大多数青年领军企业还没有足够的能力从资本市场获取金融资源，通过银行获取支持的方式仍是主流，但银行授信程度尚未完全满足企业的金融资源需求。

（3）对金融支持的需求。如前所述，受访青年领军企业呈现出高成长性和对金融资源需求多样性等特点，对金融资源的需求主要用于技术研发和业务扩张，而仅仅依靠银行的信用贷款并不能够完全满足企业的扩张需求。因此，对青年领军企业在股改上市中需要指导支持的环节进行调研。

结果表明：①85% 的青年领军企业在近期或将来有上市计划，并且在上市过程中主要希望获得上市综合服务方案和上市有关知识的培训学习，说明大部分青年领军企业对上市过程中的细节问题还缺乏认识，对其进行知识培训有一定必要性；②引荐券商、外部投资者等排在企业需求的第二梯队，表明上市服务机构、外部投资者等资源同样是青年领军企业的稀缺金融资源（见图15）。

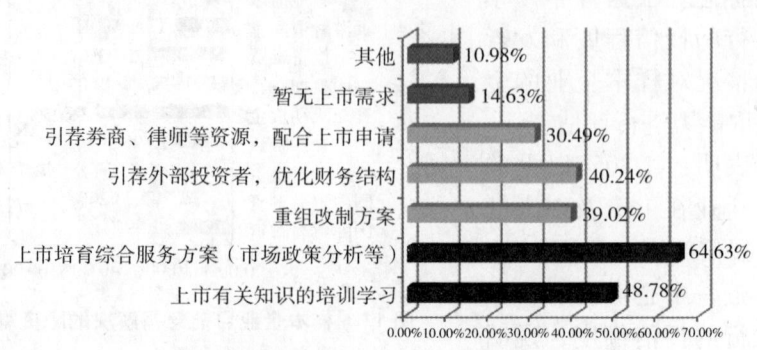

图15　样本企业股改上市过程中需要指导的环节

综上所述，金融资源仍然是青年领军企业的一项稀缺资源，为做好与青年领军企业的金融资源对接工作，建议共青团组织根据企业融资需求的多样化和成长性的特点，做好促进企业与金融机构之间的桥梁枢纽工作，解决企业与资本市场、金融机构之间的信息不对称问题，从而提高金融资源的利用效率。

（二）管理提升情况

核心竞争力是一个企业内部整合各种知识和技能，尤其是关于企业内部协调生产技能和整合管理不同知识的能力，商业模式的成熟程度是企业是否形成稳定竞争力的一项标志。广东省作为中国特色社会主义市场经济的先行地，企业不仅须具备对内部资源和知识的管理能力，同时还必须能够对市场资源和信息进行良好的管控。

基于此，为制定提升青年领军企业管理能力的长效计划，对其市场管理能力的提升需求、内部管理能力的当前现状和商业模式的成熟程度进行调研。

1. 市场管理能力的提升需求

广东省是我国改革开放的先行地，30多年来，依靠沿海地域优势和自由开放的市场环境，已经形成一大批优秀的出口导向型企业。因此，广东企业普遍面临着国际化的市场，提升对国际化市场的管理能力能够促进这些企业的核心能力。调研发现，51.72%的青年领军企业业务遍布国内外市场，有5.75%的纯出口型企业仅聚焦于国际市场（见图16）。

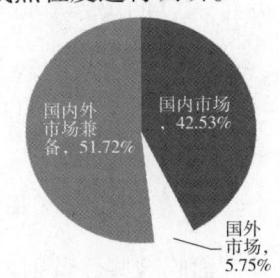

图16 领军企业的主要市场分布

为提升这些企业对国际化市场的管理能力，广东省政府和行业组织已经形成出口减税、举办展销会等一系列的支持措施。其中，通过外贸交流会等方式促进国内外企业进行合作以及制定鼓励出口的优惠政策能够对企业拓展国内外市场带来最大帮助；其次有效的措施是提供市场信息、维持市场秩序和扩大采购中小企业群体的比例（见图17）。

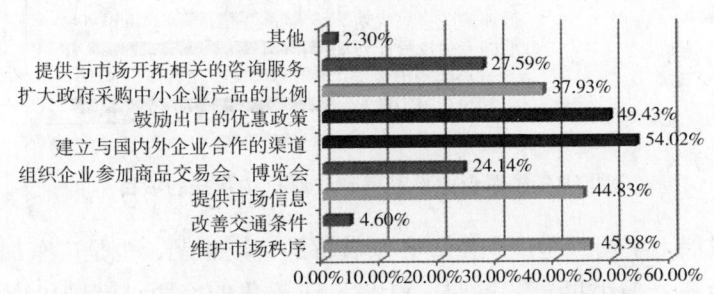

图17 政府政策对领军企业开拓国内外市场的有效性

除出口导向性的特征外，广东经济的另一项特征是劳动密集型企业集中，在东莞、佛山、中山等二线城市集聚着一大批传统制造业。在这种经济结构的背景下，同行业竞争激烈成为一大批青年领军企业所面临的最主要经营问题，占所有样本企业的76.83%（见图18），其他因素如国际贸易壁垒、流动资金紧缺同样影响青年领军企业的经营，但影响幅度不大，是源自全球经济普遍存在的系统性风险。同行业竞争激烈带来的问题尤为突出，使得一大批传统制造业无利润可图，须重点关注。只有促进产业或集群集体转型升级，才能从根本上解决问题。

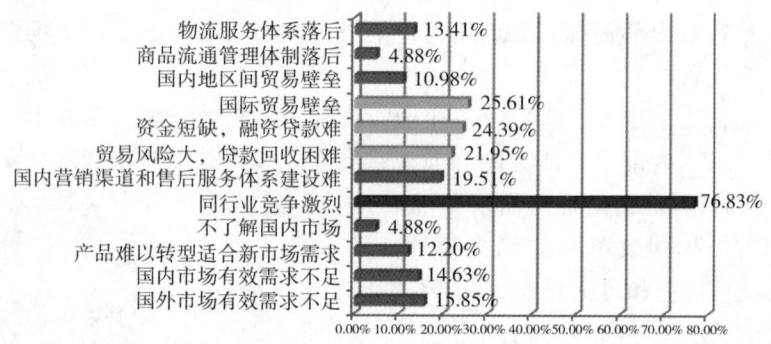

图18 领军企业经营过程中面临的主要问题

面临这些经营困境，青年领军企业迫切希望政府加大对创新成果的支持力度和执行出口退税政策。一方面，通过创新促进转型升级，提供具有高附加值的产品和服务；另一方面，通过出口退税减少竞争压力。同时，政府的专项投资计划、产业振兴计划和宽松货币政策都有助于企业获得新的增长点（见图19）。

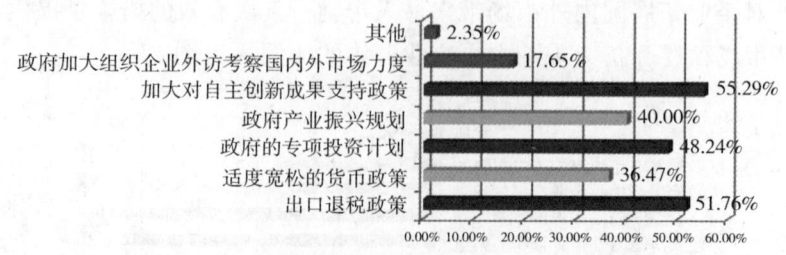

图19 领军企业希望得到政府机构帮扶的项目

区域发展不平衡，是广东发展必须破解的突出难题，也是广东加快发展的巨大潜力所在。缩小粤东、粤西、粤北与珠三角的差距，鼓励民营经济到粤东、粤西、粤北投资建厂,是未来的政策和资源所向。而互联网近年来迅猛发展,也为众多民营企业带来了新的发展机遇。在这种政策导向和技术导向下,样本青年领军企业的未来发展意向如图20、图21所示,约40%的青年领军企业对于开拓网络市场开展电子商务抱有十分积极主动的态度;但在粤东、粤西、粤北地区设置生产点的积极性并不高。

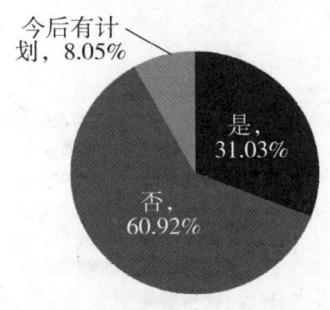

图20 领军企业对于开拓网络市场电子商务的态度

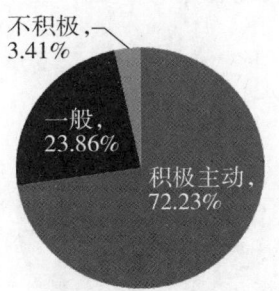

图21 企业在粤东、粤西、粤北是否有生产

综上所述,开拓市场的能力是青年领军企业的核心能力之一,广东省的这些大型企业的市场开拓能力更具有国际化、国内外兼备等特点。为扮演好青年领军企业提升市场管理能力的助推器,建议共青团组织:①重视平台的搭建,既包括实体平台,协调政府有关部门,促进青年领军企业与国内外合作伙伴的经贸交流,又包括虚拟平台,为青年领军企业提供优质的信息服务;②协调政府有关部门、金融机构,为出口企业争取税收优惠政策或金融优惠服务;③促进产业集群创新、区域创新,鼓励企业走品牌建设之路,或者通过网络市场、新兴区域市场寻找新的发展计划,从而缓解传统企业在特定领域内的过度竞争。

2. 内部管理能力的当前现状

内部管理能力的成熟度是对企业利用资源、转化资源效率的评价,内部管理能力的水平决定了企业将资源转化为产出的效率,是核心能力的重要体现。

对青年领军企业的抽样调研表明,绝大部分青年领军企业的负责人认为企业管理水平仍然保持在中上游水平。47.67%的企业负责人认为其所在企业的管理水平处于较高水平,43.03%的企业处于一般水平(见图22)。对一部分企业进行管理提升、流程优化的必要性仍然存在。

进一步对具体的管理方面和提升措施进行分析表明:①研发能力是受企业重视程度最高的管理能力,85.06%的企业迫切希望提升研发能力,通过创新从激烈的市场竞争中突围;②对市场管理能力(市场营销能力、市场应变能力）的重视程度排在前列（见图23），正如上一小节所述，说明提升市场管理能力对核心管理能力的提升越来越重要；③对战略决策能力的重视程度排在第三位，反映了高管决策能力的重要性（见图23）；④创造公平竞争的环境是政府部门帮助企业进行管理提升的基础，在此基础上，制定调动企业经营者积极性的激励措施、加大对管理创新的奖励力度是促进青年领军企业从企业管理上实现现代化转型的重要手段（见图24）。

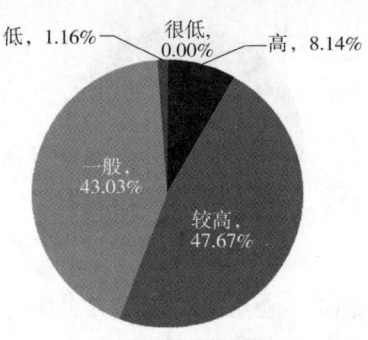

图22 样本企业负责人对管理能力的评价

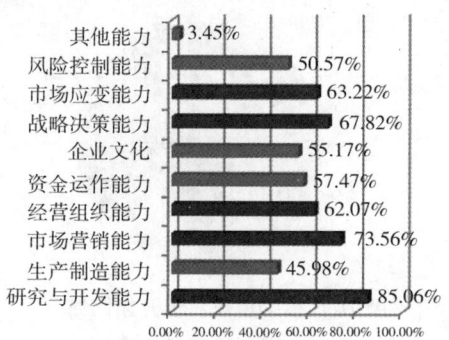

图23 对各项企业管理能力的重视

因此，随着企业规模的扩张和市场经济的日益成熟，仅仅依赖于"人治"的传统办法进行管理难以适应青年领军企业的发展需求，在推动企业经营方式转型升级的同时，也应积极推动企业内部管理能力进行现代化转型。

对此，建议共青团组织协调政府有关部门，从制定调动企业经营者积极性的激励措施入手，加大对企业管

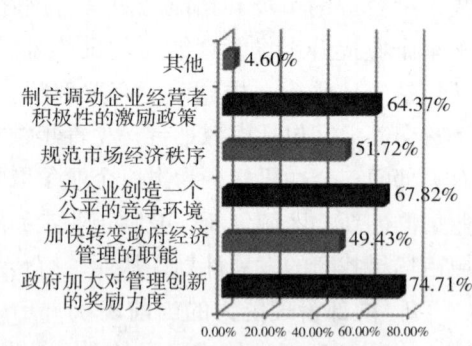

图24 对政府促进措施的期待情况

理创新的重视程度、培训深度和奖励力度，重点促进青年领军企业在研发能力、市场管理能力、战略决策能力等方面的提升。

3. 商业模式的成熟程度

商业模式的成熟程度是考察企业是否具有发展潜力、是否形成稳定战略的重要指标。在市场导向型经济发展越来越成熟的今天，商业模式的创新有时甚至比技术创新更为有效。

然而，对青年领军企业的调研表明，目前在商业模式创新方面存在瓶颈和

困境的企业有 62.50%，其原因主要是无法突破传统的模式而始终停留在竞争瓶颈之下；此外，缺乏创新型人才也是造成困境的重要原因之一（见图 25）。

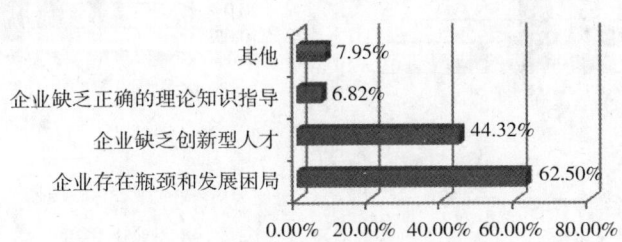

图 25　商业模式创新遇到的困难

因此，引进创新型人才、提高管理团队的创新能力是突破这种瓶颈的关键。建议共青团组织发挥资源协调枢纽的作用，协调政府有关部门，一方面为青年领军企业招聘输入新的创新人才等元素；另一方面为青年领军企业的管理团队提供在相关行业、相关领域交流考察的机会，从而帮助其开阔视野，增加创新性。

（三）人才服务情况

对企业管理能力、创新能力的提升，最终还是落脚到对企业人力资源的提升上。在人才强国战略下，高素质的人才更是优秀企业的最宝贵资源。普通人力资源是企业的血液，企业家则是企业的灵魂。前者决定了企业创新和发展的潜力，后者对企业发展方向的把控更是意义非凡。因此，从企业人力资源的现状和服务需求入手，对企业普通人力资源的情况和企业家精神的情况进行调研。

1. 企业人才的结构现状与提升需求

（1）企业人力资源的结构现状。从年龄和学历两个方面对企业的人力资源结构现状进行分析表明：①从年龄分布来看，样本企业的经营管理人才年龄分布比较理想，集中分布在 36～45 岁之间，这是企业家经营想法和经营实践最为成熟的年龄。但同时需要注意的是，也应注重对青年管理团队的培训，35 岁以下的管理团队比例只有不到 20%（见图 26），为保障企业未来的经营权接替、促进企业的商业模式创新等，这一比例可适当改善。②专业技术人才年轻化的特征同样存在，结构比较合理（见图 26）。③企业经营管理人才和技术人才主要集中在本科学历层面，部分分布在大专学历层面（见图 27），还具有较大可塑性，在实践中积极补充、增加培训，有利于进一步优化这一部分人力资源。

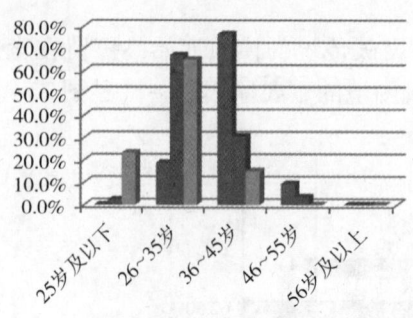
图26　企业各类人才的年龄分布

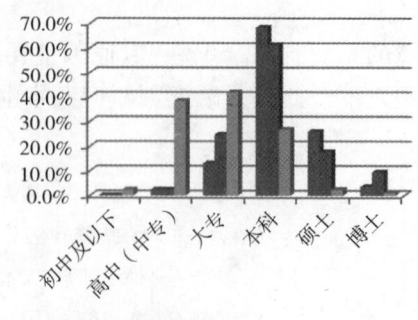
图27　企业各类人才的学历分布

（2）企业人力资源的需求现状。对专业技术人才的需求几乎伴随着众多生产型和科技型企业从创立到发展的全过程。而调研结果表明，当前青年领军企业体现出对管理型、专业技术型和营销型人才高需求特征，分别占82.76%、73.5%和66.67%（见图28）。说明青年领军企业在进入战略发展期和品牌发展期，加强管理型人才和营销型人才的配备，能够帮助企业提升管理创新的效度和创造市场差异化形象。

然而，这些需求并没有有效地实现，63.95%的企业仍然在招聘人才的渠道上存在着不畅通的困难，难以寻找到企业最需要的人才；37.21%的企业则出现严重的人才流失问题，值得关注（见图29）。

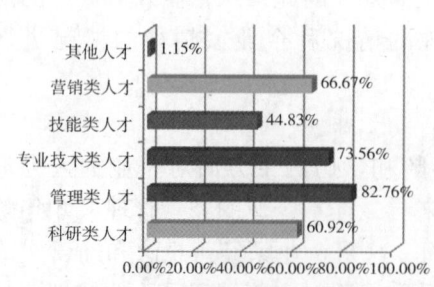
图28　企业对各类人才需求状况

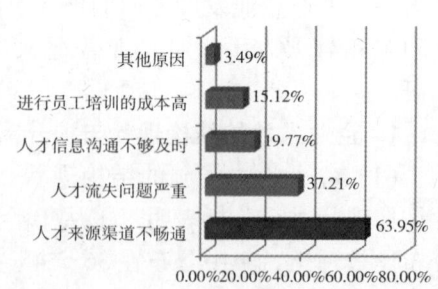
图29　企业招聘人才遇到的困难

通过实习或高校学生社会实践平台搭建企业与人才的交流平台，提高管理人才、技术人才和营销人才的供应对提升企业人力资源竞争力有重要意义。

（3）企业的人力资源获取渠道。通过网络进行社会招聘依然是青年领军企业招聘人力资源的主要渠道，占比91.95%；需要关注的是，校园招聘和人才交流会成为越来越受重视的两条招聘路径，比例均超过50%（见图30）。可以看出，这些大中型企业对于人才的要求越来越高，逐渐走上自行招聘、自行培养的路径。

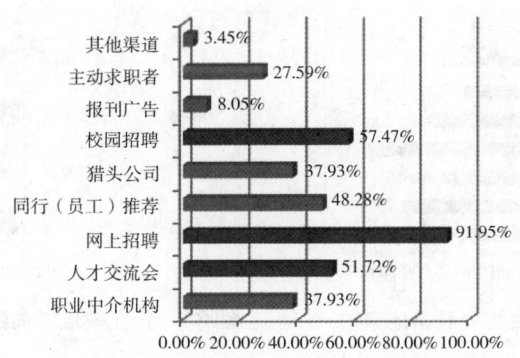

图30　骨干企业的人才招聘渠道

此外，如果条件能够达到，校园招聘的比例可能远不止50%。调研表明，97.7%的企业表示，如果条件允许，希望能够通过校园招聘获取人才。重点大学、普通专业类本科大学以及高职高专等院校是这些企业最青睐的校园招聘途径，并且目标区域主要集中在广东珠三角地区（见图31、图32）。

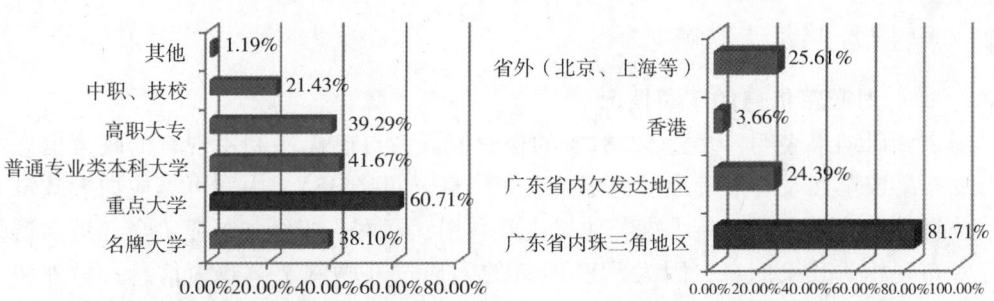

图31　校园招聘的理想学校类型　　　　图32　校园招聘的理想区域

综上所述，领军企业在人才招聘方面仍然存在较大问题，招聘渠道不通畅是最主要的问题；众多领军企业希望通过校园招聘的渠道获取人才资源，但40%以上的企业目前仍缺乏这方面的条件。通过搭建实习平台、企业实践平台，使得高校学生能够与企业进行接触，并在此过程中帮助企业甄选出最合适的人才，是帮助企业克服人才困境的有效手段。

2. 企业家素质与提升需求

调查结果显示，在众多企业家需要具备的素质中，企业家最希望提升的能力依次是制定企业战略能力、企业内部管理能力和宏观经济形势分析能力；赴经济发达地区考察与高校（或培训机构）培训是青年企业家较为倾向的素质提升活动形式（见图33、图34）。

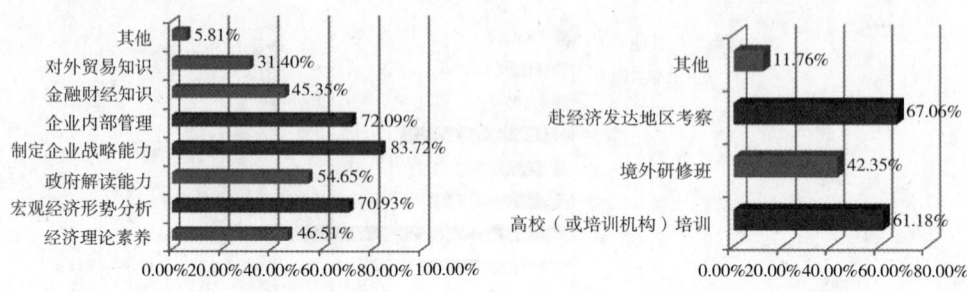

图33　企业家最需要具备的素质　　图34　企业家最倾向的素质提升活动形式

因此，建议共青团组织开展青年领军企业家素质提升的相关培训，并将培训内容聚焦于企业家亟须提高的素质和能力上。同时，还可以建立一个企业发展咨询服务平台，使优秀的企业管理顾问与企业家之间自由、无障碍沟通与交流，帮助企业家克服自身素质的局限，促进企业的健康、可持续发展。此外，适当组织青年企业家代表去经济发达地区考察交流，学习先进管理理念与方法，有助于提升企业家管理素质。

（四）政策支持情况

1. 对政策信息的了解情况

调研结果表明，多达52.81%的企业家认为自己无法利用现有的政策信息发布渠道全面及时准确地了解相关政策信息（见图35），由此可见应加大政策信息的发布频率和宣传力度。建议主要利用互联网、报纸和行业协会三种渠道发布现相关政策信息，因为几乎97%的人通过互联网了解政策信息，另外两种企业家常用的了解信息的渠道分别是报纸和行业协会（见图36）。

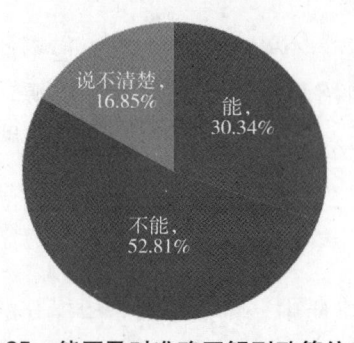

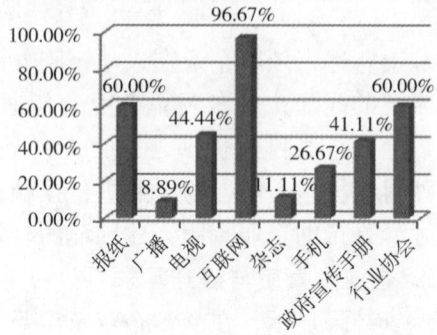

图35　能否及时准确了解到政策信息　　图36　主要通过哪些渠道了解政策信息

另外，可以开设一个创新政策服务平台或举办政府政策信息的辅导培训。因为72.22%的企业家表示愿意参加这样的培训（见图37）。其中，培训的内容应该围绕项目申报政策和拓宽融资渠道这两方面进行，因为调查数据显示，81.11%的企业家对项目申报政策方面的内容十分感兴趣，而50.00%的企业家对拓宽融资渠道方面的内容十分感兴趣（见图38）。

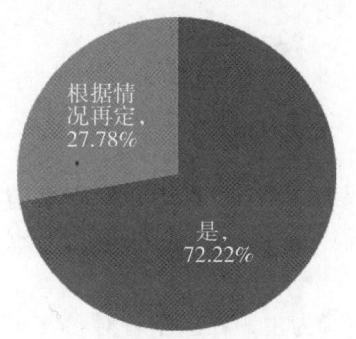

图37　是否愿意参加政策信息解读

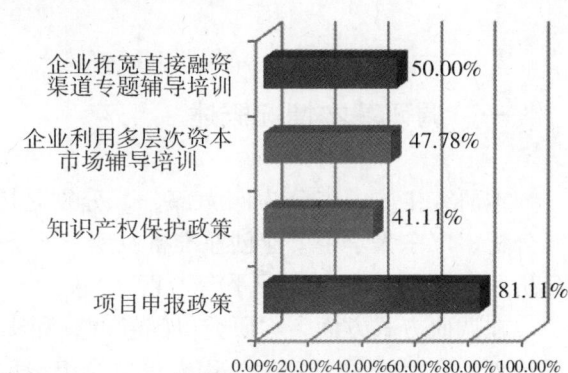

图38　对培训内容的期望

2. 对政策信息的利用情况

调研表明，近91%的企业家都了解政府财政专项申报的政策，且有85.56%的企业申报过各类政府奖励项目和扶持资金，但是企业设计能力提升专项、专业中小微企业服务平台建设专项仅有5%左右的企业申请，因此建议加大对企业设计能力提升转向申报的鼓励力度。同时，应该积极主动地为企业提供申报信息以及在申报过程中主动与企业联系，因为超过80%的企业家认为上述两项服务对他们很重要。

3. 对一些青年企业家协会的认识

在调查中，企业家对广东省青年联合会、广东省青年企业家协会、广东省青年商会、广东省青年科学家协会、广东青年发展现代农业促进会认识不够，但大多数表示愿意加入该类组织。47.73%的企业家表示对该类组织的了解停留在听说过的阶段，52.27%的企业家表示有意愿加入该类组织，46.59%的企业表示愿意先了解后再进行判断。

共青团广东省委统战联络部

执笔人：潘剑勇、余雷、黄建平、蔡耿辉

广东省大学生实习（见习）状况调查研究
——基于"展翅计划"的相关调研

一、调研基本情况概述

本研究主要内容分为四大部分，分别是广东大学生实习（见习）需求情况分析、广东大学生就业创业准备及实习经历分析、用人单位实习生聘用需求分析和"展翅计划"实习平台探索。

在调研方式方面，本研究以问卷调查和实地访谈为主，在广东省对参与展翅计划的实习（见习）生、用人单位及组织单位进行调研。

（一）调研背景及目的

2013年被称为史上最难就业年，广东大学生就业压力空前。为帮助大学生解决他们最关心的就业问题，提升广东大学生就业创业能力，共青团广东省委员会等十个单位在摸底调研大学生实习（见习）需求后，在2013年7月启动了"展翅计划"——广东大学生就业创业能力提升行动（下文简称"展翅计划"），并在7—8月组织大学生到省内各单位开展实习（见习）活动。为充分了解广东大学生就业创业准备及实习经历，同时掌握本次"展翅计划"中实习（见习）活动的落实情况并收集反馈意见，认真分析摸索可行有效的实习（见习）模式，以有效的实习（见习）活动提高青年就业创业能力，本课题组联合全省各高校进行了本次调研，并提出了改善实习（见习）平台的办法。

（二）调研方式

1. 问卷调查

本次调研分为两部分，一是"展翅计划"开展前的摸底调研，通过向全省各高校收集学生意见获取数据，二是以参与"展翅计划"——广东大学生就业创业能力提升行动的实习（见习）生、用人单位及组织单位为调研对象。为使调查对象覆盖面更广，样本更具代表性，在广东省内组建了50支左右的调研队，平均分配到粤东、粤西、粤北、珠三角等四大区域开展实地调研。

问卷派发的形式主要是高校调研队实地考察派发。调研队针对实习（见习）生与用人单位分别派发不同的问卷，其中回收实习（见习）学生有效问卷2462份，回收用人单位有效问卷750份。

2. 实地访谈

本次调研除了问卷调查，还包括实地访谈。其中，课题组成员访谈省直单位12个，实习生45个。同时，由全省各高校组成50支左右的调研队伍分赴广东各地对参与"展翅计划"的实习生、用人单位和基层团组织推进情况进行实地调研。

（三）调研对象基本情况

1. 受访实习（见习）学生的基本特征

本次调研大学生共2462名，其中男女性别比例为49.11%、50.89%，男女比例基本均衡。受教育程度中，研究生（博士、硕士）、本科生、专科生的比例为12.00%、59.55%、29.25%（见图1-1）。其中，大学一、二、三年级学生较多，分别占总人数的26.70%、37.36%以及23.58%（见图1-2）。三个年级加起来的人数占样本人数的87.64%。

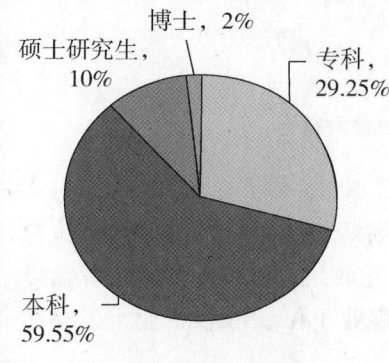

图1-1 学历构成

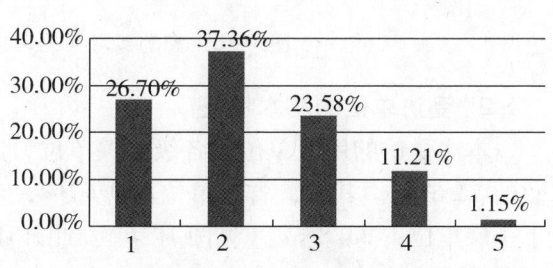

图1-2 年级构成

本次受访的学生政治面貌主要是团员与党员，其中，团员占74.59%，党员占20.92%（见图1-3）。从父母职业看，参与本次调研的实习生主要来自普通家庭，其父母职业为普通职工、农民、自由职业或待业的比例为56.25%，其父母为机关干部、专业人员或企业中层以上管理人员的比例为19.36%，不足前者一半（见图1-4）。

从接受调研学生的实习单位看，如图1-5所示，本次调研的实习生主要在一线基层实习，在乡镇及以下基层单位、民营企业、国有企业和社会团体实习的共占64.04%；在省直党政机关、市县（区）党政机关或事业单位实习的学生共占28.15%，不足前者一半。

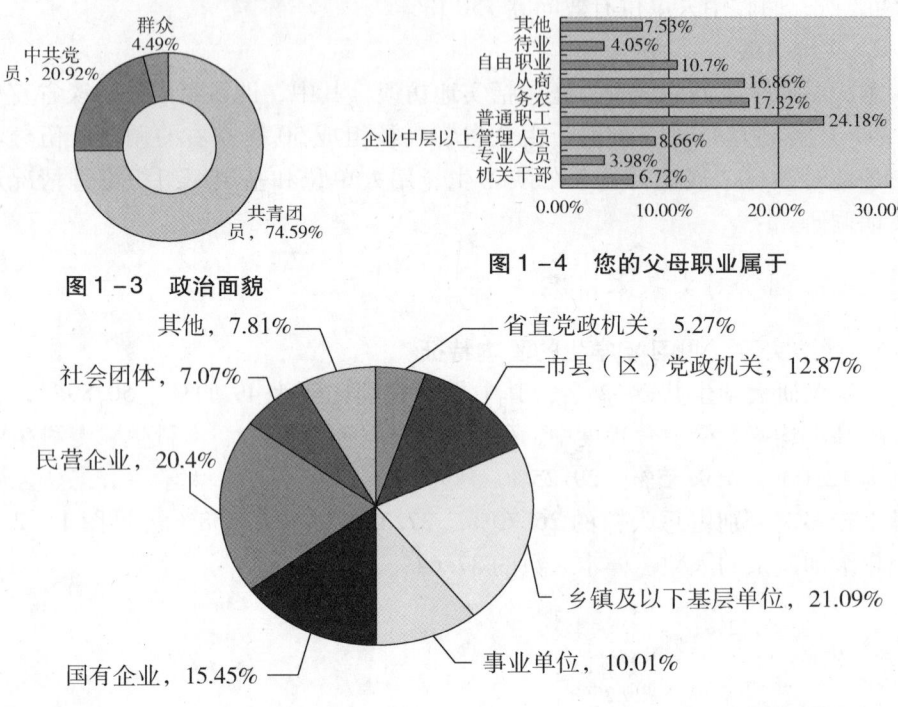

图1-3 政治面貌

图1-4 您的父母职业属于

图1-5 您的实习（见习）单位性质属于

2. 受访单位的基本特征

本次受访的用人单位以各级机关单位为主，各级机关单位共占调研单位总数的52.67%。其中，省直单位占9.07%，市县党政机关占19.73%，乡镇以下基层单位占23.87%（见图1-6）。此外还有事业单位、国有企业、民办私企、社会团体等。

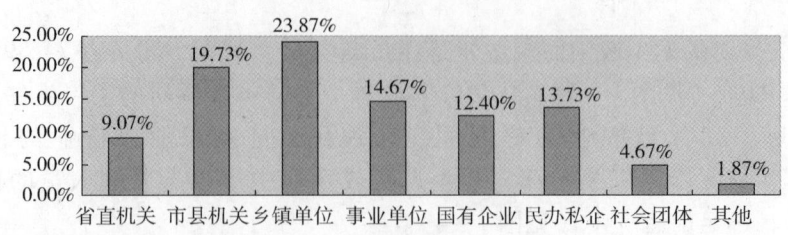

图1-6 贵单位的性质是

二、广东大学生就业创业能力及实习情况分析

(一) 广东大学生就业能力分析

"中国梦"的实现需要一大批有知识有能力的大学生在各自的岗位上实现人生价值,成为各行各业的人才。然而由于各种原因,大学生成为就业难的突出群体。从目前来看,缓解大学生就业压力最可行最有效的途径是提高大学生的就业能力。而大学生就业能力的提高并非简单说教能实现,它需要学校、学生和社会等多方形成合力,通过就业指导培训、实习、个性化指导等多种方式配合。

1. 参加就业指导培训情况

提高就业能力,首先要帮助学生形成比较成熟的职业定位,大学生对将来的把握越清晰,对未来就业信息掌握越充分,形成的职业素养越好,未来获得理想职业的可能性越大。因此,尽早开始有效的就业指导培训是

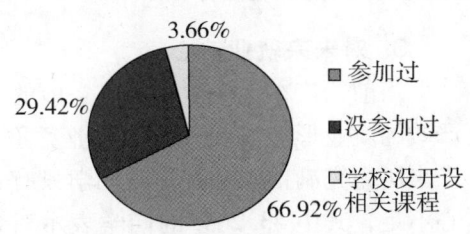

图 2-1 参加就业指导课情况

大学帮助提高大学生就业能力的首要任务。如图 2-1 所示,66.92%的学生曾经参加过学校组织的就业指导课,只有大概 3.66%的学生表示学校没开设相关课程。从调查看,广东省绝大部分的高校都为学生开设了就业指导课程。然而,就教育培训开展的时间看,各校有所不同,有些高校能持全程教育的理念,从大一就开设就业指导课,部分高校到大二、大三甚至大四才开设这一课程。数据显示,29.42%的学生表示学校有职业指导培训课程,但自己并未参与过(见图 2-1)。可见,最少有将近 30%的高校大学生并未在入学之初就开始接受职业指导培训。

2. 就业方向

就业方向的明确与否,直接关系到学生能否在大学期间目标明确地进行职业技能和职业素养提高。然而调查显示,广东省大学生就业方向比较模糊。如图 2-2 所示,对今后就业方向很明确的学生只占全部学生的 26.36%,63.92%的同学对就业方向有考虑,但不明确。值得注意的是,在受调查的同学中有 9.72%的学生完全没考虑过就业方向的问题。可见大部分学生对就业方向并不明确。从学生对于就业方向的考虑看,如图 2-3 所示,最多学生选择去中小企业就职,占 21.99%。这反映了一部分同学就业观相对比较现实,能认识到当前广东中小企业提供岗位相对比较充足的状况。其次是去事业单位

和考公务员,分别占17.96%和16.50%。这就解释了近年来广东等省的公务员和事业单位报考的热门现象。此外,令人担忧的是,7.27%的同学表示对未来就业方向无所谓,另有0.96%的同学表示不想就业,结合上文分析,可见,有8%~10%的同学就业方向极不明确。

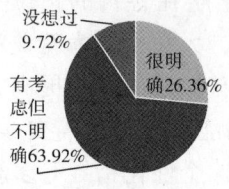

图2-2 就业方向是否明确

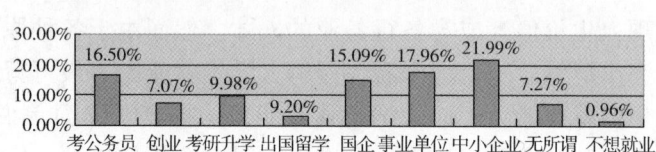

图2-3 您的首先就业方向

3. 对未来就业信心

当前,广东大学生正面临空前的就业压力,从调查可知,当前大学生面对严峻的就业形势以及激烈的就业竞争普遍缺乏信心。如图2-4所示,表示对未来压力充满信心和期待的同学只有27.80%。其余的同学都有不同程度的信心不足,其中43.26%的同学表示对未来就业竞争没把握,很迷茫;38.30%的同学表示压力很大;9.46%的同学表示没信心。可见,广东高校大学生对于未来就业竞争普遍不乐观,信心不足。一方面,这是广东大学生对未来职业定位不够明确的结果;另一方面,信心缺乏直接影响学生提高自身就业能力的积极性和主动性。

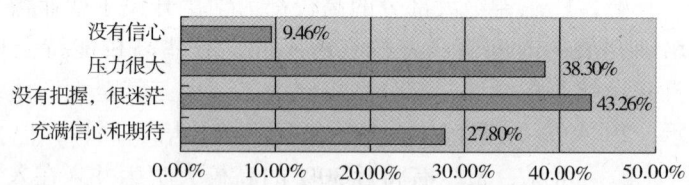

图2-4 您对未来的就业竞争

(二) 创业准备分析

1. 创业准备

大学生有知识有技能也有热情,大学生创业不仅能够带动就业岗位的增长,而且还有利于促进广东省创意产业发展,推动广东省经济发展。然而调查发现,广东大学生并不是非常热衷创业。如图2-5所示,85.33%的同学表示考虑过创业但没有任何行动、不想创业或从未考虑过创业。14.67%的同学已经在创业或有准备创业,可见,创业主动性较强的同学只有15%左右。

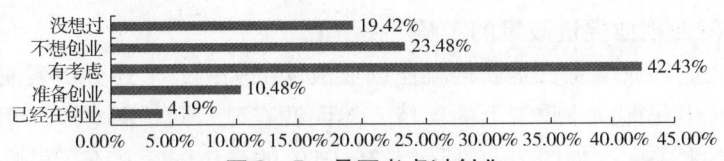

图2-5　是否考虑过创业

2. 主要创业困难和所需创业帮助

创业是一个系统复杂的过程，一个具有良好发展潜力的创业项目需要优良的团队、具有核心竞争力的创意或创业项目、良好的经营管理等。如图2-6所示，大学生认为创业最主要的两个困难是缺乏启动资金和缺乏实战经验，选择这两个选项的同学分别占全部调研对象的58.33%和56.34%。此外，认为缺乏好的创意及项目、不善经营管理、缺乏合作团队、难以取得家人支持的分别占43.54%、41.80%、31.48%和17.06%。

给予一定的帮助是推动大学生创业的关键。如图2-7所示，同学们认为创业最需要获得的帮助是资金支持，选择这一选项的比例为63.53%。这与学生感受到的创业主要困难一致，可见缺乏资金是当前创业难的突出问题。此外，49.68%的同学希望获得政策上的支持，39.36%的同学希望能得到知识培训，37.16%的同学认为需要专家指导，30.91%的同学希望得到场所支持。可见同学们希望获得的支持有多个方面。

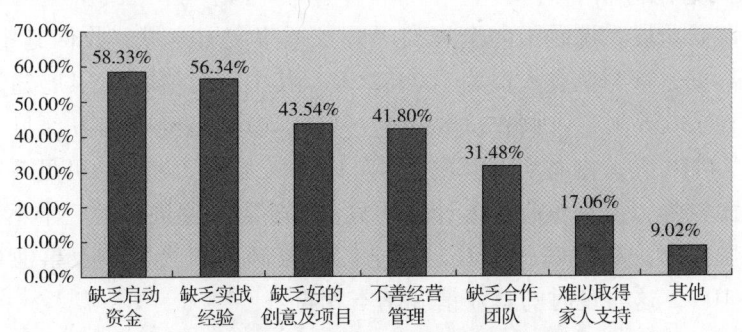

图2-6　您创业的主要困难

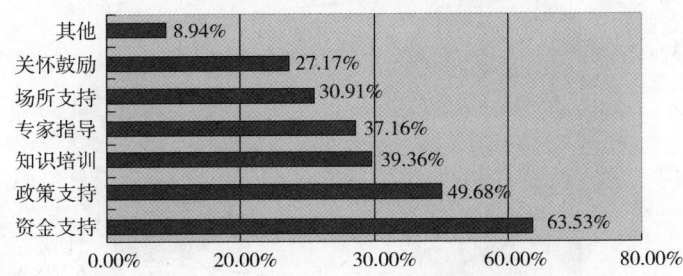

图2-7　您认为大学生创业最需要得到哪些帮助

3. 对就业创业促进政策的了解

掌握就业创业信息，是获得就业创业成功的关键，上述分析表明，接近一半的同学希望获得创业政策上的支持，然而调查显示同学们对于广东省就业创业的政策不太关注。如图2-8所示，36.01%的受访同学并不了解广东省就业创业指导工作，46.43%的同学表示有一定了解，表示很了解的只约有17.56%。可见，广东省高校大学生对于省里促进就业创业的相关政策认识不深，很多同学甚至完全不了解相关政策，这使得相当一部分同学难以有效利用省内的就业创业促进政策。

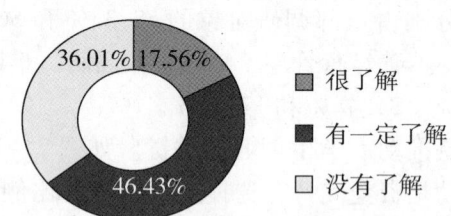

图2-8 您是否了解省里促进大学生就业创业的政策

（三）实习情况分析

1. 实习意愿分析

前期调研阶段，课题组向全省高等院校征集实习意见，收回其中60所高校发回的数据，参与调查人员为107482人。其中有意愿参与"展翅计划"活动的人数为73056人，占调查总数的67.97%，其中已经有实习（见习）计划的人数为34426人，占有实习意愿的47.12%（见图2-9）。可见广东大学生实习意愿比较强，但真正有实习计划的只占有实习意愿同学的一半不到。在实习单位性质方面，从摸底调研看，同学们比较倾向于去国企及事业单位实习（见图2-10），这与现时的就业情况基本相符。

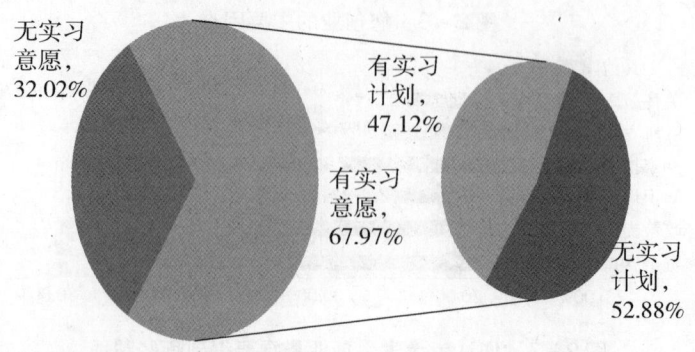

图2-9 实习意愿

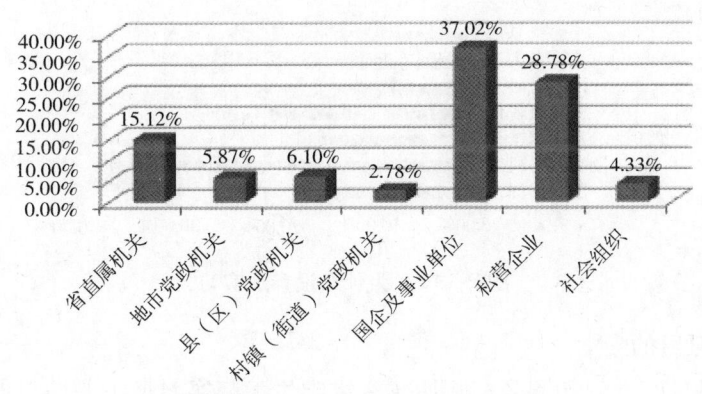

图2-10 实习意向单位性质

2. 参加实习情况

实习,是学生从学校走向社会、从理论走向现实的桥梁,对大学生明确职业定位,提高就业创业能力起到关键作用。从调查对象看,大学生参与实习的情况仍算比较乐观。如图2-11所示,大约一半的同学在参加"展翅计划"前有过实习经历,占总人数的49.55%。他们获得实习岗位的主要途径包括:网申,占37.18%;学校组织,占21.16%;熟人介绍,占19.91%;现场招聘,13.89%等(见图2-12)。可见,网络应聘成为当前青年大学生获得实习岗位的主要路径。此外,学校组织、熟人介绍等社会关系网也是获得实习岗位的重要方式。而对于没有参加实习的同学来说,他们不参加实习的主要原因排在首位的是没有好的实习机会,占35.33%;其次是年级较低,占19.50%;第三是学习工作比较繁忙无暇实习,占14.75%;第四是没有好岗位,占12.29%(见图2-13)。

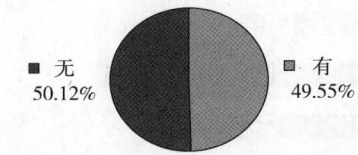

图2-11 是否有过实习(见习)经历

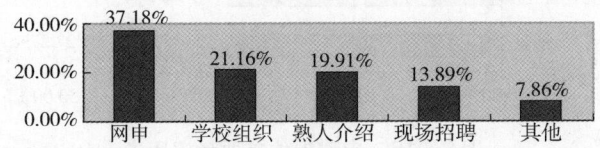

图2-12 如何获得实习(见习)岗位

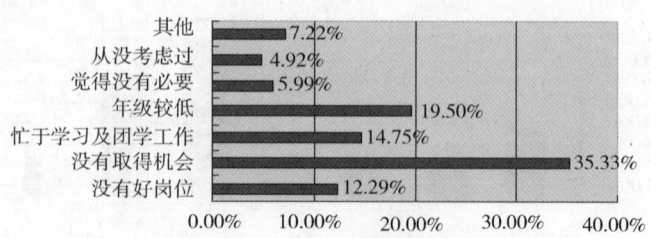

图2-13 为什么没参加实习

3. 实习目的

在实习目的上,如图2-14所示,大学生参与实习最主要的目的是增加社会经验,其次是提高工作能力,选择这两项的同学分别占调研对象的67.47%和59.26%。此外,选择实习目的是为了解行业规则、提高专业技能、赚取补贴、消磨时间的分别占43.42%、41.88%、19.13%和12.51%。这表明同学们参加实习主要是为了提高个人就业能力。

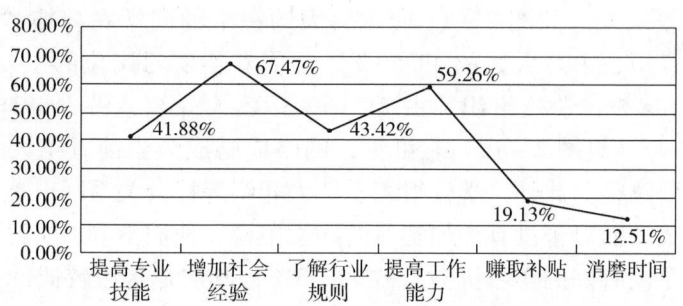

图2-14 参与实习(见习)的主要目的

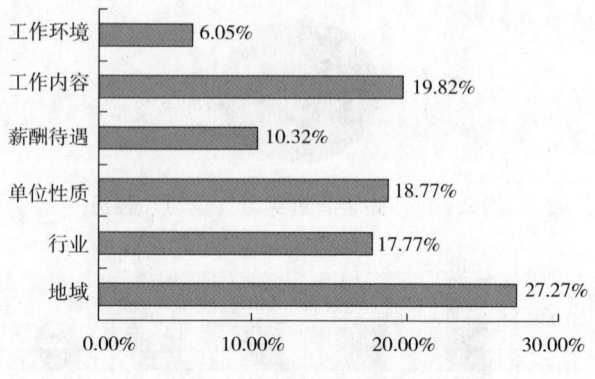

图2-15 申请岗位首要考虑因素

4. 实习考虑因素

如图 2-15 所示，从实习考虑因素看，第一位是地域因素，占 27.27%。实地采访时发现同学们多数选择离家比较近的实习岗位，部分同学还因为分配的实习岗位过远而放弃实习。此外，工作内容、单位性质、行业等要素分别占 19.82%、18.77%、17.77%，可见大部分同学比较关注工作本身，希望通过实习工作提高个人就业能力。另外，10.32% 的同学实习首要考虑因素是薪酬待遇，6.05% 的同学首先考虑工作环境，可见薪酬、工作环境等与实习福利相关的因素是学生考虑因素的一部分，但并没成为学生关注的最主要因素。

5. 实习中遇到的困难

由于社会经验较少，因此学生在开展实习工作时往往会遇到各种各样的困难。从调查看（见图 2-16），同学们首选的困难是实际经验不足，选这一项的同学占全部调研对象的 59.18%；排在第二位的是工作能力不足，占 34.97%；排在第三位的是理论知识缺乏，占 34.77%。此外，还有工作方式不当、工作环境不适应、人际关系不够和谐等，分别占 20.55%、15.35% 和 10.19%。可见，实习工作能让学生普遍发现自身经验、工作能力不足等问题，同时，在实践中也能让同学们意识到自己所学的理论知识不足以应付现实工作。

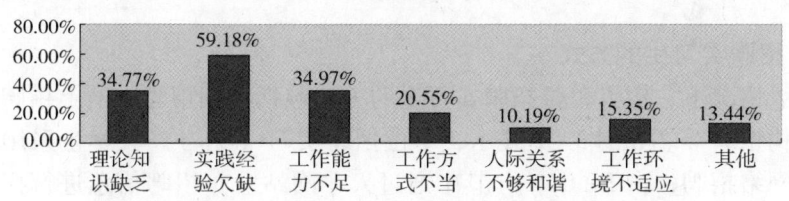

图 2-16 实习（见习）中遇到的困难和问题

三、用人单位聘用实习生情况分析

（一）招聘实习生情况分析

1. 招聘实习生的主要目的

大学生能否获得充足的实习（见习）岗位，首先要看用人单位是否愿意提供实习（见习）岗位。用人单位招聘实习生的主要目的包括储备人才、为单位注入活力、做社会公益、降低用工成本等，如图 3-1 所示，分别占 28.95%、20.18%、16.29% 和 13.78%。这显示出单位招聘实习生首要目的是为单位储备人才及注入活力，其次是做社会公益，再次才是为降低用工成本。

可见,用人单位招聘实习生主要为公司长远发展作打算。

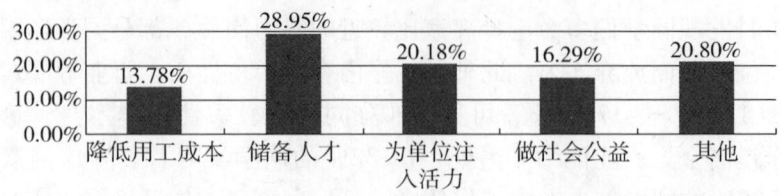

图3-1 贵单位招聘实习(见习)大学生的主要目的

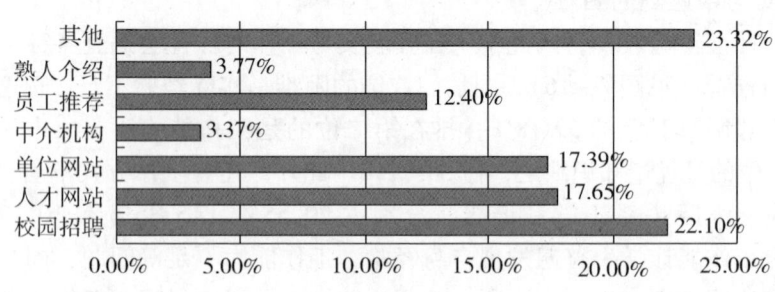

图3-2 招聘方式

2. 招聘实习生的方式

一般情况下,用人单位招聘实习生的方式包括校园招聘、网上招聘、委托中介机构招聘等。如图3-2显示,单位招聘实习(见习)大学生采用最多的方式是网络招聘,占35.04%,其中通过人才网站发布招聘信息进行招聘的占17.65%,通过单位网站招聘的占17.39%。除了网络招聘以外,校园招聘也是一个主要途径,占22.10%。此外,员工推荐占12.40%,熟人介绍占3.77%。用人单位中通过中介机构招聘实习生的比较少,占3.37%。这反映出用人单位在招聘实习生时主要考虑方便节省。

3. 招聘实习(见习)大学生时主要考虑的因素

如图3-3所示,单位在招聘实习(见习)学生的考虑因素中,62.93%的单位考虑学生的工作态度,55.33%的单位会考虑学生的能力,47.20%的单位考虑学生的职业素养。同时,单位对学历、学校和专业技能也有一定考虑,考虑学历因素的企业有38.67%、考虑学校因素的有28.08%,而考虑专业因素的有28.40%。17.33%的用人单位考虑实习生的实践经验。可见,用人单位在招聘实习(见习)学生时,考虑最多的是学生的工作态度。其次考虑学生的能力、职业素养与学历,最后考虑学生的学校、专业技能、实践经验等。

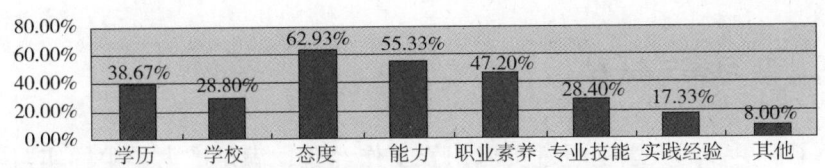

图3-3 贵单位实习（见习）大学生的选择主要考虑因素

4. 短期实习（见习）活动是否需要设置高门槛

问卷在主观题部分问到"对于短期实习是否需要对学生设置学校、学历、专业等高门槛"，对此，部分用人单位在问卷中表示实习不需要设立高门槛，因为学历、专业不应作为选人用人的唯一标准，用人单位应根据工作态度、职业素养等因素作灵活调整，同时这样也可以给广大同学一个锻炼和接触社会的机会，高门槛的设置对于他们来说是很不公平的；认为需要设置高门槛的单位主要考虑到企业优先录用优秀人才，一方面可以保证本单位工作质量，另一方面也可以储备优秀人才。另有部分单位认为有必要设置专业门槛，但学历学校的门槛不必要。

（二）实习生从事工作分析

在为实习生安排工作方面，如图3-4所示，单位主要给学生安排基础服务或行政类的工作，这两类共占49.26%，其中，让学生从事基础服务性工作的占25.03%，从事行政事务的占24.23%。另外，安排外联、宣传工作的也比较多，分别占19.72%和10.52%。给实习生安排业务发展工作的较少，只占6.66%。

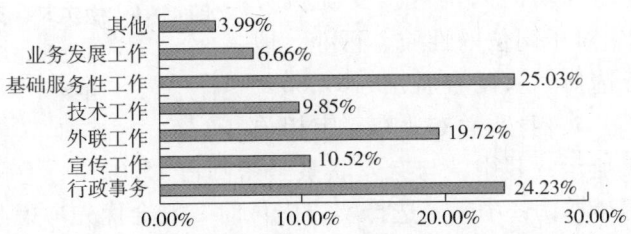

图3-4 贵单位实习大学生主要从事哪方面工作

用人单位在访谈中表示给实习生安排工作有一定难处。如果给实习生安排专业不对口的岗位，实习的意义就大打折扣，但如果安排专业对口的岗位，由于这些岗位大多会涉及公司的商业机密或者核心技术，实习生如果不经意将这些机密泄露出去将使得公司蒙受损失，而且责任难以界定。因此，公司普遍安排一些简单的基础服务、行政等工作给实习学生。

四、实习模式探索

为了让更多的大学生通过实习积累工作经验,满足广大学生的实习需求,提高大学生就业能力,2013年,共青团广东省委员会等十部门联合启动了"展翅计划",尝试为学生提供一个公平安全的实习(见习)平台。为让更多的同学能够公平地获得实习机会,本次"展翅计划"尝试采用通过电脑随机安排实习生到工作岗位。同时,为使学生得到更多的保障、更有效的锻炼,组织方还发出《关于开展2013年"展翅计划"——广东大学生就业创业能力提升行动的通知》,提出了关于签订实习协议、配备实习导师、开具实习证明、提供岗前培训等要求,并统一为实习(见习)学生购买了保险。为了研究这一模式的可行性,了解"展翅计划"的成效与不足,本次调研也搜集了实习生与用人单位对"展翅计划"的反馈意见。

(一) 实习学生反馈情况分析

1. 实习专业匹配情况

本次"展翅计划"采取随机配对岗位的方式。学生可以自行选择三个岗位,每个实习岗位从已选该岗位的学生中随机抽取,配对失败的同学可以继续选择第二轮岗位,直到配对成功为止。2013年共进行了三轮匹配,三轮匹配不成功的同学可接受随机分配。因此,学生对于岗位的性质、行业、地域等可以进行选择。从调查看出,69.66%的同学选择实习与自身所学专业有一定相关度。如图4-1所示,其中,与专业联系紧密的占15.92%,有一定关联的占53.73%。实习生在访谈中表示选择实习岗位时一般会优先考虑与自身专业对口的用人单位,因为这样有利于学习专业知识,提高专业技能,为将来就业积累经验,甚至还可以增加成为该单位正式员工的可能性,拓展人脉。但专业并不对口也有好处,部分同学对实习的职业感兴趣,考虑将实习方向作为辅修专业。

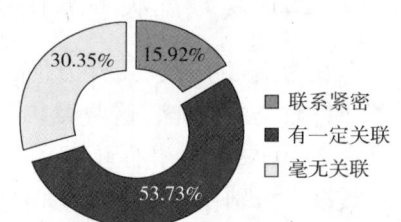

图4-1 您实习(见习)的单位、岗位和您所学专业是否相关

2. 用人单位签订实习(见习)协议情况

从调查看,大部分单位能按照相关要求与实习(见习)生签订协议。如图4-2所示,表示与用人单位签订了实习(见习)协议的占73.59%。然而,

仍然有26.41%的单位未与实习（见习）生签订协议。从访谈记录了解到，部分用人单位没有与实习生签订协议主要是因为对"展翅计划"了解不足，对签订的协议、培训、配备导师等情况并不知晓。

与签订协议的比例比较接近，如图4-3所示，78.70%的同学表示单位给他们配备了实习导师，但有21.30%的同学表示单位并未给他们配实习导师。对于实习导师的作用，如图4-4所示，47.00%的同学认为主要作用是进行工作方法上的指导，21.06%的同学认为导师给他们提供了人际关系方面的引导，13.54%的同学认为导师在他们职业理想引导上发挥了作用。另外，一部分导师还为学生提供了激励引导和心理辅导，分别占6.10%和6.18%。

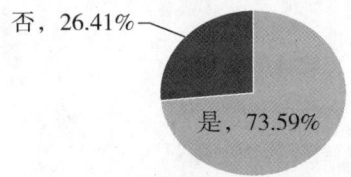

图4-2　您是否与用人单位签订实习（见习）协议

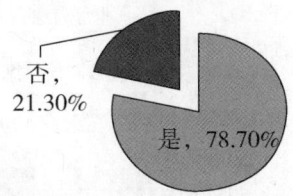

图4-3　用人单位是否为您配备导师

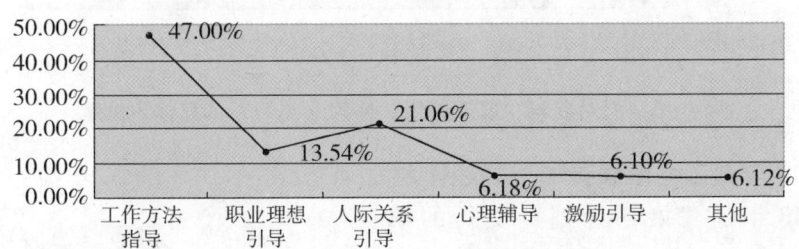

图4-4　如果有，您的导师在您的实习中主要发挥了什么作用

3. 对"展翅计划"的总体评价

对于本次实习活动，表示非常满意、满意或比较满意的同学超过一半，如图4-5所示，23.54%的同学对本次活动非常满意，31.55%的同学认为满意，22.67%的同学表示比较满意。也就是约77.76%的同学对本次实习（见习）活动表示满意。可见，"展翅计划"提供的实习（见习）岗位获得了大部分大学生的认同。然而，值得特别注意的是，有16.06%的同学认为此次实习一般，6.18%的同学对本次实习活动不满意，为此，需要继续完善"展翅计划"，提高服务质量。

如图4-6所示，25.90%的同学认为本次"展翅计划"增加了他们的就业资本，45.82%的同学认为多了一个就业机会，36.80%的同学认为明确了职业发展规划，28.15%的同学表示深化了专业知识。这表明大部分同学对本次"展翅计划"对他们就业能力的提升表示肯定。然而，不可忽视的是，11.54%的同学认为此次"展翅计划"对他们帮助不大。

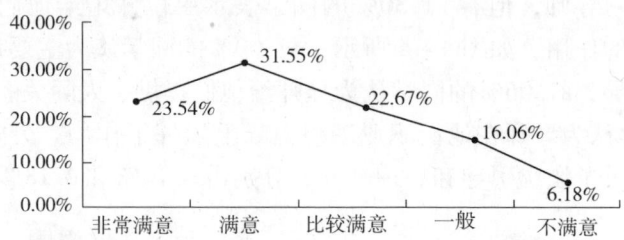

图4-5 您对本次实习（见习）的满意程度

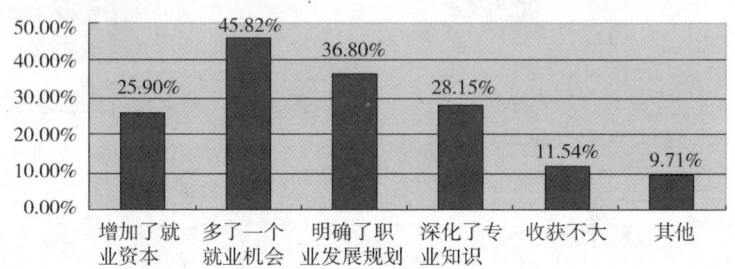

图4-6 您对参与"展翅计划"实习（见习）的整体评价是

4. 明年是否会继续参加"展翅计划"

2013年是"展翅计划"实行的第一年，对于来年如果还有展翅计划还会不会继续参与的问题，如图4-7所示，30.34%的同学明确表示会继续参加，37.83%的同学表示可能会参加，17.25%的同学认为要看情况而定。不过，有14.58%的同学表示来年不会参加。如前文所分析的，本次调研对象以大一到大三的同学为主，14.58%的同学表示不会再参加"展翅计划"表明他们对这种实习模式不够认同。

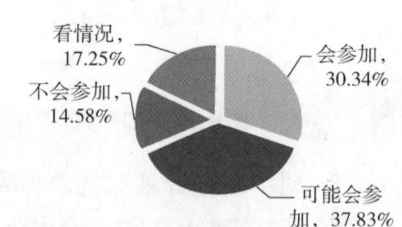

图4-7 您明年是否会继续参加"展翅计划"

5. 对"展翅计划"采用的随机配对模式评价

随机配对模式是2013年"展翅计划"区别于其他实习（见习）活动的特

色。采用这种方式主要为大学生提供更公平的获得实习的机会,同时提高配对效率,减低配对人力物力成本。从调查情况看,大部分同学对这一模式比较认同,如图4-8所示,32.12%的同学认为这一模式对普通学生更公平,19.54%的同学认为这一模式能实现高效率,19.25%的同学认为这一模式能实现低成本。然而,12.45%的同学认为这种方式对于优秀的同学比较不公平。

对于自行应聘岗位,如图4-9所示,14.64%的同学认为很有把握能应聘到现在的岗位实习,52.94%的同学认为有一定的把握,18.43%的同学认为没把握,另外13.99%的同学表示说不清楚。

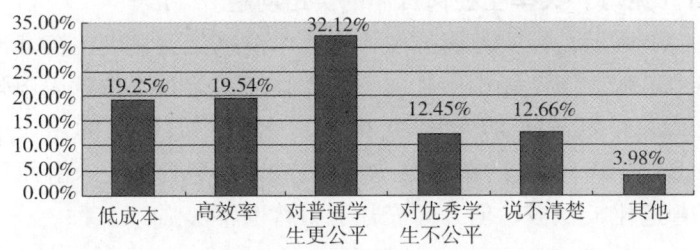

图4-8 您如何看待"展翅计划"采用的随机配对模式

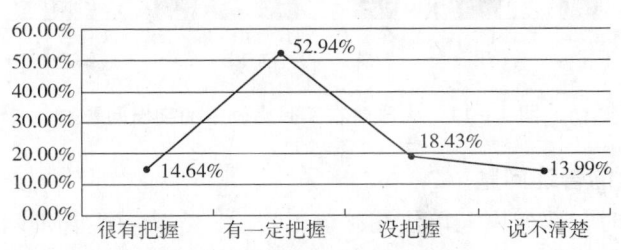

图4-9 自行应聘本岗位的信心

(二) 用人单位反馈情况分析

1. 对本次实习生的满意度

如图4-10所示,91.49%的单位满意本次"展翅计划"实习生的表现。其中,对实习生非常满意的占35.63%,满意的占35.31%,感到比较满意的占20.55%。可见,实习单位普遍比较满意实习生的表现。不过,有7.87%的单位认为本次"展翅计划"提供的实习生一般,0.64%的单位对实习生表示不满意。

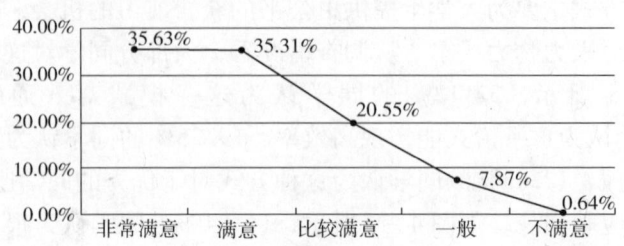

图4-10 贵单位对本次实习(见习)大学生满意程度

2. 实习(见习)大学生在岗位中的突出问题

如图4-11所示,在实习岗位中,用人单位感受到学生比较突出的问题主要有社交能力不强、理论知识不扎实、工作技巧缺乏和协作意识不强等,分别占24.27%、23.73%、21.87%和20.67%。此外,11.07%的用人单位认为学生抗压能力不强,10.40%的单位认为学生工作态度不积极。由此可见,实习生工作态度普遍比较积极,但人际交往能力普遍不够强。

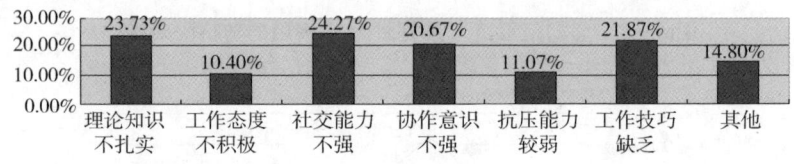

图4-11 大学生在实际岗位中的突出问题

3. 实习生的管理问题

实地走访时,部分用人单位在访谈中表示,在实习生管理问题上存在较大困难。一是实习稳定性问题,部分实习生频繁请假或以各种理由提前结束实习影响用人单位工作安排有序进行;二是安全问题,用人单位害怕实习生遭遇意外伤害,要提供赔偿;三是单位泄密风险,实习生的到来使单位涉密管理难度加大。

4. 随机配对模式的不足

在问卷最后的意见部分,部分用人单位对随机配对模式持保留态度。其一,部分专业性强的岗位需要一定的专业基础知识,建议充分考虑这些岗位的需求,配给对口专业的学生;其二,部分学生被分配到不想去的地方会怠工或提前结束实习,建议配对时加强与学生的沟通;其三,随机配对对用人单位和学生而言都存在比较大的不确定性,要符合学生自身和用人单位双方要求有一定的难度,等等。

（三）实习（见习）中反映的问题

1. 学生与用人单位对工作内容存在认识差距

实习（见习）工作具有短暂性、不确定性，由于核心业务的保密需要和对实习生能力的不了解，如上文分析，用人单位一般会安排学生从事基础服务、行政事务性的工作。而从访谈调查情况看，部分实习生反映在用人单位感到"被忽略"、"觉得乏味，无聊，每天几乎都是做着跑腿类型工作"，可以看出参加实习的大学生渴望得到用人单位重视，希望被分配去做一些更核心、能积累经验的工作。用人单位表示他们一般会观察实习生的工作态度、潜力以及发展性后再分配。用人单位提示实习生应主动表明自己能胜任哪些工作，在工作中也应主动找能帮忙的工作。

2. 学生与用人单位对工作突出问题的感受差距

用人单位对大学生在实际岗位中表现的突出问题的看法与大学生自身所意识到的问题存在一定差异。从表4-1可以看出，大学生认为自己在岗位中最大的困难是实践经验欠缺，这是一个相对比较空泛的概念。而用人单位则认为学生最缺乏的是社交能力，选择这一选项的用人单位占24.27%。对于人际交往上的不足，大学生选择的比例只有10.19%，可见，相当一部分的学生并未意识到自身社交能力的不足。另一方面，学生与用人单位都认为工作能力或技巧不足和理论知识不足是学生在工作岗位上的突出表现，可见理论知识和工作技巧是大学生需要在学习与工作中加强的重要方面。

表4-1　对实习（见习）岗位中突出问题的认识对比

排　序	大学生认为在岗位中的困难	用人单位认为大学生的问题
第一位	实践经验欠缺	社交能力不够
第二位	工作能力不足	理论知识不扎实
第三位	理论知识缺乏	工作技巧缺乏

3. 学生与用人单位对工作效果存在期望差距

从表4-2可知，用人单位对实习生非常满意的达35.62%，而学生对工作感到非常满意的只有23.54%。从总体满意度看，用人单位总体满意度为91.48%，而实习（见习）大学生对实习（见习）活动的总体满意度仅为77.76%，用人单位的总体满意度比实习生高出13个百分点。作为实习（见习）工作中的两个相对行为体，满意度出现这么大的差距反映出两者的期望差距。从这一数据可以看出，学生在工作中表现的期望较高，走访中部分学生由于对实习工作期望较高,而实际工作比较琐屑,感到"在那里实习根本就学不到东西,想走也不好走,想留又觉得浪费时间,最后没办法,只好找借口请假,然后就不去了"。可见,大学生需要正确认识实习工作,努力在看似琐屑的工作中有所得。

表4-2　实习(见习)大学生与用人单位对实习(见习)满意度对比

满意度	实习(见习)大学生满意度	用人单位对实习生满意度
非常满意	23.54%	35.62%
满意	31.55%	35.31%
比较满意	22.67%	20.55%
一般	16.06%	7.78%
不满意	6.18%	0.64%

4. 2013年"展翅计划"存在的不足

一是实习启动时间过晚。在走访调查中,不少实习生和用人单位都反映实习时间过短,起步过晚。2013年"展翅计划"第一批实习生在7月下旬上班,最晚一批学生到8月中旬才上班,实习时间最长只有一个月左右。不少用人单位和实习学生表示,刚开始熟悉工作就要结束实习,难以在岗位上得到有效锻炼。

二是对接沟通不畅。从调查队访谈的记录以及各高校调研队搜集的意见看,2013年"展翅计划"存在对接不够畅通的问题。具体来看,存在的主要问题有以下几方面:其一,部分区县以下团委未能及时组织已配对实习生与用人单位对接;其二,对用人单位是否落实大学生工作岗位情况以及对于大学生参与工作情况关注不足。

三是随机分配的模式未能充分考虑部分学生与用人单位的需求。随机分配的模式存在一定的缺陷,首先,让部分专业性较强的用人单位无法获得合适的实习生;其次,部分实习生被分配到不想去的岗位后放弃实习,造成比较多的实习岗位被放弃;最后,优秀学生感到优势难以体现。

四是实习补贴问题。在"展翅计划"实施相关要求中提出用人单位应给实习生提供力所能及的帮助,但是并未明确要求单位必须给学生提供补助,这主要是为减轻用人单位负担,减小"展翅计划"的阻力。很多单位在实际落实中提供补助甚少或者是无补助,使部分实习生在交通、食宿方面感觉不方便。

五、建 议

（一）完善"展翅计划"，为大学生提供更多实习机会和创业孵化帮助

一是完善沟通及配对机制。针对部分单位提出的专业不匹配以及沟通不足等问题，组织方要进一步提高服务质量，在配对前与用人单位充分沟通，了解用人单位的相关需求，对用人单位进行分类管理，尽量满足专业性较强的用人单位对实习生专业方面的要求。同时，务必要求各级团组织保证配对及实习全过程与用人单位及学生沟通渠道畅通。在此过程中需要加强与各级团属组织的沟通与联系，改变通过文件、逐级转达等间接沟通的方式，转变成打电话等更直接的沟通方式。

二是完善网络服务平台。针对部分用人单位并未及时获得实习（见习）学生名单的问题，建议加强网络平台的资源整合能力，在匹配完成后直接向用人单位发出学生名单确认表，保证用人单位及时获知实习（见习）学生信息。

三是加大财政支持力度。建议共青团发挥好桥梁作用，向相关部门争取统一给实习生经济补贴。2013年"展翅计划"文件规定用人单位可以根据自身实际给予实习生一定补贴，但由于经费紧张等问题，多数单位在实际操作过程中并未给实习生提供补贴，部分学生因此对实习单位及"展翅计划"有不满情绪。为减轻用人单位负担同时更好地鼓励学生参与实习，建议政府给予一定的财政拨款、作为学生实习补贴。

四是建立实习单位及实习生评价机制。"展翅计划"要顺利开展必须使组织方、用人方及实习生三方共同努力形成合力。为推动实习单位认真落实"展翅计划"，鼓励实习生积极努力参与实习工作，建议建立实习单位和实习生星级评价制度，对认真组织实习工作的单位和努力参与实习的同学给予一定奖励。与此同时，也应推进落实大学生实习基地建设，推动有条件并有意愿的单位建设实习基地，并给予这些实习基地一定的经费补贴或税收减免。

五是大力推动创业孵化基地的建立。为了提高广东大学生创业能力，为已经尝试创业或者正准备创业的个人或团队提供可能的服务和支持，可联合中国移动等企业共建公益性的创业孵化基地，为创业学生提供场地支持、资金援助、政策讲解、能力培训、接洽平台等服务。

（二）用人单位：承担社会责任，努力实现双赢

本次"展翅计划"中，部分用人单位拒绝录用已配对的实习生。这不仅

使大批实习生无法顺利完成实习获得锻炼,给"展翅计划"组织方造成工作困难,同时也影响了单位的形象。为此,建议各用人单位团委积极沟通,努力为学生提供实习机会,并尝试探索合适的管理方式,使用人单位和实习生双方都能获得实利,实现双赢。

(三)高校团委:加强教育管理,用好实习平台

大学生就业能力的提高离不开学校教育,尤其是在大学生对社会认识不足、对职业定位不成熟的背景下,各高校团委必须积极发挥作用,努力服务在校学生。一是加强就业创业指导教育,完善"职业生涯与规划"等课程,提供就业观教育、职业素养与技能培训等服务;二是提高服务质量,用好"展翅计划"等平台让尽可能多的学生参与实习。具体包括:实习前做好宣传、动员、组织等工作;实习中主动协助学生和组织方解决相关问题,并组织调研队伍实地了解学生实习(见习)开展情况;实习后认真总结改善,对随意放弃实习(见习)的学生进行批判教育甚至给予一定惩罚,对表现较好的学生给予一定鼓励;等等。

(四)高校学生:认真参与实习(见习),努力提高就业能力

提高学生的就业能力,根本在于学生自身。如上文提到,部分用人单位反映,出现实习生随意放弃实习岗位或在实习期间找借口请假的现象,实习生这种行为会造成用人单位工作方面的困难,同时,大学生对待工作不认真的态度也是造成他们就业能力差的重要原因之一。因此,实习生自身应该努力借助实习提高就业能力,做到认真对待实习(见习)工作,尊重用人单位,努力在岗位中有所得。

共青团广东省委学校部
执笔人:丘明祺、吴韵婷、吴悦

广东省青年公益创业研究

中国社会转型时期,共青团工作面临的一个新领域是扶持青年公益创业。公益创业是20世纪60年代以来欧美国家逐渐兴起和兴旺的新事物,也传播到我国的香港、台湾、澳门,近年来引入中国内地,获得越来越多的公民特别是青年人的参与。从百度文库查阅的定义看,"社会公益创业指个人或者社会组织在社会使命的激发下,追求创新、效率和社会效果,是一种面向社会需要、建立新的组织向公众提供产品或服务的社会活动。公益创业强调创业的社会利益的兼顾以及非营利组织的创业。"从世界范围看,公益创业源于社会组织、非营利机构、志愿团队的繁荣。当这些社会组织不仅服务人群,而且努力探索自我发展、自我增值的渠道时,公益创业就成为必然的选择。广东青年是当代公益事业、志愿服务的发起者、推动者。接受共青团广东省委员会的委托,广东省社工与志愿者合作促进会、广东青年职业学院青年研究所以珠江三角洲为重点调查研究,同时比较研究国内其他地区的情况,初步分析青年公益创业的状况,分析团组织促进青年公益创业的成功经验,提出进一步创新发展的对策建议,供各级团组织参考。

一、共青团工作新领域:推动青年公益创业

青年公益创业兴起初期,共青团组织就发现和重视这一领域,一方面鼓励团员青年积极参与公益创业,在新的领域奉献和服务;另一方面链接社会资源,扶持弱小的青年公益机构,支持它们不断发展和壮大。尤其是共青团广东省委员会及各地团组织,面对社会建设"先行先试"、社会组织率先发展、公益服务蓬勃兴旺的形势,不是等待观望,而是主动介入、发挥作用。课题组选择珠江三角洲的13个重点青年公益机构调查研究,也选择外省3个重点公益机构比较研究,发现它们的诞生、发展、壮大都与共青团的促进工作有密切关系。

表1 珠江三角洲青年公益创业机构与共青团促进措施

公益机构	负责人	机构特色	青年参与	团组织扶持
广州启创社工中心	罗观翠发起，廖焕标负责	专业社工力量服务青少年	负责人和成员以青年为主	海珠区团委通过财政资助
广州启智社工中心	李森等负责	将志愿队伍与社工机构结合	青年为主，中老年参与	省市区团委重点支持、资助
中山博睿社工中心	孙剑宏负责	资深志愿者创办的社工机构	青年社工为主	镇区团委支持、资助
广东齐天下科技公司	王卫等负责	大学生志愿者毕业创业	成员是青年，服务青少年	省市团委支持、资助
广东麦田公益基金会	莫凡发起，詹敏等负责	从网络助学到公益传播	中青年为主体	与一些地方团委有合作
广州灯塔计划服务中心	多人发起，几任负责人	山区助学服务为主	大学生志愿者为主体	高校团委、山区团委支持
深圳时代青工文化服务中心	袁知安（原子弹）等负责	外来工文化服务为主	基本上是年轻人	市区团委支持、资助
广东汉达康福协会	杨理合发起，陈志强负责	麻风病康复服务为主	工作人员多是年轻人	市区团委支持活动
惠州仲凯外来工志愿服务队	李金海负责	外来青工服务社会	务工青年为主体	省市团委支持
中山大学有爱慈善商店	林鸿章负责	爱心物资的捐赠、交换	大学生志愿者为主	校团委支持
东莞隔坑社区服务中心	香港徐祥龄、谭翠莲负责	服务外来工、社区儿童	社工和志愿者以年轻人居多	市镇团委支持、资助
东莞瓦蓝栈公益服务中心	罗勇强等负责	多元化服务，助学为主	青年志愿者组成	市团委支持、资助
佛山南海区义工联	几任负责人	多样化服务，传播志愿精神	多阶层参与，青年占多数	区团委主管、支持

资料来源：广东青年职业学院青年研究所根据2013年重点调查机构的信息整理。

表2 参照地区青年公益创业机构与共青团促进措施

公益机构	负责人	机构特色	青年参与	团组织扶持
北京惠泽人咨询服务中心	翟燕等负责	从事公益组织能力提升服务	大多数成员是青年人	团中央、北京团市委等支持
杭州青年公益组织服务中心	几任负责人	团委创办服务青年公益枢纽	主要由青年人参与	团市委支持、资助
长春心语志愿服务队	于海波等负责	面向特殊困难儿童提供服务	大学生志愿者为主体	市区团委支持

资料来源：广东青年职业学院青年研究所根据2013年重创业机构的信息整理。

概括分析，各级共青团组织促进青年公益创业，主要体现在三个方面。

1. 共青团吸引和鼓励青年创造公益事业、服务社会人群

共青团广东省委员会及各地团组织从很早就关注、重视青年公益事业，并推动从公益服务到公益创业的转变。早在改革开放之初的20世纪80年代，广州、深圳率先诞生志愿服务，"广州志愿者热线电话"和"深圳义务工作者联合会"的主管与支持机构就是团市委。进入21世纪，基层共青团组织，包括镇街及社区、农村团组织，成为支持青年公益创业的重要背景。共青团广东省委员会在总结各地经验的基础上，通过开展"珠江公益达人"评选等项目，引起社会各界广泛关注。课题组在各市、区、街道调查的时候，很多评上"珠江公益达人"的青年反映，获得这一荣誉，对于他们从事公益创业活动、开展公益服务活动有很大的帮助，有利于增加社会人群对他们的信任。

2. 共青团为青年公益创业者提供资金和资源的支持

共青团广东省委员会及各地团组织不仅仅提供倡导和鼓励，而且想方设法帮助青年公益创业。①共青团争取财政资金和社会资金，投入青年公益创业项目。如共青团广东省委员会等发起的"广东省志愿者事业发展基金会"，每年获得省财政支持500万元资金，或者通过"南方公益志愿大讲堂"重点扶持团队的方式投入到青年公益项目，逐渐形成良性循环的扶持机制。南海桂城街道团委配合党工委、街道办事处启动"关爱桂城"建设，每年投入1000万元支持公益创业和公益服务，其中青年公益机构的项目获得较多的资助。②共青团链接社会资源，通过青年企业家协会、青年商会等，动员企业家、爱心人士资助公益机构。特别是2011年年底开展枢纽型组织建设以来，共青团广东省委员会筹集500多万元资金，先后扶持许多青年公益机构。③争取政府划拨场地、企业提供场地、社区支持场地等等，为青年公益机构的发展创造条件。广

州团市委在青年文化宫建立"广州青年社会组织孵化基地",先后培育许多青年公益机构成长成熟、走向独立。惠州市团委鼓励企业家提供会所的一部分场地,建设"青年社会组织之家",为青年公益认识提供展示和创造的空间。深圳市建立"亲青家园",在各社区服务中心设立专门项目、专门服务,让青年公益人士有施展才华的空间。此外,共青团还发挥社会网络的优势,从不同方面扶持青年公益机构的发展。

3. 共青团拓展青年公益创业者社会化成长成才的途径

共青团广东省委员会及各地团组织,针对青年公益机构规模小、青年公益创业者素质低的状况,采取多种途径提高他们的素质,拓展发展机遇。①培训辅导。2012年以来,共青团广东省委员会举办八期"好社会、亲青汇"专题培训班,让有志于公益创业的青年获得学习、交流的机会。②提供青年公益创业者接触党委政府、参与社会事务的机会。③共青团积极吸收青年公益创业者进入"体制"、参政议政。如推选公益创业者李森担任共青团中央候补委员,推选著名公益服务者赵广军当选党的"十八大"代表,推选热心公益的女青年陈锦花当选深圳市人大常委会委员,等等。这些青年公益创业者进入社会主流、参与民主决策,促进了社会的和谐发展。

当前,公益创业逐渐掀起热潮,青年参与公益创业逐渐成为时尚。共青团推动青年公益创业的工作,也就"从幕后走向前台",发挥越来越积极的作用。

二、青年公益创业类型及其发展趋势

课题组在调查中发现,中国尤其是珠江三角洲地区的青年公益创业主要有八大类型。从选择社会人群的需求入手进行创业,到根据青年公益热情和兴趣爱好进行创业,再到吸收专业资源和智力因素支持创业,青年公益的领域日趋广泛,水平逐渐提高,成效越来越明显。

1. 青年公益需求创业

中国青年公益创业的动力,首先来源于社会需求:①服务对象的需求。即老弱病残、贫困家庭等不仅需要获得资助,也需要生活发展,促进青年公益组织从简单的捐助、扶助,转向创造公益就业岗位,创造公益服务收入,让受助人士提高生活与发展能力。②公民参与的需求。当"人人参与公益"成为社会时尚和生活方式,简单捐助、服务活动就不能满足多层次、多职业青年的需求,他们希望公益活动更加富有创造性、挑战性、效益性。这样,公益创业让各类参与的青年都发挥才能、体现价值,为社会人群服务的同时感觉自己的成功。③公益组织的需求。大量青年社会组织特别是公益组织发展,不满足在低水平徘徊，需要公益创业孵化器的培育，增强创新发展能力。"还有一些组织在行业内不一定是管理最规范的，也不一定是规模、影响力最大的，但它们在某一方面的理念或者行为确是最先进的。它们为行业带来活力和创意。NPI 公益组织发展中心就是一个富有创新思维的组织，他们在国内最早提出公益孵化器、公益创投等概念并付诸实践。"[①] 各类公益孵化基地、公益创业园、公益创意中心的出现，成为推动青年公益创业迅速发展和壮大的助推者。

从珠江三角洲地区看，广州市青年社会组织孵化基地、中山市"清风自由人"青年社会组织孵化园、佛山市青年社会组织服务中心、东莞市"莞香花"青年社会组织服务基地等，从单纯支持青年公益组织的服务活动，转向重点扶持青年公益组织的创业探索，从公益创投、公益大赛到风险评估、效益评估，逐渐引导青年公益组织发挥"公益心、创业行"的特色，以友爱的情怀拓展项目，以精明的思维经营管理，促进公益组织的可持续发展，发挥越来越丰富的社会服务功能。

2. 青年公益实践创业

青年志愿服务在中国发展早、项目多，也锻炼了一批批优秀的志愿者，这些人生逢其时，在社会组织大发展的背景下自觉转型，成为敢于"吃螃蟹"的探索实践者。这些青年富有爱心、充满热情，乐意为社会进步、他人幸福奉献自己的时间精力、聪明才智。当中国社会提供公益创业的环境时，这些先行者就勇于转向公益创业，开拓爱心与事业结合、服务与效益结合的路子。

广州青年志愿者协会启智服务总队队长李森便是一个典型的例子。他以启智志愿服务总队为基础创办的启智社会工作服务中心，独立承接了广州市天河南、石牌两个"家庭综合服务中心"；另外，通过与原点社会工作服务中心的合作，承接冲口"家庭综合服务中心"。按照招标合同，三年共获得1800万元服务资金，建立经济方面可持续发展、公益方面可持续服务的机制。从我们考察访问的各类公益创业机构看，创办人具有志愿服务经历的占多数。另外还发现，有些曾经接受社会帮助的青年，也积极参加志愿服务，逐渐成为公益创业者，如"一窗灯火"社会工作服务中心创办人黄伟辉，"青工文化服务中心"创办人袁知安，等等。

3. 青年公益兴趣创业

当代青年与上几代人有明显的区别，不是将公益服务作为"大公无私"、"舍己为人"的"苦差事"，而是善于结合自己的个性、兴趣选择公益项目、

---

① 康晓光、冯利主编：《中国第三部门观察报告 2011》，社会科学文献出版社 2011 年版，第 24 页。

探索公益创业,如"多背一公斤"公益的发起者王卫。他们在带给自己快乐的同时,帮助和服务越来越多的人。随着中国社会的转型,创业机遇的增多,将兴趣、爱好、公益、创业相结合的青年就成为新的群体。

中国公益事业与志愿服务,从仅仅着眼社会人群的需求,转向将服务对象需求与服务者个性兴趣相结合,这是社会的进步。青年公益人员既承担责任,也发挥兴趣,将公益服务作为生活时尚,将公益创业作为人生乐趣,就能够持续推进,不断发展,获得越来越大的成功。

4. 青年公益志向创业

当代中国最早从事公益事业、志愿服务的青年,都具有改善社会、改善民生的志向。当代中国最早诞生志愿服务的地区,"深圳特区志愿服务的发展,一方面提供了促进社会进步、改善社会环境、解决社会问题的新生力量;另一方面提供了公民充实精神、陶冶心灵、完善自我的机会;并且以一种民生团体的方式支持社会转型。"[①] 著名青年公益组织"灯塔计划"的宣言《一盏灯的故事》:"一颗星可以驱走黑暗,一盏灯可以指引前路。……灯塔计划就是希望能找出更多的灯,因为我们相信——方向引领一生。"真实反映公益青年的愿望和追求。"灯塔计划"坚持将服务山区儿童综合素质发展、提供大学生社会见识发展作为宗旨,从艰难曲折的公益服务,到公益创业的发展壮大,成为当今社会组织繁荣的代表。杭州市的"滴水公益"也是秉承信念诞生与发展的社会组织,从服务浙江城乡群众,到面向全国贫困地区、灾害地区提供多样化服务,赢得各地政府与群众的赞赏。他们对于公益组织和公益人的理念具有独到的理解。

青年公益创业,需要组织和个人具有信念和志向,也需要将远大抱负与现实生活相结合。越来越多的公益青年人士都认为服务社会、服务人群的前提,就是自己的内心要强大、素质要完善。因此,许多公益青年热衷于学习和交流,既参加组织内部的学习,也寻求国内各种公益学习机会,还通过网络学习丰富自己。这样,他们从原来简单、单一的公益志向,逐渐丰富和发展,形成公益创业与公益服务的新信念、新志向,把改造社会、造福人群与自我发展、快乐生活相结合。

5. 青年公益智慧创业

"公益青年很有才",这是我们在调查过程中听到的很多人的评价。青年公益创业者大都是较早发现社会需求,较早敢于创新探索,较早学会社会经营

---

① 谭建光、凌冲主编:《中国深圳义务工作发展报告》,广东人民出版社2005年版,第151～152页。

的人士，能够将一点一滴的"做好事"、"帮助人"延伸成为可持续发展的事业，延伸成为具有社会效益的实体。如"袖珍姐姐"于海波从自己摆脱困境、自强不息到创办志愿组织、创办公益机构。一方面接听电话、接收来信，帮助各种有困难的求助者；另一方面选定方向、突出特色，着重关心和帮助特殊困难的少年儿童，逐渐形成公益服务的品牌——"心语志愿者协会"，获得公益基金和社会机构的资助，具有良性发展的基础。

21世纪以来，越来越多的青年专业人士、青年管理人才进入公益领域，开展公益创业，全面提高公益服务的水平，全面提升公益创业的效益。中山大学社会工作专业毕业生廖焕标，在导师罗观翠教授的带领下，创办广州市启创社会工作服务中心、海珠区青少年发展协会等，从经营"青年地带"服务项目开始，逐渐拓展多元化项目。2012年，启创获得政府1600多万元资金，用于三年内资助青少年社会工作服务。廖焕标也成为青年公益创造者的标杆，激励专业青年投身公益事业。

青年公益智慧创业的特点，一是在爱心、热情的基础上增加理性和科学的因素，让公益服务具有可行性、效益性；二是青年的专业知识促进公益机构不断规范化，获得持续发展的空间；三是青年的创新智慧推动公益事业如虎添翼，不断增加生机活力。伴随中国教育发展，青少年受教育水平提高，青年公益智慧创业具有更好的基础，逐渐成为公益发展的新主流。

6. 青年公益机遇创业

中国社会转型和社会创新，在提出越来越多公益需求的同时，也创造越来越多公益创业机遇。青年作为最活跃、最敏锐的年龄群体，善于发现机遇、把握机遇，实现公益创业的目的。比如，上海的张利从2006年开始从事NGO的工作，主要从事两个领域的社会工作：一个领域是青年发展和社会教育，另一个领域是企业家精神与创新创业。

浙江苍南县壹加壹应急救援中心于2007年成立，2008年在民政部门注册，是国内第一家正式登记的民间应急救援组织，五年多以来参加灾害救援60多次。中国社会出现很多问题，民众利益需求出现多元分化的时候，恰恰是公益服务、公益创业的新机遇、新要素。青年公益创业者善于转换思维、调整心态，从问题中发现机遇，从需求中开辟机会，成为新世纪公益创业的领头羊，开创中国公益创业的新趋势。

7. 青年公益合作创业

当今社会是个体创新和团体创造相结合、个性发挥与群体智慧交互作用的时代，青年公益合作创业成为一种值得关注的现象。一是公益团体内的合作，个人将聪明才智表现出来，互相补充、相互融合，发挥成效。二是公益机构之间的协作，每一个机构都体现优势，相互支持，共同服务社会人群。三是区域之间的公益联合，发挥文化习俗特色，提升公益服务的影响力。关键是在公益青年中倡导协作观念、培养协作习惯，消除传统"小农意识"、"画地为牢"心态的影响，逐渐形成中国公益青年合作发展、协同服务的格局。比如"绿丝带"公益活动最早是贵州的私家车和出租车司机在车上系绿丝带，免费为雪灾旅客提供便利，后来发展为"全国志愿者绿丝带在行动"、"海外中国人绿丝带在行动"。

青年需要合作、公益需要协同，善于吸引和联系同仁进行创业和服务的青年，就能够获得更多的发展机遇，获得更多的成功机会。最关键的是青年公益人要培养良好的合作心态，从传统"你死我活"的竞争观念转变为现代"你好我更好"的竞争观念。在公益机构、志愿团体中，各自为政、画地为牢的服务方式，不仅仅制约着公益事业的发展，同时削弱了为有需要人群服务的成效。青年在探索公益创业道路的时候，应该培养宽容心态、开阔胸怀，乐意合作并支持其他公益机构、公益人士的发展，逐渐壮大公益服务的力量，成为中国社会建设的生力军。

8. 青年公益网络创业

当今世界的网络发达，不仅成为青年生活不可分离的新手段，而且成为公益创业和公益服务的新工具。青年公益人利用网络联络、聚集、行动、分享成为常态，其中最有特色的是"麦田计划"和"杭州网义工"。

经过十多年的发展，麦田从网络到组织，建立了多层次的公益体系。未来的麦田，除了关注孩子的教育，也会更多关注志愿者，希望每一个志愿者在为麦田、为孩子付出的同时，能够有真正的收获。杭州网义工分会在杭州网这个平台上，主要是做一个孵化项目，培育人才，从最初的教育开始，来构建公益人才的阶梯式结构。

调查发现，中国公益领域出现"实体组织网络化"、"网络组织实体化"两种趋势。许多传统依靠领袖、骨干、成员组织起来的青年公益机构，逐渐学会运用网络空间聚集人群和资源，面向国内扩大服务范围和社会影响力。那些利用现代网络技术建立起来的青年公益组织，则在网络联系、推广服务的同时，建立"线下"的交流圈子，密切公益青年之间的思想感情。一是网络成为青少年生活的重要组成部分，开展网络公益也成为公益创业非常重要的途径。通过网络为困难群众募捐，为公益项目筹资，为公益行动宣传，并且建立网络公益管理、实施、评估的机制，吸引大批青年人才有所作为。二是网络成为公益信息传播和思想的主要途径，青年公益人士大量利用网络交流沟通，产生新思想、新创意，并且逐渐形成新的合作项目。目前，青年既是"生活人"，也是"网络人"，公益机构开拓网络空间、共享网络资源，就获得更加广泛的发展机会。

三、共青团促进青年公益创业的对策建议

中国青年公益创业是一种新事物,源于公益慈善和志愿服务,也源于创业、创新和创意,成为青年人才发挥智慧、创造成功的有效途径。但是,受到法制不健全、政策不完善、措施不具体、资源不充分的制约,青年公益创业仍然遇到许多困难和问题。共青团组织要进一步加大支持、促进青年公益创业的力度,培育青年公益领袖、青年公益人才,为加快社会建设、创新社会管理做出贡献。

1. 共青团向党和政府汇报青年公益创业的社会功能,争取法规、政策、资金、资源的支持

调查中,青年公益创业者反映遇到最突出的问题是政策不明晰,措施不系统。近年来,党和政府大力推进社会建设,对于公益创业大力支持,但是主要体现为倡导性政策和变革限制措施,而体现为具体支持和资助的方面很少。共青团组织应向党和政府多反映青年公益机构的现状和青年公益创业者的心声,一方面介绍公益创业对于帮助社会人群、解决社会问题的重要作用,另一方面介绍青年在公益创业中的学习成长价值。争取党和政府像扶持工商创业、科技创业那样,逐步制定系统政策与措施,推动青年公益创业持续健康发展。

2. 共青团将青年公益创业纳入重要工作议程,作为团结青年、服务青年、引导青年、成长青年的重要途径

青年公益创业者希望共青团将青年公益创业的工作纳入常规工作,纳入定期议事日程,而不是一时性、临时性的工作。青年创业者希望各级共青团将青年公益发展与团结青年、服务青年、引导青年、成长青年的工作相结合,并且发挥他们相互补充、相互促进的作用。在共青团的常规工作推进过程中,不断保持对于公益创业的支持,也充分利用公益创业提升青年的综合素质。

3. 共青团建立和完善青年公益创业的促进体系,特别是建立青年公益联盟,提供社会帮助和机构互助

调查中,青年公益创业者反映公益创业的力量非常薄弱,远远不如青年工商创业、青年科技创业的力量及影响力。共青团组织应建立联盟的平台,吸引不同类型的青年公益组织、青年公益机构,一方面交流沟通公益创业的经验教训,让其他人少走弯路,更快成长;另一方面共同发现创业机遇、服务需求,开拓公益事业的发展。共青团要逐渐建立青年公益创业的促进体系,从制定政策、落实措施到提高能力、提供资源,为青年公益组织实现系列配套条件。

4. 共青团通过青年公益创业培养优秀人才，纳入"推优入党"、"评先评优"、"人才推荐"的机制

目前，青年公益创业者、青年公益从业者最担心的是"天花板效应"，即社会没有建立对于公益人员晋升发展的统一评价体系，如教师、律师、医生等评价体系。为此，共青团要在"推优入党"、"评先评优"、"人才推荐"等方面，为青年公益创业者提供更多的帮助。一方面，将优秀的公益青年介绍给党政部门、工商企业、社会机构，让他们获得更大的发展空间，获得更好的职业前程，对于其他公益青年是一种很好的示范效应；另一方面，鼓励公益青年在本领域做精做好，创造公益服务的品牌，赢得更多的社会关注与支持，也让自己获得更加广阔的发展空间。

5. 共青团联合部门、机构，加大政府向青年公益机构购买服务的力度，扩大青年公益机构服务社会人群的领域

中国政府委托社会组织购买公共服务成为新的趋势，广东省在这一方面率先探索，不断创新。共青团要积极主动联合政府有关部门，在购买公共服务的时候，对于具有资质的青年公益机构优先考虑，给予扶持。一是鼓励青年公益机构积极参与社会工作机构服务招标、社区服务中心项目招标、家庭综合服务中心项目招标等，在社会竞争中锻炼成长。二是整合青少年社会工作、青少年公益服务的资源，开发政府购买青少年服务的专业项目，进行投标，获得资金。三是以政府购买公共服务的资金为"种子资金"，吸引企业资助、公民捐助，筹集更多资源做好社会人群服务，特别是青少年成长服务。

6. 共青团定期召集青年公益创业者与政府部门开展"面对面"、"对话会"活动，直接解决困难与问题

青年公益创业是一个新兴事物，由于社会理解不够、政策配套不够、资源投入不够，依然遇到很多困难、存在很多问题，急需政府和社会的支持。为此，共青团组织要建立畅通的桥梁，帮助青年公益创业者与政府、社会密切联系。定期召开"面对面"、"对话会"活动，邀请政府部门领导、专业机构负责人与青年公益创业者直接交流，了解其特点、愿望、困难、问题，提供支持和帮助。

7. 共青团联合高等院校，开设青年公益创业专业课程，培养青年公益创业专门人才，提高公益创业水平

调查发现，目前青年公益创业者的素质不高，特别是缺乏专业社会服务素质、继续学习和培养的机会。北京师范大学公益研究中心创办的高层公益人才研究班和中山大学慈善研究院创办的公益研究生课程班受到重视。但是，面对大量青年公益创业者、青年公益从业者的需求，高校开设的公益专业不够多，课程不够新颖，要继续变革和创新。共青团组织要联合高等院校、科研机构，开发种类多样、内容广泛的公益教育，面向青年公益创业者、青年公益管理者、青年公益从业者，进行不同层次的培养教育，输送大批优秀人才。

8. 共青团拓展青年公益创业者的国际国内交流合作渠道，掌握先进理念和方法，加快青年公益机构转型发展

公益创业在中国内地是新生事物，但是在欧美国家有半个多世纪的历程，在我国香港、台湾地区也有几十年的历程。共青团组织要创造机会，让新崛起的青年公益创业群体与国内外交流合作。①组织广东青年公益创业者到美国、欧洲、新加坡及中国台湾、香港等国家和地区交流考察，学习公益创业的经验，也了解其教训，作为借鉴。②邀请国外、港澳台地区的公益专家、公益领袖前来广东讲课、咨询、辅导、评估，促进青年公益机构提高服务水平。③组织翻译国外公益创业、公益服务的书籍、文章，提供给广东青年公益人士阅读、学习，使他们尽快掌握科学的、规范的知识和方法。④加强与北京、上海、浙江、云南、四川等青年公益活跃地区的交流，探索中国国情条件下发展公益事业的道路。共青团为青年公益创业者、管理者、从业人员创造学习交流的机会，可以减少重复探索和资源浪费，促进公益机构稳健发展，有效帮助社会人群。

共青团促进青年公益创业是全新的工作，青年公益创业方兴未艾，特别需要广大团干部的鼓励和支持。

广东青年职业技术学院
执笔人：王义明、谭建光

广东省大学毕业生生存状态调查研究

一、棠下街概况

棠下于南宋时期形成,距今 700 多年,原属番禺鹿布司。棠下位于广州市天河区,行政街建于 1997 年 12 月,由东圃镇、石牌街、员村街、五山街划出地段组成,因辖内有棠下村,故名。2002 年 12 月东圃镇撤镇设街,将棠东村划入棠下街管辖。目前,下辖 17 个社区居委会和 2 个撤村改制公司。全街面积 7.42 平方公里,据《天河年鉴 2012》,棠下街 2011 年总人口 26 万多人,其中常住人口 16 万人,外来暂住人口 10 万人,人口密度 35040 人/平方公里。据棠下街道管理人员透露,目前棠下总人口超过 30 万,原居民为 1 万余人,外来务工人员为 29 万余人,原居民与外地务工人员的比例达 1∶29;人口密度超过 4 万人/平方公里。按照《2012 年世界人口密度排行》,人口密度最大的澳门是 19465 人/平方公里,而弹丸之地的棠下人口密度竟然超过 4 万人/平方公里,可见其居住之拥挤。

20 世纪 90 年代开始,棠下原居民在基建地或农转非用地上盖起来大量的"城中村楼房",楼与楼之间间隔很小,被戏称为"握手楼"。外来务工人员因其便宜,大都居住在这样的房屋之中。

二、集聚于棠下的大学毕业生

1998 年,国家取消大学生分配工作制度。1999 年,大学在"拉动内需、刺激消费、促进经济增长、缓解就业压力"的方针指导下,开始大规模扩招。这对大学生就业产生了深远影响。基于发展机遇、薪资水平、养家糊口、面子、公平程度等原因,来自全国各地的大学毕业生集聚广州寻觅自己的未来。目前集聚于棠下的大学毕业生结构层次较为齐全,专科毕业生、普通本科毕业生甚至名校毕业生一应俱全。

大学毕业生之所以选择棠下作为暂居之所,原因有三:一是租金较为便宜，以个人而言，月租大都在千元以下，月租三五百元的房子也比比皆是；二是租赁方式较为齐全，有铺位房、整租房、合租房；三是交通较为便利，有BRT经过，可达市内主要工作场所。

三、大学毕业生的居住状况

为深入调查大学毕业生的居住状况，调研组在棠下城中村租赁房屋，居住达两个月之久。居住期间，调查组天天走家串户，进行参与式观察，并深入访谈，对棠下大学毕业生的居住环境得到了切身体验。

调研组在参与式观察及深入访谈之后，向调查者分发调查问卷以统计居住状况及居住态度。共采访71人，做了71份调查问卷。被调查者毕业院校构成为专科10名（中专2名、大专8名）、普通本科31名、"211"高校9名和"985"高校21名；学历构成为专科10名（中专2名、大专8名）、本科56名和硕士研究生5名。

住在棠下街的大学毕业生主要集聚于城中村的"握手楼"和棠德花苑，因收入原因居住于附近其他中高档小区的则相对稀少。城中村内，除主干道外，其余街道则较为狭窄黑暗，垃圾乱扔乱放。一旦下雨，街道积水较多，排水不畅；电线横空而过，排列混乱，且略显老化，甚至有人用电线承载小广告，一旦发生短路或漏电，后果不可设想。

"握手楼"大都有七八层，除靠近主干道的以外，其他"握手楼"楼内采光条件较差，每人的居住面积大都在10平方米以下，卧室狭小，仅能容纳一床一桌。大多数房间没有阳台，即便有阳台也较为狭小。厨房和厕所连在一起，2~4平方米。租户极少用煤气烧饭，大都用电磁炉和电饭煲。女性租户或者情侣租户经常做饭，男性租户则很少开火。

对于大学毕业生而言，价位成为租房考虑的首要因素。通风、采光状况是影响大学毕业生选择租房的重要因素（见图1）。而在现实生活中，大部分"握手楼"的通风采光状况并不理想。

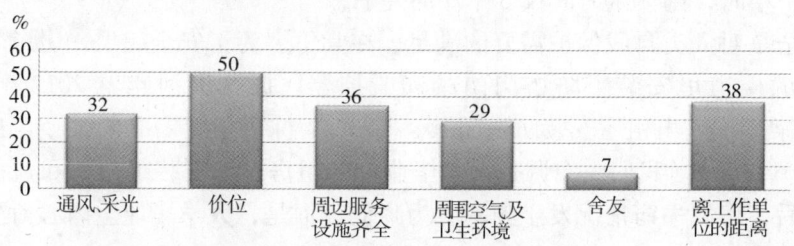

图1 大学生关注的租房条件因素

租房负担在大学毕业生的收入中占的比例颇高，一般达 1/5 左右，甚至达 1/3 以上。在棠下的大学毕业生工资大都是每月 3000 元左右，选择租房价格大都集中在 500～800 元、801～1000 元区间（见图 2）。

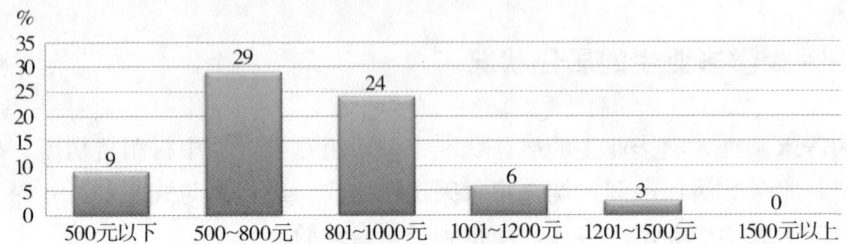

图 2　应届毕业生能接受的房租价格

选择室友时，室友的人品优良、有安全感是最受大学毕业生重视的因素。而室友多是同学和朋友，而随机组合租房的较为稀少（见图 3）。

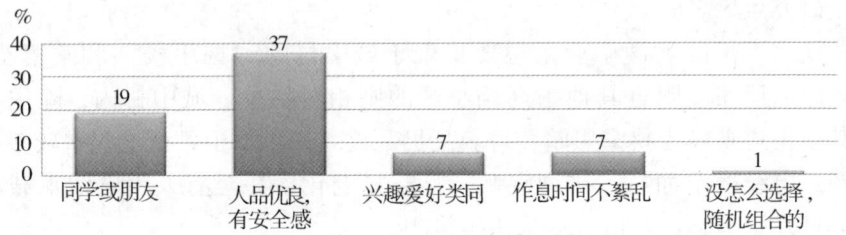

图 3　应届毕业生选择室友的标准

棠下的服务设施基本能够满足日常消费，不过种类不是很全，档次不是很高。运动设施较为匮乏，大学毕业生群体运动较为不足；娱乐休闲设施较少。而由于工资的限制，他们很少从事花费类的娱乐休闲或运动项目。

单位距离的远近与大学毕业生在棠下租房关系颇大。作为上班族，工作日在公司的时间一般是 8:30～18:00，大约 9 个半小时。晚间休息要有 8 个小时。而大多数大学毕业生花在上班路上的时间是 30～45 分钟，有一部分甚至超过 1 个小时，则休闲时间仅 6 个小时左右。

安全是对人类自我保护需要的满足。在棠下，为了安全起见，房东于"握手楼"的楼道里安装了防盗门门禁和监控器。据《天河年鉴 2012》统计，2011 年棠下推广出租屋安装防盗门禁，有 3247 栋出租屋安装门禁，占出租屋总数的 61.8%。（我们入户调查大学毕业生的租房，都安装了门禁和监控器）。自此之后，房屋失窃情况发生频率大为降低。但是，大学毕业生内心对失窃的担心依然难以去除。

网络的引入使大学毕业生拥有了新的休闲方式，也是产生"宅男"、"宅女"的催化剂。入户调查和问卷调查发现，基本上所有的租房都安装了网络。网络购物、网络游戏、听音乐、看视频基本成了大学毕业生休闲生活的全部。网络稳定度、速度大体能满足需要，盗号状况也较少发生。

中国人注重安土重迁，即便是租住的房屋也不例外。如果没有强力的推力和拉力，大学毕业生一般不倾向于搬家。在调查过程中，大学毕业生最倾向于发生工作场所变更和渴望住更舒适的房子的时候搬家。工作场所变更可能导致上班时间成本的上升，会选择搬往上班成本低的地方居住；如果新工作场所与住处距离不是很远，则不倾向于搬家。内心追求舒适的需求会推动人搬往更加人性化的地方居住，随着收入水平的提高或者情感的需要，这种需求感会愈加强烈。

集聚于棠下的大学毕业生对在房价高涨的广州买房只能是望房兴叹，根本不敢存有买房的念头。有的人心里默默打起了退堂鼓，想以后回家发展，或者希冀工资上涨之后，能够搬往一个更为舒适的住所。

来自梅州的小苏说："不会有在广州买房的打算，一方面我觉得负担不起，我不想一辈子都当房奴。另一方面，我觉得广州的环境不好，空气质量低，特别是天河区。"

来自南昌，毕业于中山大学，在4399网站工作的阿昊希望留在广州，成为一个名副其实的广州人："我觉得我算是蚁族吧，蚁族也没有比别人低级，做蚁族也不丢人啊，其实很多人，包括我们的父辈都是这样过来的，李嘉诚不也说年轻的时候也算是蚁族么。其实我觉得，只要你不要否定你自己的价值，不断地去奋斗、努力，发挥出自己的优势，相信很快就能逆袭的。我希望我可以买房，经过我的奋斗之后能成为广州人，能在这里找到归属感，所以房子是必不可少的。毕竟大城市有大城市的好处。"

棠下大学毕业生们身上有积极、奋斗、不安于现状的精神，但是也从字里行间透露出对社会现实的无奈。

四、大学毕业生的消费方式

衣食住行是人之根本，人类只有在物质消费的基础上才能将生存与发展的轨迹进行延续。这些需求以物质作为基础，而物质的消费都需要收入来进行支撑。

（一）吃

"食在广州"，历史悠久，闻名天下。在棠下，从中山大道 BRT（快速交通系统）棠下村站旁边的牌坊到棠德南路不到一公里的距离，就有超过 200 家饮食摊档，整一条棠德南路也超过 50 家，食肆的口味较为丰富，粤菜、川菜、湘菜、东北菜、江浙菜等菜式的种类齐全，基本上能满足不同人的饮食要求。但是，并不是所有的大学毕业生都对饮食有着很高的要求（特别是男生），他们最主要的目的还是填饱肚子。而对饮食要求比较高的则主要是女生，包括食物的营养、搭配、干净程度都是比较讲究的。在上班期间，他们一般是在公司附近解决午餐，但是公司附近的餐馆收费较高，所以，他们晚上都会选择回来这边吃饭，因为棠下的餐馆还是很实惠的。根据调查，大部分大学毕业生的饮食支出占总收入的 30%～40%，只有极少数人是低于 30% 或者高于 40%。因为大学毕业生的主要支出在房租，几乎占 1/3，这就导致大学毕业生并不能将更多的钱花在饮食上，而且很多人对饮食要求不高，能吃饱就好，而非吃得好。所以说，大学毕业生的生活水平最多还是停留在温饱阶段。

（二）穿

大学毕业生在穿衣方面的要求也不高，大多数人都只求合身、舒适。工作的时候，大部分公司要求职员穿正装，或者至少是休闲装，而在平时则穿得比较休闲。他们的品牌意识一般，并没有要求或者指定衣服的牌子，对于当季流行的衣服的款式、样式、颜色没有太大的研究，大多是看到好看的或者很多人穿的、穿着合适的就购买，也有的是网购。休闲装，他们更多的是倾向于以纯、班尼路、韩都衣舍或者其他的潮牌，也有的是选择名牌的山寨版；而运动装，他们会选择匹克、李宁、361°、安踏、特步等，却很少会选择国外的牌子。

（三）行

住在棠下的大学毕业生，出行的主要方式还是 BRT 和公交车。在中山大道上，就有棠下村和棠东两个 BRT 站，而在棠德南路也有公交车站，这三个地方基本上能满足需求。但是广州塞车太严重，带给他们诸多不便。他们当中有因为挤不上公交车而迟到被罚的，也有因为挤公交车而受伤的，更有因为塞车而导致饮食不规律、不正常的。

虽然棠德南路的出租车很多，但是很少人选择出租车。此外，棠下村里还有很多电动摩托车用来载客，但他们还是很少去坐，一方面由于安全问题，另一方面则是价格问题，电动车的起步价就要 5 元。

（四）用

在大学毕业生的世界里，电脑、手机是必不可少的，一个月上网的费用就将近 80 元。因为他们觉得工作了一天，需要在虚拟的网络世界寻求慰藉，或上网玩游戏，或看电影与电视剧，或通过 QQ、微博、MSN 等通讯工具与友人联系、倾诉。几乎所有的大学毕业生都有自己的电脑，有组装的，也有像惠普、联想、戴尔、华硕、方正、神舟等品牌机，价格也是从 3000 元到 5000 元不等，很少人有苹果、索尼这样的名牌电脑。而自从有了智能手机，手机的可用性大大提升，在日常生活中占据重要的作用，人们也更加依赖手机。相比电脑，大学毕业生更加离不开手机，因为手机在某种程度上已经能够代替电脑了，而且操作起来特别方便，手机中某些应用软件，如微信甚至已经代替短信的功能；支付宝钱包能为手机在线充值；类似大众点评这样的 APP（应用软件）甚至可以帮助你找到最近的好吃的好玩的地方。所以，大部分大学毕业生都已经使用智能手机，价格从 1000 元到 5000 元不等，既有像中兴、华为、联想这样的国产品牌，也有像苹果、三星、诺基亚这样的外国品牌。

除了电脑和手机，最常用到的当属生活用品，如沐浴露、洗发露、洗衣粉、洗洁精、牙膏等。大学毕业生一个月花在生活用品上的钱在 100 元以下，因为大学毕业生在选择此类生活用品时，更加倾向于物美价廉、性价比较高的。

五、工作状态

（一）职业情况

大学毕业生以从事全职工作为主，也有从事兼职工作和自由职业的，但所占的比重不大。尤其是在当前经济环境不算特别好的情况下，多数人希望有一份稳定的工作而非仅靠兼职赚钱。大学毕业生任职的单位性质以私营企业和民营企业为主，而公有制企业（包括集体和国有）则相对较少。从事的工作的类型主要为销售类、制造类、文秘类，可见，大学毕业生仍然以商业服务人员和专业技术人员为主。大学毕业生选择工作更多的是考虑薪酬、发展空间和个人兴趣，至于工作氛围、工作环境、社会保障、是否与专业相关等则考虑不多，可见，大学毕业生更加倾向于找到一份与自身能力相匹配的甚至超出其能力的工作。大学毕业生目前的定位也是较为明确的，即从低层做起，工资大多在 5000 元以下，其中以 2000～3000 元与 3000～4000 元这两个区间居多。但是大学毕业生对自身的能力亦非常有自信,当谈及期望薪酬时,大部分人希望是在 5000～8000 元,均超出现在的工资水平,这既是对未来的自信,也是对能力的肯定,即现阶段的工资远远不能满足自己。

正是因为当前薪酬与期望薪酬还存在差距,部分大学毕业生也会经常换工作,除了刚毕业的大学生仍坚守着自己的第一份工作,大多数大学毕业生均有跳槽的经历,基本上在广州工作时间超过一年的,都有跳槽的经历,有的甚至已经跳过三次槽。跳槽的动因有很多,除了薪酬之外,很多人都会看重公司能否给予其足够的自主性和更大的发展空间,公司的某些规章制度不合适、跳槽成功人士的影响等都可以是大学毕业生选择换工作的原因。对于大学毕业生来说,一方面,他们不可能一辈子只做一份工作,而且是一份与自身能力不符合的工作。人总是要成长的,需要往高处走,因为他们肩负着家庭甚至家族的希望,他们不能满足于一直积累经验,而是需要利用已有的经验创造、创新,不断地去接受挑战,发挥自己的才能。另一方面,有的工作可能确实不适合自己,他们需要通过跳槽来找到最合适自己的公司。

小闲在毕业之后做的第一份工作是保险的电话销售,工资是底薪加提成,但底薪较低,提成也没有保障,在被一次次拒绝之后,他果断地辞去了这份工作。在朋友的介绍下,小闲去了一间公司搞室内设计,其实他在设计方面很有天赋,大学期间也获得无数奖项,他的思维具有创造性,是设计的人才。仅仅用了一年,他的工资就涨到 4500 元了。由于能力突出,经理特别重视他,总是鼓励和栽培他,第二年工资便超过了 6000 元。现在他已经是一个设计小组的领导了。当然,他虽然还在棠下住,但是已经离开城中村,住在小区了。

虽然跳槽是大学毕业生实现社会流动的一个途径,但未必适合每个人,有些人越跳越好,最终找到合适自己的公司;有的则因为盲目跳槽而每况愈下。

(二) 兼职

对于大学毕业生而言,如果一个月的收入仅仅只有工资是远远不够的,随着生活成本的增加,工资往往只能保证收支平衡,余钱不多,这样就与之前工作的初衷有所违背。所以许多大学毕业生都会选择做一份兼职,亦只有双薪才能逐渐满足其日益增长的需要。与此同时,兼职还能使自身得到锻炼,特别是个人的沟通和交流能力,并使自己的价值最大化。

大学毕业生的兼职有的是去摆地摊,或者根据自己的能力、兴趣爱好、性格甚至可支配的时间来决定兼职。

比如说,很多人就习惯根据自己的爱好去选择兼职。阿铭喜欢设计,有时候就会做一些广告设计的兼职;淑婷是一个爱美的女孩,对化妆品特别有研究，所以会在村里摆卖一些指甲油等化妆品。也有的是靠自己的某种技能赚取外快，这类兼职对技术的要求较高，需要掌握足够的技能加上一定的经验。小苏是一个非常优秀的吉他手，所以会在假日兼职教中学生吉他。有一类兼职相对来说就轻松一点，对技能和经验要求不大，只要你有足够的时间、精力和体力，比如发传单、家政服务和餐饮服务，但一般而言，这类兼职的工资会比较低。此外，随着网络的发展，越来越多的人选择在家里兼职，比如在淘宝网上开店，小邓就是在淘宝上代购化妆品的，随着信誉的提高，生意也很红火；也有的是做网络评论员，即"水军"；也有的在做手机报编辑。

（三）创业

据人事部统计资料显示：2013年全国高校毕业生有将近700万人，而前两年沉积下来的未就业高校毕业生约有500万，2013年需要安排就业的大学毕业生高达1200万人。面对如此严峻的就业形势，国家和地方政府出台了一系列鼓励大学毕业生创业的优惠政策。那么大学毕业生们是否可以考虑通过自主创业来度过就业寒冬呢？

创业，顾名思义就是开创一番事业，是一个由无到有、由小到大、由简到繁的过程。然而，创业对于大多数大学毕业生而言还是一个不可触及的梦。据调查了解，经验欠缺、资金不足、缺乏明确的主营业务、缺乏志同道合的合伙人等均是大学毕业生选择创业所面临的难题。正如我国经济学家茅于轼所说："一个大学毕业生，毫无工作经验就想着去创业，这是不现实的。大学毕业生应该在工作当中积累足够的工作经验再去创业，这样的效果才会事半功倍。"大学毕业生通常只有创业的激情和热情，而不具备必要的经验，导致在创业过程中挫折不断。

而在积累了一定的经验之后，资金不足则成为另一个难题，资金是影响自主经营创业成功的一个重要因素。其实很多创业者在项目选择和经营管理方面都没有问题，但由于创业项目资金有限，无法正常地周转，导致创业项目运作周期拉长，前景难料。只有当资金充足了，创业项目的运转才能顺利，一些挫折才能迎刃而解。

与此同时，缺乏明确的主营业务也是创业路上的拦路虎。此外，创业不是一个人就能完成的，往往需要有合作伙伴，而且合伙人还需要志同道合。同时，合作伙伴间的关系需要明晰，各自投入资金的多少、是否具有明确的分工、能否健全合作机制、团结一致的创业精神等都会影响伙伴关系。

(四) 逃离广州与回流

广州,曾经让无数怀揣梦想的大学毕业生们心生向往,他们希望在广州立足,他们希望在广州实现自己的梦想,然而,交通的不便、房价的飞涨、生活压力的增加、户籍政策的不变、社会保障的不公都让很多人停住了前进的脚步,他们是否属于这里,这里还有他们的梦吗?于是,逃离广州成为了他们最无奈的选择。

毫无疑问,房价、户口和社保这"三座大山"已经把大学毕业生重重地压在身下,他们需要重新去考量,是否应该到二、三线城市或者回到家乡继续奋斗,家乡的一套房难道就真的比不上广州的一张床?终于,一些人发出了"逃离北上广"的呐喊,他们的青春出现了第一次的摇摆。或许,在那里,真的会有属于他们的一片天地。因为很多二、三线城市都发展得特别好,比如珠三角的其他城市,珠海、中山、东莞和江门这些地方都可以成为一个好的选择,它们的经济发展速度以及工资水平都相当不错,而且房价相对而言又低一点。

然而,媒体化社会所呈现出来的广州的现代风貌和时尚光影,满足着年轻人对青春美好的期待,那些不得志的大学毕业生们仍在"逃离"与"回流"中摇摆。一些人走了,另一些人又来了。这些人却正是那些在二、三线城市或者家乡郁郁不得志的人,他们慎重地比较了其在大城市和小城市的发展前景,遂选择了回流。

在某种程度上,小城市社会所呈现出来的"强关系"纽带以及相对保守的文化观念正阻碍着小城市以及意愿为家乡的经济建设做贡献的年轻人的发展。在访谈中我们得知,大学毕业生回流的原因主要有以下几方面:①关系网络在小城市尤为重要,特别是在政府机关单位和企事业单位;②小城市的生活节奏较慢,生活气息不浓;③大城市所固有的优势——公平、自由、活力、机会、时尚等;④大学毕业生自身的进取心。

六、爱情、婚姻及性关系

(一) 爱情

"无奈"二字是大学毕业生们对爱情最大的感受。男人在爱情面前所表现出来的困惑、无奈和脆弱是他们无法逃避的现实,他们刚毕业不久,如果不是"富二代"或者"官二代",他们很难迅速地积累财富,也是需要从贫穷一步步走过来的，基本上在 30 岁之前过着没房没车、"蜗居"的苦日子。因此，在择偶的过程中，男生往往因为经济实力不足而处于较为被动的位置，他们在被选择着，这也使得他们的爱情变得更加苦涩。尽管他们都有一套选择对象的标准，包括共同语言和兴趣爱好、感觉、受教育程度、人品等，但是大多数男生在最美好的青春都选择放弃爱情。因为他们觉得他们谈不起。对于女生而言，这个城市的竞争太过激烈和残酷了，她们都缺乏足够的安全感，她们需要得到保护，她们需要有安全感。对于在广州默默奋斗着的她们，单身可能需要足够的坚强，拥有足够的抗压能力，忍受着无尽的寂寞，这是考验也是无奈，所以女生会更加渴望爱情，渴望被关注，渴望被照顾，渴望被呵护。

因此，在广州这一偌大的城市里，美好的感情让步于残酷的现实屡见不鲜。大城市的繁华能让一部分人拥有骄傲的资本，但更多的是使其感觉到卑微、无奈，特别是在爱情方面。

然而，并不是所有的爱情都会败给现实，那些能互相支持、互相信任的爱情往往能够长久。因为当生活处于艰难的边缘，两人的信任、两人的感情是一种支持、一种安慰、一种通过彼此来确定的存在感。

有人因为对爱情的恐惧而选择放弃，有人因为彼此的信任选择厮守一生，有人因为现实而却步，也有人为了爱选择逃离广州。漂泊的一生，无数人都在默默地奋斗着，不断地等待机会，很多人在不断的等待中对这个城市，对这份工作产生恐惧甚至绝望，于是选择逃离，和爱人一起去二、三线城市寻找幸福。

（二）婚姻

对于大学毕业生来说，婚姻是可望而不可即的。由于经济上的劣势，在某种程度上他们的婚恋观念与其他人（如"富二代"）是有差异的，除了同居而且感情比较稳定的情侣打算在一到三年内结婚，不管是普通恋人还是单身汉，均表示暂时还不会考虑结婚。大学毕业生认为婚姻难以承受经济之重，假如双方没有足够的经济基础，这样的婚姻是不幸福的、不美满的。因为婚姻意味着责任，夫妻双方对家庭对子女的责任。你有了三重身份，为人夫（妻），为人子（女），为人父（母），这三种身份的维系靠的就是婚姻。

然而，漫长的"蜗居"生活让绝大部分大学毕业生看不到希望，他们深知组建、维持一个家庭的难度，尤其是在广州这样的大城市里面。在笔者的调查当中发现，男生更加倾向于过单身生活，因为他们能够无拘无束，过自己想过的生活；而女生多数希望能够嫁给一个事业有成的人，尽快逃离城中村，即便对象现在是大学毕业生，但是只要能让她看到上进心，看到在广州立足的希望也是可以的。

（三）性关系

"性—爱情—婚姻"其实是一脉相承的，也是人生的重要组成部分。大学毕业生绝大多数正处于生理旺盛期，他们渴望同异性交往，渴望被爱，在恋人或夫妻方面得到感情上或生理上的支持和安慰。但由于没有稳定的收入来源，没有固定的住所，他们无法在婚姻和恋爱的问题上考虑更多，所以大部分毕业生选择了单身或同居的方式来生活。但对于大学毕业生而言，其生存现状在一定程度上影响了对性生活的满意度。即使对于有性生活的人而言，其性生活的质量也要受到性生活的地点和环境的影响。如果长期压抑，可能导致犯罪，影响社会的和谐与稳定。

在调查中，笔者发现大学毕业生中绝大部分是未婚的，其中单身大学毕业生超过60%，与异性同居的仅占20%，一个月内有性生活的仅有30%左右。那么剩下的70%是如何解决性压抑问题的呢？因为年轻人的性需求还是比较高的。很多单身男生都会选择通过微信、微博、陌陌等社交平台来约会，约会的对象通常也是大学毕业生，各取所需。

相比较之下，同居的情侣在性生活方面则更加有保障，基本上每个星期都会有性生活。但是由于居住条件所限，性生活的满意度较低，因为房子的隔音效果较差，男女双方无法尽情宣泄自己的情感，同时，出租屋的情调也比较低。

七、个体的社会关系网络

社会生活的本质是人与人之间的关系，人则是社会关系的总和。社会犹如一张大网，而在这张大网之中，每个人都有自身的位置，也被网线所连，与他人形成不同的关系。对大学毕业生而言，尽管出身和经历不同，但是彼此联络的网线一般有五条：亲缘线、地缘线、业缘线、学缘线和网缘线。

（1）亲缘是个体最无法决定，而又极度影响个体的因素。个体的出生从未征求个体的意见，个体从没有发言权；而亲缘所赋予的财力、关系、名望又极度影响个体成长、发展的路径及优劣。采访的过程中，作为背景分析的一步，考察其家庭背景。家庭基本以核心家庭为主，成员3～4个，单亲家庭较少。如果说家庭是孩子的第一所学校，父母则是孩子的第一任教师。父母的职业会决定家庭的收入水平，影响父母的思维方式和教育方式，也影响到培育孩子的方式和支持孩子的发展程度和生活水平。抽样调查在棠下的大学毕业生，其父母职业见图4。

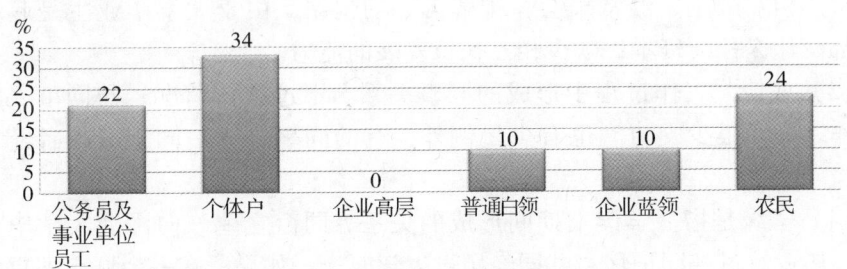

图4 大学毕业生父母职业分布

在调查的过程中，父母为企业高管的难寻踪迹。毕竟企业高管优厚的薪酬待遇可能让孩子成为啃老族，不可能让自己的孩子去城中村受罪。父母为普通白领、企业蓝领、个体户、农民的对孩子工作提供的帮助较少，甚至没有，只是在金钱补助方面程度不同。

家庭收入水平深刻影响着大学毕业生的心理状态及思维方式。如果家庭收入水平高，大学毕业生的思想负担和经济负担就少一些；相反则大一些。如果家庭收入水平不高，大学毕业生倾向于尽快回报家庭，生活上也偏向勤俭节约。调查过程中，大部分家庭的年收入按照当地标准在中等偏下水平，也有少量几个大学毕业生家庭收入在10万元，甚至20万元以上，不过人数较少，他们都住在条件很好的出租房里。

大学毕业生工作之后与家里的联络情况如何？通过表1、表2，根据其行动，可见棠下大学毕业生与父母的亲缘关系。

表1 过去一年，您是否常为您的父母提供（每行单选）

您对父母	完全没有	很少	有时	经常	频繁
A 给钱	18	28	17	5	2
B 帮助料理家务或亲自照顾	13	22	22	13	0

表2 过去一年，您的父母是否为您提供（每行单选）

父母对您	完全没有	很少	有时	经常	频繁
A 给钱	15	34	11	7	3
B 帮助料理家务或亲自照顾	13	31	14	9	3

（2）地缘交往过程中形成老乡的关系。在一个陌生的城市，老乡之间相互扶持、相互鼓励，经常聚会，排解无聊的情绪。由于大学毕业生是起步阶段，都没什么社会资本，缺少相互扶持发展的能力。

（3）业缘是工作过程中形成的同事关系。不过整体情况，与同事之间除了工作之外，很少交流。也有少量例外，有的同事之间一同租房或者经常聚会。

（4）学缘是指上学读书期间形成的关系。同窗之谊一向深受大学毕业生青睐，毕竟有过共同记忆，共同经历过大学时光，如果留在一个城市那更是缘分。由于同窗事业基本都处于起步阶段，经常相聚运动或娱乐一下，互相联络一下感情，增进一下社会整合。有的大学毕业生在学校期间与老师关系不错，老师会利用手上的资源帮助学生。

（5）网缘是网络通信工具急速发展带来的副产品。通过网络，互不认识的人能够拉近彼此的距离。有共同兴趣爱好的大学毕业生也可以借助网络组建兴趣小组，从事一些集体活动。网缘也能够使人与人之间成为朋友。

毕业于华南师范大学的小徐不是一个喜欢待在房间里的人，他喜欢在周末出去走走，骑着自行车，看看这个城市。他说："这段时间基本已经把棠下、东圃、黄埔逛遍了。现在也有加入一些QQ群、社区、论坛等，那里面有很多车友，所以有时候我也会去会一下车友，平时也会约上车友出去走走。目前最远的去过顺德。如果有时间的话，下次会去深圳吧。自驾游的过程中，也交了一些朋友，平常有时间也一起聚聚。"

过去一年内，大学毕业生的交往对象一般是同学、同事和老乡，其他类型的对象则很少。同学、同事和老乡与自己存在共同记忆，相互之间信赖度较高，遇到困难要求助时，除家庭外，也基本上求助于这三类群体。当问及别人向你求助时，你最可能依据哪一理由给予援助时，半数以上人选择与自己关系密切，是朋友，关系良好，信得过；20%的人选择现在帮助别人，以后别人也会帮助你；20%的人选择基于内心的乐于助人；剩余的约10%则选择别人曾经帮助过你，基于礼尚往来。

交际圈是人活动的范围。几乎全部大学毕业生认为良好的交际圈对个人身心健康和职业发展有良好作用，但是交际圈如果不及时开拓或者维护，则会越来越窄。日常生活中，大学毕业生通过各种方式来维持和开拓交际圈。其中80%的人通过QQ、MSN、电话来联络彼此的感情；10%的人通过经常聚会来交流；5%的人通过体育运动，在运动中增进彼此友谊；还有5%的人则通过网络游戏来联络彼此。

八、娱乐、休闲方式

持久的工作使人处于备战状态，如果没有娱乐休闲的缓解压力，人很容易身心俱乏。大学毕业生群体的娱乐休闲方式基本上为看书、补充睡眠、培训、旅游、聚会、逛街等。

九、心理状况层面

（一）归属感：既来之，则安之

"天下熙熙皆为利来，天下攘攘皆为利往。"大学毕业生留在广州是利益驱使，也是原居住地的推力和广州的拉力所致。推力是原居住地机会小、薪酬低、服务设施不健全、公平性差等；拉力则是广州机会多、相对公平、工资待遇好、设施健全等。

家在河北，毕业于广东技术师范学院学广告设计专业的阿庆说："那边连大一点的广告策划公司都没有，我这个专业回去了没有用，只有在北京、广州这些大城市。这里有那么多的文化传媒公司，这么多的企业，广告策划市场大得多了，只要不是要求忒高那种，基本都能找到一份合适的工作。"

来在湖南张家界的阿健说："我觉得，在广州，我能感受到更多的公平，包括发展机会、晋升等各方面，在这里，更注重一个人的品德、能力，人情关系不会太过复杂，应该来说，很少走后门那种事情吧。在我们家乡，这个很严重的，说是'拼爹'，真的一点都不过分！"

来自潮州饶平县的阿凯说："留在广州的原因嘛，显而易见，这里有更好的发展机会，有更大的发展空间，或者说，这里成功的机会、实现梦想的机会会更大一点。我们这一代人和城里人相比，已经是落后了，但是咱的下一代不能输，尤其不能输在起跑线上，这里有更好的教育资源也是我比较看重的原因。当你真正融入这个城市，成为这个城市的人，社会福利各方面都不会少。"

（二）身份认同：会承认自己是蚁族吗？你对蚁族怎么看

近年来，对外经贸大学廉思教授研究大学毕业生低收入群体，发明了一个名词——"蚁族"，其特征是高智、弱小和群居，并宣称其为继三大弱势群体（农民、农民工、下岗职工）之后的第四大弱势群体。"蚁族"这个词汇成为一种弱势群体的代称，从而变得敏感。

认同感，是指人对自我及周围环境有用或有价值的判断和评估，分为两种形态，一是自我认同，二是周围社会认同。是否承认属于蚁族涉及自我认同范畴。自我认同是内存于心之默认而外显于言谈之表露。作为曾经的天之骄子、知识分子，突然间坠入蚁族行列，内心的调适显得尤为矛盾。

来自河北秦皇岛的小何说："我会觉得我是彻彻底底的蚁族吧。蚁族的几个特征我基本都满足了，大学毕业生，群居，弱小我不晓得怎么去理解，其实我们不同于那些'富二代'、'海归'还有名牌大学的毕业生，我们不能子承父业，我们也找不到很好的工作，我们就是实实在在的蚁族。其实作为蚁族，也没有什么不好，就是一个社会群体，现在的大学生基本上一毕业就算是蚁族了吧，或者起码80%，都是很正常的呀。但是蚁族能得到更多的关注还是会好点吧，特别是在房子这事上面。"

来自张家界的阿健说："我一直觉得我们是在被蚁族，我不知道在什么时候我们被赋予了这个名词，我很不喜欢这个词，我不知道是不是一些媒体故意为之。我们受过高等教育，有自己的工作，有自己的生活，我们过得很好。我喜欢这种自食其力的感觉，我特别不需要怜悯、同情。我们是有尊严的一群人，就算过得再不好，也是我们自己的事情，与你无关。你们的关注真的很讨厌！"

（三）城市认同

这些大学毕业生尽管住在棠下，但是对棠下没有认同感，只是将棠下看作一个寄身之所。说到周围的社会认同，大学毕业生群体说的基本上是广州认同，对广州这个城市价值的看法。

来自山西，毕业于长安大学的小王说："基本已经习惯广州的生活了，广州人挺好的。我之前在上海待过一段时间，有很明显的对比，上海人总是戴有色眼镜来看人，广东人倒不会，平时就是沟通有点问题，特别是和一些上了年纪的客户。听不准他们的话，尤其是刚来到这边的时候。其实就沟通这一点慢慢来，习惯了就好。现在已经会说好几句广州话了。"

来自江西新余，毕业于赣南师范学院的阿磊说："大城市的生活，一开始还真有点不习惯，现在还好，都已经来了大半年了。最让我不可忍受的就是交通。广州的交通就一个字：塞。白天塞，晚上塞，凌晨都有可能塞。晚上塞车的时间快赶上一场足球比赛了。我从环市西路回到这边，如果倒霉的话，得两个小时，环市西路到黄村基本上两百米一个红绿灯或者十字路口，如果我是公车司机，换挡都得烦死了。那些小车司机素质特别低，经常见到缝就钻，在天河北、岗顶这些地方红绿灯要等非常久，还得等好几个红绿灯。而且像我们做销售，经常出去跑业务的，有时候赶时间的话都不敢坐公车。"

十、愿景

中国人有句俗话："人往高处走，水往低处流。"在如今功利主义盛行的年代，人们也不可能像犬儒学派或者墨家学派那样享受贫困的生活，而是渴望过上经济富裕、精神富足的日子。而当经济富裕与精神富足不可兼得的时候，常常受委屈的便是精神了。大学毕业生认为，中产阶层生活方式可以通过自身努力而获得；中产阶层的生活方式因其舒适性和可获得现实性而备受大学毕业生的向往。不过对如何实现中产阶级的生活方式，不同的人有不同的选择。总的来说，追求的是高薪、体面、舒适的生活。

在调查过程中，有一个问题是：

如果想得到更为舒适的生活方式，对您而言，哪种方式较为科学？按照重要性选取前三项：

A. 读书，获取更高的平台　　　B. 努力工作，获取晋升机会
C. 接受北大青鸟等技术类培训　D. 积极开拓社会关系网络
E. 创业，自己当老板　　　　　F. 依靠家庭及社会关系
G. 在外兼职　　　　　　　　　H. 考公务员或事业编制

所得数据如下（见图5）：

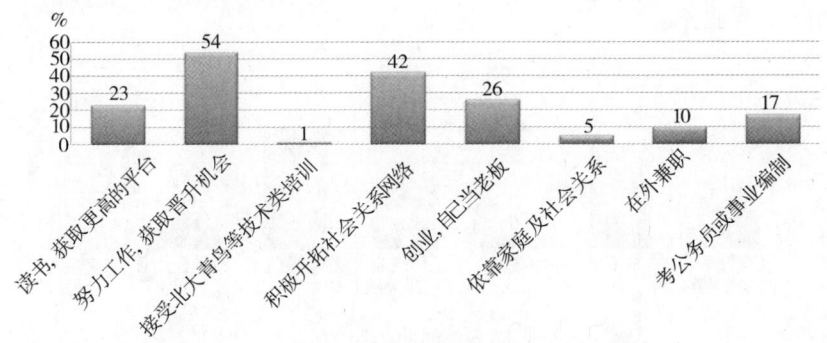

图5　改善境遇的方式

"努力工作，获取晋升机会"、"积极开拓社会关系网络"、"创业，自己当老板"三项的选择度最高。"努力工作，获取晋升机会"显示了大学毕业生务实且现实的工作态度，但深入采访的时候又深刻体会到其内心的焦躁。

而很多大学毕业生在工作中或多或少遇到这样的情况：工作前期，踌躇满志；工作一段时间，患得患失。当问及根据目前情况，工作单位现在或者将来

是否会给专业培训或者晋升的机会时，71人中，6人感到前途渺茫；17人认为只要自身努力工作业绩好就能得到提拔；27人对此感到可有可无，变数太大；17人觉得不管有没有晋升机会都会努力工作；其余则不置可否。个体的力量毕竟有限，越来越多的大学毕业生注意到人脉的重要性，也积极开拓社会关系网络，但大多只是有这个想法，而很少刻意去开拓人脉。71人之中，6人有明确的参加社交活动、开拓人脉的计划；17人觉得性格使然，不会为了功利目的结交朋友；41人认为会参加一些社交活动，朋友随缘而交，不刻意开拓人脉；7人表示考虑一下。在开拓人脉方面，大学毕业生群体倾向与志趣相投的人交朋友，觉得一旦掺杂功利目的，友情就变味了。

一些大学毕业生或厌倦了家族企业或厌倦了太多办公室政治或性格不甘人下，希望通过创业来改善目前的处境。在调查的时候，71人中有26人想通过创业的方式改善生活。但被问及是否有创业当老板的计划时，16人说自己有明确的创业计划，在单位学点东西，为以后创业做准备；31人只是偶尔想想，没有迫切的创业愿望；13人没有创业的计划，踏踏实实工作，安心做打工一族；另有11人想再考虑一下这个问题。创业成功需要天时、地利、人和等各种各样的因素，对大学毕业生而言，创业最难的因素是什么呢？

经验缺乏、资金不足、自身创业素质欠缺、没明确的主营业务等被认为是创业的瓶颈（见图6）。他们认为经验可以弥补，创业素质可以磨炼，资金不足始终是一大问题，希望先工作赚点钱而后做点喜欢的事。而最难解决的是没有明确的主营业务。

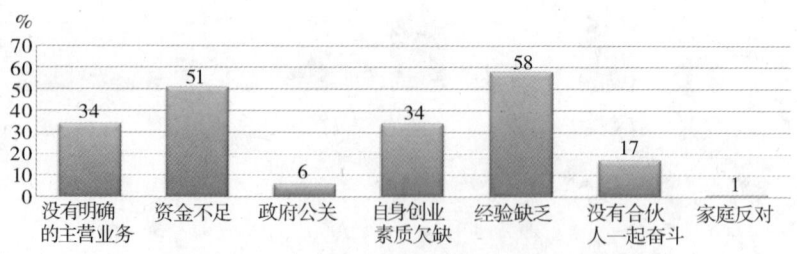

图6 创业的阻力

"读书，获取更高的平台"和"考公务员或事业编制"对大学毕业生也有一定的吸引力。大学毕业生通过读研的方式获得更高的平台已经成为一种社会事实，不过调查过程中几乎听不到有人对学术有什么兴趣，而是想报考名校，以便于更好地就业。

公务员或者事业编制一般被认为是旱涝保收、福利齐全的"铁饭碗"，是很多大学生的理想求职目标。而在被问及对"公务员热"问题的看法的时候，

71人中，22人觉得公务员只是一种职业而已，工资不一定高；23人认为公务员是"铁饭碗"，有面子，工资福利齐全，是社会向上流动的一种途径；20人认为"公务员热"是一种社会病态，精英过度追逐权力，加剧权力的腐化和堕落；只有6人觉得社会精英追逐公务员，可以改善公务员结构。

尽管一大半人认为"公务员热"并不是良好的社会现象，但是被问及是否有报考公务员的意愿时，53人打算报考公务员，只有18人不打算报考公务员。问及报考公务员的动机时，53人中，16人认为公务员是"铁饭碗"，工资福利齐全；6人打算从政，实现政治抱负，但都觉得一辈子都不一定能爬得上去，只是想实现一下政治抱负而已；23人认为实在不知道做什么好，只好考公务员；还有8人喜欢公务员的生活方式，天真地认为公务员还是"茶杯+报纸"的生活方式。

经历大学教育之后的大学毕业生群体大都不愿意再去蓝翔、北大青鸟、山木之类的培训机构参加培训，觉得不仅浪费钱，而且不被认可，认为是专科学生培训的地方。在调查中，只有1人有去上述机构参加培训的计划。

为增长收入，很多大学毕业生在工作之外从事兼职。问及工作外兼职情况，71人中，17人觉得工作太累，没有时间，如果有时间也许会去兼职；26人有兼职的倾向和意愿；15人直接表示不会考虑；剩余的则表示再考虑一下。

来自河北秦皇岛的阿庆说："大学就在广东技术师范学院度过。本科学的是广告策划，供职于一间专门做广告策划的公司，月薪2800元左右，现与之前的同学在棠下村合租。除了工资，有时候也会自己出去接点活，因为像我们做广告策划的，时间还是比较紧的，而且公司不允许员工打着公司的名号外出接活。所以我一般都是自己去接，也有同学、老乡介绍一些活，收入也不会太高，都是熟人，也不能收得太高。而且这东西看运气的，有时候接多了，钱就多，一个月没生意也是正常的。"

来自粤西一个小镇的女生阿云，家里条件不是太好，但是比较上进，大学是在珠海读的，一毕业就来广州找工作，现在工作比较稳定，是做销售的，和现在公司的同事一起在棠下租房。她说："棠下这边，你要是想找兼职的话，其实也挺简单，我平时会去帮别人发一下传单，星期六、日的话会去KFC（肯德基）兼职，9.80元一个小时，好少的。不过也好啦，周末做兼职这些钱基本上就能抵得上房租了。压力也没这么大。"

小潘是广东省江门市人，毕业于北京理工大学珠海学院，现在大智慧公司做电话销售，月薪4000元。白天要打60～70个有效电话，晚上下班直接虚脱，根本没有时间从事兼职。

在调查的最后，为了解大学毕业生对未来的态度和认知，从而探究其自我认知，要求被调查者结合目前自身的状况和社会现实条件，思索对未来是否有一个好的预期。71人中，30人比较乐观，认为只要不断努力就能获取成功；13人认为存在些许希望，过"比上不足，比下有余"的日子就好；10人觉得这是一个"坑爹"和"拼爹"的社会，希望渺茫；18人觉得没概念，"走一步，看一步"。

广东省青少年事业研究与发展中心
执笔人：谭　杰

广东省青少年时尚文化研究

一、导 言

（一）青少年时尚文化的提出

何谓"文化"？学界对于"文化"概念的界定历来模糊，联合国《文化政策宣言》指出：文化"是由一个社会或社会集团的精神、物质、智慧和感情等方面显著特点所构成的综合整体。它不仅包括艺术和文学，也包括生活方式、价值体系、传统和信仰"。

根据社会心理学的观点，"时尚"是指在某一特定时期，在社会生活中或大众内部，相当数量的人对特定的观念、行为、语言、生活方式等产生共同的崇尚与追求。时尚的特点是年轻、个性、多变、公众认同和仿效，这里的"尚"是指一种高度，它引领潮流。时尚文化就是带有强烈时尚色彩的文化，在当代青少年的生活中有着重要地位，并影响着青少年的心理状态、思维方式和行为选择。青少年作为时尚文化的接受主体具有极大的盲目性和趋同心理。

青少年阶段是世界观、人生观和价值观形成和加固的关键时期。青少年所处的环境，特别是文化环境对他们的成长成才、人生发展有着至关重要的影响。改革开放 30 多年来，随着社会主义市场经济的不断发展，各种不同层面、不同性质的社会文化形态对青少年群体的影响愈发深重。而在这一过程当中，青少年也创造和积累了属于自身属性的文化，并在一定程度上影响着社会的主流文化和大众文化。近年来不断出现的青少年流行文化现象，如网络中的"微博"、"微信"热，外来文化中的"美剧"、"韩剧"热，以及从网络延伸到社会生活中的"流行语"热，等等，就是由青少年中流行开来的典型代表。这些青少年文化现象各有特点，形成的源头也各不相同，但都越来越深刻地影响着当代青少年的思维模式和生活方式。

文化的发展总是与一定的社会及群体思想状况紧密联系在一起。青少年群体的特征决定了他们喜欢追逐新颖、善于推陈出新，不断追求更美更好的事物，形成的时尚尤其能够反映青少年群体在当前时期的价值观念、自我认知以及对社会现状的表态。因此，深入了解青少年时尚文化的内涵、特征以及在青少年群体中的影响和深层原因，有助于我们了解当代青少年的基本状况，探索改进共青团组织引导服务青少年的工作思路，对于加强青少年文化建设、服务青少年成长成才有着重要的文化价值和社会意义。本次调查研究的主要目的是了解"时尚文化"在青少年群体中的影响程度、范围及其背后的社会文化心态，为广东省青少年研究和青少年引导提供理论支持和决策建议。

（二）研究思路与研究方法

1. 研究思路

本次研究参照国内学术界近年来相关研究的部分成果，通过对广东省青少年的文化生活现状进行调查分析，探讨优化广东省青少年时尚文化氛围，把握青少年时尚文化的丰富内涵，加强共青团组织服务青年、引导青年的能力。

2. 研究方法

（1）调查研究。基于过往研究的基础，时尚文化可能更多、更集中地发生在经济、社会、文化比较发达的大中城市，发生在14～25岁的人群主要聚集的社会机构或社区等，因此本次调查对象圈定在经济较发达的珠三角地区城市中的大中学生、新入职青少年群体，他们是时尚文化的主要创造者、传播者、参与者和接受者。根据当前青少年崇尚和参与时尚文化的现状和走向，有计划、有步骤地调查、了解、分析，采取问卷调查和结构式访谈相结合的方式开展，为课题研究提供充足的事实依据。

（2）文献研究。查阅相关书籍、学术期刊、电子图书中的相关研究成果，了解相关理论及研究结构，为研究青少年时尚文化对青少年的影响及对策提供参考。

（3）个案研究。引证个案，对青少年时尚文化典型代表进行个案剖析。

二、青少年时尚文化的现状和特征

本次调查共发放问卷230份，有效回收197份，发放对象为广州、深圳的中学/中职学生、大学生和新入职青年。填答的青少年中，男性97人，占49.2%，女性100人，占50.8%；平均年龄为22.0岁，其中中学在读占4.3%，大学在读占46.3%，研究生在读占6.7%，已就业占42.7%。

问卷从时尚消费、时尚资讯和时尚现象等三个方面考察当前广东省青少年时尚文化的热门现象和状况。

（一）当前广东省青少年时尚文化现状

1. 青少年时尚文化热门现象

（1）新媒体成为青少年生活交流最大载体。"新媒体"一词最先出现在美国一份关于开发 EVR（电子录像）商品的计划中，在美国社会流行并扩展到全世界。新媒体是指相对于书信、电话、报刊、广播、电影、电视等传统媒体而言的依托数字技术、互联网络技术、移动通信技术等新技术向受众提供信息服务的新兴媒体。新媒体种类很多，主要包括博客/播客/维客、搜索引擎（如百度、谷歌）、电子邮箱、手机短信/彩信/报纸/广播电视、数字电视、IPTV、网络文学/动画/游戏/杂志/广播、移动电视等，其中有的属于新的媒体形式，有的是新的媒体硬件、媒体软件和信息服务方式。

在接受调查的青少年中，"每天花费时间最多的新媒体社交工具"依次为QQ（72.07%）、微信（49.16%）和微博（41.34%），68.7%的青少年每天花在新媒体社交网络上的时间超过1小时，其中33%的青少年超过3小时。

44.8%的青少年认为新媒体工具最显著的标签是"便捷"，往下依次是"扩散"（18.1%）、"实时"（16.4%）、"互动"（15.5%）、其他（5.2%）。问卷数据显示，新媒体以其信息资源的丰富和交流的便捷，不但成为青少年获取和交流信息的重要渠道，也是当前青少年时尚文化的最大载体，深受青少年的关注和喜爱（见表1）。

表1　您使用新媒体工具最经常做的是

选项	样本	比例（%）
记录个人生活	36	20.1
发表对公共事件的观点	8	4.5
与网友互动	9	5.0
与生活中的朋友互动	75	41.9
浏览和转发信息	29	16.2
发表文学、摄影作品	1	0.6
工作及传输资料	21	11.7
合计	179	100

在享受新媒体带来的便捷的同时，也有53.1%的青少年认为使用新媒体时面临"信息质量真伪"的挑战，他们中还有29.61%和15.64%的人认为"网络语言暴力"和"网络人肉搜索"将是新媒体面临的巨大挑战。"新媒体

对青年政治社会化的最积极影响"依次是"意识多元化"(31.4%)、"表达即时化"(30.5%)和"参与多样化"(19.6%)等,最消极影响则依次是"表达情绪化"(61.9%)、"公共事务参与热情降低"(16.9%)和"引发社会暴力"(13.6%)等。

(2)时尚休闲文化场所呈多元趋势。

一是实体综合书店。如广州的方所书店、联合书店、唐宁书店等。2011年11月最后一个周末,在广州太古汇首次亮相的方所,看起来难以被归类和定义,在1800平方米空间内,融合书店、展示和销售设计品的美学馆、展览空间、服饰馆以及咖啡馆。据创办人毛继鸿介绍,方所的功能是要创造让书"更好地与人相遇的氛围"。方所定期举办的非商业文化交流活动,常常邀请国内外文化界名人举办交流讲座。

位于繁华的北京路上的联合书店是一栋颇有历史的六层小楼,位于五楼的展览活动室定期举办以岭南传统文化为主的文化交流活动,以平易近人的姿态吸引不少青少年参与。

二是各类产业创意园区。近几年新兴的各类产业创意园区,多为利用旧厂房、旧仓库重新设计规划,集合多种行业如广告、设计、展览及餐饮、娱乐设施相结合的文化场所,吸引着广大青少年。如广州的红专厂、太古仓、TIT创意园、信义会馆、歌莉娅小屋等都受到青少年的追捧。

三是电影院、美食酒吧。在《广东省青少年时尚文化调查问卷》中,罗列了一系列青少年关注的时尚信息,其中"电影电视"受关注度最高,达68.72%。近几年来,特别是3D、iMAX电影的迅速流行,吸引了众多的青少年回归影院,享受专业的视听设备。同时,电影院线推出的系列优惠政策也以性价比提升的优势抓住一大批受众,如网上购票、信用卡优惠、团购等。

微博、微信的持续大热,催生了一大批青少年时尚玩家,晒美食、晒业余生活,城中时尚场所几乎全被囊括。几个生活网站如大众点评、POCO等也发挥了重要的作用。

(3)时尚消费:追逐中有理性。时尚性是青少年时尚文化的重要特征,也是区别于大范围的流行文化的重要特征。

在内容上,大多数的青少年流行文化如昙花一现匆匆而过,但品牌永远是青少年追求的,对于大部分青少年而言,品牌的标签化含义、隐含的身份、品味象征,令他们乐此不疲。青少年对于各种品牌甚至奢侈品牌的认知、辨别能力以及相关知识的丰富程度让人瞠目结舌。在接受调查的青少年中,对于品牌、名牌的认知可以通过以下几组数据来展现。有20.8%的青少年曾经"有过购买奢侈品的经历";在他们看来,支持"消费中追求名牌这种行为"是因为"名牌质量好、耐用"（54.75%）、"获得快感、美感和情感得到满足"（20.67%）、"名牌彰显个性和独特性"（16.76%）等，持保留意见的原因是追求名牌"容易盲目攀比、心浮气躁"（19.55%）、"名牌很多都是靠广告刺激消费，货不抵价，让人陷入消费陷阱"（16.20%）、"花销巨大，奢侈浪费，不合国情，也不利于个人养成良好生活习惯"（10.60%）等。尽管品牌在青少年心目中有着不可撼动的地位，但同时有35.6%的人表示在衣食住行的日常消费中首先关注的是"质量"，其次是"样式"（33.9%），说明广东青少年对品牌的实际消费还是相对客观理性的。

（4）客观看待选秀热。目前最受青少年关注的选秀节目是"中国好声音"，占受调查群体的44.9%，其次是"快乐男声/女声"。他们收看选秀节目的最大原因是"个人兴趣"（29.7%），33.9%的受访问者表示"没有关注选秀节目"。与此同时，觉得可以去参加选秀节目试一试的占25%，48.6%的人表示"不想去"。只有5.9%的受访者青少年对"选秀是否是成功的捷径"表示肯定，17.8%认为"成功需要踏实才能达成"，53.4%认为成功"因人而异，还是要看选手的综合素质"。关于选秀对当代青少年价值观的影响判断，29.05%的人认为"参赛选手个性张扬的特质，回应了这代人自我表现的欲望和勇气"，认为"节目中的拜金主义和享乐主义对青少年的思想有所渗透"和"进入平民造星阶段，使得部分年轻人放弃踏实进取，幻想一夜成名"皆占19.55%（见表2）。以上数据可以看出，对待当前的选秀热，广东青少年还是以比较客观的眼光来看待的。

表2 关于选秀对青少年价值观影响的判断，您认同

选 项	样 本	比例（%）
鲜明的个人主义对集体主义的传统观念造成冲击	17	8.90
节目中的拜金主义和享乐主义对青少年的思想有所渗透	35	19.55
进入平民造星阶段，使得部分年轻人放弃踏实进取，幻想一夜成名	35	19.55
平等、宽容、开放的思想被接纳和吸收	23	12.85
参赛选手个性张扬的特质，回应了这代人自我表现的欲望和勇气	52	29.05
让人明白要想实现梦想，必须自行努力	22	10.10

（5）理性看待偶像崇拜。对于追星，表示"会关注，但不着迷"的青少年占73.7%，"不关注"的占25.4%，体现出较强的理性。他们"认为明星偶像应具备的条件"依次是"人格魅力"（35.75%）、"才华横溢"（30.73%）、"道德修养"（28.49%）和"阅历丰富"（22.23%），而选择

"外形出众"的占9.5%,"个性气质"的占1.68%,从这组数据可以看出,青少年对于偶像的要求更注重内在。

(6)时尚文化现象中青少年的自我认知。前文中提到的青少年关注的时尚资讯中,除"电影电视"受关注度最高外,其次是并列的"时装/美妆"和"数码科技",比例为22.90%,排在第三位的是"动漫",占12.85%。

对于当前一些时尚杂志竭力塑造身体美的现象,47.8%的青少年表示"无可厚非,人可以依照自己的审美偏好来进行自我外形的塑造",32.6%的青少年认为"是合理的,相貌美是个人资产,不论男女都需要专业的时尚指导",11.7%的青少年认为"是扭曲的,对社会心态有负面导向,宣扬盲目跟风和消费主义",7.9%的青少年表示"不知道"。

在获知新生活用品和时尚资讯方面,"同学/朋友/老乡"的影响力最大,占55.31%;其次是"网络/手机媒体",占41.9%;再次是"电影电视"和"广告",分别占10.61%和10.06%。说明同辈人的影响在青少年的时尚生活中占主导作用,新媒体的能量也不容小觑。

通过"如果可以给自己贴个标签"这个问题,我们了解到青少年的自我认知(自我期待),排在首位的是"实干家",占27.0%;其次是"小清新",占14.0%,往下依次是"文艺范"、"理想者"、"宅男/宅女"、"男神/女神"、"屌丝"等,比例分别为12.4%、10.7%、10.1%、7.3%、7.3%。

2. 青少年时尚文化现状

改革开放以来,较为宽松的政策和文化环境,使人们的休闲观念得以转变,同时电视、报刊等媒介的引导,也让文化事业取得了蓬勃的发展。南粤大地的地域特色、历史传统、文化环境,特别是长期以来的市场经济活动和改革开放的先行实践,促成了广东青少年时尚文化的繁荣。

(1)青少年时尚文化丰富着青少年多元化的生活。科技进步带来的新传媒技术,不断创造和更新着新的时尚娱乐和视觉手段。以手机媒体为例,IOS手机操作系统、Android系统中的APP软件,范围覆盖人们日常所需的咨询、衣食住行、娱乐等,大大便利了人们的生活,青少年毫无疑问是最新兴电子通讯设备主要的支持者。

同时,青少年在时尚文化领域不再只是被动地接受,青少年时尚文化激发了青少年的文化创造力和广泛参与文化表达的愿望,促进了他们的思想和行为表达从私人场域向公共场域的转换,带给青少年更加丰富的多元化生活。

(2)青少年时尚文化的运作机制初步形成。"在媒体技术上,一方面,各种文化资源被塑造成商品,通过畅销书、报刊、节目等形式直接成为市场消费的重要构成成分。另一方面,各种文化内容通过各种媒体被整合进各种商业模式之中推向大众。"① 在这种趋势下，青少年时尚文化逐步与文化产业相结合。经济和传媒文化的飞速发展，也助推了报纸、图书、广播、影视、网络等新旧媒体对青少年时尚文化的青睐。

（3）青少年时尚文化逐渐成为推动社会经济发展的力量之一。青少年时尚文化的繁荣推动着文化产业的增长，不断追逐利益的商家利用并制造着时尚流行元素，以影视、动漫、游戏、演艺等多种形式将时尚文化资源转化成商品，全力发起对青少年消费市场的占领。青少年时尚文化的商业链从各类装备制造（如广播、影视、演艺等设备的生产），对接各类电子设备制造（如电视机、计算机、手机、iPad、MP3）。2010 年 3D 电影《阿凡达》的火爆，iMAX、3D 电影开始在青少年中盛行，不但带动了以青少年为主体的群体重返电影院，也带动了立体视觉产业的快速发展。

（二）当前青少年时尚文化的特征

青少年时尚文化具有与其他一些流行文化相类似的特点：首先，不排除少数人（媒体）蓄意制造，自我娱乐的功能占主要地位；其次，商业性或商业化特征明显，愈发受到商业利益驱使；最后，多以物质形式体现，具有一定的满足自身心理需求的精神形式内涵。除此之外，青少年时尚文化还具有自身的特殊性。

1. 时效性

青少年时尚文化更能体现青少年群体当下的趣味、爱好、情绪、观念和想法。这个特征从另一个角度来看，也正体现了青少年时尚文化的时效性。有一些时尚文化现象，虽然在类型上与早些年没有大的区别，但是在内容和形式上，都有了明显的变化，例如"驴友现象"、"户外热现象"，从早期的走出去看一看，演变到如今主题鲜明的自助旅行、"间隔年"（Gap Year）② 等。其中变化速度最快的当属"流行语"，自中国青年研究杂志社从 2001 年开展"2001 中国青年十大流行语"网上评选以来，我国有关机构和媒体也从 2002 年开始对当年的流行语进行统计和归纳。调查显示，当代青少年对于五年前的一些流行语及其背后反映的文化现象的记忆力只保持在 50% 左右，据此推测其使用频率将低于 30%，如在 2010 年世界杯期间开始流行的"给力"一词，

---

① 刘怀光：《文化工业趋势下流行文化解读》，载《当代青年研究》2008 年第 2 期。
② "间隔年"，意思是青年在升学或者毕业之后、工作之前，并不急于盲目踏入社会，而是停顿下来，做一次长期的远距离旅行（通常是一年），用一段时间放下脚步去做自己想做的事情，可以去游学、当义工，或者只是通过休息去思考自己的人生。

时隔两年，已经被绝大部分青少年认为老土而不再使用。

2. 参与性

所有受欢迎的青少年文化，参与性强是最主要的特征，互动是最主要的方式。青少年更倾向于把时间精力花在能够参与互动的青少年时尚文化上，他们喜欢DIY、酒吧、明星见面会等形式的活动，都是互动参与性的。

3. 体验性

体验极其容易得到青少年的共鸣。青少年时尚文化的体验性主要指内心的情绪体验和实践的过程体验。例如体育就是用体验性和激情的内容引起青少年的共鸣，我们从广东青少年对中超联赛（中国足球协会超级联赛）的热力追捧就可以感受到，每逢恒大主场赛事，广州体育中心就会聚集数以万计的青少年球迷；又如，部分青少年从网络世界获得精神上的满足，甚至沉溺其中，一个重要的原因就是网络的虚拟世界可以宣泄内心。实践型的体验过程，有如"闪客"、"抱抱团"等不太具有现实意义的消遣娱乐，也有带着一定的计划去身体力行的时尚文化现象，如近年来兴起的"间隔年"（Gap Year）现象，在青少年群体中引起极大反响。

三、青少年时尚文化发展趋势

1. 国际化

随着对外开放的深入，我国作为文化输入国的地位仍会在很长一段时期内存在。这是我国目前的经济竞争力和文化创新力不足所决定的。所以，外来文化对本土文化的冲击和影响仍会很大，这种趋势在短时期内难以缓减。

2. 物质化

当前，世界已经全面进入了"物质主义"时代，青少年对物质的索取以及渴望是一个世界性的问题。青少年时尚文化本身也是在经济和安全的正当需要得到或部分得到满足的基础上形成和发展的。青少年需要实在的、可以触摸的流行文化产品来进一步满足其偏好，这种物质化趋向是时代造成的，是不可避免的。

3. 个性化

个性化是青少年时尚文化极为重要的特征。它既是青少年时尚文化的内在动因，又是青少年时尚文化发展的必然结果。与以往的单纯模仿相比，文化创新将会越来越受到重视，青少年的创新能力也会在这个过程中得到提升。青少年最少有保守思想，具有很强的个性化张力，只要有一定的文化制度空间允许他们去创新发展，就会出现社会"年轻化"、文化"青年化"的局面。与此同时，由青年人向老年人传递知识和信息的"文化反哺"成为趋势。青少年时尚文化正是在这种状态下形成了对传统文化的批判，树立了新的批判精神、独立意识和开放心态，并在传递过程中日益递增。

4. 多元化

时尚流行文化历来都是依靠一定的传播工具作为载体。快速、便捷、有利于传播的新媒体的兴起，大大地促进了青少年时尚文化的传播。新媒体给予青少年的选择余地更宽、更自由。因此，社会信息化，必然推动青少年时尚文化的多样化，有利于青少年形成开放、健全和宽容的现代人格，有利于青少年综合素质的提高，有利于充分调动青少年建设生活、美化生活和享受生活的积极性，最终使青少年时尚文化在提高青少年个人和社会的现代化水平上有所贡献。这就是多样化趋向带来的最大益处。

四、青少年时尚文化中存在的问题

1. 有待进一步打造青少年时尚精品文化

尽管有 iMART 创意市集[①]这样的青少年时尚文化品牌，但毕竟还是凤毛麟角。当代青少年时尚文化的生产者和传播者往往易受到商业利益的驱使，存在只注重感官刺激，缺少有益内容的实际情况。

同时，青少年时尚文化创新不足。以动漫产业为例，动漫爱好者群体中大部分是青少年，但是本土动漫产品很少，几年前，由广州原创动力制作的《喜羊羊与灰太狼》取得高票房，但由于没有适时创新，一直保持了比较低龄的风格，导致粉丝流失。

2. 当前青少年时尚文化与传统文化脱钩

青少年是外来文化的主要受众，作为改革开放前沿的广东省，受外国文化和港澳文化影响，以及社会主义市场经济的发展带来的生产方式、生活方式和价值观念等多元变化，"洋"文化在青少年时尚文化中的比重有越来越大的趋势。从传统社会向现代社会转型的过程中出现的价值体系断裂现象，也使得当前青少年时尚文化出现与传统文化缺乏沉淀共鸣的脱钩现象。

---

① 在广东，由《城市画报》于 2006 年 7 月领军发起的 iMART 创意市集是国内首个针对年轻人的大型创意交流平台。"iMART"的含义为"I am art"（人人都是艺术家）。创意作品要求原创，品种类别不设限制，包括独立制作的影像书刊、手工娃娃、手绘 T 恤、挂件饰品等各种各样的小商品。从 2006 年到 2013 年，iMART 创意市集先后在北京、上海、广州、苏州、厦门、杭州、重庆、西安、武汉、深圳等城市组织了近 100 场创意市集。

3. 不当的文化消费会对青少年造成伤害

青少年对新事物的接受能力非常强,但在辨别、批判和自我控制方面的能力比较弱。在当前节奏快、就业难、压力大的时代背景下,青少年往往容易受到大众传媒未经筛选的资讯影响,通过一些非主流方式,如追星、网游等寻求精神上的寄托,以此带来的不当消费极易让青少年沉迷其中,影响正常的学习、生活。

五、共青团促进青少年时尚文化建设的对策建议

站在服务青少年健康成长、成才的角度,共青团要重视青少年时尚文化,长期追踪研究青少年时尚文化,把握其热点、特征和走势,用积极健康的导向,引导青少年群体;站在社会主义文化建设的角度,共青团要推动青少年时尚文化建设在社会整体文化大格局中的稳步发展。同时借鉴一些发达国家和地区在促进青少年时尚文化建设发展的成功做法和经验,发挥共青团、少先队的自身优势,争取政府资源,带动各类青少年自组织参与到青少年时尚文化建设的队伍中。

1. 以主流文化引导,确保其正确的价值导向

主流文化是建立在国家权力基础之上,表达国家意识形态、体现执政党思想主张并作为社会统治思想的社会文化。它反映着国家的根本意志、文化趋向和价值观。共青团必须坚持以社会主义核心价值体系引导青少年时尚文化,提高青少年时尚文化的道德水平和文化品位。

2. 以传统文化承载,推动创造良好文化环境

马克思说:"研究精神生产和物质生产之间的联系,首先必须把这种物质生产本身不是当做一般范畴来考察,而是从一定的历史的形式来考察。"青少年时尚文化是时代的产物,也是社会发展的产物,是一种不可抑制也不应抑制的文化发展趋势。当前全球化的趋势在一定程度上严重威胁着世界文化的多样性和民族文化的传统性,青少年时尚文化侧重现代科技无可厚非,既要以平等、探求、理性的心态面对,以欣赏的眼光发现其中的美,也要从优秀的传统文化传承上下功夫,找到与青少年时尚文化相互融合的切入点。同时推动政府提供强力的法规政策保障。特别是推动文化传播部门净化文化传播渠道,确保青少年的文化生存空间环境优美。强调大众传媒对青少年的社会责任,遏制单纯追逐经济利益和市场"卖点"的现象。推动消费环节特别是电影、连续剧的分级制度,对青少年群体合理地限制和引导。

3. 整合社会资源，成立"青少年时尚文化基金"

由共青团广东省委员会牵头，与《城市画报》、iMART 创意市集联合举办的"亲青创意沙面街"活动，旨在展示推介青年文化创意成果，传播推广时尚创意传统文化、培育孵化文化创意社会组织，凝聚培养青年文化创意人才。目前已经举办了十期，受到青少年的强烈关注和欢迎。这给共青团服务青少年时尚文化建设提供了很好的启示：一方面，团组织可以整合青少年时尚文化中已有的品牌资源，丰富青少年时尚文化的开展；另一方面，团组织可以整合社会各方面力量成立"青少年时尚文化基金"，发掘青少年创意设计人才，鼓励资助他们创业，促进青少年时尚文化产业的健康蓬勃发展。

4. 巩固拓展宣传阵地，推动提高青少年新媒体素养

共青团"十七大"召开期间，习近平总书记在同共青团中央新一届领导班子成员集体谈话时提到："随着社会发展，在'两新'组织、社区里，在网络空间、虚拟社会里的青年人群将会越来越多，团组织必须适应这个发展趋势，努力做他们的工作，不要让他们游离于社会组织之外。当前网络舆论斗争是团组织必须抓好的一个重要战场，共青团可以组织一些力量开展网上正面宣传，对模糊认识进行引导，对错误言论进行驳斥。"从长远来看，提升青少年新媒体素养，加紧团组织网络舆论引导对策研究，有助于改进社会管理，而当前环境下青少年群体媒介素养还有很大的提升空间。团组织要敢于碰硬、善于"抢滩"，巩固现有的网络阵地，不断拓展新兴途径，努力做好网络舆论正面引导工作。

广东省青少年事业研究与发展中心
执笔人：杨扬、文嘉

广东省贫困家庭青少年生存及发展状况研究

一、研究背景

中国共产党第十六届六中全会提出了构建社会主义和谐社会的宏伟纲领,贫困家庭青少年问题的解决是构建社会主义和谐社会的重要任务之一。贫困家庭青少年现状调查主要有两个聚焦点:一是贫困对青少年的影响,二是贫困处境下青少年的需求。前者以"贫穷"为中心,后者以"青少年"为中心,而这两个问题亦是当下世界所关注的主流社会问题。本次研究将通过问卷调查为主、个别访谈为辅并统计分析的形式,挖掘广东省贫困家庭青少年的特点及潜在需求,在此基础上提出加强和改进贫困青少年工作的相关对策。

二、研究思路

家庭贫困对于青少年的影响并不仅仅体现在物质满足、身体健康等方面,且不是短期性的。从资本视角看待贫困对个体发展的影响,贫困主要通过制约个体的资本获得,从而对个体制造了隐形门槛,并诱发产生长期性贫困困境,甚至导致贫困代际传递,重遇父母的贫困境遇。资本不仅仅是经济资本,还包括通过经济资本和家庭地位转化出来的心理资本、社会资本、生理资本等等。因此,倘若仅针对经济或物资困难为贫困家庭青少年提供社会服务或设计救助政策,常常会使救助政策效果不明显。

本调查研究旨在从经济资本、生理资本、心理资本、教育资本、家庭资本、社会资本 6 个维度全面调查,剖析影响贫困家庭青少年个人发展的症结,并通过分析贫困家庭青少年的潜在需求,探索扶贫新路径。

三、研究方法

本次调研主要采用问卷调查法,通过抽样调查,发放结构式问卷的方式收集资料，调查对象为贫困家庭的青少年，其家庭贫困的鉴别参考了我国社会救助政策的标准，即申请领取最低生活保障金家庭中的青少年。因为本次调查旨在分析当下城乡贫困家庭青少年现状及需求，探讨共青团青少年服务项目发展的突破口，所以结合共青团工作服务范畴，以学龄儿童最低年龄为下限，以完成大学教育年龄为上限，确定6～25周岁的青少年为本次调查的对象。

为尽量保证样本的代表性，本次调研根据广东省各地经济发展状况及城乡分布特点，分别在广东省广州、佛山、珠海、东莞、中山、肇庆、惠州、汕头、潮州、揭阳、汕尾、河源、湛江、茂名、阳江、云浮、韶关、清远18个地级市的400多个街道、乡镇进行。共回收问卷953份，其中有效问卷908份，有效率为95.3%（见表1）。

表1 调查对象所属地区分布频数

地 区	频 数	百 分 比
广州市	30	3.3
佛山市	30	3.3
珠海市	48	5.3
韶关市	50	5.5
汕头市	49	5.4
汕尾市	54	5.9
潮州市	66	7.3
揭阳市	64	7.0
惠州市	46	5.1
湛江市	44	4.8
茂名市	50	5.5
阳江市	52	5.7
中山市	67	7.4
河源市	65	7.2
肇庆市	51	5.6
清远市	50	5.5
东莞市	43	4.7
云浮市	49	5.4
合计	908	100.0

四、样本基本情况

本次调研共调查了广东省908名贫困家庭青少年,从户籍归属来看,农村户口占64.30%,城镇户口占35.70%。从性别上看,男性青少年占49.60%,女性青少年占50.40%。总体来说,分布比较均衡。

1. 年龄比例

在本次调查中,6～12岁占19.90%,13～18岁占44.80%,总计未成年人占64.70%,18岁以上(成年人)占35.30%(见图1)。

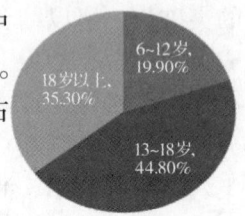

图1 年龄比例（N=879）

2. 教育程度

从图2可看出,在读学生中(N=760),25.60%为小学生,26.40%为初中生,28.00%为高中/中专生,7.90%为大专生,12.10%为本科生。已不读书的调查对象中(N=133),17.30%为小学文化程度,27.10%为初中程度,27.10%为高中/中专程度,17.20%为大专程度,10.50%为本科程度,0.80%为硕士研究生以上程度(见图2)。

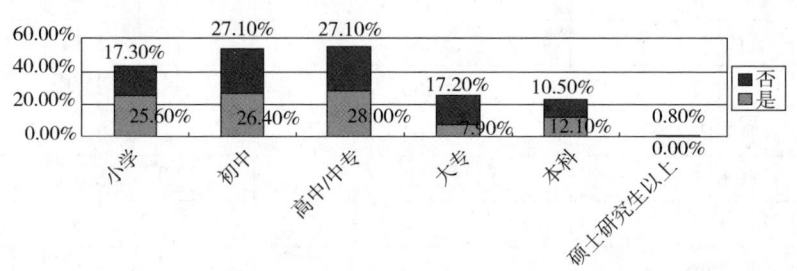

图2 教育程度比例（N=893）

3. 政治面貌

调查对象中,有2.80%为共产党员,50.90%为共青团员,46.30%为群众(见图3)。

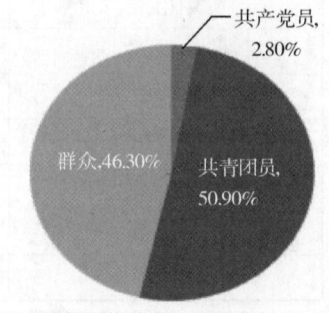

图3 政治面貌比例（N=882）

五、调查结果

（一）经济资本

为对贫困家庭青少年的家庭收入情况进行详细了解，问卷根据全省各地最低保障标准，大致分为"1500 元或以下"、"1501～3000 元"、"3001～5000 元"、"5001 元以上"四个区间。从经济来源看，贫困家庭经济收入水平低，从调查结果可以看出，近半数家庭的人均年收入集中于 1500 元或以下（45.70%），家庭人均年收入在 1501～3000 元的占 30.30%，家庭人均年收入在 3001～5000 元区间的占 13.80%，5001 元以上的占 10.20%（见图 4）。家庭经济收入来源主要依靠自己或家人打工、务农及低保收入等，职业稳定性较低（见图 5）。

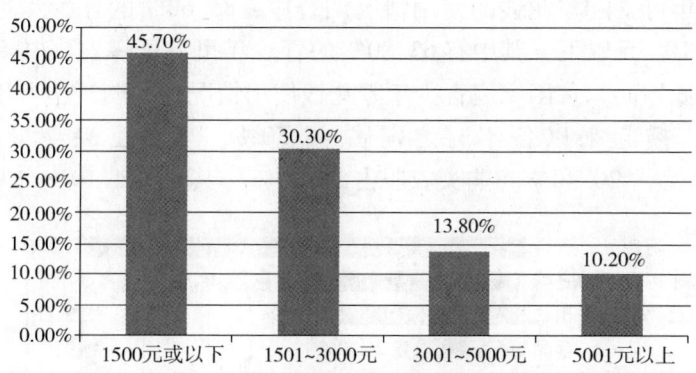

图 4 家庭人均年收入比例（$N=884$）

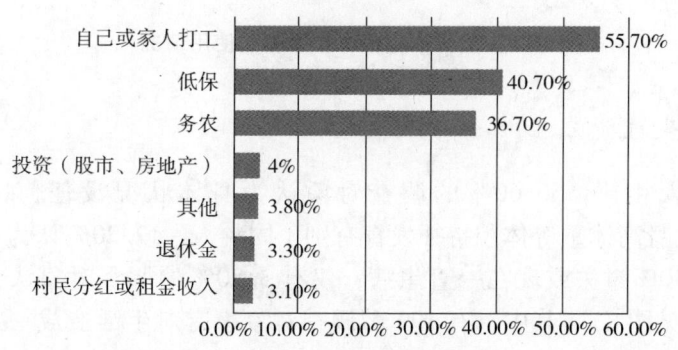

图 5 家庭经济收入来源

从经济支出看，贫困家庭主要在饮食支出（38.90%）、教育支出（27.10%）、医疗支出（16.90%）上比例较高，住房支出（7.10%）及其他支出（10.00%）较低（见图6）。

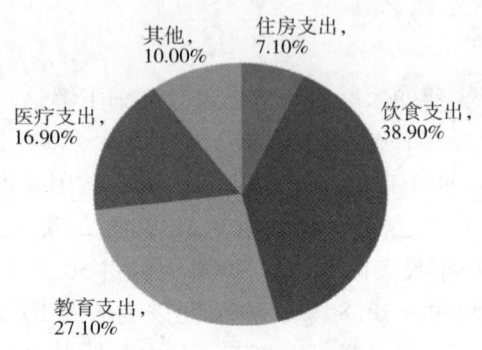

图6　家庭经济支出比例（N=890）

在青少年可支配零花钱的使用情况调查中，85.60%的青少年每个月可支配零花钱在100元以下，其中有63.80%的青少年可支配零花钱在50元以下。在支配零花钱方面，贫困家庭青少年零花钱使用情况为：购买学习用品、资料占72.70%，攒起来以备不时之需占48.50%，与自己兴趣爱好相关占30.10%，食品占20.40%，购买衣服占13.20%，其他占4.10%（见图7）。

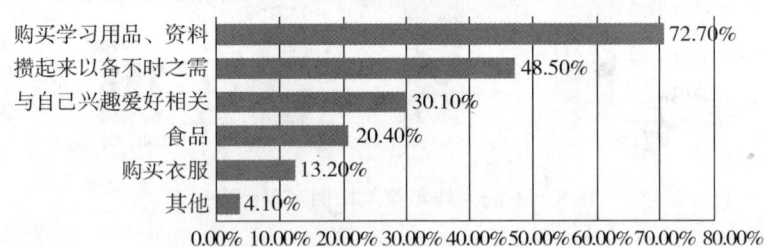

图7　贫困家庭青少年零花钱使用情况

（二）生理资本

与同龄人相比，50.60%的调查对象认为身体状况没任何区别，但有21.20%感觉身高体重等体貌特征发育有别于同龄人，17.20%认为比别人更容易生病，6.30%过去或现在一直患病，仅有3.50%的调查对象认为身体状况比别人好（见图8）。其中，有199名调查对象患有对生活造成一定影响的伤疾（含残疾、肢体创伤及安全事故致伤）。

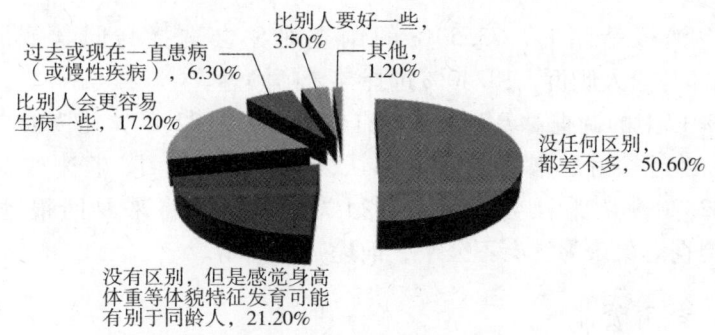

图8　与同龄人相比，身体健康状况差异（N=884）

平时如果生病或身体不适，仅有9.30%的调查对象选择立即就医，90.10%选择暂缓处理（吃药或直到实在无法忍受）或不去（见图9）。调查其原因，结果显示超过一半的家庭担心无法支付太昂贵的医疗费用，另有超过1/4的调查对象表示父母觉得是小事，不必立即前去就医。

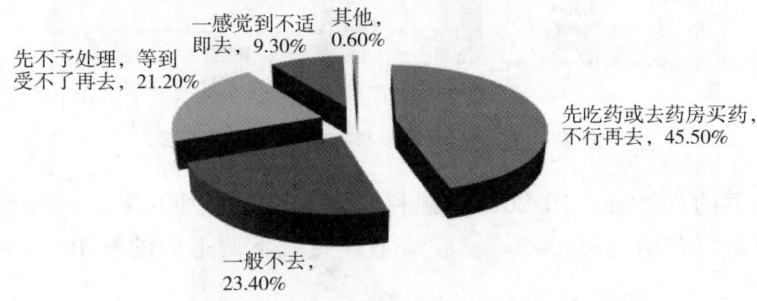

图9　身体不适的处理方式（N=896）

（三）心理资本

心理健康指的是个体的全部心理过程处于正常完整的状态，通过调查得出，71.60%的调查对象精神压力比较大，焦虑及抑郁情绪较高。究其原因，近6成调查对象认为家庭负担重，生活拮据，阻碍正常生活是其中一个重要原因。近一半调查对象认为学习压力较大，感到无所适从（见图10）。

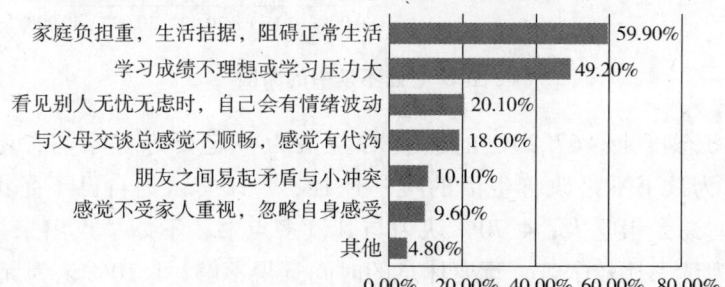

图10　贫困家庭青少年心理状况

当产生消极情绪时,73.50%的调查对象会选择与同学或朋友倾诉,39.20%选择与家人倾诉,18.40%选择与老师倾诉。

但90%以上的调查对象对未来抱有期望,其中22.60%认为如果政府努力帮助我们,生活会好起来的;49.80%认为我要努力学习,将来改变自己的经济现状;22.20%认为社会、别人都很关心我,我将来要回报他们;仅有5.40%的调查对象认为社会不公平,前途一片黑暗。

(四)教育资本

760多名调查对象仍在校读书,其中90.00%以上在校成绩中等以上,50.00%以上成绩中上(见图11)。

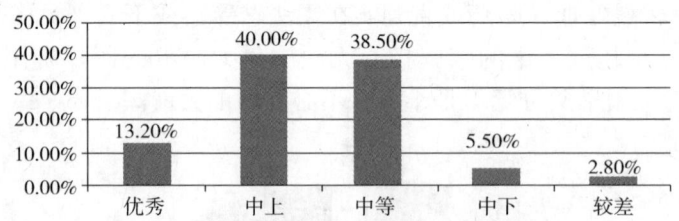

图11 贫困家庭青少年在校学习成绩情况

不读书的对象除去30.20%已顺利毕业,其余原因主要是家庭经济困难,难以支付学习费用(31.00%);成绩不理想就不读下去的有16.40%(见图12)。

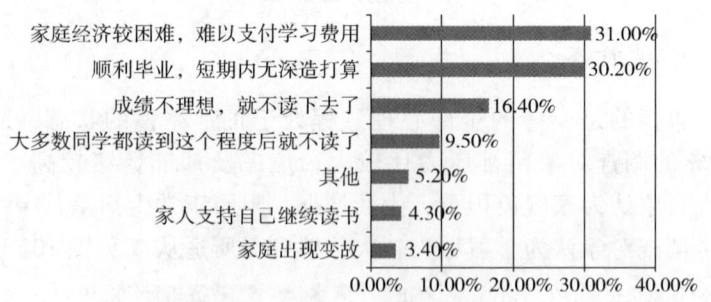

图12 已不读书的原因

在学习态度上,67.20%的调查对象认为一定要好好学习,考上大学;16.30%认为读书不是改善生活的唯一途径;7.20%认为自己不是读书的料,每当学习时总是很吃力;4.70%认为与其读多点书,不如早点出来打工赚钱;1.70%认为读书比较辛苦,玩耍休息的时间觉得不够;1.10%认为无所谓,只要开心就好；7.20%选择其他（见图13）。

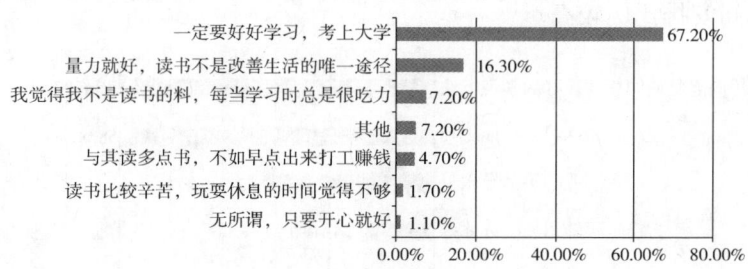

图13 贫困家庭青少年学习态度

在学习困难上，57.40%的调查对象有时会觉得学习方法不够合理，较吃力；49.80%认为购买学习资料等的支出会较高（中上成绩学生中选择此项的比例最高）；34.30%对成绩有较高期望，颇有压力（优秀成绩学生中选择此项的比例最高）；30.70%认为遇到不懂的问题时缺乏同学或老师可以有效辅导（中等、中下成绩学生中选择此项的比例最高）；26.40%经常要帮助家里，学习时间不足；选择其他的占3.80%（见图14）。

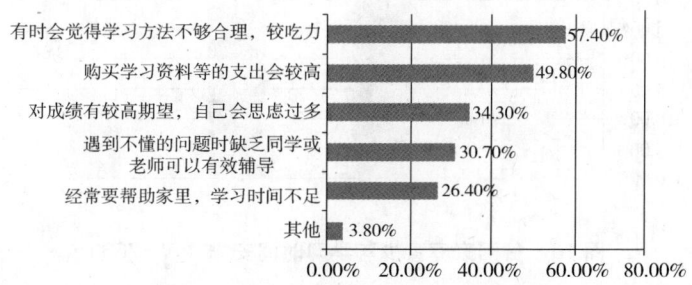

图14 贫困家庭青少年学习困难情况

学习困难的解决方法，64.30%选择向老师或同学请教好的学习方法；58.00%选择多做练习，熟能生巧；32.50%选择看书或购买辅导教材（成绩较差学生中选择此项的比例最高）；13.70%自己也不知道怎么办才好；仅有8.30%选择向家人寻求解决方法；1.50%选择其他（见图15）。

关于应对学业压力，51.60%选择与朋友谈心；29.70%选择藏在心里，默默承受；24.80%与父母交流；24.10%以某种方式发泄一通（如大哭一场等）；22.40%大吃一顿或运动一场，暂时忘掉学习上的压力；3.70%选择其他。

学习时间安排上，除上课时间外的学习时间，11.60%的调查对象每天有3小时以上的学习时间，29.10%有2～3小时，46.50%有1～2小时，

12.80%在1小时以下（见图16）。普遍来看，成绩优异的调查对象，在学习方面的时间安排比例较高。

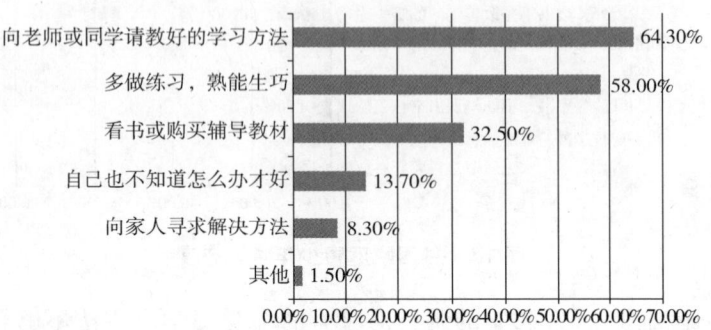

图15　贫困家庭青少年学习困难解决方法

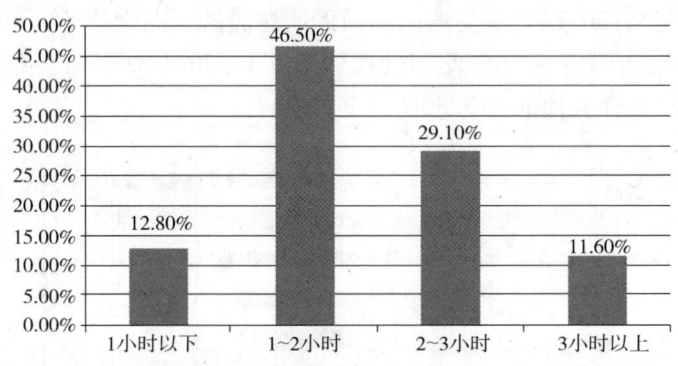

图16　贫困家庭青少年学习时间安排（$N=766$）

在购买学习资料上，34.00%的调查对象每年自费购买的消费在50元以下，27.50%为50～100元，23.90%为100～200元，14.60%为200元以上。

（五）家庭资本

与父母交流时间上，33.30%的调查对象每天都有经常交流，30.70%每个礼拜有几次交流，17.30%每个月有几次交流，10.20%每年有几次交流，8.50%选择其他。

与父母的交流内容，37.60%的调查对象认为交流情况一般，个别方面会交流较多；24.80%交流内容广泛；17.70%表示父母较忙，没太多时间可以交流；13.40%认为不想让他们担心；6.50%选择其他。

（六）社会资本

1. 人际交往

在交友方面，38.10%的调查对象更倾向于结识学习优异的朋友，36.60%倾向于结识擅长人际交往的朋友，33.60%倾向于结识见闻较广的朋友，24.90%倾向于结识社会生存能力较强的朋友。

2. 社会参与

调查结果显示，36.80%的调查对象经常参加集体活动，53.70%的调查对象很少参加，几乎不参加（6.00%）及不参加（3.50%）的比例较低（见图17）。总体来说，贫困家庭青少年对参加集体活动有一定的积极性。

图17 参加集体活动频率

通过调查其参加集体活动的类型发现，贫困家庭青少年主要参与的集体活动以班级活动（59.50%）及学校活动（50.20%）为主，朋友活动占33.80%，工作单位活动占2.50%，当地举办活动占4.30%，其他占3.00%（见图18）。

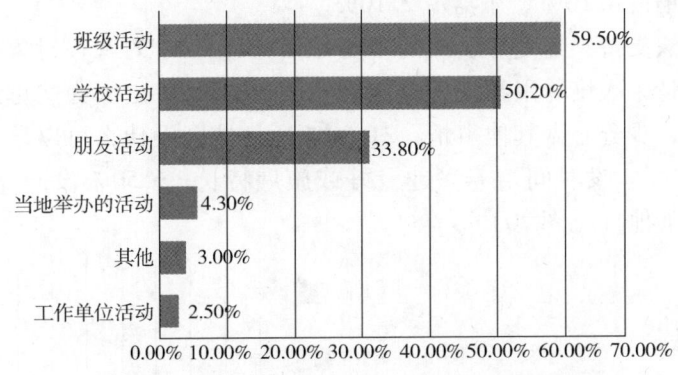

图18 贫困家庭青少年参加集体活动类型

调查贫困家庭青少年感兴趣的活动类型，调查对象主要对文娱活动（48.20%）、学习辅导类（42.40%）比较感兴趣，对体育活动（36.80%）较感兴趣，郊游拓展类占25.60%，技能培训类占21.10%，志愿服务类占20.30%，其他占3.50%（见图19）。

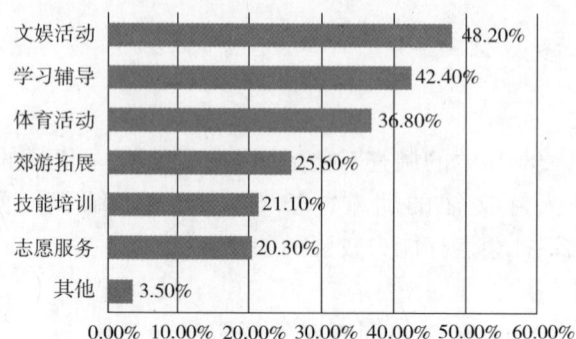

图19 贫困家庭青少年感兴趣活动类型

（七）个人发展

调查发现，贫困家庭青少年的兴趣爱好相对集中：看书占64.50%，运动占54.30%，唱歌占31.60%，下棋占10.00%，其他类占10.90%，舞蹈占7.90%，乐器占6.00%。特长以成本较低、无道具、易操作的为主：运动占48.50%，看书占43.90%，唱歌占21.00%，其他类占15.30%，下棋占7.30%，舞蹈占4.10%，乐器占2.10%。

关于无法支持兴趣爱好发展的主要原因，47.30%的调查对象认为在经济上比较难支持个人培养兴趣爱好或施展特长，22.90%是因为父母认为当下应该好好学习，少分心做其他事情；21.00%所处地区没什么可以培养兴趣爱好的场所；20.70%没时间培养兴趣爱好或施展特长；6.50%没同伴一起相伴，4.60%选择其他（见图20）。

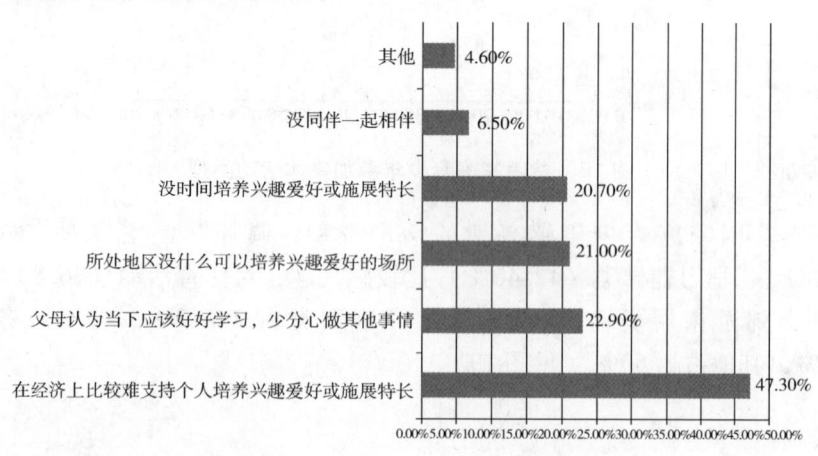

图20 无法支持兴趣爱好发展原因

我们通过"你最希望提升自己哪方面的素质"及"你对未来工作方向的理想是什么"两道题来调查贫困家庭青少年的改善意愿，结果显示：关于素质提升方面，调查对象对希望提高学习成绩（55.40%），其余依次是学习一门特长（42.60%），提升人际交往能力（37.20%），拓展视野（36.00%），提升工作能力（22.00%），改变自己的脾性（16.20%），加强家务能力（10.60%），重返学校继续深造（3.00%），其他（1.70%），见图21。

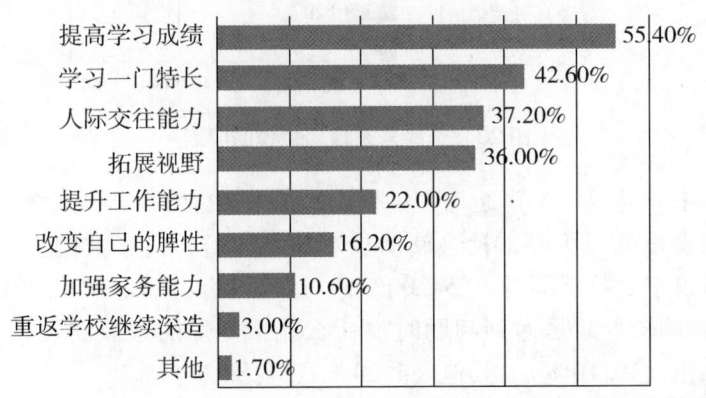

图21 贫困家庭青少年愿意提升的素质类型

未来工作方向方面，较多人选择教师、自主创业及公务员等职业，选择原因多以追求稳定工作、减轻家庭负担为主，其次考虑个人兴趣爱好（见图22、图23）。

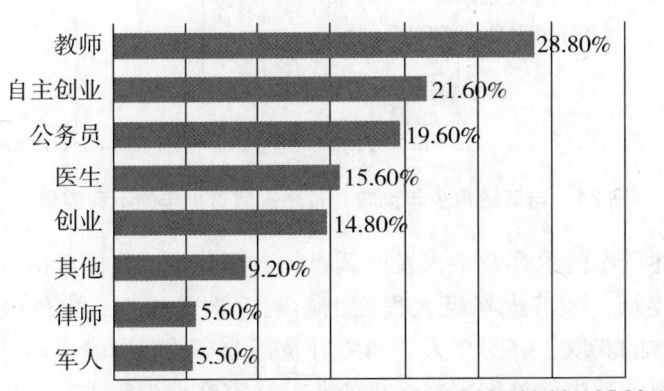

图22 贫困青少年未来工作理想选择

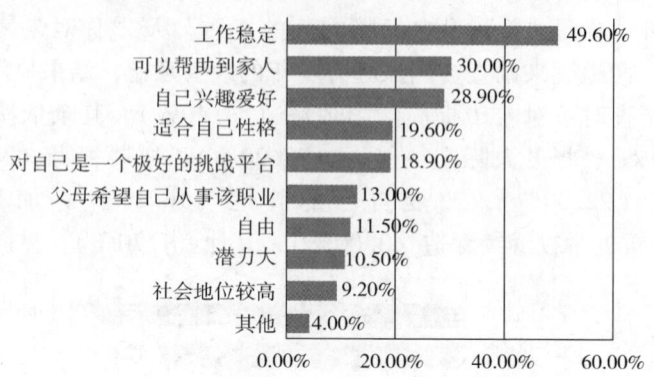

图23 选择未来理想工作的原因

调查结果皆显示，与普通青少年相比，贫困家庭青少年认为成长发展中最大的不利因素是见识不够，社会阅历少（61.80%），过半数的人选择自己未来发展会考虑家庭负担问题（54.00%），选择没有电脑等学习辅助设备的占26.40%，比例较少的是遇到问题时没什么能帮上忙的亲戚朋友（19.50%）、没有理财意识（10.10%）、其他（4.20%），见图24。

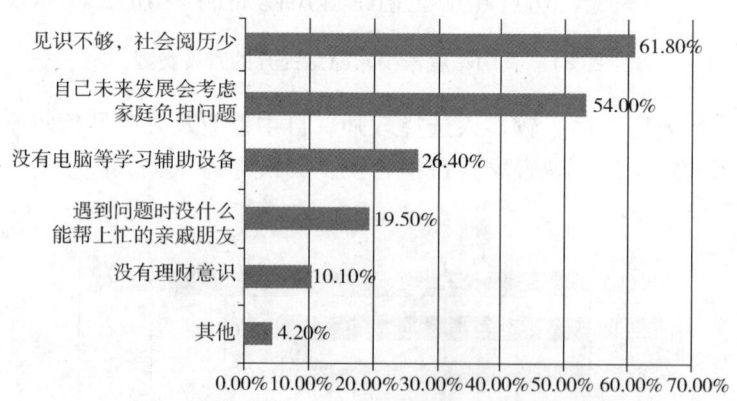

图24 与普通青少年比较，贫困家庭青少年的不利因素

结合上述资本的论述及个人发展调查的数据分析，我们可以看出，经济基础决定上层建筑，经济成本极大程度上影响着教育成本、生理成本、心理成本、社会成本的获取，并对个人兴趣爱好及择业有重要影响。而社会资本、家庭资本等因素的缺失使贫困家庭青少年与普通家庭青少年进行对比时，明显处于弱势，各方面的落差极有可能形成贫困文化和贫困的代际传递。

(八) 受资助情况

通过调查贫困家庭青少年家庭致贫原因，其结果显示认为家庭处于相对贫困的地区的占 33.50%，家人受疾病困扰的占 31.90%，多个子女需要经济照料的占 26.70%，家人离世失去经济支柱的占 26.50%，意外伤害致贫的占 7.40%，家庭受自然灾害影响的占 2.50%（见图 25）。调查显示，74.70% 的家庭接受过各种形式的困难补助，一直接受困难补助的家庭占 38.60%。接受过共青团系统项目扶助的有 37.20%（含希望工程），其中接受过希望工程助学活动扶助的占 18.50%（见图 26）。

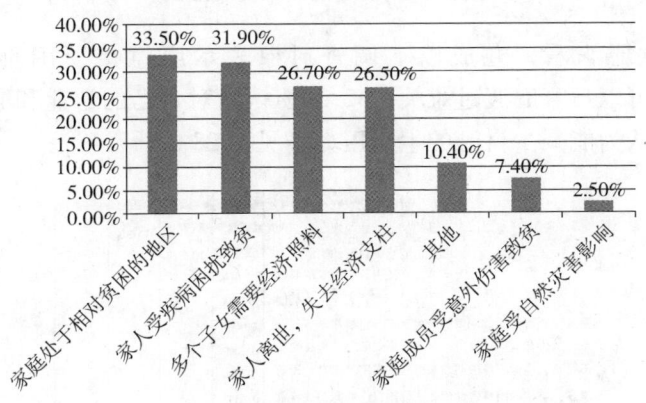

图 25 家庭致贫原因

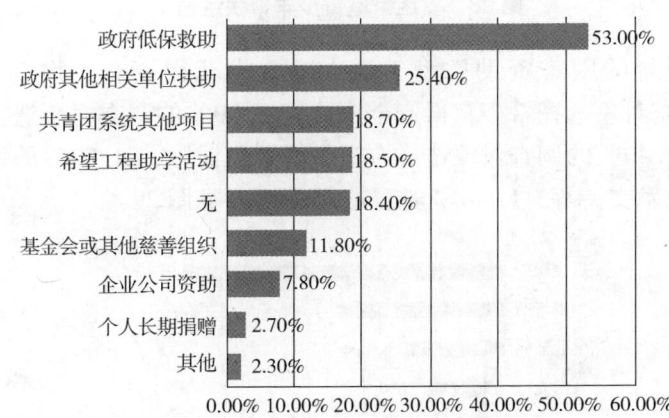

图 26 接受过的帮扶活动类型

从帮扶内容来看，资金扶持（67.80%）和物资帮助（38.20%）占很大比例，其次是心理关怀（19.30%）和学业辅导（11.90%），见图 27。

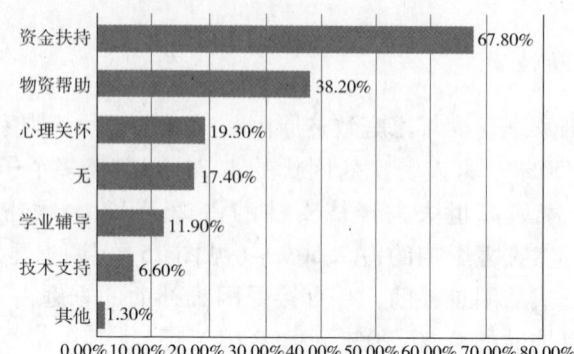

图27 接受过的困难资助形式

从帮扶意愿来看,九成以上调查对象表示愿意接受困难资助,其中71.90%认为可以帮家庭渡过难关,32.30%认为对自己的学业和职业规划有帮助,20.20%认为能减少自己的生活压力(见图28)。

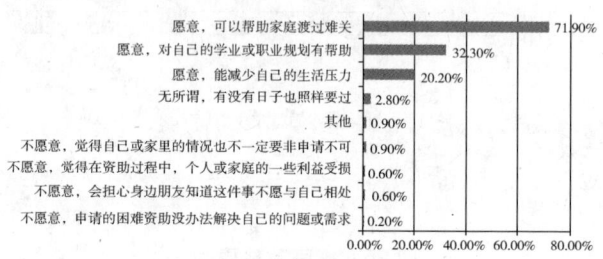

图28 贫困家庭青少年帮扶意愿

从希望获得的困难资助类型上看,以希望获得资金、物资帮扶为主。91.10%的调查对象选择希望获得资金扶持,48.00%的调查对象选择希望获得物资帮助,28.40%的调查对象选择希望获得学业辅导,21.90%的调查对象选择希望获得技术支持等,13.70%选择心理关怀(见图29)。

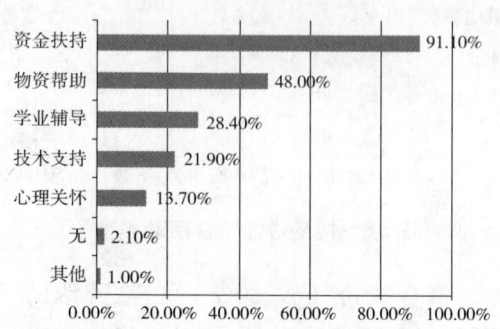

图29 贫困家庭青少年希望获得帮扶的类型

六、对比分析

(一) 发达地区与较不发达地区间差异

经济发达程度不同的地区,无论在消费、观念,还是在社会参与、生态环境上都会有所不同,我们通过城乡差异、珠三角及粤东西北地区差异两个维度多个角度的对比分析,从而寻找分层分类服务的突破口。

1. 家庭经济收入,发达地区显著高于较不发达地区

首先,从家庭人均年收入着手分析,结果显示,农村户口的 1500 元或以下和 1501~3000 元两个区间的比例要大于城镇户口,城镇户口在 3001~5000元和 5000 元以上两个区间的比例要大于农村户口,因此城镇户口的人均收入要高于农村户口(见表2)。

表2 城乡家庭人均年收入差异

人均年收入		户籍类型		合计
		城镇户口	农村户口	
1500 元或以下	计数	134	265	399
	百分比	43.5%	47.5%	46.1%
1501~3000 元	计数	73	186	259
	百分比	23.7%	33.3%	29.9%
3001~5000 元	计数	46	72	118
	百分比	14.9%	12.9%	13.6%
5000 元以上	计数	55	35	90
	百分比	17.9%	6.3%	10.4%
合计	计数	308	558	866
	百分比	100.0%	100.0%	100.0%
显著性检验	Pearson 卡方值 = 33.069 渐进 Sig.(双侧)= 0.000			

其次,根据调查对象所属地区分布情况,我们依据广东省城市划分标准,将受访的 18 个城市分为珠三角地区、粤东、粤西、粤北四大板块进行对比,发现与家庭人均年收入的城乡对比结果一致,珠三角地区家庭人均年收入明显高于其他地区,由高到低,分别是珠三角地区、粤西、粤东、粤北(见表3)。

表3 广东省四类地区家庭年均人收入差异

人均年收入		户籍类型				合计
		珠三角地区	粤东	粤西	粤北	
1500元或以下	计数	111	157	83	53	404
	百分比	36.0%	54.3%	44.1%	53.5%	45.7%
1501～3000元	计数	89	91	56	32	268
	百分比	28.9%	31.5%	29.8%	32.3%	30.3%
3001～5000元	计数	52	25	37	8	122
	百分比	16.9%	8.7%	19.7%	8.1%	13.8%
5000元以上	计数	56	16	12	6	90
	百分比	18.2%	5.5%	6.4%	6.1%	10.2%
合计	计数	308	289	188	99	884
	百分比	100.0%	100.0%	100.0%	100.0%	100.0%
显著性检验	Pearson卡方值=57.444　渐进Sig.（双侧）=0.000					

2. 城乡及各地家庭致贫原因不一

调查结果显示，城镇户口贫困家庭青少年的家庭致贫原因前三名依次是：家人受疾病困扰致贫（31.40%）、家人离世，失去经济支柱（20.40%）、多个子女需要经济照料（15.00%）、家庭处于相对贫困的地区（15.00%）；而农村户口的贫困家庭青少年的家庭致贫原因前三名依次是：家庭处于相对贫困的地区（28.20%）、多个子女需要经济照料（21.40%）、家人离世，失去经济支柱（18.60%），见图30。

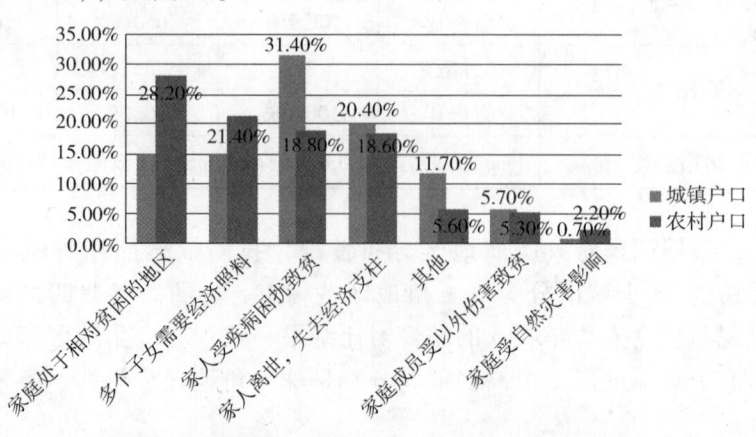

图30 城镇户口与农村户口家庭致贫原因差异对比

从地区上看,珠三角地区与城镇户口致贫原因排序一致,以家庭受疾病困扰及家人离世影响较大,其他三个地区最大比例的皆为家庭处于相对贫困地区。值得关注的是,粤东地区"多个子女需要经济照料"一项明显高于其他两个地区,因此推测,粤东家庭人均年收入偏低的重要原因之一可能因为多个子女需要经济照料(见表4)。

表4 广东省四类地区家庭致贫原因差异

家贫原因		户籍类型				合计
		珠三角地区	粤东	粤西	粤北	
家庭处于相对贫困的地区	计数	60	119	75	46	300
	百分比	14.7%	28.6%	28.6%	29.3%	24.1%
多个子女需要经济照料	计数	67	94	52	26	239
	百分比	16.4%	22.6%	19.8%	16.6%	19.2%
家人离世,失去经济支柱	计数	82	80	53	22	237
	百分比	20.1%	19.2%	20.2%	14.0%	19.1%
家人受疾病困扰致贫	计数	124	73	50	39	286
	百分比	30.4%	17.5%	19.1%	24.8%	23.0%
家庭受自然灾害影响	计数	7	4	7	4	22
	百分比	1.7%	1.0%	2.7%	2.5%	1.8%
家庭成员受意外伤害致贫	计数	27	13	11	15	66
	百分比	6.6%	3.1%	4.2%	9.6%	5.3%
其他	计数	41	33	14	5	93
	百分比	10.0%	7.9%	5.3%	3.2%	7.5%
合计	计数	408	416	262	157	1243

3. 受困难资助比例,发达地区明显高于较不发达地区

调查发现,曾接受过困难资助的城镇户口贫困家庭比例为76.8%,高于农村户口(73.5%),而一直接受困难补助的城镇户口贫困家庭比例(46.2%)明显高于农村户口(34.4%),见图31、图32。

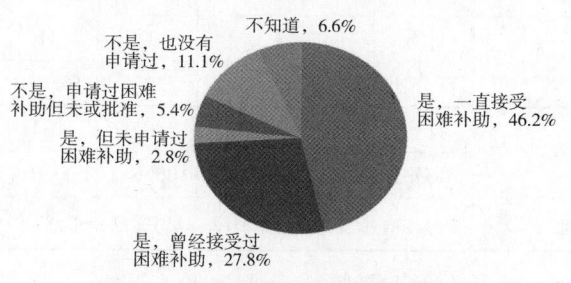

图31 城镇户口接受困难资助情况

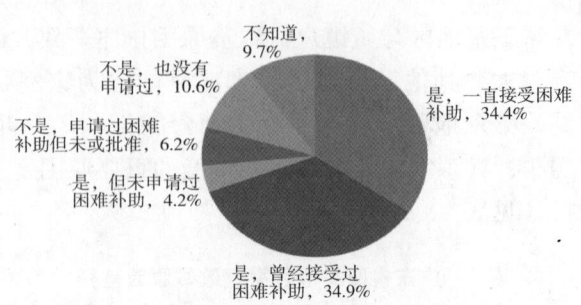

图 32　农村户口接受困难资助情况

曾接受过困难资助的珠三角地区贫困家庭比例为80.7%，显著高于粤东（75.4%）、粤西（67.0%）及粤北（68.7%），珠三角地区一直接受困难补助的城镇户口贫困家庭比例（47.6%）也明显高于粤东（34.0%）、粤西（31.4%）、粤北（38.4%），见表5。

表5　广东省四类地区接受资助情况差异

您及您的家人是否接受过困难资助		户籍类型				合计
		珠三角地区	粤东	粤西	粤北	
是，一直接受困难补助	计数	148	101	61	38	348
	百分比	47.6%	34.0%	31.4%	38.4%	38.6%
是，曾经接受过困难补助	计数	92	110	62	26	290
	百分比	29.6%	37.0%	32.0%	26.3%	32.2%
是，但未申请过困难补助	计数	11	13	7	4	35
	百分比	3.5%	4.4%	3.6%	4.0%	3.9%
不是，申请过困难补助但未获批准	计数	19	23	8	5	55
	百分比	6.1%	7.7%	4.1%	5.1%	6.1%
不是，也没申请过	计数	28	28	25	14	95
	百分比	9.0%	9.4%	12.9%	14.1%	10.5%
不知道	计数	13	22	31	12	78
	百分比	4.2%	7.4%	16.0%	12.1%	8.7%
合计	计数	311	297	194	99	901
	百分比	100.0%	100.0%	100.0%	100.0%	100.0%
显著性检验	Pearson 卡方值 = 42.072　渐进 Sig.（双侧）= 0.000					

4. 贫困家庭青少年身体意外创伤比例，不发达地区高于发达地区；而患疾比例，发达地区高于较不发达地区

调查显示，农村户口贫困家庭青少年曾患对生活造成一定影响的肢体创伤（27.90%）及安全事故致伤（8.40%）的比例高于城镇户口（肢体创伤占23.60%，安全事故致伤占2.20%），见图33。因此推测，农村户口贫困家庭青少年对安全的需求会高于城镇户口贫困家庭青少年。

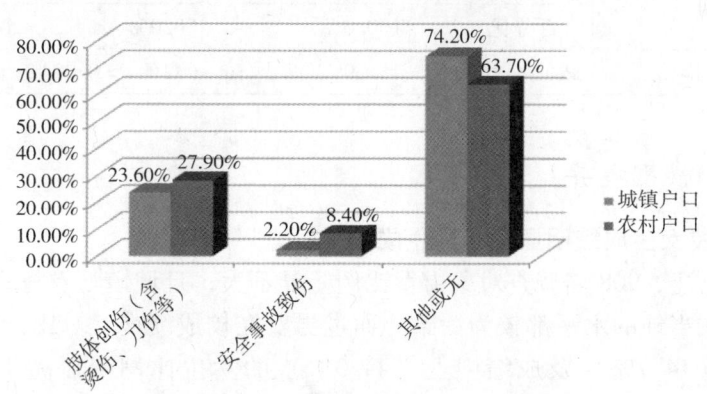

图33 城乡贫困青少年遭受意外伤害情况

5. 城镇户口贫困青少年与父母交流频次明显高于农村户口贫困青少年

调查显示，城镇户口贫困家庭青少年每天与父母有较频繁交流的占40.8%，农村户口贫困家庭青少年仅占28.5%（见表6）。整体上来说，城镇户口贫困青少年与父母交流频次明显高于农村户口贫困青少年。

表6 城乡贫困家庭青少年与父母交流情况差异对比分析

您与父母的交流时间		户籍类型		合 计
		城镇户口	农村户口	
每天都有经常交流	计数	126	156	282
	百分比	40.8%	28.5%	32.9%
每个礼拜有几次交流	计数	87	176	263
	百分比	28.2%	32.2%	30.7%
每个月有几次交流	计数	46	103	149
	百分比	14.9%	18.8%	17.4%
每年有几次交流	计数	23	65	88
	百分比	7.4%	11.9%	10.3%

续上表

您与父母的交流时间		户籍类型		合 计
		城镇户口	农村户口	
其他	计数	27	47	74
	百分比	8.7%	8.6%	8.6%
合计	计数	309	547	856
	百分比	100.0%	100.0%	100.0%
显著性检验	Pearson 卡方值 = 15.599　渐进 Sig.（双侧）= 0.004			

（二）性别差异

1. 在校女生成绩明显优于男生成绩

文中已述，908 名调查对象男女比例差异不大，且城镇与农村户口的学生学习成绩在当地的水平都较为一致。通过男女在校成绩交互对比，我们发现，成绩优秀（14.7%）及成绩中上（44.3%）的女生比例明显高于成绩优秀（11.5%）及成绩中上（37.5%）的男生比例，女生的在校成绩明显优于男生成绩，而中下成绩（5.2%）、较差（1.3%）的女生比例总体来说比中下成绩（5.0%）、较差（3.6%）的男生略少（见表7），因此，在校女生成绩明显会比男生优异。

表 7　男女在校成绩差异对比

您认为自己在校成绩是		性　别		合　计
		男	女	
优秀	计数	41	57	98
	百分比	11.5%	14.7%	13.2%
中上	计数	41	57	98
	百分比	11.5%	14.7%	13.2%
	计数	134	172	306
	百分比	37.5%	44.3%	41.1%
中等	计数	151	134	285
	百分比	42.3%	34.5%	38.3%
中下	计数	18	20	38
	百分比	5.0%	5.2%	5.1%

续上表

您认为自己在校成绩是		性别		合计
		男	女	
较差	计数	13	5	18
	百分比	3.6%	1.3%	2.4%
合计	计数	357	388	745
	百分比	100.0%	100.0%	100.0%
显著性检验	Pearson 卡方值 = 10.735　渐进 Sig.（双侧）= 0.030			

2. 男女感兴趣的活动类型不一

通过对调查对象感兴趣的活动类型调查显示，男生感兴趣的活动的前三名是体育活动（26.40%）、文娱活动（20.80%）、学习辅导（19.00%），而女生感兴趣的活动前三名则是：文娱活动（27.30%）、学习辅导（23.70%）及郊游拓展（13.70%），见图34。

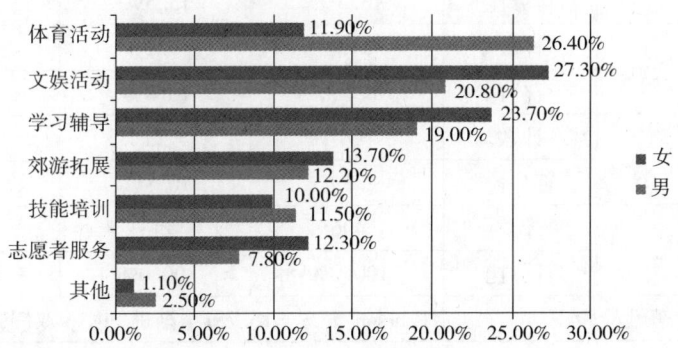

图34　男女感兴趣的活动差异对比

3. 女生对未来的工作理想更追求稳定性

关于未来工作理想，女生择业考虑会比男生更追求稳定，女生选择教师的占31.1%，选择公务员的占16.3%，选择医生的占13.9%，选择企业职员的占13.2%，选择自主创业的占12.2%，选择律师（5.1%）、军人（1.6%）及其他（6.5%）比例较小。男生选择自主创业的占24.1%，选择公务员的占16.1%，选择教师的占15.6%，选择企业职员的占11.5%，选择军人（7.8%）、律师（4.3%）及其他（8.5%）比例较小。而男女选择未来工作理想的原因差异不大，以追求稳定性、能分担家庭负担及个人兴趣爱好为主。

（三）年龄差异

1. 成年调查对象，与父母交流的频次明显少于未成年调查对象

调查显示，成年调查对象每天都有经常与父母交流的频次（23.9%）明显低于未成年调查对象（38.5%），通过显著性检验分析，调查对象年龄越大，与父母交流的频次越少（见表8）。

表8　成年、未成年调查对象与父母交流时间差异对比分析

您与父母的交流时间		成年与未成年		合　计
		未成年	成　年	
每天都有经常交流	计数	191	51	242
	百分比	38.5%	23.9%	34.1%
每个礼拜有几次交流	计数	144	84	228
	百分比	29.0%	39.4%	32.2%
每个月有几次交流	计数	81	33	114
	百分比	16.3%	15.5%	16.1%
每年有几次交流	计数	43	22	65
	百分比	8.7%	10.3%	9.2%
其他	计数	37	23	60
	百分比	7.5%	10.8%	8.5%
合计	计数	496	213	709
	百分比	100.0%	100.0%	100.0%
显著性检验		Pearson 卡方 = 16.751　渐进 Sig.（双侧）= 0.002		

2. 未来的工作理想有差异

在对未来的工作理想选择上，未成年的调查对象和成年的调查对象差异较大。从选择频次来看，未成年人的择业理想分别是教师、医生、公务员等社会地位较高的职业，而成年人的择业理想则主要是企业职员、公务员、自主创业等（见图35）。

3. 其他

在其他交互对比分析当中，未成年人认为与普通家庭孩子相比，最大的不利因素是见识不够，社会阅历少（35.0%），而成年人则是选择自己的未来发展会考虑家庭负担问题（36.8%）。未成年人认为时下最需要帮助的是提升学习成绩（35.8%），而成年人考虑最多的是专业技能（30.0%）。

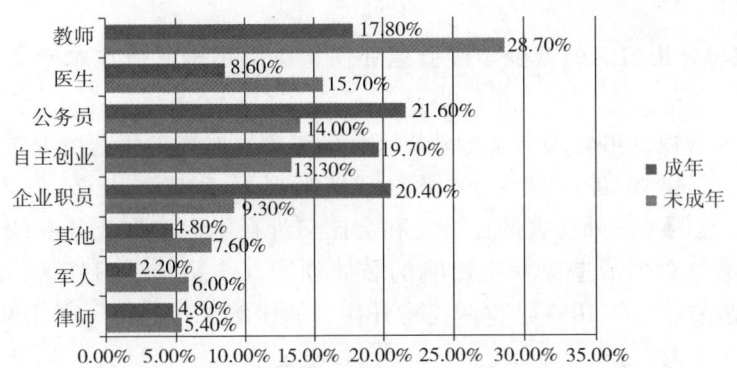

图35 成年、未成年调查对象未来工作理想差异对比

（四）父母是否外出打工对青少年的影响

1. 父母外出打工对青少年的经济支持高于父母在本地工作或务农家庭

调查显示，父母在本地工作的贫困家庭青少年每月可自主支配的零花钱低于100元的占86.4%，仅有13.6%的青少年每月可自主支配的零花钱高于100元；而父母在外地工作的贫困家庭青少年每月可自主支配的零花钱低于100元的占74.3%，25.7%的青少年每月可自主支配的零花钱高于100元（见表9）。因此可以得出，父母外出打工对青少年的经济支持明显高于父母在本地工作或务农家庭。

表9 父母是否外出打工对贫困家庭青少年零花钱的影响

除用餐和住宿保障外可自主支配的零花钱		父母工作		合　计
		本地工作或务农	外出工作	
50元以下	计数	461	50	511
	百分比	63.1%	64.1%	63.2%
50～100元	计数	170	8	178
	百分比	23.3%	10.3%	22.0%
101～200元	计数	59	16	75
	百分比	8.0%	20.5%	9.3%
201～400元	计数	17	4	21
	百分比	2.3%	5.2%	2.6%
400元以上	计数	24	0	24
	百分比	3.3%	0%	3.0%
合计	计数	731	78	809
	百分比	100.0%	100.0%	100.0%
显著性检验	Pearson卡方值=21.887　　渐进Sig.（双侧）=0.000			

2. 父母外出打工的青少年遭受意外伤害比例高于父母在本地工作或务农的青少年

通过调查数据可看到，父母外出工作的贫困家庭青少年曾遭受对生活造成一定影响的肢体创伤（含烫伤、刀伤等，37.50%）及安全事故致伤（2.10%）这两类意外伤害的比例之和会比父母在本地工作或务农的贫困家庭青少年曾遭受对生活造成一定影响的肢体创伤（含烫伤、刀伤等，26.80%）及安全事故致伤（7.10%）这两类意外伤害的比例之和更高一些（见图36）。

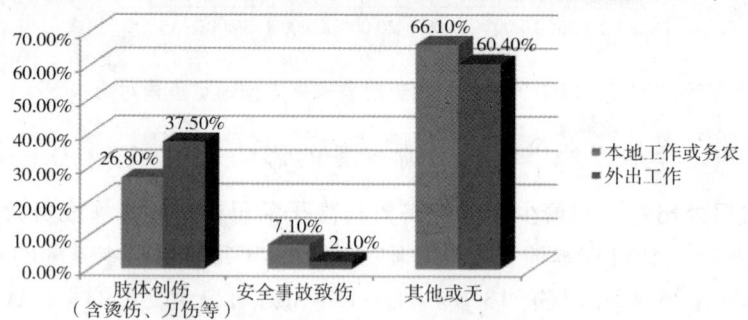

图36 父母是否外出打工对贫困家庭青少年意外创伤影响

一旦子女遇到身体不适，24.80%的外出工作的父母没有时间带子女立即前去就医，而本地工作或务农的父母相对而言，选择该选项的较少（见图37）。

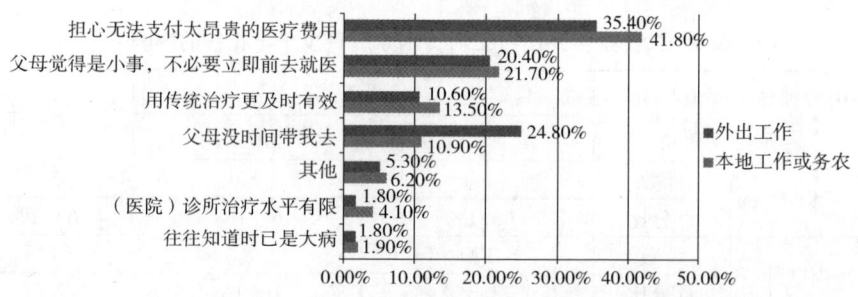

图37 父母是否外出打工对贫困家庭青少年身体状况处理方式的影响

3. 父母在本地工作或务农的青少年的学习意愿高于父母外出打工的青少年

父母在本地工作或务农的调查对象认为一定要好好学习考上大学的占65.50%，认为量力就好，读书不是唯一改善生活的途径的有15.20%；而父母外出工作的调查对象认为一定要好好学习考上大学的占55.60%，认为量力就好，读书不是唯一改善生活的途径的有27.80%（见图38）。从数据上看，父母在本地工作或务农的青少年的学习动机或意愿会比父母外出打工的青少年强。

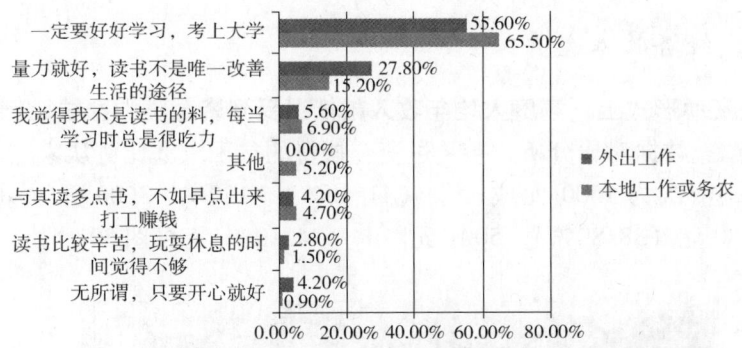

图38　父母是否外出打工对贫困家庭青少年学习态度的影响

4. 与父母交流的时间，父母在本地工作或务农的青少年远高于父母外出打工的青少年

本地工作或务农的父母与子女每天都有经常交流的占35.5%，父母外出工作的仅占25.3%；本地工作或务农的父母与子女每个星期有几次交流的占31.4%，父母外出工作的仅有26.6%；每个月有几次交流的，父母在本地工作或务农的仅占16.3%，父母外出工作的占29.1%；而每年有几次交流的，父母在本地工作或务农的仅占9.0%，父母外出工作的占16.5%（见表10）。因此，父母在本地工作或务农的家庭，父母与子女的交流时间会远高于父母在外地工作的家庭。

表10　父母是否外出工作与贫困家庭青少年和父母交流时间的关系

您与父母的交流时间		父母工作		合　计
		本地工作或务农	外出工作	
每天都有经常交流	计数	257	20	277
	百分比	35.5%	25.3%	34.5%
每个星期有几次交流	计数	227	21	248
	百分比	31.4%	26.6%	30.9%
每个月有几次交流	计数	118	23	141
	百分比	16.3%	29.1%	17.6%
每年有几次交流	计数	65	13	78
	百分比	9.0%	16.5%	9.7%
其他	计数	56	2	58
	百分比	7.7%	2.5%	7.2%
合　计	计数	723	79	802
	百分比	100.0%	100.0%	100.0%
显著性检验	Pearson 卡方值=16.080　　渐进 Sig.（双侧）=0.003			

(五) 经济收入差异

1. 在资助形式上,家庭人均年收入越低,受到资金类的帮扶比例越高

通过调查数据对比分析,接受过资金扶持的贫困家庭比例从家庭人均年收入上来看,依次为1500元或以下(41.60%)、1501~3000元(41.50%)、3001~5000元(38.80%)、5001元以上(34.10%),见图39。

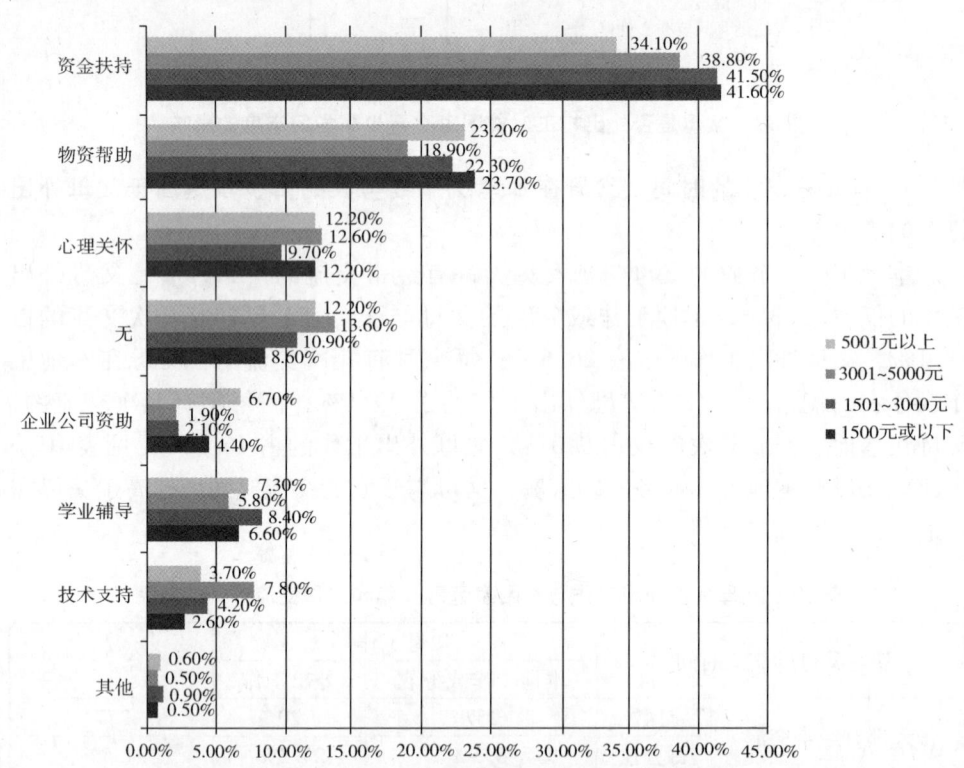

图39 经济收入的差异对帮扶类型比例的影响

2. 家庭人均年收入较高的家庭青少年的心态较乐观

通过"我精神负担较重,总有一种紧张感或压迫感"、"很多事情会选择憋在心里"的两类选择情况得出:从抑郁情绪上来看,家庭人均年收入越低的青少年比例越高,而"有时会感到焦虑,担心自己做不好"这一选项的数据表明,家庭人均年收入越高的青少年有焦虑情绪烦扰的比例较高。通过"我生活乐观积极,觉得没有过不去的坎"、"喜欢和朋友们家人们分享或抒发自己的心情"两类的选择情况看,家庭收入越高,生活乐观积极、喜欢与人分享的青少年会较高,依次为3001~5000元(22.20%)、5001元以上(20.70%)、

1501~3000元（16.30%）、1500元或以下（15.00%）。

（六）希望工程的帮扶现状分析

希望工程的帮扶比例，较不发达地区显著性高于发达地区；共青团系统其他项目的帮扶比例，发达与较不发达地区区别不明显。

上文所述，总体帮扶比例，广东省四类地区接受过希望工程助学活动的调查对象比例从高到低依次分别是粤北（27.0%）、粤西（20.5%）、粤东（19.8%）、珠三角地区（12.7%），见表11。接受过共青团其他项目的调查对象比例从高到低依次分别是粤东（27.90%）、珠三角地区（14.90%）、粤西（14.40%）、粤北（10.00%），见表13。

城镇贫困家庭青少年高于农村贫困家庭青少年，而通过对选择了"曾经接受过希望工程助学活动帮扶"一项的调查对象进行地区间的交互分析发现，农村贫困家庭青少年接受过希望工程助学活动支持的比例（21.2%）明显高于城镇贫困家庭青少年（13.8%），共青团系统的其他项目在城乡贫困家庭青少年帮扶比例上差异不明显（见表12、表14）。

表11 广东省四类地区接受希望工程助学活动比例差异对比

帮扶活动： 希望工程助学活动		广东省地区划分				合 计
		珠三角地区	粤 东	粤 西	粤 北	
否	计数	275	239	155	73	742
	百分比	87.3%	80.2%	79.5%	73.0%	81.7%
是	计数	40	59	40	27	166
	百分比	12.7%	19.8%	20.5%	27.0%	18.3%
合计	计数	315	298	195	100	908
	百分比	100.0%	100.0%	100.0%	100.0%	100.0%
显著性检验	Pearson 卡方 = 12.769　渐进 Sig.（双侧）= 0.005					

表12　城乡地区接受希望工程助学活动帮扶比例差异对比

帮扶活动：希望工程助学活动		户籍类型		合计
		城镇户口	农村户口	
否	计数	274	451	725
	百分比	86.2%	78.8%	81.5%
是	计数	44	121	165
	百分比	13.8%	21.2%	18.5%
显著性检验	Pearson 卡方 = 7.246　渐进 Sig.（双侧）= 0.007			

表13　广东省四类地区接受共青团系统其他项目帮扶比例差异对比

帮扶活动：共青团系统其他项目		广东省地区划分				合计
		珠三角地区	粤东	粤西	粤北	
否	计数	268	215	167	90	740
	百分比	85.10%	72.10%	85.60%	90.00%	81.50%
是	计数	47	83	28	10	168
	百分比	14.90%	27.90%	14.40%	10.00%	18.5%
合计	计数	315	298	195	100	908
	百分比	100.00%	100.00%	100.00%	100.00%	100.00%
显著性检验	Pearson 卡方 = 26.971　渐进 Sig.（双侧）= 0.000					

表14　城乡地区接受共青团系统其他项目帮扶比例差异对比

帮扶活动：共青团系统其他项目		户籍类型		合计
		城镇户口	农村户口	
否	计数	261	463	724
	百分比	82.10%	80.90%	81.30%
是	计数	57	109	166
	百分比	17.90%	19.10%	18.70%
合计	计数	318	572	890
	百分比	100.00%	100.00%	100.00%
显著性检验	Pearson 卡方 = 0.172　渐进 Sig.（双侧）= 0.678			

七、解决对策

1. 针对需求多元化进行分层分级帮扶

通过对发达地区与较不发达地区差异、性别差异、年龄差异、经济收入差异、父母外出与否等多个维度的全面对比分析,我们发现,不同类型不同特质的贫困青少年群体会有不一样的需求。针对贫困家庭青少年需求的多元化,开展的项目也应是整体性和多面向的,须同时考虑贫困家庭中家长就业,青少年的教育、医疗、兴趣爱好、心理调适、个人发展等方面。面对贫困家庭青少年的不同问题,采取分类补贴、分类管理与个案管理相结合的方式对其实施不同的帮扶倾斜。广东省2013年全省城乡低保最低标准参照该类形式进行创新,分四类城市进行城乡低保补差(见表15)。

表15 2013年广东省城乡低保最低标准

单位:元/(人·月)

类别	城乡低保标准		城乡低保补差水平		适用地区
	城镇	农村	城镇	农村	
一类	540	477	408	262	广州市、深圳市
二类	410	398	290	210	珠海市、佛山市(含顺德区)、东莞市、中山市
三类	344	254	250	133	惠州市、江门市(不含台山、开平、恩平市)、肇庆市(不含所辖市县)
四类	275	185	242	109	汕头市、韶关市、河源市、梅州市、汕尾市、阳江市、湛江市、茂名市、清远市、潮州市、揭阳市、云浮市、江门市列入三类地区以外的市、肇庆市所辖市县

备注:①城乡低保补差水平是指县(市、区)当月城乡低保资金支出金额分别除以单月城乡低保对象人数得出的月人均补差水平。②最低生活保障工作实现城乡一体化的地区,按照城镇标准执行。

2. 加强父母监管,完善社会监管体制

根据家庭生态系统理论,家庭环境对个体的身心发展起到重要的作用,因

此通过对不同类型贫困家庭青少年的家庭互动情况调查分析,将更容易发现贫困青少年问题的本质原因及解决对策,更有利于共青团更系统、更有针对性地开展服务。

父母作为个体成长发展的中系统,是个体微系统的系统,是个体微系统之间的交互作用。家庭生态系统理论的创始人、著名心理学家布朗芬布伦纳认为,如果微系统之间有较强的支持性关系,发展可能实现最优化,相反则会产生消极后果。因此,中系统中各微系统的交互作用在一定程度上影响个体发展,即贫困家庭父母与青少年的各种互动在一定程度上影响青少年的身心发展。

综合各项调查结果对比分析,我们推测,农村贫困家庭青少年遭受意外伤害比例较高的原因有可能是因为农村户口的父母大部分外出打工,对子女缺乏有效监管。对于与子女长期一起生活的家庭,可以通过各种宣传普及亲子互动知识,增强父母对子女的监管意识;对于外出打工的经常与子女分居两地的家庭,可以通过联动社区资源、开发邻里看护类型的项目,如"稻草人计划";对于青少年本身,亦可以通过开展科普活动、形成朋辈支持等形式使青少年加强自身安全保护意识。

3. 以人力资源战略为助推器,重点倾向扶持贫困家庭青少年教育发展,避免贫困代际传递

由于家庭贫困,青少年通常没有良好的学习场所和充足的学习用品,甚至无力负担教育经费,而且常因需要考虑家庭生计问题,影响其就业和升学的机会。据研究发现,贫困家庭青少年辍学率高于非贫困家庭。贫困家庭青少年辍学极有可能为了协助家庭的经济,或照顾更幼小的弟妹,这些青少年进入劳动力市场并非为了追求个人成就,而是为了家庭生存迫不得已。由于他们的受教育程度不高,所得到的劳动报酬待遇并不高,且升迁的机会相当有限。因为就业能力低、经济状况不佳,将来择偶极可能限于相同情境的对象,而有可能组成另一个贫困的家庭,这就形成了两代贫困的"恶性循环"。

要充分认识到人力资源是社会生产过程中最重要的、最具决定意义的社会资源,合理地开发和有效使用有限的人力资源对劳动者本身和社会同样具有重要的现实意义。在现实生活中,对贫困家庭青少年实施合理的人力资源战略,是对他们受教育权的保障,也体现了教育公平、机会均等;要积极推进职业教育和培训,帮助家庭贫困青少年更好地适应社会的需要;对于贫困家庭,发展多元化教育和职业训练方案,提升贫困家庭家长和青少年的人力资本。

中国人非常重视教育,特别对于贫困家庭而言,子女接受良好的教育是其家庭唯一向上流动的机会。从问卷调查的学习成绩与活动参与交互对比中亦可看出,学习成绩好的青少年参与活动的积极度更高(见表16)。优异的成绩也许是获得社会资源、增强社会资本的主要甚至是唯一路径。投资教育对家庭是一种资产负积累，但对青少年而言则是人力资本的提升。因此，除了现有的一些学费减免、奖学金、助学金和教育贷款政策外，还可以规划一些立足长远的针对贫困家庭子女的教育培训方案，积极协助贫困家庭青少年持续受教育。

表16 贫困家庭青少年学习成绩与参与活动频率对比

您是否经常参加集体活动		在校成绩					合计
		优秀	中上	中等	中下	较差	
经常参加	计数	60	142	88	7	3	300
	百分比	62.50%	46.60%	31.00%	18.40%	15.80%	40.40%
很少参加	计数	32	149	179	23	10	393
	百分比	33.30%	48.90%	63.00%	60.50%	52.60%	53.00%
几乎不参加	计数	4	11	15	5	4	39
	百分比	4.20%	3.60%	5.30%	13.20%	21.10%	5.30%
不参加	计数	0	3	2	3	2	10
	百分比	0.00%	1.00%	0.70%	7.90%	10.50%	1.30%
合计	计数	96	305	284	38	19	742
	百分比	100.00%	100.00%	100.00%	100.00%	100.00%	100.00%
显著性检验	Pearson 卡方 = 83.628　渐进 Sig.（双侧）= 0.000						

4. 在维持贫困家庭基本生活所需的同时，应关注青少年身心成长，充分赋权贫困家庭青少年进行社会参与

通过贫困家庭青少年的兴趣爱好及参与活动情况的调查可得知，其活动类型相对单一。从其原因分析，47.30%的调查对象认为在经济上比较难支持个人培养兴趣爱好或施展特长；21.00%所处地区没什么可以培养兴趣爱好的场所，大部分青少年会对家庭经济及所处环境情况感到力不从心。

虽然调查问卷中调查对象反馈最希望获得的主要是资金及物资方面的支持，但我们不能忽略贫困家庭青少年的安全、情感和归属、尊重、自我实现等更高层次的需求。如马斯洛需求层次理论解释，同一时期，一个人可能有几种需要，但每一时期总有一种需要占支配地位，对行为起决定作用。任何一种需要都不会因为更高层次需要的发展而消失，各层次的需要相互依赖和重叠。因此，在保证贫困家庭基本生活所需的同时，还应整合社会资源，通过心理健康服务、就业创业指导、兴趣爱好发展等类型的帮扶项目开展，全面满足贫困家庭青少年的各层次需求，关注贫困家庭青少年身心成长，并依托活动为载体，赋权贫困家庭青少年，培养其主人翁意识，增强其自我发展与社会参与的能力，使其摆脱贫穷状态。

5. 加强农村基层组织建设，强化贫困家庭青少年中系统主体功能

调查发现，在经济发展水平不高、贫困人口占很高比例的农村贫困地区，社会资本对于改善家庭福利以及减轻贫困的作用是显著的，一些传统的社会资本，如与邻里的融洽程度、转移性支出、村的外出务工网络的作用更加明显。尤其是参与村务管理、与村干部关系这两种形式的"穷人的资本"在最贫困的地区发挥的作用最大，不过，其作用会随着农村社区（村）发展水平的提高而减弱。在扶贫资金方面，虽然它在改善家庭福利方面具有正效应，但其估计值很小。

在物质资本和人力资本都比较贫瘠的情况下，社会资本在一定程度上发挥了"穷人的资本"的功能，还存在更大的进一步发挥的空间。因此，充分考虑农村居民的传统社会资本，使扶贫政策与农村贫困地区社会资本相容，应该是未来扶贫政策机制设计应该把握的一个重要方向。同时，加强农村基层组织建设，为农民参与村集体事务提供保障，在父辈环境层面上增强农民的社会参与、强化主体功能；以村或乡镇为单位，引导有组织的劳务输出，扩大外出务工网络；从根源上发挥农村居民社会资本效应，改善父辈"等、靠、要"的依赖思想，为青少年形成榜样作用，有效规避贫困代际遗传。

6. 强化各系统的社会支持功能

以上各点对策的有效实施，需要青少年（微系统）、家人交流等（中系统）、当地教育部门和父母工作等（外系统）、社会政策等（宏系统）各方面延伸扶持手臂，有力支持各系统权衡发展。

（1）政策支持。党的十六届六中全会作出的《中共中央关于构建社会主义和谐社会若干重大问题的决定》明确提出，要在2020年基本建立社会保险、社会救助、社会福利、慈善事业相衔接的覆盖城乡的社会保障体系。伴随着国家各项社会保障、社会福利政策的完善，做好政策的宣传推广工作，发动更多有需要的群体通过有效的途径受惠，也是保证社会政策有效、有力实施的重要途径之一。

（2）社会支持。广东省有着浓郁的公益慈善文化氛围，国内外各大基金会、NGO、高校社团等社会力量亦在蓬勃发展，许多优秀的社会团体已经形成专业化的服务模式及常态化的服务项目，要联合社会力量，实现多方资源对接，强化其社会支持功能，通力合作，打造发展式扶助项目，并形成有效的评估机制。

广东省希望工程服务中心

执笔人：林乔林、林诚彦、梁志华

广东省"失独家庭"、残疾青少年等困难群体的生存状况研究

一、背　景

"民惟邦本，本固邦宁"是我国千百年来有识之士的共同理想。在改善民生和创新管理中加强社会建设，是党的"十八大"提出的一项重要战略任务。志愿服务是社会建设的重要载体。改革开放以来，广东省社会志愿服务事业在全国率先探索推进，在协助党委、政府改善民生、动员群众参与社会管理等方面发挥了重要的作用。广东省委、省政府高度重视发挥志愿服务的社会功能，为弱势困难群体提供切实有效的帮扶。2009年，广东省委、省政府出台《关于进一步发展志愿服务事业的意见》，明确要增强助老扶弱、扶贫济困等传统服务项目的知识性、技能性和专业性；2012年，广东省文明委出台《关于发展广东行业志愿服务工作的意见》，明确要在扶老助老、扶残助残等领域，率先建立规范有力的行业志愿服务组织架构、运行机制和工作体制。在广东省，老年人、残疾人是特殊困难群体的重要组成部分，其中"失独家庭"和残疾青少年数量庞大、保障不健全、覆盖不到位的问题日益凸显，成为全社会日益关注的焦点和难点。有效帮扶"失独家庭"和残疾青少年，是改善民生的重要内容，也是构建覆盖全社会、与政府服务和市场服务相衔接的社会志愿服务体系的必然要求，对共青团组织围绕中心、服务大局，协助党委政府加强和创新社会管理、建设幸福广东都有借鉴意义和现实意义。

二、广东省"失独家庭"和残疾青少年的主要特征

（一）"失独家庭"

1. 基本情况

"失独家庭"即独生子女死亡伤残家庭，也叫计划生育特殊家庭，是独生子女发生意外伤残、死亡，其父母不再生育和收养子女的家庭。失独者年龄大

都在50岁以上，经历了"老来丧子"的人生大悲之后，已失去再生育能力。专家估算，实行计划生育的30多年来，我国至少有100万个失独家庭，每年新增失独家庭7.6万个。2013年人口学家预计，中国失独家庭未来将达到1000万个。据统计，广东省的失独家庭数量为7000多户，2012年广东计划生育特别扶助家庭统计数量为：独生子女死亡类3663个，独生子女伤残类2461个。独生子女伤残死亡家庭是实行计划生育政策以来形成的特殊群体，是社会广泛关注的群体。近年来，广东省把建立健全计划生育利益导向机制，特别是建立和完善计生特殊家庭的救助、帮扶政策作为社会保障和"幸福广东"、"幸福家庭"建设的重要内容。

2. 保障政策

针对"失独家庭"的救助、帮扶政策主要有以下三个方面的内容：一是特别扶助制度。根据中央精神和《广东省人口与计划生育条例》等相关文件精神，广东省人口计生委、广东省财政厅联合从2008年10月开始在全省实施计划生育家庭特别扶助制度。扶助对象是广东省城镇和农村独生子女死亡或伤、病残后未再生育、收养子女的夫妻。扶助标准是：独生子女死亡后未再生育或收养子女的夫妻，由政府给予每人每月150元扶助金，直至亡故为止；独生子女伤、病残后未再生育或收养子女的夫妻，由政府给予每人每月120元扶助金，直至亡故或子女康复为止。珠江三角洲等有条件的地区可适当提高扶助标准。二是医疗救助和养老服务制度。深圳福田区等地将关注点聚焦于医疗和养老服务，明确公办养老机构、政府投资建设的老年日间照料中心优先收住特别扶助对象，对在民办养老机构接受照料的特别扶助对象给予照料补助；社康中心为特别扶助对象提供家庭医生服务；按月给予特别扶助对象特病（如恶性肿瘤、器官移植后抗排斥治疗、门诊透析肾功能衰竭）扶助金。三是社区服务。以政府购买方式由社区中心为特别扶助对象提供扶助服务。对特殊扶助对象选择居家养老的，提供生活照料、家政服务、康复护理、医疗保健和安全援助等服务。

3. 主要问题

通过问卷调查、资料收集等方式对"失独家庭"进行调研，并结合广东省人口计生委提供的统计数据和情况分析，发现"失独家庭"的困境与需求集中反映在养老、医疗、心理疏导等方面。一是失去生育能力，领养不堪重负。据了解，约14%的"失独家庭"双亲都是在40岁以上，这一部分家庭人员基本上失去了再次生育的能力。面对失去生育能力这个事实，有部分家庭愿意到相关机构进行合法领养，但是，随着年龄的不断增长，"失独家庭"成员的劳动力逐渐减弱，领养所带来的经济、精神压力逐渐使"失独家庭"成员不堪重荷。二是扶助标准偏低，效果不明显。广东省对独生子女死亡类的扶助是每人每月不低于150元，伤残类的扶助是每人每月不低于120元，解决不了计划生育特殊家庭的实际问题，社会效果不明显。三是家庭集中度低，社会遗忘度高。"失独家庭"比较分散，每一条街道或者是片区都会有"失独家庭"的出现。失去独生子女带来的创伤，令更多"失独家庭"的双亲不愿意再接触社会，并且进行自我封锁。"失独家庭"有较强的自我封锁、抗拒融入社会的心理，从而增加了社会接触失独家庭的难度。群体分散、比例少、难度大，社会遗忘度亦渐渐增高。四是救济、社会保障体系不完善。各地对"失独家庭"的救济标准不一、社会保障政策落实不到位、救助渠道单一，各种服务呈现碎片化，暂时没有系统的制度出台，导致"失独家庭"难以接受有效到位的物质救助。目前广东省救济、保障体系还不完善，公益性的养老院严重不足，社区的服务能力有待提高，大病救助能力有限，不能从根本上解决他们的养老和医疗方面的保障需求。五是欠缺情感关爱，精神需求难以满足。目前，失去独生子女的父母大多在50岁上下，子女的意外离世对他们造成了巨大的心灵创伤，但最急需的精神慰藉还没有很好的解决办法。由于基层缺乏专业的心理医生、社工和志愿者队伍，导致"失独家庭"的心理精神问题没有得到很好的疏通，不利于人际间的交往。

（二）残疾青少年

1. 基本情况

根据广东省第二次全国残疾人抽样调查结果显示（2006年），广东省残疾人占全省总人口的比例为5.86%，全省各类残疾人的总数为539.9万人。我们将35周岁以下的残疾人定义为残疾青少年。根据调查结果显示，35周岁以下残疾人占全省残疾人口总数的54.63%，约为295万人。残疾青少年中以重度残疾和智力残疾为主。根据全省残疾青少年的残疾类型和致残情况分析，主要体现了以下三个特点：第一，残疾青少年以多重残疾、智力残疾和言语残疾为主，分别占残疾青少年人口总数的37.48%、28.70%和13.35%；第二，多重残疾以重度残疾为主，单项残疾以轻度残疾为主；第三，出生缺陷仍是儿童致残的首要原因。

2. 主要问题与需求

各地市就残疾青少年基本情况通过问卷调查、实地访谈等方式进行了抽样调查，共发放了近300份调查问卷。通过分析调研问卷，我们发现残疾青少年主要存在以下几方面的突出问题与需求：

（1）服务需求多，社会供给不足。由表1可以发现，残疾青少年的需求多，对经济、医疗、康复、教育、生活保障等方面需求较大。其中，约有

37.35%的残疾青少年希望获得经济上的帮助,34.18%的残疾青少年希望获得学习上的帮助,进行自我提升。数据除了说明残疾青少年的需求较大的情况以外,亦说明了残疾青少年的需求难以得到满足,需要党委政府和社会各界共同为残疾青少年提供各类满足其迫切需求的服务项目,共同帮助和扶持残疾青少年的成长与发展。

表1 残疾青少年需求状况

需求选项	比例	需求选项	比例
残疾儿童早期康复	13.92%	成年残疾人康复	27.85%
残疾儿童和青少年教育	19.62%	残疾人高等教育和成年残疾人继续教育	34.18%
残疾人家长培训	6.96%	残疾人职业培训	29.75%
就业政策咨询和职业介绍服务	27.22%	扶贫开发,慈善救济	37.35%
上门护理	3.8%	肢体残疾人和老年人托养	10.13%
智力残疾人妥养	5.06%	社区残疾人综合服务	15.82%
无障碍建设促进	1.9%	法律咨询、服务与援助	15.82%
调查、研究或政策咨询	9.49%	心理咨询	20.89%
婚介服务	13.29%	文化体育和娱乐休闲	14.56%
提升残疾人权利意识和扶残助残意识的宣传呼吁	7.59%	残疾人家属联谊互助会	2.53%

(2)学习困扰多,受教育程度低。据了解,65.83%的残疾青少年教育水平在初中以下,普遍受教育程度比较低。导致该情况的主要因素有:58.86%的残疾青少年认为,造成学习上最大阻碍的是感觉自己遭受社会歧视,社会融入度低,导致学习生活不和谐;37.97%的残疾青少年认为在学习的过程中,难以与他人沟通,导致学习难以交流;36.08%的残疾青少年认为在学习的过程中,自身身体机能的影响(智力影响、行动不便)导致学习生活难以维持;17.09%的残疾青少年认为现实的教育经费过高,自身的经济能力难以负担该部分教育经费,导致不再参与学习。与此同时,我们也发现33.54%的残疾青少年希望接受更高层次的教育,47.47%的残疾青少年希望接受更多的职业培训。

(3)就业困难大,生活收入偏低。据调查,目前仅有15.82%的残疾青少年在岗工作,约35.44%的残疾青少年在家待业,终日无所事事。主要原因在于找不到合适的就业单位,对岗位、待遇不满意,不能胜任现有工作等。就业方面的阻碍,造成了残疾青少年没有稳定的收入来源,43.04%的残疾青少年没有经济收入来源,29.11%的残疾青少年每月仅有500元左右的收入来源,多依靠政府补助过日子,经济生活难以得到保障。

四是社交圈子小、交友渠道单一。由表2可以发现,导致残疾青少年社交圈子比较小的原因主要在于难以与他人交流。大部分的残疾人群体的社交圈子、社交朋友为1~5个,圈子比较少,导致遇到困难的时候较多求助于家人,侧面增加家人的压力,衍生更多的家庭问题。

表2 残疾青少年社交状况

生活上的困扰	比例	社交圈子	比例	求助方式	比例
难以与他人沟通	41.77%	没有	10.13%	求助家人	62.03%
行动不便	34.18%	1~5个	47.47%	求助朋友	56.33%
无法参与到工作、学习	25.32%	6~10个	22.76%	求助社会	34.81%
社会歧视	22.15%	10个以上	19.62%	自己解决	1.9%
生活艰难	21.52%			求助志愿者或社工组织	9.49%
难以融入社会	18.99%			没有困难	0.63%
缺乏感情、婚恋生活	13.29%				
社交圈子小、渠道单一	20.89%				

三、有效帮扶特殊困难群体方面存在的主要问题

广东作为我国志愿服务的发源地之一,在扶老助残、扶贫济困志愿服务等领域进行了丰富的探索与实践,为改善民生和创新社会管理提供了有益的补充。但与特殊困难群体的实际需求以及建设幸福广东的目标要求相比,还有很多不足之处和需要改进的地方,主要集中在以下三个方面。

1. 广泛性不足

目前,广东各类公益志愿者组织的成员,绝大多数是大中学生、机关事业单位青年和外来务工青年,其他职业、阶层的人士参与志愿服务较少。一是缺乏党政领导、企业家、社会精英的资助参与,志愿服务缺乏示范性和影响力。从国外和港澳地区的经验看,社会精英参加志愿组织,有利于向公众体现示范作用,吸引各阶层、各群体的参与服务。二是缺乏专业人才、技术人才的参

与。学校教师、医疗人士、法律人士、科技人才的参加,有利于发展专业化志愿服务,更好地帮助有需要的人群。目前,专业人士认为志愿服务停留在"扫大街、看老人、做表演"的低水平,缺乏吸引力,不愿主动参加,制约了专业志愿服务的发展。三是缺乏各类职业人士参与。由于主要的志愿服务仍然是前往社区、农村开展敬老活动、助残活动、关爱活动等,中青年骨干认为工作忙、时间紧,缺乏参加服务的热情。中青年希望有多样化、丰富性的服务,包括不需占用太多时间,可以通过网络、咨询提供的志愿服务。

2. 创新性不足

从社会各阶层人士对于志愿服务状况的评价看,主要认为志愿服务项目的创新性、吸引力不足。一是项目未能适应城乡居民的具体需求,缺少新颖魅力。一些群众反映服务项目"大路货"、"一般化",未能满足他们个性化的需求,也难以适应特殊困难群众的切实需要。二是项目较多政治、行政色彩,而缺乏人性化、人情味,让志愿者感到隔阂,让群众感到疏远。三是项目对于"90后"青少年缺乏吸引力,不够时尚、不够亮丽,没有渗透到新一代人的心里。公众反映志愿服务项目还是上级布置多、移植项目多,缺少志愿者参与策划和设计的新颖项目,没有充分吸收公众参与和贡献。

3. 长效性不足

从志愿者和群众反映的情况看,帮扶特殊困难群体的志愿服务缺乏持续性、长效性的发展机制,或者是大型活动、临时任务召集服务,如"创文"服务、春运服务;或者是资源集中的时候服务,如暑期大学生志愿服务等。然而,在日常生活中的多样性志愿服务不足,难以满足城乡群众日趋普遍的需求。一是缺乏"邻近服务"、"就近服务"。即特殊困难群体在日常生活中需要细小、灵活的志愿服务时,找不到周边的志愿者。二是缺乏"举手之劳"、"简便易为"的服务。很多居民、外来人员表示,自己愿意做志愿者,但是没有固定时间集体活动,希望参加简单、灵活的服务项目,却很难遇到。三是缺乏"前后接力"、"持续推进"的服务。群众反映志愿服务(学雷锋)"三月来四月走"、"轰轰烈烈没下文"的状况仍然普遍存在,很难产生让群众持续受益、不断深化与丰富的服务项目。

以上这些问题,一方面是政策、制度的创新不够,另一方面是社会化志愿服务力量不足,需要在党和政府的支持下,通过大力培育志愿组织、大力传播志愿文化,逐渐掀起公民参与志愿服务的高潮。

四、发展志愿服务岗位化和专业化，为特殊困难群体提供有效帮扶

在开展帮扶特殊困难群体的志愿服务过程中，普遍存在"行政化、形式化、短期性、随意性"等问题，导致政府服务和市场服务都未能适应特殊困难群体日益增长和变化的生活、学习、社交等方面的个性化需求。为此，广东省探索通过志愿服务岗位化、专业化发展和运行模式，根据社会人群的个性化需求，尤其是特定群体（特殊困难群体、重点青少年群体等）的"或有"与"常有"需求，设置固定的服务岗位，明确具体服务内容和目标，建立和完善覆盖全社会、与政府服务和市场服务相衔接的社会志愿服务体系。

（一）志愿服务岗位化发展思路

1. 基本原则

①按需设岗。按需设岗就是针对人民群众的生活发展、解决困难等需要，根据社会发展与文明建设等需要，在志愿者组织中设置长期或短期的具体特定服务内容和目标的志愿者岗位。如残疾人服务岗位，需要定期与残疾人沟通交流、帮助残疾人解决生活问题、协助残疾人创业就业等。又如老年人服务岗位，需要定期慰问关怀老年人、针对老年人生活的需求提供具体扶助、帮助老年人健康长寿等。科学设置服务岗位的关键是要细分需求、细化岗位。②专业服务。实现志愿服务岗位与人力有效配置的关键是逐渐推广专业服务，即根据社会人群服务需求的特点，安排具有特长、适合对象的志愿者提供服务。这种专业服务包括两种类型：一种是专业志愿者如医生、律师、教师等提供的服务；另一种是普通志愿者长期针对特定对象、特定项目提供服务形成的专业优势。③资源配置。志愿服务岗位化的建设，需要科学配置资源、合理使用资源。其中最重要的是人力资源、资金资源和智力资源。人力资源是直接服务社会人群的志愿者，包括一线志愿者和专家志愿者。资金资源是帮助困难群体、边缘青少年等需要的资金，以及志愿组织实施服务过程需要的资金。智力资源是为岗位化服务提供研究、策划、咨询、评估的资源，有利于志愿服务提升水平，更好地帮助服务对象。④组织保障。志愿服务岗位化的组织保障体现在三个层面：首先是加强各类志愿服务站、志愿服务队的建设，形成遍布社区、农村的服务联系网络，准确查找和了解特殊困难群体主要分布和基本需求。其次是各级志愿者联合会（青年志愿者协会、义工联）和行业志愿服务队伍的保障机制。主要是提供专业志愿者，进行志愿者专业培训，开展志愿服务专业交

流等，促进各种类型志愿者参与社会人群需要的服务。最后是志愿服务管理机构提供的保障和支持，包括党和政府的政策措施，政府购买服务提供的资源，等等。

2. 运行机制

志愿服务岗位设置之后，必须建立科学合理、长期支持的运行机制，将志愿者力量与社会资源有机结合，保障持续提供有效服务，帮助社会人群。①一线志愿者联系机制。"一线志愿者"是指围绕志愿服务岗位所在地附近的志愿者，其特点是来源广泛、灵活机动。通过一线志愿者将特定群体服务需求反馈到志愿者组织后，经整理和分析确定主要服务内容，便招募派遣专业志愿者开展服务。②专业志愿者服务机制。"专业志愿者"是掌握专门知识技能、能够针对性处理问题和提供服务的志愿人员。通过志愿组织与大专院校、科研机构、医疗卫生机构、公检司法部门、文化传播部门的联系，聚集各领域、各行业的专业志愿者，根据不同社会人群的需要，设置志愿服务岗位提供服务。③团队志愿者协作机制。由于专业志愿者的职业工作和家庭生活等原因，不可能全日制提供志愿服务，需要根据服务对象的需求建立志愿团队进行协作服务。根据服务对象的个性化需求，调配不同类型的专业志愿者提供组合式服务，切实满足特定服务群体的需要。④"社工+志愿者"联动机制。民政部门、共青团和文明办等单位联合出台政策措施，在机制联建、组织联动、队伍联育、信息联享、交流联接等五方面明确社工与志愿者联动的具体工作举措和工作任务，并就落实联动工作提出具体保障措施。⑤志愿者平台配送机制。利用各级志愿者联合会建立志愿者人力资源、社会资源、服务项目等各类数据库，根据特定群体服务、民生改善服务、社会发展服务的需求进行合理配置和调配，实现服务对象、服务项目、志愿者、资源等精准、无缝对接。⑥志愿者机构研发机制。一方面，通过高等院校、科研机构、文化机构创新志愿服务项目和内容；另一方面，通过枢纽型社会组织、社工机构为志愿服务提供科学的指导和支持，研究并开发具有专业水平、产生实际效果的服务项目。⑦志愿者体系激励机制。结合志愿者成长发展的需求，建立一套涵盖精神荣誉、个人发展、生活回馈、快乐兴趣培训、社会交往等内容的激励体系，激发志愿者长期、持续参与志愿服务的热情和愿望，实现"助人自助"。

（二）志愿服务专业化发展思路

志愿服务的岗位化发展，需要建设具有专业能力、善于专业服务的志愿者队伍，从而推进志愿服务专业化发展，更好地满足特定群体（尤其是特殊困难群体）的实际需求。

1. 搭建专业志愿服务模式

①岗位专业化。从临时性、随意性的服务活动转向常态化、长效化的服务行为，就需要设置具有专业水平的志愿服务岗位。②开发专业性强的服务岗位。大力吸纳和引导各行业领域专业人员参加志愿者组织，积极开发专业服务岗位、实现专业服务效果。③人员专业化。通过招募专业人才充实到志愿服务岗位、加强志愿者培训辅导提高服务专业水平、鼓励志愿者在实践中转型提升等方式，实现人员专业化。④资源专业化。志愿服务岗位的资源专业化，就是根据岗位职责的要求，掌握服务对象的需求，不断聚集有效的服务资源，减少资源浪费，也避免资源短缺。⑤组织专业化。调查发现，现有的志愿组织同质性太强、交叉性很大，缺乏明确的组织目标和工作定位，需要推动志愿者组织发展优势项目，精准对接具体服务领域和需求，实现志愿者组织专业化发展。⑥评价专业化。通过引进第三方专业评估机构的模式，发展志愿服务岗位化的专业评估体系，对服务项目的服务成效进行评估，从而建立政府、企业、公民的信任，赢得更多、更持久的支持，促进志愿服务事业持续、科学发展。

2. 发展行业志愿者队伍

提升志愿服务发展水平，更有效地帮助和服务特定群体（尤其是特殊困难群体），需要在各部门、各机构、各社团、各领域吸引具有技能特长、专业资质的从业人员成为专业志愿者，充实和提升志愿者组织的服务能力和水平。①完善行业志愿服务工作体系。加强各级志愿者联合会建设，发挥其具体指导行业志愿服务总队的职能；设立行业志愿服务指导委员会，负责具体指导本领域内的行业志愿服务工作，制定本行业志愿服务发展规划，建立行业志愿服务运行保障机制、表彰激励机制和志愿骨干培养机制；成立行业志愿服务总队，负责具体承担本行业志愿服务活动开展以及志愿者的招募、注册、培训、考核、激励和管理等各项工作；推动行业志愿者组织社会化发展，推动条件成熟的行业志愿者组织注册登记成为具有独立法人资格的民办非企业单位或社团机构，通过社会化运作的方式吸纳人才、募集资金、运作项目和发展事业。②加强行业志愿服务队伍建设。一方面，规范行业志愿者招募注册管理。依托广东志愿者网等综合服务平台，建立以社会公开招募为主的行业志愿者招募机制，建立行业志愿服务人才库和志愿者个人志愿服务档案，加强对志愿者服务时数和服务成效的评估管理。另一方面，实施"双千双百"志愿者骨干培养工程。各行业领域用三年时间组织培训1000名志愿者骨干，建立巩固1000个志愿服务阵地，挖掘培养100个优秀志愿者典型，孵化培育100个优秀社会志愿者组织，为行业志愿服务事业发展储备人才、奠定基础。③抓好重点领域行业志愿服务。一方面，重点抓好公共服务和窗口行业的行业志愿服务工作，在医疗卫生、扶老助老、扶残助残、科学普及、文化宣传、环境保护、应急救援、全民健身、消防安全、抗震救灾、法律援助、纳税服务、支教助学等领域，率先建立规范有力的行业志愿服务组织架构、运行机制和工作体制。另一方面，重点发挥党团员和公职人员的先锋表率作用，在各行业志愿服务总队的框架内建立组织形式多样、队伍管理规范、服务水平专业的志愿服务队伍，同时，还要重点面向农村、社区和困难群体开展行业志愿服务工作，创新开发行业志愿服务项目，增加行业志愿服务内容供给。

3. 提高志愿者专业水平

①志愿者实践成长。志愿服务是需要扎扎实实、持续推进的事业，愿意逐渐熟悉并长期服务的志愿者，才能够很好地帮助社会、帮助他人。通过注册登记、表彰激励等方式建立一支长期、稳定、专业的志愿者人才队伍。②志愿者技能提升。提高志愿服务专业化水平，有效发挥志愿服务岗位成效，最重要的是逐渐建立完善的志愿者培训体系。通过技能培训、岗位实践、对外交流等方式建立志愿者培养体系，帮助志愿者进行技能提升和转型升级。从省市志愿者领袖培养、镇区级志愿者骨干培养、社区级志愿者技能培养，到各类志愿者专业技能培训设计和实施，不断发展和丰富，适应志愿服务岗位化专业化的需求。③志愿者兴趣培养。鼓励更多志愿者将个人兴趣爱好与志愿服务相结合，寻求有效发挥自身特长与优势的机会。

通过推动志愿服务岗位化和专业化发展，为人民群众和特定群体（尤其是特殊困难群体）提供切实有效的帮扶，并带动社会各界以志愿服务的形式，积极参与改善民生和创新社会管理，从而建立和完善覆盖全社会、与政府服务和市场服务相衔接的社会志愿服务体系，建设幸福广东，为实现广东省"三个点位，两个率先"的总目标作出新的更大的贡献。

广东省青年志愿者行动指导中心
执笔人：黎元宇、黎业辉

广东省青年网商发展现状与对策研究

伴随着互联网浪潮席卷全球,电子商务这一新型的商业运营模式迅速发展,几乎成为人们生活中不可缺少的部分。它的出现对传统商务模式形成了强烈的冲击,对经济结构调整产生极为深刻的影响。它改变了传统的社会生产方式,使人们的思维和生活方式发生了深刻变革。根据艾瑞咨询统计数据,"2012年中国电子商务市场整体交易规模为8.1万亿元,增长27.9%"[①],这一数据直观反映了当下电子商务已经遍地开花,并以更加迅猛的速度影响着各个行业。

随着电子商务的发展,"网商"的概念进入人们的视野。阿里巴巴创始人马云将其定义为:"在互联网上运用电子商务工具进行商务活动的个人或是企业。"这一概念反映了电子商务将彻底回归商业本质,从关注技术到关注商人的现实,也从更深层次上揭示了电子商务的新变化和发展的新方向。这个阶段的电子商务在为传统企业输入新经济创新理念的同时,也从后者吸取具有深厚底蕴的商业精华,从"技术导向"回归"商务导向",商业生态特征日益突出。

网商的发展经历了三个阶段。第一阶段是2004年之前,为萌芽阶段。网商企业多为".com"公司,还没有形成数量规模,主要以当当网、卓越网为典型代表。第二阶段是2004年到2007年,为浮现与成长阶段。网商的数量和交易量迅速扩大,第三方支付业务开始兴起。第三阶段是2007年至今,为纵深发展阶段。网商被认为是一种新的职业类型,其发展日益呈现生态化趋势,网购品种日益丰富。核心平台日益开放,网商之间的自我服务体系也开始走向产业化。北京大学中国社会与发展研究中心联合阿里研究中心2012年对个体店主作了调研,发布《谁在开网店》调查报告。报告显示:"截至2012年上半年,中国网商数量达到8300万,网络购物用户已经超过2.14亿人,占网络用户总比数比例超过了42%。"

目前,珠三角、长三角和京津唐地区成为我国电子商务发展的三大增长

---

① 艾瑞咨询网,http://ec.iresearch.cn/shopping/20130128/192198.shtml,2013年1月28日。

极，正处于快速扩张的阶段，呈现专业化、规模化、集聚化发展的特点。而在三大区域中，电子商务与传统产业的加速融合，也助推了经济结构调整和产业转型升级。

与此同时，根据《广东省电子商务"十二五"发展规划》，在全球化和信息化进一步深化的大背景下，电子商务发展将迎来重大发展机遇，同时又将面临诸多挑战。伴随着全球化、信息化的到来，伴随着国内规范化、区域化的竞争和广东省社会结构、消费观念的转变，网商该何去何从？这成为广东省电子商务发展亟待解决的课题。

本文希望通过对广东省各地市的青年网商进行调查与深入访谈，全面了解其发展过程中遇到的瓶颈，并分析问题原因，提出对策建议。

一、文献综述

（一）网商的概念及其特征

2004年，阿里巴巴研究中心的网商发展研究报告中，将网商定义为"在互联网上运用电子商务工具进行商业活动的个人或是企业"。2006年12月，阿里巴巴和《电子商务世界》杂志合作发布的《网商赢天下》从广义和狭义两个方面对网商进行了定义："所谓'网商'，从广义上讲，泛指在信息和通讯技术所构建的网络上进行商务活动的个人或企业；狭义上讲，主要指运用电子商务工具，在互联网上持续进行商务活动的个人或企业。"结合以上资料，本文将网商定义为：持续运用电子商务方式从事电子商务活动的个人和企业。

李安渝则对网商概括出以下特点：①依托网络工具进行采购、销售、企业产品展示等日常经营活动；②商业信誉是其在网络环境中提升业务的基石；③通过提高交易量和交易额提升其网络信誉值。这三个特点区分了电子商务与传统商务的不同，表现出网商的交互性与交易性。互联网实验室《网商冲击波》也提出"交互"和"交易"是网商的两个基本特征。其中所指的交易性即网商的商人特征，而交互性则体现为网民特征。

（二）国内网商存在的问题及对策研究分析

目前，国内关于"电子商务"的研究尽管还不算成熟，但是已经相当丰富，而关于"网商"的研究刚刚起步，亟待完善。

关于国内网商存在的问题及对策研究分析，李安渝、孙璐提出："目前网商经营存在的问题主要包括物流问题、支付问题、信用问题、非法交易问题……提高网商经营能力的对策在于品牌化的建立以及良好的供货渠道保证。"[①] 胡桂兰研究发现，网商发展的影响因素可以分为内外两部分，其中，外部因素包括政府态度、法规制度、完善的网络平台、硬件基础和良好的物流；内部因素则有网店的信誉、货源的渠道、网络营销方法、计算机技能、网络学习能力和成功的信心。[②] 刘二涛提出，网商整体规模较小、电子商务综合素质不高、企业信息化水平较低、电子商务信用体系不健全、地方政策法律环境不完善成了网商发展的劣势，人才培养与市场需求脱节、电子商务与传统工商业融合不够、物流整体水平落后成了网商发展的挑战。[③] 庄荔分析目前阻碍中国网商发展的因素主要有管理约束、扩张约束、资金约束、环境约束。她认为在外部因素上改变政府态度、完善法律法规、完善电子商务交易平台尤为重要；在内部因素上提高市场开发及资源整合能力、建设良好的供货渠道、品牌化迫在眉睫。[④]

针对广东省网商发展现状，广东省政府也出台了相关政策及意见。2005年4月，广东省人民政府转发《国务院办公厅关于加快电子商务发展若干意见》，提出要"充分认识加快电子商务发展的重要意义，积极推进加快电子商务发展的政策法律环境和支撑体系建设，认真做好电子商务发展规划和应用工作"。2012年年底，广东省人民政府又提出："加快培育一批电子商务平台和网商、大力普及和深化电子商务应用、完善电子商务发展支撑体系、推动电子商务创新发展、实施电子商务示范工程、加大政策支持力度。"

（三）研究问题评述与突破口

不同学者对青年网商的问题研究，总体来说包括以下几个方面：

（1）制度层面：注册程序繁琐，融资难度较大，交易模式不规范，支付问题不安全。

（2）运营层面：货源不稳定，仓储无地方，物流速度有待加强，价格竞争激烈。

[①] 李安渝、孙璐：《网商经营现状研究》，载《商业观察》2013年第1期。
[②] 参见胡桂兰《网海淘金：成功网商创业案例》，清华大学出版社2008年版。
[③] 参见刘二涛《武汉市网商发展的现状与对策研究》，华中师范大学硕士学位论文，2009年。
[④] 参见庄荔《我国C2C网商的发展策略研究》，北京邮电大学硕士学位论文，2010年。

(3)社会层面：信用体系未成熟，信息交流较贫乏，人才供给缺口大。

以上问题研究基本涵盖了青年网商的各方面问题，但学者们并没有就现存问题的严重程度及其对青年网商的危害程度进行分析，而是呈现以下几个特点：

(1)文献总体而言以定性研究为主，且大多属于评论性文章，缺少翔实的数据支撑与实证分析，因此主观性较强，得出的结论可信度较低。

(2)关于青年网商的问题研究大多建立在中国网商发展报告的基础上，得出的结论大多千篇一律，缺乏新的发现。

(3)现有研究大部分从全国的角度出发，而关于广东等典型区域青年网商的研究还是空白。

由此可见，已有的文献并没有很好地回答改善青年网商现状的对策与建议。如何深入挖掘其中的难点和要点，并深入分析这一现象产生的原因就是实际的问题所在，也是解决问题的突破口。

二、广东省青年网商发展现状与问题分析

(一)青年网商基本信息

本次调研于2013年8月开展，共发放问卷100份，回收有效问卷69份。调查对象为来自全省21个地市、45周岁以下的青年网商。各地市团委随机抽取当地青年网商作为调研样本，尽量覆盖不同的学历人群、多个经营类别。同时，调研组还对个别典型青年网商进行访谈，现场指导问卷填写并回收。

1. 年龄

由图1可知，超过60%的青年网商年龄在20岁至30岁之间，超过95%的网商年龄在35岁以下。由此可以推断，"80后"和"90后"是广东省青年网商的主力军，并且"95后"也逐渐开始登上网商舞台。

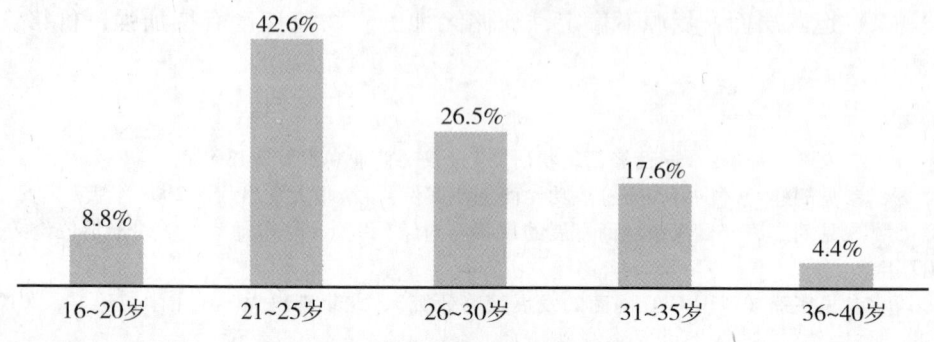

图1 广东青年网商年龄概况

2. 身份

由图2可见，广东省青年网商队伍中，有超过一半的人（61%）是全职网商，有接近20%的网商是在校学生。

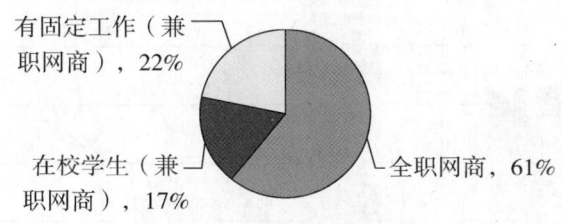

图2　广东青年网商身份概况

3. 学历

从图3可以看出，48%的调查对象学历为本科，27%为大专，有接近25%的调查对象没有接受过高等教育。从中可看到网商市场受到不少高学历人才青睐，但是也有部分网商学历层次明显偏低。

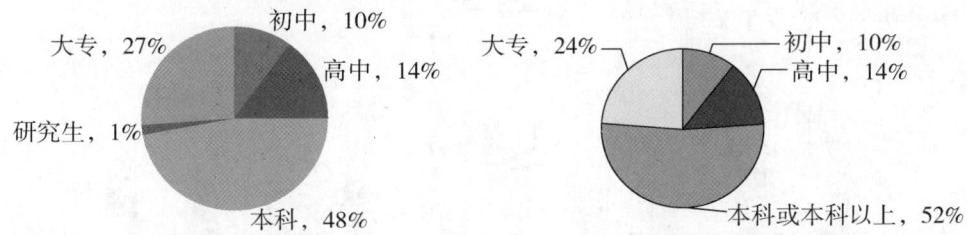

图3　广东省青年网商学历概况　　图4　21～35岁年龄段青年网商的学历概况

根据图4得知，21～35岁年龄段的网商有一半有本科或本科以上学历，但是还有接近1/4的青年网商没有接受过高等教育。21～35岁青年网商学历层级分明，有接近1/4的青年网商结束高中或初中学业后就开始走进社会。

4. 创业时间

从图5可以看出，广东省青年网商的创业时间较短，82.6%均在两年以内，这一数据可直观看出前三年是广东青年网商蓬勃发展期。不少青年抛开传统就业观念，利用网络打造出自己的一片天地。

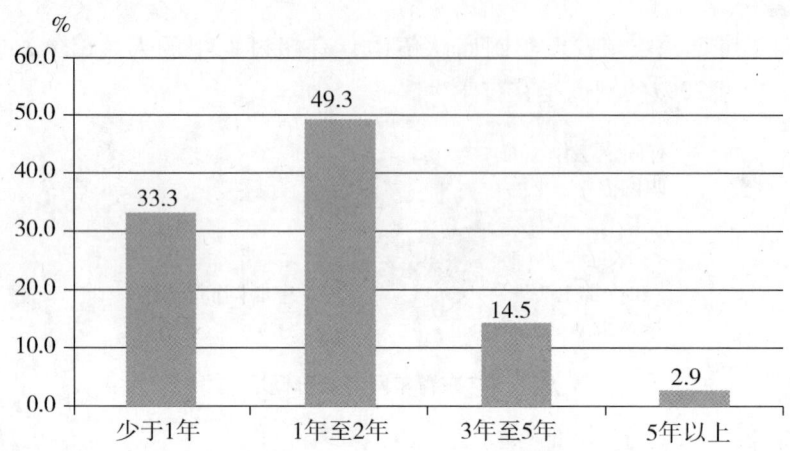

图 5　广东省青年网商创业时间

5. 初创资金

由图 6 可知，广东省青年网商初创资金普遍在 5 万元至 50 万元之间，其中，初创资金少于 20 万元的占 21.2%。

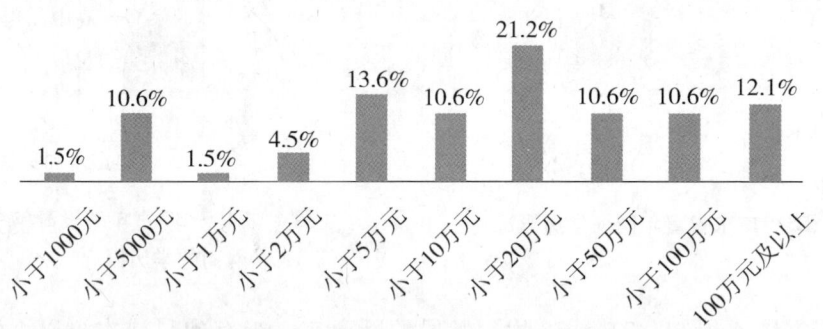

图 6　广东省青年网商初创资金

通过以上的分析，我们可以初步描绘出广东省青年网商的大致形象：年龄普遍在 35 岁以下；接近一半人有本科学历，有将近 1/4 的青年结束了初中或高中的学业后就踏足社会。广东省青年网商都比较年轻，创业时间大多低于 5 年，由于社会经验还比较欠缺，所以初创资金大多不足 50 万元。

（二）广东省青年网商运营基本情况

1. 广东省青年网商公司大多处于起步阶段，运营规模小

根据表 1 可知，42.78% 的青年网商公司规模在 10 人以下，90.36% 的公

司规模在50人以下，规模超过100人的青年网商企业所占比例不足10%。青年网商企业运营规模小，形成容易操作、容易管理、盈利快的特点。有的网商企业还处于起步阶段，规模小，力量有限，所以年销售额也偏少。从表1看到，公司规模越小，年销售额越少；公司规模越大，年销售额越多。10人以下的企业年销售额集中在200万元以下，10~19人的企业年销售额集中在500万元以下，20~49人的网商企业年销售额为2000万~5000万元，50人以上500人以下的企业年销售额基本可以过千万。公司规模直接影响年销售额，年销售额与公司规模成正比例增长。

表1 广东省青年网商企业年销售额与公司规模的关系（单位:%）

公司规模	年销售额							合计
	100万元以下	100万~200万元	200万~300万元	300万~500万元	500万~1000万元	1000万~2000万元	2000万~5000万元	
10人以下	17.40	19.04	0.00	3.17	3.17	0.00	0.00	42.78
10~19	9.50	6.35	4.76	1.59	3.17	4.76	0.00	30.13
20~49	0.00	3.17	4.76	1.59	1.59	3.17	3.17	17.45
50~500人	0.00	0.00	0.00	0.00	0.00	5.93	0.00	5.93
500人及以上	0.00	0.00	0.00	0.00	0.00	0.00	3.17	3.17

2. 广东省青年网商经营场所主要集中在城市，经营类别集中在服装鞋包类和日用品类

根据表2，69.6%的青年网商企业在城市，而落户在城镇和农村的网商企业分别占11.6%和13.0%。显然，网商企业的落户点与企业的经营类别有十分密切的联系。由于农产品不方便运输，而广东的网商企业主要集中在城市，所以经营类别主要以轻工业商品为主。根据图7显示，服装、鞋包类占31%，日用百货、母婴用品、化妆品类共占24%。因农村的网商企业较少，所以仅有1%的网商企业经营农产品，仅有6%的网商经营食品。除此以外，文化类（艺术品、音像书籍类）仅占8%，高科技产品类（电子产品类）仅占7%，家居建材类、电器类各占6%，虚拟类（旅游、充值服务、社区家政等）仅占4%。由此可见，广东电商企业经营类别相对集中，品种单一。

表2 广东省青年网商企业办公场地（单位:%）

场 地	有效百分比
农村	13.0
乡镇	11.6
城市	69.6
其他	5.8

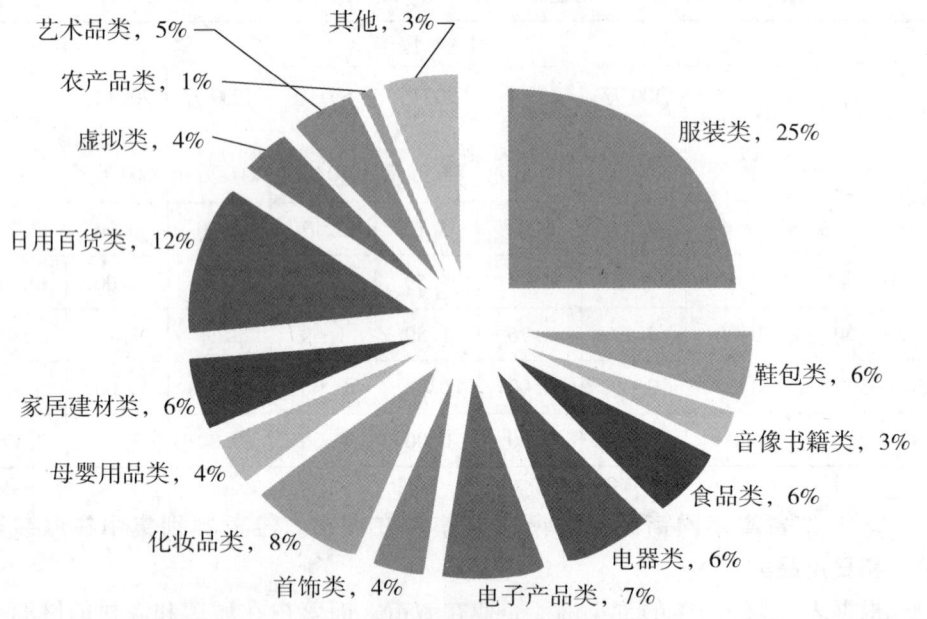

图7 广东省青年网商经营类别

3. 部分企业创立自己的品牌，大多数企业有品牌意识，但尚未形成规模

如表3所示，有47.0%的青年网商有长远的品牌规划，26.5%的企业有短期的品牌规划，还有26.5%的企业尚未进行品牌规划或者不打算做自主品牌。从产品的进货渠道（如表4所示）看，接近一半的企业（49.2%）有自己的品牌，自产自销或者找工厂代工；超过35%的网商尚未形成自主品牌。

表3 广东省青年网商企业品牌规划概况（单位:%）

品 牌 规 划	有效百分比
有长远的品牌规划	47.0
有短期的品牌规划	26.5
尚未进行品牌规划，但有此打算	25.0
不打算做自主品牌	1.5

表4 广东省青年网商企业产品进货方式（单位:%）

进 货 方 式	有效百分比
自有品牌，找工厂代工	35.6
自产自销	13.6
直接从厂家进货	28.8
从批发市场进货	5.0
从网上进货	1.7
提供服务或虚拟产品	13.6
其他	1.7

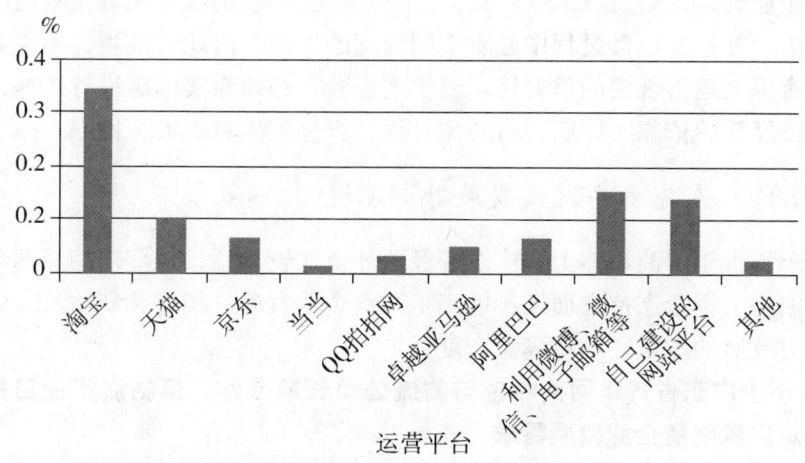

图8 广东省青年网商运营平台选择概况

从图8可知，广东省青年网商目前的销售主要利用淘宝、微信、微博、电子邮箱等平台。从淘宝、天猫、京东、当当等网页的官方网站信息得知，淘宝、QQ拍拍网的创业门槛较低，不需要保证金。天猫、京东、卓越亚马逊、当当都需要一定保证金,并要求卖家企业有一定规模。根据各大交易平台的开店条件,我们可以总结出几点规律:在淘宝、QQ 拍拍网开店,相当于在网络"摆地摊";天猫要求有自己的品牌,可以说是"专卖店";京东、当当、卓越亚马逊则要求有一定的注册资本,可以说是规模比较大的"名牌店"。从图 8 分析可知,广东省青年网商目前的营销平台以淘宝为主,营销模式以 C2C(个人对个人)的简单营销为主,较少涉及 B2C(企业对个人)和 B2B(企业对企业)这样的大宗商品交易。

表 5 广东省青年网商企业运营渠道(单位:%)

运营渠道	有效百分比
只有网络销售	30.4
以网络为主,实体为辅	23.2
网络与实体销售相当	20.3
以实体店为主,网店为辅	23.2
只有实体店,未建立网络渠道	2.9
合计	100.0

从企业的运营渠道(表5)看,已经有超过70%的青年网商企业有了自己的实体店,并且在运营过程中起着不同程度的作用。由此可推测,不少青年网商已经意识到运营规模的重要性。要扩大经营,必须靠实体店进行扩展,有不少企业已经开始依靠实体店进行转型升级,打算把生意做大、做强。

(三)广东省青年网商发展外部环境

广东省青年网商总体上对广东的经营环境比较满意,但广东的经营环境在物流、网络、资金支持方面还不能满足网商企业发展。经过调研得知,94.1%的网商对政府的政策环境持满意态度。

1. 不少广东省青年网商希望与物流公司长期合作,但物流行业目前未能完全满足广东网商企业发展需求

经调查,目前68.1%的网商企业与物流公司签订了合作协议,由此可见大部分网商企业希望与物流公司长期合作。由图 9 可知,有 76.8%的网商企业遇到因物流问题导致顾客不满意且造成损失(退货或投诉)。目前遇到的物流问题包括配送时间太长、包裹损坏、包裹被偷换、偏远地区不送货、物流成本过高。

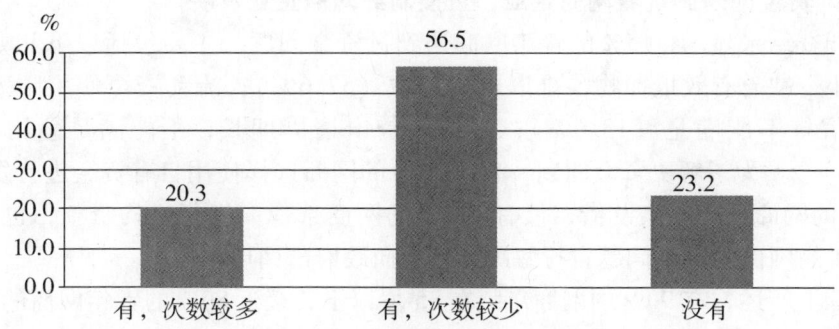

图9 关于物流问题的投诉情况

2. 广东省青年网商企业在近几年的发展中大多遇到过网络问题,这也是制约不少青年网商企业发展的一大因素

从前文的图表可知,广东省青年网商企业时间大多低于5年,80%的企业营业时间不到3年,而在这短短的几年时间里,有3/4的网商企业因网络安全问题而遭受过损失,19.1%的企业有严重损失(见图10)。网络安全问题制约广东网商企业的发展。在遭遇过网络安全问题的企业中,我们发现网络安全问题主要表现在以下几方面:信息泄漏(14.9%);账户被盗,身份被冒充,名誉受损(44.8%);网站被攻击,以致瘫痪(38.8%),如表6所示。

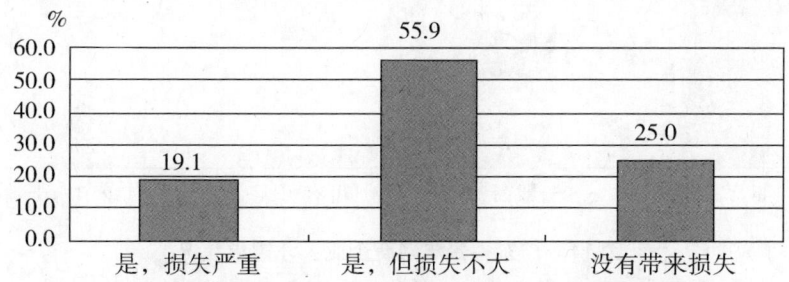

图10 广东省青年网商面临网络安全问题概况

表6 广东省青年网商企业关于网络安全问题(单位:%)

网 络 安 全	有效百分比
信息泄露	14.9
账户被盗,身份被冒充,名誉受损	44.8
网站被攻击,以致瘫痪	38.8
没有遇到	1.5
合计	100.0

3. 资金问题困扰着网商企业，直接制约网商企业发展

调查结果显示，65%的青年网商遇到过资金问题，主要包括以下几方面：规模小，缺乏有效抵押物，难以申请贷款（57.6%）；流动资金使用频率高，传统信贷不能满足（13.6%）；传统信贷申请周期长，不能满足急用需求（15.3%）。为了解决资金问题，有53.6%的网商选择使用自有资金进行发展，8.7%的网商选择向亲友借，仅有1.4%的网商选择向银行机构贷款；也就是98.6%的网商的资金问题自行解决，较少向政府部门申请援助。

综上所述，有90%的网商年龄在35岁以下，接近80%的青年网商的初创资金不足50万元，规模越小的企业，年销售额越少，盈利相对少。在资金问题解决过程中，仅有1.4%的网商在融资过程中向政府求助。多数网商面临融资困难问题，流动资金少这一问题直接制约广东网商企业发展。银行贷款麻烦、周期长、需要抵押物，这些是广东网商不向政府求援的主要原因。

（四）广东省青年网商企业发展的内部需求

广东省青年网商企业的内部需求主要是人才方面的需求。人才需求主要表现在对客服人才的需求、对美工人才的需求以及自身电子商务知识的需求。

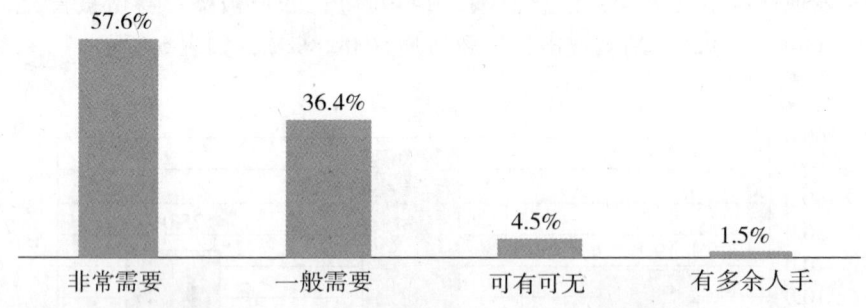

图11　广东省青年网商企业人才需求状况

通过图11可知，非常需要人才的网商企业占57.6%，这一数据表明目前广东省青年网商企业人才问题亟须解决。然而，当前市场上人才的供给小于企业的需求，因此导致供不应求的局面。有受访者表示"整个网商市场处于一种人才极度缺乏的状态"。

表7　广东省青年网商企业客服情况（单位:%）

客 服 情 况	有效百分比
有专职的客服人员	7.6
有兼职客服人员	57.6
没有客服人员	34.8
合计	100.0

表8　广东省青年网商企业客服学历（单位:%）

客 服 学 历	有效百分比
初中及以下	4.5
高中	66.7
本科	28.8
合计	100.0

1. 大多数公司没有专职客服人员，且客服人员水平不高

综合表7、表8的信息，我们可以看到，只有7.6%的广东省青年网商企业有专职的客服人员，其他企业均无专职客服。71.2%的客服没有接受过高等教育。

表9　广东省青年网商企业的客服问题（单位:%）

客服出现的问题	有效百分比
业务繁忙，客服人手不够	50.0
客服工作能力不足	33.3
没有客服问题	16.7
合计	100.0

表10　广东省青年网商企业遭遇的客服投诉概况

客服投诉概况	有效百分比
有，次数较多	26.2
有，次数较少	35.3
没有	38.5

从表9、表10可知，累计83.3%的企业对客服不满意，其中50.0%的企

业业务繁忙，客服人手不够；有33.3%的企业客服能力不足，可见高质量的客服人才在广东省青年网商企业中非常缺乏。也正因为这样，有61.5%的企业收到过关于客服的投诉。客服水平问题直接影响商品出售，以及整个企业的盈利状况。有受访网商坦诚，其员工大多是兼职的大学生，缺乏经验，不懂与客户交往的技巧，没有专业人士进行引导，业务水平难以提升。

2. 大多数青年网商企业有专职美工技术人员，但其水平有待提高

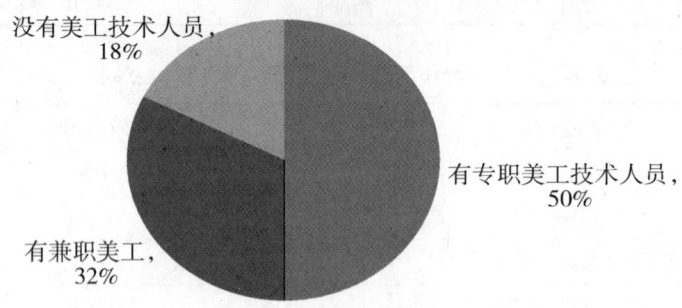

图12 广东省青年网商企业美术人员概况

表11 广东省青年网商企业网站设计问题（单位:%）

网 站 设 计	有效百分比
技术水平不高	19.7
双方较难沟通，想法不能完全实现	19.7
技术人员缺乏创新能力	39.3
其他	21.3
合计	100.0

广东不少网商企业已经意识到美工技术的重要性，有超过80%的企业有美工技术人员。但是这些美工技术人员不同程度上存在能力不足的问题，有19.7%的企业美工技术人员水平不高，19.7%的企业美工技术人员不能准确传达企业的信息，有39.3%的企业美工技术人员缺乏创新能力。

不少网商非常希望能不断学习电子商务知识，有97%的青年网商学习欲望强烈，认为自己需要进一步学习电子商务知识。有仅具备中学学历的网商表示："现在觉得学习很有必要，尤其是学习与网商发展有关的知识。很希望有专家教授进行数据分析，以便做出下一阶段的营销决定。"

（五）广东省青年网商发展现状小结

综上所述，广东省青年网商大部分是刚踏足社会的、年龄不足 35 岁的青年，他们满怀激情，接近一半的网商有本科学历。他们是广东电子商务平台的一股新生力量，但在运营、外部环境、人才等方面普遍存在问题。

广东省青年网商企业发展过程中所呈现的运营、外部环境、人才三大问题，看似相互独立，其实三者有十分密切的联系。经过分析，融资问题是制约广东省青年网商发展的最根本问题。广东省青年网商有很多是刚从学校走上社会的，他们有理想、有才干、有激情，但缺乏社会经验，缺乏资金支持。一方面他们初创资金少，起步点自然会比较低；另一方面普遍遇到过融资困难。资金不足制约了其企业的运营规模，进货的商品就只能局限于衣服鞋包、日用品这一类成本较低的货源，并且只能采用"现买现卖"的 C2C（个人对个人）运营方式，不能做长远的、见效慢的投资。像钢材、家具这类成本较高的货源，恐怕刚起步的青年网商只能"望洋兴叹"。

对于网商发展的外部环境，物流、运营类别、运营场所这几个因素密切联系。因为物流的运送还不能到达农村和省外偏远地区，有些城市的物流不能提供有效的保质、保鲜服务。很多网商企业的落脚点选择在城市，在经营类别中，只有 1% 的青年网商企业经营农产品。可见，资金少、物流运送能力不足，是广东省青年网商企业运营类别集中的主要因素。

目前，广东省青年网商发展还存在人才问题。网商人才严重缺乏，网商企业都处于"人才饥渴"状态。从更深层次看，我们还应该明确企业的品牌问题。企业利润要增长，如果仅仅靠"从厂家进货—提高价格卖出"的营销模式，是远远不能达到目标的。企业要能抵御经营过程中出现的大风险，必须有自己的品牌。网商企业要能抵御风险，增加利润，就要把运营规模做大。企业的商品、品牌、客户群体、管理理念、营销理念、人才队伍和企业氛围一脉相承，息息相关。

综上分析，我们可以梳理出广东青年网商的发展短板：运营问题归根结底可追溯到融资问题，人才问题是解决企业接续发展的突破口，而在发展过程中呈现的网络问题、物流问题起到关键性作用。

三、对策与建议

1. 成立广东省青年网商联盟，鼓励广东省青年网商企业"抱团"发展

目前，广东省青年网商企业普遍规模较小，资源分散，形成"单打独斗"

的局面。若要使广东省青年网商队伍不断壮大,就应该鼓励广东省青年网商"抱团"发展,成立广东省青年网商联盟。

吸引广东省青年网商加入"广东省青年网商联盟"大家庭,并且分别在粤东、粤西、粤北地区设立广东省青年网商中心,成为全省青年网商社会组织枢纽机构。广泛凝聚、培育、服务青年网商社会组织,使联盟吸纳、联系、影响更多的青年网商社会组织,并通过他们团结服务广大网商青年,维护成员的合法权益,及时研究和反映成员及其联系对象在发展过程中的问题、建议和要求,为政府有关部门制定相关政策提供参考,让广东省青年网商在联盟中找到"家"的感觉。

鼓励联盟成员自创品牌,搭建网商产业的公共技术服务平台,协助成员进行网商企业的知识产权保护、专利申请;要求各位青年网商诚实经营,制止虚假信息。开展"以老带新"、"以大带小"、"精英带雏鹰"等一对一的帮扶活动,鼓励有实战经验的网商、名牌网商企业对联盟中的青年网商提供帮助。

2. 设立广东省青年网商发展基金,为青年网商提供融资便利

青年网商面临企业运营规模小、经营种类单一、初创资金少等问题。解决融资问题是解决运营问题的突破点。

不少网商反映银行贷款周期长,贷款数目少。设立广东省青年网商发展基金,可由政府拨款、企业或个人捐赠,由广东省青年网商联盟设定专人负责,制定管理基金的相关条款,简化贷款流程,革新抵押机制。青年网商联盟的成员若需要资金方面的帮助,可直接向青年网商发展基金申请贷款。青年网商发展基金会根据网商企业的发展规模、发展规划等因素,为青年网商企业提供不同数量的小额贷款,解决青年网商企业燃眉之急。

发展、规范针对网商的贷款平台,鼓励融资平台根据不同的商户规模,提供不同的融资贷款服务。鼓励银行在第三方网商平台针对广东省青年网商企业的特点,开发新的融资产品,满足青年网商的小额在线融资需求。

引导青年网商做好企业的财政规划,提前规划流动资金,提前规划融资方式,学会以最少的投入获得最大的回报。

3. 为青年网商企业搭建人才资源平台,培养人才,营造良好的发展氛围

网商的竞争归根到底是人才的竞争。只有解决人才问题,广东省青年网商的网站设计问题、网络运营问题、商品品牌等问题才能找到有效解决渠道。

搭建网商人才资源共享平台,降低人才投入成本,最大层面满足企业的人才供给。让同一行业的成员单位合资,共同搭建一个人才资源共享的平台,邀请网商人才为各自的企业进行专业化服务,一方面降低人才投入的成本,另一方面又满足网商企业的人才需求。

依托广东省青年网商联盟,以竞赛选拔的方式,筛选出一批有特色的青年网商企业。联系有实力的企业或相关机构建立孵化基地、企业园区,为青年网商企业提供办公场地支持,营造青年网商企业发展的良好环境。

设定"广东省青年网商菁英计划",举办网商菁英营(首领营)培训班、网商实训营(白领营)培训班、网商实战营(金领营)培训班,对青年网商进行分类指导、支持。依托网商菁英营(首领营),筛选100家年销售额在100万元以上的青年网商(网企)进行重点帮扶孵化,推荐专项研修,联系创业导师,协助创业贷款,推荐优秀广货,协助渠道建设等;依托网商实训营(白领营),在全省16家实训基地举办定制班、综合班、创业班等,培养超过万名掌握基本电子商务技能的初级网商或网商企业从业人员;依托网商实战营(金领营),通过推荐优秀初级网商人才见习就业,结合"广货网上行"活动和广东青年创业就业联合会推出的实战项目,培养超过1000名具备实战能力的中级网商或网商企业管理人员。

引导网商企业完善内部管理制度,设定考勤制度、绩效考核制度、晋升制度、值班制度等,建立具有竞争性的薪酬体系,营造良好的企业文化,积极解决企业员工所关心的问题。

4. 促进青年网商企业转型升级,扩大网商企业发展规模,创立企业经营品牌

推动青年网商创立品牌,形成商品特色,吸引更多顾客,把小企业变大企业,壮大企业规模。

引导广东省青年网商企业从家庭网商向企业网商转型,在广东网商企业开拓O2O(线上到线下)的营销模式,结合线上线下的优势,发挥线上优惠价格和线下贴身服务的特点。鼓励青年网商明确经营理念,针对企业发展的不同阶段,创立不同的品牌。明确经营理念、品牌定位,在不同的发展阶段,制定相关的品牌策略。

5. 促进物流、网络的发展,营造网商企业发展的良好环境

网商企业迅速发展,不能单纯发展网商企业本身,配套服务平台的建设也必不可少。

要推动快递企业与电子商务企业构建长期的合作发展平台,积极引导快递企业与网商企业建立促销活动的业务应对机制,鼓励网商企业与物流公司签订长期合作协议、保价协议;完善网络管理制度,规范支付手段,加强安全认证机构的建设。鼓励软件公司加大力度发展电子商务相关的网络技术装备和软

件。推动有关部门引进、吸收国外先进的电子商务网络管理制度，加快研发具有自主知识产权的电子商务软件。严厉打击电子商务黑客攻击、欺诈等犯罪行为。

广东省青少年事业促进中心

执笔人：李颂国、李容、何卓彦

后 记

经过近一年的努力，这本《广东共青团与青少年发展蓝皮书（2013）》（简称《蓝皮书》）终于和大家见面了。在此书中，我们精选了能展现广东共青团与青少年发展工作的 23 篇文章，它们既涵盖了组织建设、分类引导等传统共青团工作在新形势下的开拓创新，又囊括了对大学生"蚁族"、青年网商、青年时尚文化等城市新兴青年群体及现象的探索，力求对广东各级团组织的工作与思考进行全方位的展示。

青年是朝阳，是未来，是希望。今年五四期间，习近平总书记指出"青年是标志时代的最灵敏的晴雨表，时代的责任赋予青年，时代的光荣属于青年"。对团干部而言，需要时刻保持对青少年群体的关怀热诚；对青年研究者而言，需要时刻保持对青少年事务未知领域的探索热情；对社会公众而言，需要时刻保持对青少年群体的关注关爱。如能达成以上目标，则不负我们编纂这本《蓝皮书》的初心。

能向各位读者集中呈现共青团广东省委员会的大调研成果，离不开众多团干部与青少年工作者的共同努力。首先要感谢团省委书记曾颖如同志、分管研究工作的副书记张志华同志，当得知我们将出版《蓝皮书》的工作计划时，两位书记第一时间表示大力支持，并欣然答应担任编委会主任、副主任职务，曾颖如同志还亲自为本书作了序；其次要感谢团省委副书记陈宏宇、池志雄、梁均达同志的重视和支持，没有他们去年推动分管部门参与大调研工作，就没有今天这本沉甸甸的成果；再次要感谢团省委机关各部室、直属单位和各市县团委的配合与支持，正是他们平时积攒的丰富工作经验，为各项研究提供了丰沃的土壤；同样值得感谢的是本书的编辑人员、来自广东省青少年事业研究与发展中心的同志们，经过夜以继日的加班加点、字斟句酌的校对编撰，本书才能最终呈现在读者面前。

此次《蓝皮书》的出版，是广东共青团与青少年工作历程中的一个新的起点。我们将在此基础上，继续坚持求真务实的学术态度，坚持调查研究的工作方法，孜孜不倦地探索广东青少年群体的成长发展规律，继续服务好广东共青团的中心工作，在绘就广东青少年发展蓝图的进程中当好参谋助手。

广东省青少年事业研究与发展中心
2014 年 5 月 26 日